Londres

PAYS-BAS

Dortmu

Dusseldor

Cologne

Erfurt

Calais
Nord-
Pas-de-
Calais

Lille

Bruxelles

BELGIQUE

LUXEM-
BOURG

Wiesbaden
Mayence

Francfort

ALLEMAGNE

e Havre

Rouen

odie

Parc
Astérix

Champagne

Reims

Lorraine

Metz

Sarrebruck

Stuttgart

Tour
Eiffel

Paris

la Seine

Strasbourg

LES VOSGES

Alsace

le Rhin

Munich

FRANCE

Le Mans

Orléans

Dijon

Bourgogne

Bâle

Zurich

AUTRICHE

Tours

la Loire

Chambord

la Saône

LE JURA

Berne

SUISSE

LIECHTENSTEIN

Lausanne

Parc Vulcania

Genève

Mont-Blanc

Lascaux

Clermont-
Ferrand

Auvergne

Lyon

LES ALPES

Milan

le Rhône

a Dordogne

LE MASSIF
CENTRAL

Valence

Montélimar

l'Ardèche

ITALIE

Garonne

Pont du Gard

Toulouse

Nîmes

Montpellier

Provence

Nice

le Canal du Midi

Marseille

MONACO

Château d'If

Grotte
Cosquer

ANDORRE

la Mer Méditerranée

Corse

0   100   200   300 km

Ajaccio

Barcelone

ÂF144888

Bildquellennachweis

3

Découvertes

Série bleue

für den schulischen
Französischunterricht

von
Birgit Bruckmayer
Marie Gauvillé
Laurent Jouvet
Ulrike C. Lange
Andreas Nieweler
Marceline Putnai

sowie
Dr. Nathalie Karanfilovic
Brigitte Laguerre
Sandra Märten
Jeanne Nissen
Michael Pfau
Christa Wänke

Ernst Klett Verlag
Stuttgart • Leipzig

Découvertes
Série bleue
Band 3

Zusatzmaterialien für Schülerinnen und Schüler zu diesem Band

Cahier d'activités mit MP3-CD und Übungssoftware,
    Klett-Nr. 622135
Cahier d'activités mit MP3-CD und Video-DVD,
    Klett-Nr. 622136
Grammatisches Beiheft, Klett-Nr. 622138
Fit für Tests und Klassenarbeiten, Klett-Nr. 622130
Das Trainingsbuch, Klett-Nr. 622223

99 Wortschatzübungen zu Band 3 und 4, Klett-Nr. 622178
99 grammatische Übungen zu Band 3 und 4,
    Klett-Nr. 622129
Vokabellernheft, Klett-Nr. 622184
Verbenlernheft, Klett-Nr. 622180
Übungssoftware (Einzellizenz), Klett-Nr. 622197

Am Ende von Découvertes 3 erreichen die Schülerinnen und Schüler das Niveau A2+ des Gemeinsamen europäischen Referenzrahmens. Die Kenntnis der im Inhaltsverzeichnis grün unterlegten fakultativen Inhalte wird in den anschließenden Einheiten nicht vorausgesetzt. Das Lehrbuch versteht sich als Gesamtangebot. Die Schwerpunkte des schulinternen Curriculums legen fest, welche Texte und Aufgaben in Découvertes 3 verpflichtend sind.

1. Auflage   1 6 | 22

Alle Drucke dieser Auflage können im Unterricht nebeneinander benutzt werden, sie sind untereinander unverändert. Die letzte Zahl bezeichnet das Jahr dieses Druckes.

Autorinnen und Autoren: Birgit Bruckmayer, München; Marie Gauvillé, Pérols; Laurent Jouvet, Desaignes; Ulrike C. Lange, Bochum; Andreas Nieweler, Horn-Bad Meinberg; Marceline Putnai, Maulévrier Sainte-Gertrude; sowie: Andrea Floure, Schorndorf
Weitere Mitarbeit: Dr. Nathalie Karanfilovic, Stuttgart; Brigitte Laguerre, Stuttgart; Sandra Märten, Halle / Saale; Jeanne Nissen, Dierhagen; Michael Pfau, Halle / Saale; Christa Wänke, Linz
Beratung: Dr. Peter Bettinger, Rehlingen-Siersburg; Prof. Dr. Christoph Bürgel, Münster; Michette Eyser, Leonberg; Prof. Dr. Andreas Grünewald, Bremen; Silke Herr, Ludwigshafen; Hanns-Christoph Lenz, Leipzig; Prof. Dr. Franz-Joseph Meißner, Gießen; Ute Miesterfeld, Barleben; Christopher Mischke, Waiblingen; Ulrike Molter-Bocquillon, Mazaugues; Dr. Andreas Müller, Hannover; Inge Rein-Sparenberg, Marburg; Julitte Ring, Saarbrücken; Jérôme Rorig, Hannover; Jutta Rösner, Erlangen; Dr. Angelika Schenk, Wittenberg; Wolfgang Spengler, Solingen; Hermann Voss, Münster; sowie: Claus Darstein, Starkenburg; Gerda Germann, Zürich; Volker Hähnlein, Teterow; Annegret Mielke, Berlin

Redaktion: Dr. Gilles Floret
Gestaltung: Sven Thamphald

Layout: Petra Michel, Bamberg
Illustrationen: François Davot, Troyes; Christian Dekelver, Weinstadt; Katja Rau, Fellbach
Satz: media office GmbH, Kornwestheim
Reproduktion: Meyle + Müller Medienmanagement, Pforzheim
Druck: PASSAVIA Druckservice GmbH & Co. KG, Passau

Printed in Germany
ISBN 978-3-12-622131-3

So lernst du mit Découvertes

Einführung

Découvertes bedeutet „Entdeckungen".
Diese Seite führt euch in das neue Thema ein.

Neuer Lernstoff

Atelier bedeutet „Werkstatt". Hier findet ihr
Geschichten, neuen Lernstoff und Übungen.

Anwendung

Pratique: Das neu Gelernte wird in Aufgaben
praktisch angewendet.

Überprüfen

Bilan: Hier könnt ihr selber prüfen,
ob ihr den Lernstoff schon könnt.

Grammatik

Grammaire: Hier seht ihr die Grammatik
des Kapitels auf einen Blick.

🇫🇷 Hier lernt ihr Frankreich mit eurem Land zu vergleichen.

PORTFOLIO ▶

Das Ergebnis dieser Aufgabe kannst du in deinem Portfolio-Ordner sammeln.

32 💿 CD[1] mit Hörtexten

✏ Schriftliche Übung

👥 Partnerarbeit

👪 Gruppenarbeit

🐬 Übungen, die auf die DELF-Prüfung hinführen.

69, 1 ⤴ Dazu findet ihr eine Übung im Cahier d'activités Seite 69, Übung 1.

⦂ Selbsteinschätzung

→ **En plus 117, 4**

Verweis auf Seite 117, Übung 4 im „En plus"-Teil dieses Buchs

△ einfachere Übung

△ schwierigere Übung

(G7) Die Nummern nach den Übungstiteln verweisen auf die Grammatik im Buch und auf das Grammatische Beiheft.

[1] **Dieses Symbol kennzeichnet die Tracknummer auf der MP3-CD, die dem Cahier d'activités beiliegt. Diese enthält alle Hörtexte – sowohl aus dem Schülerbuch als auch aus dem Cahier d'activités.**

Vertiefen, wiederholen

Plateau: Zum Lesen und Wiederholen und zur Vorbereitung auf die internationale DELF-Prüfung

Plateau 1

Gezieltes Üben

En plus: Zusätzliche Übungen, auch zur Differenzierung

En plus – différenciation

Vokabular

Vocabulaire: Die neuen Vokabeln zum Lernen

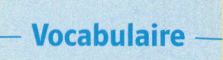

Nachschlagen

Liste des mots: Die alphabetische Wortliste zum Nachschlagen

Liste des mots

En classe: Erklärung der wichtigsten Übungsanweisungen

En classe

Mehr dazu
3k46kt 🌐

Auf einigen Seiten im Buch findet ihr Découvertes-Codes. Diese führen euch zu weiteren Informationen, Materialien oder Übungen im Internet. Gebt den Code einfach in das Suchfeld auf www.klett.de ein.

Inhalt

🟩 fakultative Inhalte

Plateau 1 (fakultativ)

Unité 3
Bon séjour à Tours!

Schwerpunkt: Hören/Sprechen

Ma région et moi Wie bereite ich mich auf einen Schüleraustausch vor?

■ fakultative Inhalte

	Kompetenzen	
	Kommunikativ	**Interkulturell / methodisch**

🟩 fakultative Inhalte

Rhône-Alpes

Vis-à-vis

Rhône-Alpes ist eine der 22 Regionen (27 mit den Übersee-Regionen) Frankreichs. Jede Region besteht aus „départements". In Rhône-Alpes, der zweitgrößten Region Frankreichs, sind dies: Ain, Ardèche, Drôme, Isère, Loire, Rhône, Savoie und Haute-Savoie.

1 La région Rhône-Alpes est une région de contrastes qui est située entre les Alpes au nord et la Provence au sud. Elle a aussi une frontière avec la Suisse et l'Italie et on peut y faire aussi bien du ski en hiver que du canoë en été.
Le nord de la région est plus haut et plus froid avec ses montagnes et le sud de la région est plus chaud et donc plus touristique en été.

2 **La Drôme et l'Ardèche** sont les départements qui sont au sud de la région Rhône-Alpes et aux portes de la Provence. Au mont Gerbier de Jonc, en Ardèche, on trouve la source de la Loire, un fleuve qui est plus long que la Seine et le Rhône!
Villes principales: Valence, Privas, Montélimar
Températures en janvier: 6°–10°C
Températures en juillet: 20°–26°C

La Savoie et la Haute-Savoie sont les départements au nord de la région Rhône-Alpes.
La Haute-Savoie est plus au sud que la Savoie et elle est connue pour le mont Blanc qui est la montagne la plus haute d'Europe.
Villes principales: Annecy, Chambéry
Températures en janvier: 0°–4°C
Températures en juillet: 16°–20°C

Les contrastes d'une région

La Saône traverse la ville

Lyon
Département: Rhône (69)
Habitants: 480.000
Superficie: 47,87 km²
Naissance: 43 avant J.-C.

Un «bouchon» (petit restaurant) à Lyon

Les Jeux olympiques d'hiver en 1968

GRENOBLE
Département: Isère (38)
Habitants: 156.000
Superficie: 18,13 km²
Naissance: 43 avant J.-C.

Les gorges le l'Ardèche

A Cherche sur une carte de France où se trouve la région Rhône-Alpes.
Comment est-ce que tu comprends le titre «les contrastes d'une région»?

B Regarde les photos et compare les différents endroits
(température, nature, activités …).

C Où est-ce que tu voudrais aller? Qu'est-ce que tu trouves plus/moins intéressant?

1 Tu nous gâtes!

3 ⌒

La fondue savoyarde, le gratin dauphinois, …
La région Rhône-Alpes est connue pour ses spécialités.
On dit même que Lyon est la «capitale gastronomique
mondiale»[1].

5 La ville de Montélimar est, elle, plus connue pour son
«nougat de Montélimar». Le nougat, ce n'est pas la même
chose que le «Nougat» allemand. C'est une pâte à base de
blanc d'œuf, de miel, de beaucoup d'amandes (au moins
30 %) et de pistaches.

10 Quelles sont les origines du nougat? Il est né au 17ème siècle
à Montélimar. On raconte beaucoup de légendes sur ses
origines. Une des légendes est l'histoire de tante Manon
qui a préparé la pâte pour Lisa et Lina qui ont dit ensuite
à leur tante: «Tante Manon, tu nous gâtes!»

Lire

2 A propos du texte

A *Répondez aux questions.*

1. Pour quelles spécialités est-ce que la région
   Rhône-Alpes est connue?
2. Qu'est-ce que c'est «le nougat» pour toi? Quelle est
   la différence avec le nougat de Montélimar?
3. Explique le jeu de mots de la dernière phrase de
   Lisa et de Lina.

B *Résumez le texte. (Lies zunächst die
Strategie unten. Schreibe dann zu jedem
der drei Abschnitte maximal zwei Sätze
auf. Konzentriere dich auf das Wesent-
liche!)*

🔧 STRATEGIE

Ecrire un résumé (I)

Ein *résumé* ist die Zusammenfassung der wichtigsten Fakten oder Ereignisse eines Textes.
Folgende Dinge solltest du beachten, wenn du ein *résumé* schreibst:

- Es muss kurz sein, und zwar möglichst
  nicht länger als 1/3 des Originaltextes.
- Beschränke dich auf die Fakten – füge
  nie eigene Kommentare ein!
- Die Hauptzeitform ist das Präsens.
- Im ersten Satz solltest du angeben,
  wie der Text heißt und was das Haupt-
  thema ist.

- Fasse den Text abschnittsweise
  zusammen, so kannst du leicht die
  chronologische Reihenfolge einhalten.
  - Le texte parle de …
  - Le titre est …
  - Dans le premier paragraphe, …
  - Puis … / Après … / Ensuite …

---

1 **la capitale gastronomique mondiale** die Welthauptstadt der Gastronomie

3 Les faux amis

„Nougat" ist ein „faux ami". „Falsche Freunde" sind Wörter, die in beiden Sprachen sehr ähnlich klingen, aber ganz andere Bedeutungen haben können, z. B. „ein Baiser", das auf Französisch eine ganz andere Bedeutung hat. Kennst du weitere deutsch-französische oder deutsch-englische „faux amis"?

Wofür stehen folgende Begriffe?
un clavier, un baiser, une raquette, un trésor, une glace

Schaut euch die Bilder an und findet die deutsch-französischen Paare.

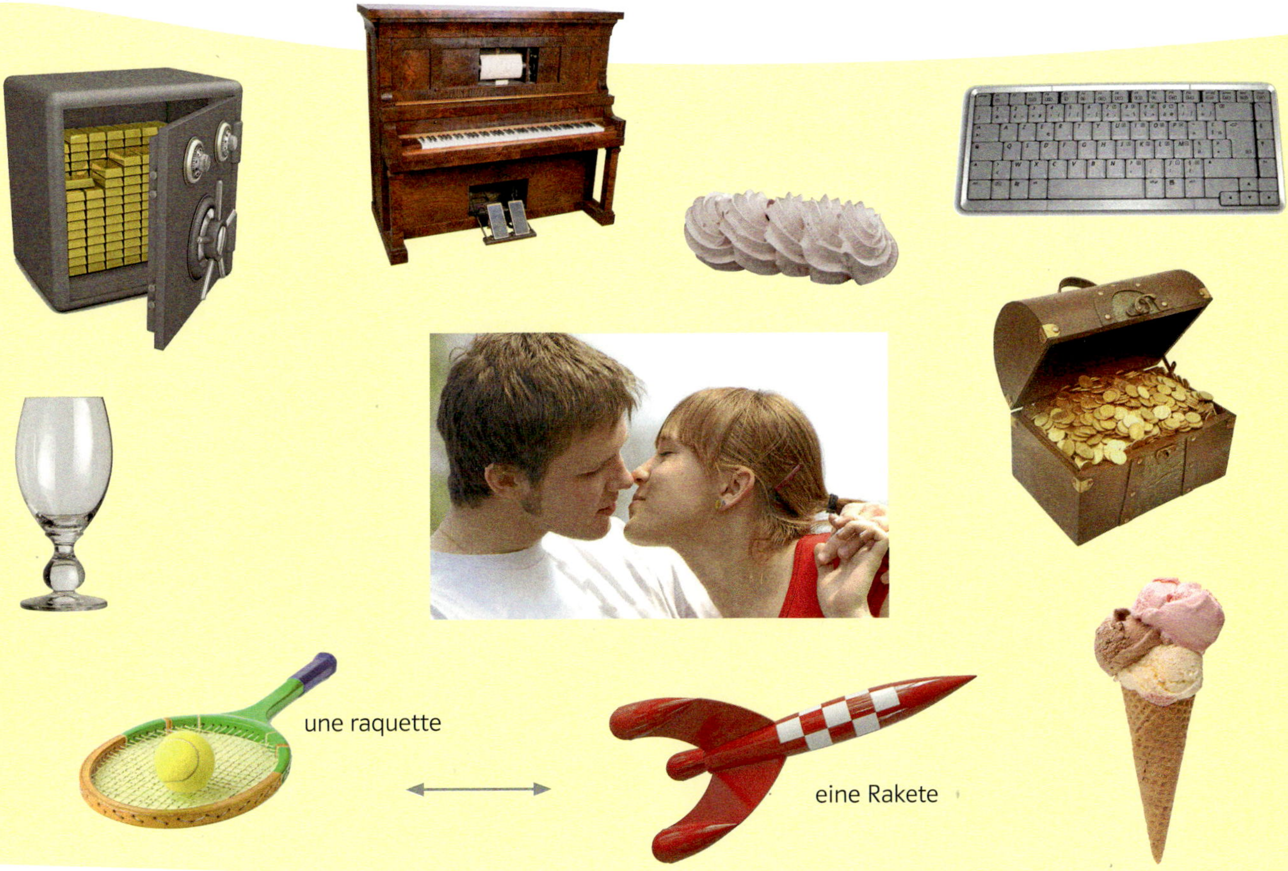

une raquette

eine Rakete

En forme

4 Les villes en Rhône-Alpes

Lis les informations à la page 11 puis complète les phrases.
Utilise **plus / aussi / moins** … **que**.

1. La ville de Lyon est … (grand) … la ville de Grenoble.
2. La ville de Grenoble est … (grand) … la ville de Lyon.
3. La ville de Grenoble est … (vieux) … la ville de Lyon.
4. Pour pratiquer les sports d'hiver, la ville de Grenoble est … (intéressant) … la ville de Lyon.
5. Pour manger dans un bon restaurant, la ville de Grenoble est … (intéressant) … la ville de Lyon.
6. Quand on s'intéresse à la montagne, le département du Rhône est … (intéressant) … le département de la Haute-Savoie.

Unité 1
Soupçons!

Mehr dazu
8a95gv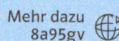

HERVÉ MESTRON
SOUPÇONS

James et sa mère ont déménagé de Paris à Valence. Nouveau venu dans son collège, James est l'objet de tous les regards. Il faut dire qu'il a les cheveux longs coupés au carré et qu'il est très bon élève. Au moment où il croit qu'enfin ses camarades l'acceptent, des choses bizarres arrivent.

PRIX FRANCE : 5,95€

9 782748 511406
ISBN : 978-2-74-851140-6
www.syros.fr

4

- *Regardez la couverture de ce roman, puis écoutez le résumé. Qu'est-ce qu'on apprend sur James?*
- *Imaginez: quelle histoire est-ce que ce roman raconte?*

Atelier A

Lire **1** Comprendre un texte

9, 1 *Voici le début du roman. Pourquoi est-ce que James et sa mère ont déménagé? Utilisez la stratégie pour comprendre ce texte.*

5 Ma mère a trouvé du travail en province. A Valence, exactement. (…) Comme elle dit, avec le même salaire, ici on a une maison. Alors qu'à Paris, on devait se contenter d'un petit trois-pièces. (…)

Ma mère m'a vanté la Drôme et son climat tropical. Le nougat de Montélimar, les pistes de ski pas loin, et la mer, Marseille à deux heures de voiture. Ma mère, elle pourrait vendre une cafe-
10 tière électrique à un pingouin.

Soupçons, Hervé Mestron, coll «Tempo+» © Editions Syros, 2011

STRATEGIE

Lire

Neue Wörter erschließen …

• mit Hilfe des Deutschen oder anderer Sprachen, z. B. *ski* ⟶ *Ski*.

• mit Wörtern aus der gleichen „Familie", z. B. *un vendeur = ein Verkäufer* ⟶ *vendre qc = etwas verkaufen*.

• aus dem Zusammenhang (Kontext). Z. B. *maison* ⟶ Aha! Es geht um das „Wohnen": *un petit trois-pièces = un petit appartement avec trois pièces*. (F3)

Nicht alle Wörter sind leicht zu erschließen. Du musst aber nicht jedes einzelne Wort kennen, um zu verstehen, worum es insgesamt geht.

A *Complétez les phrases.*

1. A Valence, James et sa mère habitent …
2. A Paris, les appartements sont …
3. A Valence, il fait souvent …
4. Il faut deux heures de voiture
  pour … de … à …

B *Expliquez: «Ma mère, elle pourrait vendre une cafetière électrique à un pingouin.»*

→ **En plus 110, 1**

Révision **2** Paris, c'était génial … (G1)

A *Lisez le texte. Trouvez les formes des verbes à l'**imparfait**. Attention au mot clé!*

9, 2 A Valence, James pense à Paris: «A Paris, je connaissais bien notre quartier. Le samedi, mes amis venaient souvent chez moi. Nous allions au parc pour faire du roller. Quand tu travaillais le soir, je pouvais aller chez la voisine. Elle m'aidait même à faire mes devoirs. Toi aussi, tu aimais Paris, non? Tes collègues et toi, vous sortiez souvent. On était bien, à Paris!»

B *Qu'est-ce que vous faisiez souvent quand vous étiez enfant? Travaillez à deux. Ecrivez 8 phrases.*

Exemple: Quand j'étais petit, je faisais du roller dans la cour.

Infinitif		Imparfait
connaître	⟶	je **?**
travailler	⟶	tu **?**
aider	⟶	il / elle / on **?**
aller	⟶	nous **?**
sortir	⟶	vous **?**
venir	⟶	ils / elles **?**
être	⟶	on **?**

faire du roller

avoir

aller au lit à … heures

ne pas manger de

vouloir toujours

aimer

3   Un voleur dans la classe?

6   *Avant la lecture:*

Dans ce passage du roman «Soupçons», James est
au collège. Miss Avedianos, sa prof de maths, rend
les copies du contrôle de maths. Elle commence par
la plus nulle. Entre deux élèves, elle marque une pause.
Qui a la meilleure note, aujourd'hui?

*Maintenant, lis tout le texte, puis fais l'exercice 4 de la p. 17:
«Les mots faciles à comprendre». Après, relis le texte.*

Gelatos, 17 sur 20. Formidable, comme d'habitude. Il reste
une copie.
– James … 19 sur 20. (…)
La classe me regarde, je rougis.

5   Après le collège, je suis sur le point de traverser la route
lorsqu'une main se pose sur mon épaule. Je me retourne.
C'est Mikaleff. (…)
– Ça va? me demande-t-il. – Génial.
– Gelatos, il était super jaloux. Tu as vu le regard qu'il t'a
10   lancé? – Non, pourquoi?
– A cause des notes. D'habitude, c'est toujours lui le meilleur.
J'ai l'impression que Mikaleff ne l'aime pas beaucoup. Mais
moi, personnellement, je n'ai rien contre Gelatos.

Quelques jours plus tard, en cours de musique. Le prof est
15   arrivé avec des CD. Il portait des dreadlocks et on sentait
qu'il était content de venir en classe et qu'il avait la pêche.
Aujourd'hui, menu de musiques africaines. Il nous a montré une carte de Côte d'Ivoire, puis il a mis une chanson. On
devait dessiner pendant ce temps. Il encourageait tous les
20   élèves.
Tout à coup, son sourire s'est figé. Son regard a bloqué sur
quelque chose au fond de la classe.
– Les statuettes ont disparu! C'est pas vrai! Quelqu'un a touché à mes statuettes?
25   Tout le monde a fait non de la tête. Le prof a eu l'air vraiment
catastrophé. Je l'ai senti au bord des larmes. Il a commencé à
fouiller partout dans la salle.
– On les a volées! Il a crié. On a volé les statuettes!
A cet instant, la cloche a sonné. C'était la fin du cours. Mais
30   personne n'a bougé.
– Je vais chez le principal! Et s'il y a un voleur dans le collège,
ça va barder pour lui! Allez, dehors!

Soupçons, Hervé Mestron, coll «Tempo+» © Editions Syros, 2011

---

rendre redonner

formidable très bien
comme d'habitude comme toujours

rougir être tout à coup rouge

lorsque quand
l'épaule (f.) die Schulter

jaloux / jalouse eifersüchtig, neidisch

le / la meilleur/e le premier/
  la première
j'ai l'impression que je pense que

sentir spüren

la Côte d'Ivoire un pays d'Afrique

s'est figé erstarrte
bloquer sur s'arrêter sur
au fond de hinten
ont disparu ne sont plus là

une larme eine Träne
fouiller chercher
voler stehlen
un instant un moment très court

ça va barder ça va aller mal
dehors! raus!

Jeu de mots

4 Les mots faciles à comprendre

10, 3

Dans ce texte, il y a des mots «faciles».
Expliquez pourquoi vous les comprenez
(Stratégie, page 15).

une copie   une statuette   dessiner qc
un contrôle   être catastrophé   encourager qn
un regard   à cause de   toucher à qc

Lire

5 A propos du texte   → **En plus 110, 2** △

A *Notez ce que vous apprenez sur chaque personnage de ce texte.*

Gelatos   James   Mikaleff   le professeur de musique

B *Mettez les phrases dans le bon ordre.*

- En cours de musique, le prof parle de la Côte d'Ivoire.
- La prof de maths rend le contrôle.
- Le prof de musique met les élèves à la porte.
- James a la meilleure note de la classe.
- Quand James traverse la route, il rencontre Mikaleff.
- Les statuettes du prof de musique ont disparu.
- Mikaleff pense que Gelatos est jaloux de James.

C *Quel personnage est-ce que vous trouvez sympathique? Pourquoi?*

En forme

6 Comparons les élèves! (Wiederholung)

*Mettez les adjectifs au **comparatif**.*
N'oubliez pas d'accorder les adjectifs.

Exemple:

Julie est (+ petit) que Marie.
⟶ Julie est **plus petite** que Marie.

Pierre est (– grand) que Nathan.
⟶ Pierre est **moins grand** que Nathan.

Hugo est (= jaloux) que Baptiste.
⟶ Hugo est **aussi jaloux** que Baptiste.

1. David est (+ timide) que sa sœur.
2. Mon prof d'allemand est (– sympa) que ton prof de français.
3. Léa est (= nul) en maths que sa copine.
4. Vanessa est (– sportif) que son frère.
5. Le roman est (= intéressant) que le film.
6. Lucie et Myriam sont (+ bon) en sport que les autres élèves.

Atelier B

1 Une découverte dangereuse

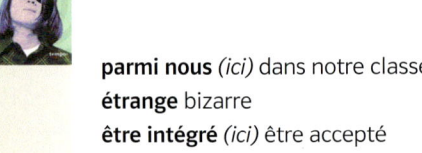

 A la maison, j'ai repensé à la phrase de Mikaleff: «Le voleur
est parmi nous.» C'était étrange, il savait des choses que moi
je ne devais pas savoir. On me faisait croire que j'étais bien
intégré, mais en réalité, c'était tout l'inverse.

5 J'ai pris mon sac pour faire mes devoirs. J'ai déballé mes affaires
et tout à coup, ma main a touché quelque chose de bizarre tout
au fond. Mes doigts ont palpé l'objet … Je n'arrivais pas à le
croire: que faisait cette statuette africaine dans mon sac? Je ne
rêvais pas.

10 J'ai entendu ma mère dans l'escalier.
– Ça va James? Ta journée a été bonne? Tu as l'air contrarié.
– Non … non, tout va bien … Et toi?
– Tu es tout rouge …
– Mais non, c'est … parce que je dois écrire un texte en français,
15 je ne sais pas par où commencer.
– Un texte sur quoi?
– Euh … ben, sur l'Afrique.
Elle m'a caressé les cheveux, puis elle est sortie de ma chambre.
J'ai regardé dans mon sac, la statuette africaine était toujours là.
20 Je ne savais pas que faire. J'avais envie de la rendre à son proprié-
taire. Mais comment? A qui parler? Tout seul, c'était impossible.

Le lendemain, je suis parti au collège. Avec la statuette dans
mon sac, j'avais l'impression de transporter de la dynamite.
Tout devenait compliqué. Je ne pouvais pas garder ça pour moi
25 tout seul. Avant le cours, j'ai parlé à Mikaleff. Il m'a écouté, les
yeux grands ouverts.
– C'est fou, ton histoire!
– Je sais, mais c'est la vérité. Qu'est-ce que je peux faire?
– Je ne sais pas. Tu dois te débarrasser de la statuette, sinon on
30 va la retrouver dans tes affaires.
– C'est clair. Je vais la mettre dans le casier du prof de musique.

Au cours de géo, j'ai demandé l'autorisation d'aller à l'infirmerie. La statuette dormait dans la poche de ma veste. Sur le chemin, j'ai fait un détour par les casiers des professeurs. Une opé-
35 ration de quelques secondes. Après l'infirmerie, je suis retourné
en cours de géo pour prendre mon sac.

Soupçons, Hervé Mestron, coll «Tempo+» © Editions Syros, 2011

parmi nous *(ici)* dans notre classe
étrange bizarre
être intégré *(ici)* être accepté
l'inverse *(m.)* le contraire

palper qc toucher qc
je n'arrivais pas à je ne
pouvais pas

contrarié verärgert

par où comment

caresser streicheln

le / la **propriétaire**
Eigentümer / Eigentümerin

le **lendemain** le jour d'après

devenir werden
garder behalten

se **débarrasser** de qc
etw. loswerden
sinon si tu ne fais pas cela
un **casier** ein Fach
l'autorisation le droit
un **chemin** ein Weg
faire un **détour** ne pas prendre
le chemin direct

→ En plus 111, 3 △

Lire
Ecrire

11, 5

2 A propos du texte

A *Dans votre cahier, prenez des notes pour chaque partie du texte.*

	Qui	Où	Quoi	Quand	Pourquoi
1.	James	maison	statuette	–	–
2.	…				
3.					

B *Lisez la stratégie, puis écrivez les phrases au discours indirect.*

1. *«J'ai pris mon sac pour faire mes devoirs.»*
⟶ James dit qu'il …

2. *«C'est fou, ton histoire!»*
⟶ Mikaleff explique que …

3. *«Ta journée a été bonne?»*
⟶ La mère demande si …

4. *«Tu dois te débarrasser de la statuette.»*
⟶ Mikaleff dit à James qu'il …

5. *«Je vais la mettre dans le casier du prof de musique.»*
⟶ …

6. *«Je suis retourné en cours de géo pour prendre mon sac.»*
⟶ …

C *Ecrivez un résumé du texte (6 phrases).*

STRATEGIE

Ecrire un résumé (II)

In *Au début* (Seite 12) hast du bereits wichtige Regeln zum Schreiben eines Resümees gelernt. Hier nun zwei weitere Hinweise:

• *Schreibe das Resümee in der 3. Person und achte dabei auf den Perspektivwechsel (Pronomen, Begleiter usw.)!*

Exemple: **J'**ai fait **mes** devoirs. ⟶
Il dit qu'il a fait **ses** devoirs.

• *Vermeide beim Resümee die direkte Rede!*

Jeu de mots

11, 6

3 Les familles de mots

Lisez les mots. Trouvez dans le texte des mots et des expressions de la même «famille».

Exemple: africain – l'Afrique

faire un tour	mettre
vrai	possible
le transport	africain
voler	le retour
demain	

En forme

12, 8

8

4 Je faisais mes devoirs quand il est arrivé. (G 2)

A *Ihr kennt jetzt zwei Zeiten der Vergangenheit: das **Passé composé** und das **Imparfait**. Aber wann benutzt man welche Zeit?*

Beim **Passé composé** geht es um → einmalige oder aufeinanderfolgende Handlungen in der Vergangenheit. Leitfrage: **Was geschah (dann)?**	J'ai pris mon sac … J'ai déballé mes affaires …
Das **Imparfait** benutzt man für die Beschreibung von → Zuständen, → gewohnheitsmäßigen Handlungen, → Situationen in der Vergangenheit. Leitfrage: **Was war (schon)?**	Il portait des dreadlocks. Les cours avaient toujours un air de vacances. C'était la fin du cours, quand …

Aujourd'hui, Gelatos n'était pas là.
Il était au lit avec une jambe dans le
plâtre. Il n'habitait pas loin de chez moi,
je le voyais passer **tous les jours**.
5 **Alors** je lui ai apporté les devoirs.
Gelatos m'a dit merci. Il m'a montré sa chambre.
Elle était géniale. Il avait même une télé pour
lui tout seul. On a discuté de tout et de rien.
Puis je lui ai demandé:
10 – Tu reviens quand au collège?
– Dans deux ou trois jours.

Soupçons, Hervé Mestron, coll «Tempo+» © Editions Syros, 2011

A *Sagt für jedes Verb im Text, zu welcher Regel in der Tabelle es passt.*

Exemple: *Gelatos n'était pas là.*
→ Situationsbeschreibung

Tipp: Das Wort *puis* bedeutet, dass etwas Neues passiert, weist also auf ein **Passé composé** hin. *Tous les jours* bedeutet, dass etwas eine Gewohnheit war und leitet also ein **Imparfait** ein. Weitere „Signalwörter" findest du auf Seite 127.

B *Gelatos raconte.*
Commencez comme ça: J'étais au lit quand …

→ **En plus 111, 4**

1. Je suis au lit quand James arrive.
2. Je lis.
3. James m'apporte du chocolat.
4. Il regarde ma jambe.
5. J'ai un peu mal.
6. Puis nous parlons des cours.
7. Il me raconte les dernières histoires du collège.
8. Ensuite, nous faisons nos devoirs ensemble.
9. Quand il part, je suis un peu fatigué, mais je suis content.

5 Comme un mauvais rêve

Le lendemain, au cours de maths, quelqu'un a frappé à la porte. C'était le principal. Il a regardé les sacs de la classe et enfin, il est arrivé à ma table.

Je ne comprenais rien. Encore une statuette dans mon sac? Des mouches noires dansaient devant mes yeux.

Dans la cour, j'étais l'objet de tous les regards. Enfin, Mikaleff m'a parlé.

D'après H. Mestron, «Soupçons» (p. 62–65)

Tout à coup, son regard s'est figé. Je courais à la catastrophe.

Nous sommes allés dans son bureau. D'abord j'ai hésité, mais enfin j'ai commencé à parler vite, très vite.

C'était comme un mauvais rêve. Il ne me croyait pas.

6 A propos du texte

Finissez les phrases suivantes.

1. Le principal frappe à la porte et puis …
2. James ne comprend pas …
3. Après, le principal et James …
4. James explique au principal …
5. Dans la cour, James …
6. Mais Mikaleff ne …
7. Pour James, tout est …
8. Enfin, James dit qu'il …

Parler

7 Comment raconter un fait?

12, 7

Mikaleff rencontre une copine d'une autre classe.
Il raconte cette histoire. Notez des mots-clés et racontez.

L'action se passe quand?

L'action se passe où?

Qui est-ce qu'il y avait?

Qu'est-ce qui s'est passé?

Qu'est-ce qu'on a dit?

ON DIT

Parler de la situation (à l'imparfait)
C'était il y a …

J'étais à …

Il y avait … On faisait …

Parler de l'action (au passé composé)
D'abord il a fait …, puis il est allé …
ensuite, … enfin, …

Résumer les dialogues
Il a dit: «…» / Elle a demandé: «…»

Stratégie

8 Utiliser un dictionnaire

Viele unbekannte Wörter könnt ihr erschließen.
Andere Wörter müsst ihr im Wörterbuch nachschlagen.
Aber aufgepasst: Ihr müsst die richtige Übersetzung finden!

A *Gelatos sagt:* «J'étais l'objet de tous les regards.»

1. Was bedeutet das?
2. Was bedeuten die Zahlen in dem Wörterbuch?
3. Übersetze:
• l'objet de ma lettre
• un objet à moitié caché

objet *m* [ɔbʒɛ] ❶ Gegenstand, Sache;
objets trouvés Fundsachen
❷ (Ziele) Zweck ❸ (in der Grammatik)
Objekt
objet d'art Kunstobjekt
obligation *f* [ɔbligasjɔ̃] ❶ Verpflich-
tung; **avoir des obligations** Verpflich-
tungen haben ❷ être dans l'obligation
de partir gezwungen sein zu gehen

express Wörterbuch Französisch © PONS GmbH

B *Réfléchissez bien et traduisez à l'aide d'un dictionnaire.*

1. Les pingouins ne savent pas voler.
2. Elle est tombée, maintenant, elle est aux urgences.
3. Dans le gâteau, je mets un soupçon de sel.

Atelier C

1 Une situation difficile

10 Le soir, j'ai apporté les devoirs à Gelatos. Comme la dernière fois, il a ouvert la porte avec un sourire. Il ne savait donc rien. J'ai déballé mes affaires, anglais, maths, géo.

– Demain, je vais retourner en cours. Même Miss Avedianos me
5   manque, je te dis.

On a éclaté de rire. Tout à coup, le téléphone a sonné. C'était sa mère. Pendant qu'il parlait, je suis parti chercher un verre d'eau à la cuisine. Quand je suis passé devant sa chambre, j'ai vu que son armoire était ouverte. T-shirts, chemises, pantalons,
10 tout était bien rangé. Pas comme chez moi, il faut le dire. Tout à coup, mon regard est tombé sur un objet qui était à moitié caché par un pull. J'ai fait un pas pour regarder de près. Quatre statuettes étaient cachées sous les vêtements. J'ai eu le réflexe de prendre une photo avec mon portable. Puis, sans hésiter, j'ai
15 pris les statuettes et je les ai mises sous mon blouson. A ce moment-là, j'ai entendu la voix de Gelatos.

– James, tu es où?

Je suis vite retourné dans le salon.

– Qu'est-ce que tu faisais? Il m'a demandé.
20 – Euh … j'étais aux toilettes … Ça ne va pas bien.

– Qu'est-ce qui se passe?

– Je crois que j'ai une crise d'asthme.

– Ça t'arrive souvent?

– Oui. Je dois tout de suite rentrer et prendre un médicament.
25 – Ah?

Je suis vite sorti et j'ai couru chez moi. Tout tournait dans ma tête. Alors c'était lui, le voleur!

une armoire
un meuble où on range ses vêtements
à moitié à demi
caché qu'on ne voit pas

→

11 Le lendemain, je suis allé chez le principal avec les quatre statuettes. Il m'a regardé sans comprendre.

30 – Je les ai retrouvées, j'ai dit.

– Elles étaient où?

– Je ne peux pas vous le dire. Je ne veux pas dénoncer la per-   **dénoncer** dire qui c'était
sonne qui les a prises. Bonne journée, monsieur.

Je suis sorti du bureau comme une bombe. Dans le couloir, j'ai
35 vu Gelatos avec sa jambe dans le plâtre. Il y avait du monde au-   **une jambe dans le plâtre**
tour de lui. Il devait savoir qu'on me soupçonnait du vol des   ein Gipsbein
statuettes.

En cours de musique, il y avait de la tension dans l'air. Chaque
fois que je le regardais, il devenait pâle. Il avait très mauvaise   **pâle** tout blanc
40 mine.

A la récré, je l'ai vu hésiter. Enfin, il est venu vers moi.

Soupçons, Hervé Mestron, coll «Tempo+» © Editions Syros, 2011

Lire

2 **A propos du texte**   → **En plus 112, 5** △

 A *Trouvez les bonnes solutions.*

1. James pense: «Gelatos ne savait donc rien.»   **a** qu'on a retrouvé les statuettes dans mon sac.
Il veut dire: Gelatos ne sait pas …   **b** que j'ai eu 19 points sur 20 en maths.
   c que quelqu'un a volé des statuettes.

2. Quand James dit: **a** il ment parce qu'il déteste Gelatos.
«Je crois que j'ai une crise d'asthme», …   **b** il ment pour sortir très vite.
   c il dit la vérité.

3. Le vrai voleur, c'est…   **a** James.
   b Gelatos.
   c Mikaleff.

4. James raconte au principal …   **a** qu'il ne sait pas qui est le voleur.
   b que Gelatos a volé quelque chose chez lui.
   c qu'il est le voleur.

B *Des journalistes ont interviewé le professeur*   → **En plus 112, 6** △
de musique, le principal, James, Mikaleff,
une fille de la classe. Choisissez votre rôle et
faites ces interviews.

12 **C** *A la récré, Gelatos vient vers James. D'après toi,*
que va dire Gelatos? Imagine le dialogue entre
les deux garçons. Ecoute le dialogue original.

Pratique

1 ### Histoires noires

*Voici 4 cartes avec des petites histoires mystérieuses. Qu'est-ce qui s'est passé?
Choisissez une carte et essayez de trouver la réponse. Travaillez en groupes. Dans chaque groupe,
il y a un élève qui sait tout parce que le professeur lui a donné la solution.*

*Les autres lui posent des questions. L'élève ne répond que par «oui»,
par «non» ou par «je ne sais pas».*

Exemple (situation 1):   – Est-ce que c'était la maison de la jeune femme?
– Non.
– Est-ce que c'était la maison de l'homme?
– Oui.
– … ?

*Quand un élève du groupe croit qu'il a tout compris, il raconte «son histoire».
C'est la bonne solution?*

Situation 1: **Le coup de téléphone**

Une jeune femme dans une très belle maison range des affaires. Peu de temps après, un homme entre par le garage et appelle la police.

Situation 2: **Le facteur**

Mme Martin reçoit une lettre. Elle regarde la lettre et quitte la maison avec ses valises. Elle part avec le facteur. Ils ne sont jamais revenus.

Situation 3: **Le diabolo menthe**

Nadine a invité Flore au café pour boire un diabolo menthe. Pendant que Flore est aux toilettes, Nadine lit un SMS. Flore rentre à la maison. Deux heures plus tard, elle est morte.

Situation 4: **Le crâne**

En cours, les élèves font leurs exercices. Tout à coup, un garçon crie: «Oh, un mort à la fenêtre!»

Bilan

1 Parler

Mehr dazu
yk28qz

Du kannst schon …

> Überprüfe, was du kannst!
> Vergleiche deine Lösungen mit
> den Lösungen auf Seite 220.

1. … sagen, wie etwas normalerweise ist (er hat gute Laune).	… humeur.
2. … sagen, was dein Eindruck ist (er hat ein Problem).	… qu'il a un problème.
3. … einen Grund angeben (es ist wegen seines Handys).	C'est … son portable.
4. … sagen, dass etwas verschwunden ist (sein Handy).	Il a …
5. … sagen, wann es war (vor drei Tagen).	C'était …
6. … sagen, dass er es vermisst.	Il lui …
7. … sagen, wie es aussah (rot).	… rouge.
8. … fragen, ob es gestohlen wurde.	On …?
9. … jemanden trösten (Das wird schon wieder!).	Ça va …

2 Jeu de mots

Trouve les mots qui manquent.

1. La copine de Jan a un nouveau copain, Sven. Jan est en colère, il est **?** de Sven.

2. Ils ont changé d'appartement. Ils ont **?**.

3. Valence n'est pas la capitale. C'est en **?**.

4. Il a rangé ses vêtements dans son **?**.

5. Quand on est **?**, il faut rester au lit et prendre un médicament.

6. Ma clé a disparu. J'ai cherché **?**, mais je ne la retrouve plus.

7. Il ne dit pas la vérité. Il **?**.

3 Lire

Dis pourquoi tu comprends les mots en gras.

Exemple:
un sourire: ein Lächeln ⟶
il m'a souri: er lächelte mich an.

> Un jour, j'ai rencontré un **écrivain**. Il m'a **souri**. Il m'a parlé de son **déménagement**. Puis il m'a montré ses poèmes et il m'a donné des **explications**. Il avait une très belle **écriture**. Il m'a beaucoup **impressionné**. Mais c'était un **menteur**. Il m'a volé mon **porte-monnaie**. Ce n'était donc qu'un simple **criminel**.

4 Ecrire / Parler

Raconte l'histoire au passé. Les mots suivants peuvent t'aider:

magasin – 4 heures – beaucoup de monde – tout à coup – voler – crier – courir – arrêter – rendre

5 En forme (G 2)

Mets les verbes entre parenthèses à la forme correcte de l'imparfait ou du passé composé. Attention aux mots signaux. (Achte auf die Signalwörter!)

La mère de James: Ecoute, James, tu n'es pas le seul à avoir des problèmes.

Quand j'/je **?** (*être*) en 4ᵉ, moi aussi j' **?** (*avoir*) un problème. En août, mes parents **?** (*déménager*) dans une autre ville et donc, je **?** (*aller*) dans un nouveau collège. Là, j'/je **?** (*essayer*) souvent de discuter avec mes camarades de classe, mais ils n'/ne **?** (*vouloir*) pas parler avec moi. Chaque fois que j'/je **?** (*connaître*) les réponses aux questions du prof, ils **?** (*être*) jaloux. D'abord, j'/je **?** (*penser*) «Ça va s'arranger», mais non!

Puis, il y **?** (*avoir*) une chose très grave: chaque matin, j'/je **?** (*trouver*) des petits papiers dans mon sac. Sur les papiers, il y **?** (*avoir*) des mots bêtes: «On ne te veut pas ici», «On ne t'aime pas». Alors, j'/je **?** (*tout raconter*) à ma mère et nous **?** (*aller*) chez la principale. D'abord, elle **?** (*écouter*) et ensuite elle **?** (*lire*) les papiers. Puis elle **?** (*dit*): «Je veux savoir qui **?** (*faire*) ça.»

6 En forme (G 3)

*Complétez avec les formes du verbe **courir**.*

1. Nous ne sommes pas en forme, alors **?** un peu dans le parc!
2. C'est mieux de partir à l'heure que de **?** comme des fous!
3. Le foot, c'est 11 garçons qui **?** derrière un ballon!
4. Pourquoi est-ce que tu **?**? Le feu est encore vert!
5. Allez, **?**, tu peux encore avoir ton bus!
6. Ne **?** pas comme ça! Il fait trop chaud!

7 En forme (Wiederholung)

*Mets les phrases au **comparatif**.*

Exemple:
est (+ grand) que Léo. ⟶ Marie est plus grande que Léo.

1. Léa est (+ nul) en maths que Marie.
2. Le prof de sport est (= sympa) que le prof de maths.
3. Carla est (– sportif) qu'Anne.
4. Gelatos est (+ bon) élève que James.
5. Léo est (– timide) que Pierre.
6. James et Gelatos sont (= bon) en maths que Mikaleff.

Unité 2
Métro-boulot-dodo

Mehr dazu
ai9jp8

Mehr dazu
ai9jp8

🇫🇷 **Vis-à-vis**

L'expression **métro-boulot-dodo** décrit
la vie de tous les jours dans une grande
ville: le matin, les gens prennent
souvent le métro pour aller au travail
(«le boulot», *fam.*), et le soir, ils rentrent
à la maison pour dormir («faire dodo»,
fam.).

Après une longue journée,
la famille se retrouve à la maison.

A Ecoutez la chanson „Métro, boulot, dodo".
Demandez à votre professeur.

B Comment se passent vos journées? Qu'est-ce que
vous faites le matin, l'après-midi, le soir?
Quand est-ce que vous allez au collège?
Quand est-ce que vous rentrez à la maison?

PORTFOLIO

Am Ende dieser Unité kannst du
über deine Zukunfts- und Berufs-
vorstellungen sprechen und eine
Umfrage in deiner Klasse machen.

Une famille bien occupée!

Quand on n'est pas en vacances, la vie se déroule au rythme de l'école et du travail. Voici les Azemour, la famille de Mehdi.

1. Abdel, 13 ans, élève en 5e.

2. Mehdi, 15 ans, élève en 3e.

3. Karima, 16 ans, élève au lycée.

4. Idris, 49 ans, père de famille, ingénieur chez Renault.

5. Sana, 45 ans, mère de famille, infirmière, formation à l'Institut Pasteur.

 Vis-à-vis

Chez **Renault**, on fabrique des voitures depuis 1899, l'année où l'ingénieur Louis Renault (1877 – 1944) a fondé cette entreprise avec ses frères.

 Vis-à-vis

A l'**Institut Pasteur**, on fait de la recherche médicale, des analyses et des vaccins. Louis Pasteur (1822 – 1895) était un scientifique français qui a inventé un vaccin contre la rage[1].

1. *Ecoutez les scènes et dites qui parle. Justifiez votre réponse.*

2. *Ecoutez encore une fois. Qu'est-ce qu'on apprend sur les personnes?*

***

1 la rage [laʀaʒ] die Tollwut

Atelier A

Approche **1** ### Il est 5 heures, Sana se réveille.

> Allez, je me dépêche, sinon je rate le métro!

> Bonjour,
> ce soir, nous nous retrouvons pour notre soirée jeux!
> Idris, tu t'occupes des courses, s'il te plaît? Et vous, les enfants, vous vous aidez pour les devoirs. Merci!
> Bises, Sana

Le réveil sonne. Sana se lève, se lave et s'habille.

Son mari et ses enfants se lèvent à 7 heures. Sana leur écrit un petit message.

A *Posez deux questions à votre voisin. Puis changez de rôle. Commencez comme ça:*

– A quelle heure est-ce que **tu te lèves**, le matin?
– Et ta mère / ton père / ton frère / ta sœur?

– **Je me lève** à …
– Elle / Il …

22, 1 **B** *Cherchez dans le texte les pronoms réfléchis* (par exemple: **se** lève).
Copiez et complétez le tableau des verbes pronominaux dans votre cahier.

je	?	dépêche	nous	?	retrouvons
tu	?	occupes	vous	?	aidez
il / elle / on	?	habille	ils / elles	?	lèvent

2 ## J'en ai marre!

18
22, 2

Avant la lecture:
Regardez l'image et imaginez.
Qu'est-ce qui s'est passé?

> J'en ai marre! Tous les autres étaient là avec leur père ou leur mère. Ton boulot! Ton boulot! Et tes enfants, alors?

1. Sana soupire. Son fils Mehdi est en colère. Aujourd'hui, elle n'était pas au collège avec lui. Pourtant, il y avait une journée d'orientation. D'habitude, les parents et les enfants s'informent ensemble sur les métiers et

les formations possibles pour les jeunes. Mais Sana n'avait pas le temps de venir. Elle travaillait. C'est comme ça: elle est infirmière à l'hôpital Cochin, et son emploi du temps n'est pas toujours simple. 10

19

2. Il est déjà 19h30. Sana doit s'occuper du repas du soir, son mari n'est toujours pas rentré du travail.

Abdel: Maman, pourquoi est-ce que vous vous
10   disputez, Mehdi et toi?

Sana: Mais on ne se dispute pas, Abdel!
    On discute! Tu as terminé tes devoirs?

Abdel: Oui maman. Mais alors, pourquoi est-ce
    qu'il boude, Mehdi?

20 *Sana:* Parce que les enfants ne sont pas toujours
    d'accord avec leurs parents!

Abdel: Non! C'est parce que tu travailles trop!
    C'est pour ça!

Sana: Je travaille beaucoup, c'est vrai, et votre
25   père aussi. Mais vous n'êtes pas malheureux,
    non? Vous mangez des bonnes choses, vous
    avez des fringues sympas et de l'argent de
    poche.

3. Dans le salon, la grande sœur Karima est en train de faire ses devoirs.   30

Sana: Tu n'as pas encore fini, Karima?

Karima: Non! Je ne peux pas me concentrer.
    C'est super dur! On pourrait peut-être regarder
    ça ensemble, non?

Sana: Je finis de laver la salade et j'arrive!   35
    Sana se sent un peu stressée. Le repas n'est
    pas prêt, elle doit encore ranger des affaires,
    son mari n'est toujours pas là et Karima doit
    finir ses devoirs. Elle est fatiguée et a envie
    de se reposer.   40

Sana: Abdel! Lave-toi les mains! Mehdi!
    Viens mettre la table, s'il te plaît!

Mais Mehdi ne répond pas. Sana entend une porte qui se ferme. Mehdi vient de partir.

Lire et écrire   **3**   **A propos du texte**

A *Qui est-ce? Justifiez votre réponse.*

Exemple: **1.** C'est Karima, la sœur de Mehdi. Elle dit que ses devoirs sont difficiles.

1. Elle demande à sa mère de l'aider.
2. Il trouve que Sana n'a pas assez de temps pour ses enfants.
3. Elle dit qu'ils ont une vie heureuse.

4. Il n'est pas encore à la maison.
5. Elle a trop de choses à faire à la maison.
6. Il ne met pas la table.
7. Il pense que Mehdi boude.

B *Choisissez un personnage du texte. Imaginez et écrivez un courriel que ce personnage écrit à un ami.*

> Cher … / Chère …,
> ça m'énerve! Tous les jours, je rentre
> de l'hôpital et mes enfants …

En forme

4 **Chez les Azemour … et chez moi.** (G 4)

A *Pensez à la vie des Azemour et écrivez 8 phrases ou plus.*
Utilisez tous les pronoms réfléchis (me, te, se, nous, vous, se).

23, 3 **Exemple:** Mme Azemour se lève très tôt le matin.

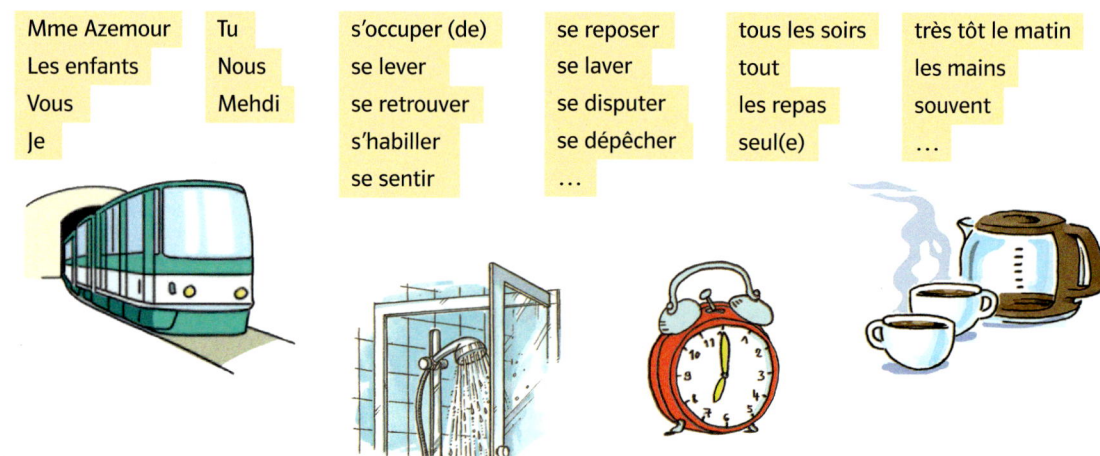

Mme Azemour	Tu	s'occuper (de)	se reposer	tous les soirs	très tôt le matin
Les enfants	Nous	se lever	se laver	tout	les mains
Vous	Mehdi	se retrouver	se disputer	les repas	souvent
Je		s'habiller	se dépêcher	seul(e)	…
		se sentir	…		

B *Travaillez à deux. Parlez de vos journées.*
Posez des questions et répondez à tour de rôle.

Exemple: – Tu te lèves à quelle heure?   – Je me lève à sept heures. Et toi?
         – Moi, je me lève à six heures et quart.   – Vous prenez le petit-déjeuner ensemble?
         – Oui, parfois, mais …   – …

Jeu de mots

5 **Le boulot à la maison, quelle galère!**   **→ En plus 113, 1 △**

Prends des notes puis raconte: – *Qu'est-ce que tu fais toujours, souvent, parfois?*
23, 4   – *Qu'est-ce que tu ne fais jamais?*
                        – *Qu'est-ce que tu aimes, qu'est-ce que tu détestes faire?*

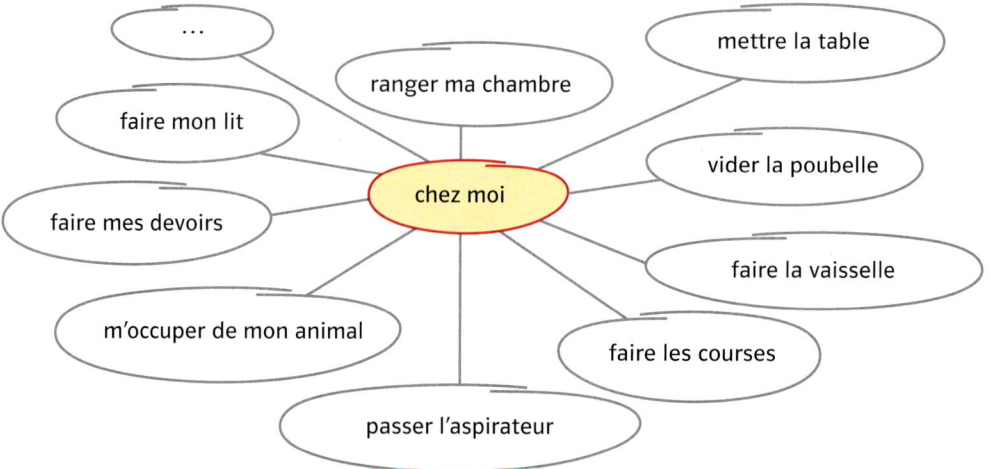

En forme **6** Une journée en semaine (G 5) → En plus 113, 2 △

24, 5

A *Qu'est-ce qu'ils sont **en train de** faire?*
Commencez comme ça: A sept heures et demie, M. Azemour et ses enfants …

7h30  11h45  18h30  20h30

B *Et toi, qu'est-ce que tu es **en train de** faire à ces heures-là?*
C *Imaginez: Qu'est-ce qu'ils **viennent de** faire?*

Exemple: A sept heures et demie, M. Azemour et ses enfants viennent de se lever.

En forme **7** Envie de vous entraîner?

*Formez des phrases. Mettez **de, à** ou **rien du tout** devant l'infinitif.*
Exemple: *Madame Azemour a envie de se reposer.*

Mehdi	commencer		s'informer sur les formations possibles
Madame Azemour	venir		regarder la télé
Monsieur Azemour	pouvoir	à	faire la vaisselle
Abdel	avoir envie		faire ses devoirs
Je	proposer	de	se reposer un peu
Tu	rêver		se disputer avec sa sœur
Nous	arrêter	–	discuter avec ses parents
Karima	vouloir		rendre visite à un copain

Parler **8** Jeu de rôle → En plus 114, 3

24, 6

Mehdi est sorti. Sana et ses enfants discutent.
Travaillez à trois et préparez cette discussion.
- *Chaque élève prépare son rôle. Notez des mots-clés (questions, propositions, arguments).*
- *Jouez la discussion.*

Sana explique la situation à Karima et Abdel. Elle pense que Mehdi est en train de réfléchir et elle espère qu'il va bientôt revenir. Elle parle aussi de sa vie et de ses rêves.

Abdel comprend bien son frère et explique pourquoi son frère est bizarre. A son avis, les parents doivent toujours être là pour leurs enfants et il donne des exemples.

Karima comprend Mehdi. Pourtant, elle trouve qu'il n'a pas raison de bouder. Elle comprend aussi sa mère. Elle a des idées pour changer la situation de la famille.

Atelier B

1 La porte s'ouvre.

Comment ça, il est parti?

Ecoute! La porte s'est fermée et moi, je …

1. Sana travaille souvent le week-end. Alors, le vendredi, c'est le seul jour où toute la famille Azemour peut se retrouver. D'habitude, ils font une soirée jeux. Mais ce soir, l'ambiance à la
5 maison n'est pas très bonne. Sana pense: «Je ne me suis pas assez occupée de mon fils.» Elle est inquiète. Idris est en colère …
– Vous vous êtes disputés?
– Quand je suis rentrée, il était en colère et
10 voulait savoir pourquoi je n'étais pas venue à la journée d'orientation. Puis, il est parti. Je … Oh zut!
– Il faut partir à sa recherche, dit Idris.
– Moi, je téléphone à ses amis. Il est peut-être
15 chez Léo ou chez Corentin!
«Et voilà, pas de soirée jeux aujourd'hui! C'est nul», pense Abdel.

2. Pendant ce temps, chez les Brunet, Mehdi et son ami Pierre parlent de la journée d'orientation.
20 Pierre s'intéresse à tout et veut devenir présentateur à la télé ou à la radio. Mehdi, lui, rêve de voyages et d'aventure. Il a parfois envie de devenir pilote. Mais il ne sait pas encore ce qui l'intéresse vraiment.

25 Mme Brunet et ses deux filles se sont dépêchées d'aller chercher M. Brunet qui revient en avion d'un long voyage. Car le père de Pierre, qui est médecin, a travaillé 3 mois pour «Médecins du monde» dans un hôpital d'Haïti. De retour
30 à la maison, M. Brunet raconte toutes sortes d'histoires incroyables à sa famille qui lui pose mille questions. Il parle des malades, des pauvres,

des paysages de rêve, du sourire des gens. Mehdi écoute un long moment. Tout ce que M. Brunet raconte le fascine.
35

3. Sana est encore en train de téléphoner quand tout à coup, la porte s'ouvre.
Sana: Mehdi? Mais … Tu étais où? Tu nous as fait très peur, tu sais!
Mehdi: J'étais chez Pierre Brunet. On a parlé de
40 la journée d'orientation. Et j'ai pris une décision.
Idris: Comme tu n'avais rien dit avant de partir, je me suis demandé ce qui s'était passé! On t'a cherché partout!
Mehdi: Maman, papa, je sais ce que je veux faire
45 plus tard. Je veux travailler comme médecin humanitaire.
Idris: Ah, bon? On a parlé de ce métier à la journée d'orientation? Tu ne veux donc plus devenir pilote, tu es sûr?
50
Mehdi: A cent pour cent. Médecin, c'est le travail du père de Pierre. M. Brunet est revenu ce soir d'Haïti! Il nous a parlé de ce qu'il avait vu là-bas et c'était vraiment passionnant!
Sana: Tu pourrais faire un petit stage à l'Institut
55 Pasteur pendant les vacances. Mais tu ne pars plus jamais sans dire où tu vas, ça n'aide personne!
Mehdi: Oui, maman. Je suis désolé!
Idris: J'espère bien! Alors maintenant, tout le
60 monde à table! Et après le repas, on fait un jeu! Vous êtes d'accord?
Abdel: Génial! Finalement, elles ont servi à quelque chose, ces discussions, pas vrai, Karima?
65

Lire **2** ## A propos du texte

Voici des titres pour les 3 paragraphes du texte.
1. Pas de soirée jeux!
2. Mehdi et les histoires de M. Brunet.
3. Une décision
*Travaillez à trois. Chacun choisit un titre,
prend des notes et explique ce titre.*

En forme **3** ## Ils se sont disputés. (G 4) → **En plus 114, 4** △

Mettez les verbes au passé composé.

25, 8

il s'est disput**é**	**ils** se sont disput**és**
elle s'est disput**ée**	**elles** se sont disput**ées**

Idris: Alors qu'est-ce qui (se passer)?
Sana: Je (ne pas s'occuper) de lui.
Idris: Ne dis pas ça! Je sais que tu
  (s'occuper) toujours des enfants.
  Est-ce que vous (se disputer)?
Sana: Nous (ne pas se disputer). Je lui ai
  demandé de m'aider, puis la porte d'entrée
  (se fermer). Je ne sais pas où il (se cacher).

Idris: Peut-être que Mehdi et ses amis
  (se retrouver) au cinéma?
Sana: On pourrait aller voir. Tu sais, je
  (se dépêcher) pour aller à la journée d'orientation, mais je suis arrivée trop tard.
Idris: Moi non plus, je (ne pas s'occuper) de lui.
  Bon, je pars à sa recherche.

Jeu de mots **4** ## Le monde du travail

Donnez votre avis sur les métiers suivants. Justifiez votre réponse.

Médecin,					
Vendeur/-euse,			je trouve intéressant		sérieux
Animateur/-trice,			peut me plaire	car	écologique
Cuisinier/-ière,	c'est	qui	j'aimerais faire	parce que	simple
Vétérinaire	un	que	ne me dit rien	c'est	dur
Architecte	métier		je voudrais apprendre	un métier	important
Jardinier/-ière			ne m'intéresse pas trop		…
Coiffeur/-euse					
Ingénieur					
Musicien/ne					

En forme **5** ## Mehdi était déjà parti. (G 6)

Reliez les phrases. Utilisez le plus-que-parfait.

Exemple: Mehdi est parti. Puis Idris est rentré. ⟶ Quand Idris est rentré, Mehdi était déjà parti.

1. Magali a préparé le repas. Puis sa mère est rentrée.
2. Marie s'est couchée. Puis le téléphone a sonné.
3. Mehdi est parti. Puis sa mère a frappé à la porte.
4. Sana a rangé l'appartement. Puis ses parents sont arrivés.
5. Stéphane a quitté le bureau. Puis son chef l'a appelé.

→ **En plus 114, 5** △

En forme

6 Sana et Idris parlent de leur travail. (G 7)

Complétez le texte par **ce qui** *ou* **ce que** *ou* **ce qu'**.

Sana: «**?** est important pour beaucoup de gens, c'est qu'on les écoute. Et moi, j'aime écouter **?** les gens me racontent. Je sais **?** ils ont comme problèmes. Comme ça, je vois mieux **?** je peux faire pour les aider. Mais j'aime **?** je fais!»

Idris: «Inventer des solutions nouvelles, voilà **?** je trouve génial! C'est **?** je préfère dans mon métier. J'aime **?** est nouveau, **?** on n'a jamais vu. J'essaie de savoir **?** les clients veulent. **?** est bien dans mon travail, c'est que c'est toujours différent.

Lire et médiation

7 Mehdi s'informe sur le métier de médecin.

🇫🇷 Vis-à-vis

Quand on va chez un médecin, normalement, on présente sa carte vitale. Le médecin la met dans son ordinateur et note des informations sur la maladie et les médicaments. Chez le médecin et à la pharmacie, on doit généralement payer. Plus tard, on reçoit un remboursement.

A *Cherchez dans le texte les mots pour:*

ein Arzt für Allgemeinmedizin
behandeln
eine Diagnose
er verschreibt Medikamente
ein Patient
die Arbeitsbedingungen

B *Lisez les phrases de 1 à 3. Pour mieux comprendre le texte à droite, essayez de retrouver les phrases du texte qui correspondent à ces phrases.*

1. Quand le généraliste connaît la vie de ses malades, cela l'aide dans son travail.

2. Il doit être ouvert aux autres cultures.

3. Parfois, les médecins font naître des enfants dans des situations difficiles.

C *Dites en allemand ce que vous avez compris du texte.*

Le médecin généraliste traite toutes sortes de maladies. Il fait un diagnostic, puis il prescrit des médicaments ou d'autres examens. Il doit bien connaître ses patients, leur vie et leurs habitudes, ce qui l'aide à comprendre leurs maladies pour pouvoir leur donner des conseils. L'information des patients est aussi une partie importante de son travail.

Un généraliste peut travailler comme **médecin humanitaire**. Dans un contexte de crise, il connaît alors des conditions de travail difficiles. Il doit, par exemple, aider une femme à mettre un enfant au monde sans eau ni électricité. Il doit comprendre la culture où il se trouve et la respecter.

En forme **8 Vous ne comprenez rien!**

Après la journée d'orientation, Mehdi se dispute avec ses parents.
Utilisez «ne … pas, ne… rien», «ne … personne» ou «ne … jamais».

Exemple: Les autres parents font tout pour leurs enfants et
vous **ne** faites **rien** pour moi!

1. Les autres parents connaissent tout le monde à l'Institut Pasteur.
2. Les autres parents comprennent les problèmes des jeunes.
3. Les autres parents vont voir les professeurs de leurs enfants.
4. Les autres parents font tout pour leurs enfants.
5. Les autres parents invitent des amis de temps en temps.
6. Les autres parents s'intéressent à l'avenir de leurs enfants.

Lire et parler **9 Quel est leur métier?**   → **En plus 115, 6** △

  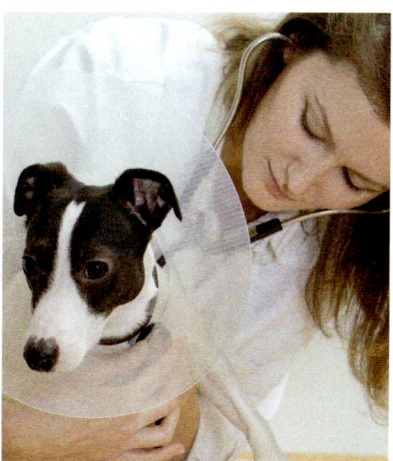

26, 9 **A** *Lisez le texte.*
Quel est le travail de Manon?

Dans son métier, Manon voit beaucoup de
monde. Elle ne travaille pas dans un bureau,
mais elle ne travaille pas dehors non plus.
Elle s'occupe des gens qui veulent acheter
quelque chose. Elle doit bien connaître les
choses et les prix.

B *Décrivez un travail ou un métier.*
Votre voisin doit trouver ce que c'est.

*Vous pouvez regarder les noms des métiers
à la page 35 de votre livre.*

ON DIT

travailler dans l'industrie / le commerce /
l'agriculture / la recherche / une entreprise /
un hôpital
travailler comme mécanicien(ne)
s'occuper d'enfants / d'animaux / de malades …

Pour ce métier, il faut
– être fort en langues / en maths / en technique.
– aimer bouger / inventer des choses /
  fabriquer des choses / communiquer.
– aimer la nature / l'aventure / les contacts

Ce métier permet de voir beaucoup de
monde / de voyager.

Pratique

1 Médecins du Monde

«Médecins du Monde» (MDM) est une association de solidarité internationale, créée en 1980 par Bernard Kouchner et d'autres médecins. Son but[1] est d'aider les populations en difficulté[2] en France et dans le monde.

Les membres[3] sont des médecins, des infirmiers[4] et infirmières volontaires[5] qui aident quand il y a des catastrophes naturelles, des épidémies et des conflits dans le monde. Ils s'occupent des problèmes physiques et psychiques des personnes.

Les «Médecins du Monde» aident aussi les pauvres en Europe, p. ex. les sans-abris[6] et les migrants, ils rendent visite à des enfants malades dans les hôpitaux[7], loin de leurs parents. Ils s'engagent pour le respect des droits de l'homme[8]. Ils apportent de l'aide, des médicaments et des conseils[9].

Ils informent aussi sur les violations[10] des droits de l'homme dans le monde et critiquent les systèmes politiques de certains pays.

Aujourd'hui, «Médecins du Monde» est présent[11] en Europe, en Amérique et en Asie.

En 1993, on a fondé[12] «Médecins du Monde Suisse» et en 1999 «Médecins du Monde Allemagne».

Le logo est une colombe[13], symbole de paix[14] et qui a la forme d'une croix[15] avec une branche d'olivier[16] à cinq feuilles[17] qui font penser aux cinq continents.

Pour plus d'informations, allez sur http://www.medecinsdumonde.org

A 1. Qui est-ce qui a fondé l'organisation «Médecins du Monde»?
2. Est-ce qu'il y a seulement des médecins dans cette organisation?
3. Que font les «Médecins du Monde»?
4. Depuis quand est-ce qu'il y a «Médecins du Monde Suisse»?

PORTFOLIO

B *Présentez vos projets d'avenir: le métier de vos rêves, les idées que vous espérez réaliser, etc. Vous pouvez relire les expressions de «On dit» à la page 37.*

STRATEGIE

1. Du sagst zuerst, worüber du sprechen wirst.
2. Du sagst, welchen Beruf du gerne ausüben willst.
3. Du sagst, was dich daran interessiert.
4. Du sagst, was besonders wichtig für dich ist.
5. Du bedankst dich für die Aufmerksamkeit.

Je vais vous parler de ma vie plus tard, comme je l'imagine.
Plus tard, j'aimerais bien …
Ce que j'aime dans ce métier, c'est …
Ce qui est important pour moi, c'est de …
Je vous remercie pour votre attention.

Mon dico personnel (vocabulaire p. 161)

un avocat, une avocate
un / une vétérinaire
un pompier / une femme pompier

un mécanicien / une mécanicienne
un / une artiste
un policier / une femme policier

---

1 un but ein Ziel **2 une difficulté** eine Schwierigkeit **3 un membre** ein Mitglied **4 un/e infirmier/-ière** ein Krankenpfleger/ eine Krankenschwester **5 volontaire** freiwillig **6 les sans-abris** die Obdachlosen **7 un hôpital** ein Krankenhaus **8 les droits de l'homme** die Menschenrechte **9 un conseil** ein Rat **10 une violation** ein Verstoß **11 présent(e)** anwesend **12 fonder** gründen **13 une colombe** eine Taube **14 la paix** der Frieden **15 une croix** ein Kreuz **16 une branche d'olivier** ein Ast von einem Ölbaum **17 cinq feuilles** fünf Blätter

Bilan

1 Parler

Mehr dazu
9r58ds

Du kannst schon …

> Überprüfe, was du kannst!
> Vergleiche deine Lösungen mit
> den Lösungen auf Seite 221.

1. … sagen, dass du dabei bist, etwas zu tun. *(dich waschen)*	Je suis … !
2. … eine Aktivität vorschlagen. *(sich um den Hund kümmern)*	On …
3. … sagen, wie du dich fühlst. *(gestresst)*	Je me …
4. … sagen: „Wasche dir bitte die Hände."	… les mains, s'il te plaît.
5. … sagen, dass du etwas gerade getan hast. *(das Geschirr spülen)*	Je …
6. … sagen: „So eine Plackerei!"	Quelle … !
7. … sagen, dass du dir Sorgen machst.	Je suis …
8. … deine Verwunderung ausdrücken.	C'est … !

2 Ecouter

21

A *Ecoutez le texte. Pour chaque phrase donnée, trouvez la fin correcte.*

1. Ce week-end, Idris et les enfants Azemour ont très envie de / d' …
a rester à la maison.　　**b** faire des courses.　　**c** aller au zoo.

2. Mais Sana …
a veut se reposer.　　**b** doit travailler dimanche.　　**c** doit faire des courses.

3. Ce week-end, il faut aussi …
a acheter des chaussures pour Abdel.　　**b** acheter des médicaments.　　**c** ranger le salon.

4. Finalement, samedi soir, les Azemour …
a vont au restaurant.　　**b** mangent à la maison.　　**c** vont faire les courses.

5. Dimanche, …
a ils restent à la maison.　　**b** ils vont au restaurant.　　**c** ils vont au zoo.

22 **B** *Vous allez réécouter quelques phrases de ce texte. Avant l'écoute de chaque phrase, lisez les mots donnés. Après l'écoute, notez quels mots vous avez entendus.*

Phrase n°1:	**a** dimanche prochain	**b** dimanche matin
Phrase n°2:	**a** pour faire	**b** pouvoir faire
Phrase n°3:	**a** mais il faut aussi aller	**b** mais s'il faut aller
Phrase n°4:	**a** il va aller très mal	**b** il a très mal
Phrase n°5:	**a** tu sais où c'est	**b** c'est où, tu le sais

Bilan

3   La langue dans son contexte

Cherchez les mots qui manquent et écrivez-les dans votre cahier.

1. A la fin de la classe de 3ᵉ, les élèves **?** choisir leur orientation.
2. C'est pourquoi, cette année encore, le collège de Mehdi a organisé une journée **?** .
3. C'était le jeudi 2 mars de 9 à 17 **?** au gymnase de l'école.
4. Il y avait plusieurs stands où les élèves ont pu **?** sur des formations scolaires et des **?** différents.
5. L'ambiance était bonne et les élèves **?** vraiment les explications qu'on leur donnait.
6. Ils ont **?** beaucoup de questions sur les conditions de travail.
7. Tout le monde était **?** et comme tous les ans, cette journée a été un **?** succès.

4   En forme   (G 6)

Racontez l'histoire au passé. Utilisez le plus-que-parfait quand c'est nécessaire.

Comme tous les jours, Idris **rentre** tard de son travail. Il **est** fatigué parce qu'il **a** beaucoup **travaillé** toute la journée. Quand il **arrive** à la maison, il **remarque** qu'il **a oublié** ses clés. Alors, il **doit** sonner. Sana lui **ouvre** la porte et lui **dit** que Mehdi et elle **se sont disputés** et que le garçon **a quitté** l'appartement, il y a 10 minutes. Elle **explique** qu'elle **n'a pas pu** aller à la journée d'orientation et c'est pour cela que son fils **s'est mis** en colère.
Finalement, les parents **décident** de partir à la recherche de Mehdi.

5   Parler

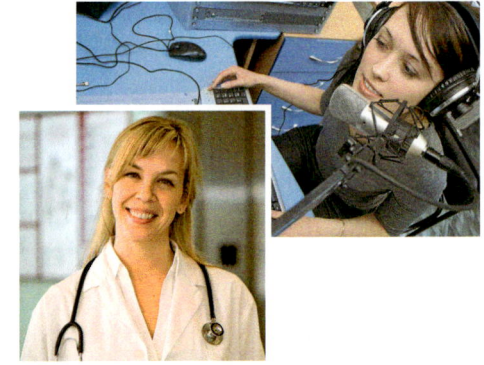

A *Faites la présentation d'un métier: p. ex. infirmière, présentateur de radio, pilote, agriculteur, etc. Cherchez des informations. Faites une affiche et présentez-la devant la classe.*

B *Parlez à deux. Quand vous pensez à ce que vous allez faire plus tard, qu'est-ce qui est important pour vous? Notez des arguments et discutez avec votre voisin(e).*

6   Que sais-je?

Répondez aux questions.

1. Qu'est-ce qu'on fait à l'Institut Pasteur?
2. Qu'est-ce que Louis Pasteur a inventé?
3. Qui est Louis Renault?
4. «Médecins du Monde» qu'est-ce que c'est?
5. Qu'est-ce qu'on fait à une journée d'orientation?

Objets trouvés

Une page du blog de Marie

1. Voici quelques impressions du petit voyage que j'ai fait avec ma famille en juillet dernier. Nous avons pris la «route bleue» et nous sommes allés de Paris à Menton. Quand il n'y avait pas encore l'autoroute, cette mythique «Nationale 7» de 1000 km était LA route des vacances.

Trouvé au marché aux puces …

PARIS

N 7

MONTARGIS

MOULINS

ROANNE

LYON

VALENCE

AVIGNON

N 7

MENTON

CANNES

NICE

FREJUS

Au festival d'Avignon

2. Tout de suite après Valence, le paysage[1] a changé: on voyait tout à coup des lauriers-roses[2] et des pins[3] au bord de la route. C'est là que commence le Sud. On l'entend à l'accent … et aux premières cigales[4]!

3. Tout de suite après, nous sommes arrivés en Provence avec ses champs de lavande, ses oliviers et l'air qui sent bon! A Avignon, toute la ville était comme un grand théâtre à cause du festival. Il y avait beaucoup de touristes et d'artistes. J'ai adoré les personnages bizarres qu'on rencontrait un peu partout dans les rues.

4. A Fréjus: la mer, enfin! Sur la Côte d'Azur, nous avons traversé Cannes, puis Nice … Il faisait vraiment très chaud. Heureusement, nous sommes allés nager de temps en temps. A la fin du voyage, à Menton, on était à quatre kilomètres seulement de l'Italie! Mais l'Italie, c'est pour un autre voyage!

A *Résumez ce que vous savez maintenant sur le sud de la France.*

B *Dites si vous avez envie d'aller là-bas. Justifiez votre réponse.*

---

1 un paysage eine Landschaft – **2 un laurier-rose** ein Oleander – **3 un pin** eine Kiefer – **4 une cigale** eine Zikade

Révisions (Lösungen Seite 222)

 Parler

1 Un vrai ami, qu'est-ce que c'est?

Un vrai ami, qu'est-ce que c'est pour vous?
Répondez en 6 phrases.

Pour moi, un vrai ami, c'est quelqu'un **qui** …
c'est quelqu'un à / avec **qui** …
c'est quelqu'un **que** …

pouvoir tout dire
écouter / problèmes
pouvoir appeler / problèmes
passer des bons moments
avoir envie de voir souvent
beaucoup rire

Exemple: Pour moi, un vrai ami, c'est quelqu'un à qui je peux tout dire.

Jeu de mots

2 1000 choses à faire!

A *Complétez. Trouvez 4 – 6 verbes ou groupes de mots pour chaque phrase.*

1. On peut … ses amis.
2. On peut … un livre.
3. Pendant les vacances, on peut …

Exemples: On peut **attendre** ses amis.
On peut **dire la vérité à** ses amis.
Continuez.

B *Qu'est-ce qu'on peut faire avec une feuille de papier[1]? Ecrivez 4 – 6 phrases. Soyez créatifs!*

Exemples:
On peut faire un petit avion et le lancer en l'air. On peut écrire un … et …

Ecrire
Parler

3 Une annonce pour un casting

Pour tourner un film policier[2], nous cherchons des personnes pour les rôles suivants:

- une jeune fille timide
- un pickpocket
- une femme étrange
- une mère de famille jalouse
- un homme sérieux
- un clown

 A *Choisissez 4 rôles, puis cherchez sur la photo 4 acteurs qui peuvent les jouer. Décrivez les acteurs, imaginez leur caractère.*

 B *Discutez. Justifiez votre choix pour les rôles que vous leur donnez.*

---

1 une feuille de papier ein Blatt Papier
2 un film policier ein Kriminalfilm

Omar Sy
Kad Merad

Maïwenn
Christa Theret

Catherine Frot
Daniel Auteuil

Jeu de mots **4** ## Encore des mots, toujours des mots!

A *Pour chaque mot, trouvez un ou plusieurs*
mots de la même famille.
Faites une phrase avec chaque mot trouvé.

différent   voler
regarder   soupçon
malade

B *Inventez des définitions pour 3 mots du texte*
«Une page du blog de Marie». Utilisez les pronoms
relatifs **qui**, **que**, **où** *au moins une fois. Puis marchez*
dans la classe et proposez ces devinettes à vos
camarades qui doivent trouver les mots.

Exemple: C'est un journal qu'on écrit sur Internet. (⟶ C'est un blog)

En forme **5** ## Le grand-père de Lucie raconte ... (G 1)

Complétez le texte avec les verbes qui
manquent. Attention, il faut utiliser
l'imparfait.

avancer   être   avoir   passer

nager   prendre   faire   aimer   savoir

jouer   retrouver   partir   arriver

1. Quand j'**?** enfant, nous **?** chaque été les
   vacances sur la Côte d'Azur.
2. Il n'y **?** pas encore l'autoroute, c'est
   pourquoi nos parents **?** la Nationale 7.
3. On **?** de Lyon à 5 heures du matin,
   et on **?** à Nice le soir.
4. Il **?** chaud et on n'**?** pas vite, mais j'**?**
   bien ces voyages!
5. Et puis à Nice, je **?** toujours ma copine.
6. Nous **?** dans la mer et nous **?** au ballon
   sur la plage. Et puis … maintenant, cette
   copine de vacances, c'est ta grand-mère!
   Tu ne le **?** pas, hein?

© www.ideeplus.fr-F.Margerin2013

En forme **6** ## La grand-mère de Lucie raconte ... (G 2)

Trouvez les parties de phrases qui vont ensemble,
puis mettez les verbes au **passé composé** *ou à l'***imparfait***.*

1. Il (faire) beau
2. Tout à coup, je le/l' (voir):
3. Mais le lendemain, ils n'(être) pas là
4. Après, il (venir) tous les jours avec ses
   parents
5. Ils (arriver) toujours tôt, vers 10 heures,
6. Et un jour, je lui (dire)

a il (être) sur la plage avec ses parents.
b «Je t'aime.»
c et je/j' (penser): dommage …
d alors je/j' (demander) à mes parents d'aller
   tôt sur la plage.
e et on (jouer) tous les jours ensemble.
f quand je le/l' (rencontrer) pour la première fois.

On prépare le DELF

1 Compréhension de l'oral

30 *Lisez d'abord les questions, écoutez le texte une ou deux fois, puis répondez.*

1. Le sujet de ce texte, c'est Marc et
a sa vie au collège.   **b** sa vie en famille.   **c** ses vacances.

2. Quand c'est possible, Marc préfère passer son temps
a en famille.   **b** avec ses amis.   **c** avec son frère Jacob.

3. Marc raconte qu'il est allé
a à la mer.   **b** à la campagne.   **c** dans une grande ville.

4. Jacob
a pose beaucoup de questions.   **b** n'aime pas le sport.   **c** pense souvent comme Marc.

2 Compréhension des écrits

Léonie réfléchit: Lili aime les films d'amour, Julien préfère les comédies, Adrien adore Paris et Nadia la musique. Quel DVD est-ce que Léonie peut regarder avec ses amis?

1 Bienvenue chez les Ch'tis
Une comédie qui plaît à tout le monde: Philippe doit changer de travail et déménager du sud de la France dans le Nord, chez les Ch'tis. Au début, il est sous le choc, mais petit à petit, il tombe amoureux de cette région.

2 LOL
Ce film raconte l'histoire d'un groupe de jeunes pendant une année scolaire à Paris: les mauvaises notes, les fêtes, les concerts, les copains, les problèmes avec les parents … Lol aime Maël, mais c'est son meilleur ami … Des scènes très vraies et souvent drôles au rythme de la musique que ces jeunes Parisiens écoutent.

3 Intouchables
Deux hommes très différents deviennent de bons amis: Driss, qui vient d'une banlieue pauvre, doit s'occuper de Philippe qui est en chaise roulante et habite dans un hôtel particulier très chic à Paris. Un film très drôle sur l'amitié, qui nous montre les différentes perspectives de la vie.

3 Production écrite

Dans un courriel à un ami, tu racontes une journée intéressante que tu as passée avec ta famille. Ecris un texte d'environ 80 mots. Utilise l'imparfait et le passé composé.

4 Production orale

Travaillez à deux. Choisissez votre rôle. Vous avez 7 minutes pour le préparer. Jouez ensuite la scène (2 – 3 minutes).

1. Tu veux faire quelque chose avec un ami, mais il veut venir avec une autre personne que tu n'aimes pas. Tu discutes avec ton ami.

2. Ton ami veut faire quelque chose avec toi et tu es d'accord. Tu veux inviter une autre personne à sortir avec vous. Tu essaies de l'expliquer à ton ami.

Unité 3
Bon séjour à Tours!

Mehr dazu
y6j7vz

🇫🇷 **Vis-à-vis**

Pour découvrir le pays de nos voisins, pour connaître les gens, leur langue et leurs habitudes, on peut participer à un échange scolaire. Si vous voulez trouver des correspondants, vous pouvez vous informer sur le site Internet de l'OFAJ *(Office franco-allemand pour la jeunesse)* ou demander à votre professeur de français.

31 📷 *A Tours, les élèves du collège Francis Poulenc attendent l'arrivée de leurs correspondants allemands de Cologne.*
Ils vont arriver vers 18 heures avec le car.

1. Cherchez Tours sur la carte au début de votre livre.

2. Ecoutez la scène: De quoi parlent les élèves français?

PORTFOLIO

Am Ende dieser Unité weißt du, wie man sich auf einen Austausch vorbereitet. Außerdem kannst du ein Quiz über deine Heimatstadt entwerfen.

Atelier A

Regarder
et écouter

1 Tours et sa région

Les élèves français ont préparé un diaporama
qu'ils ont envoyé à leurs correspondants.
Trouvez aussi les réponses.

32

Un tour à Tours –
Jeu interactif

Bienvenue à Tours!
Voici la Loire, le fleuve qui traverse Tours, avec le pont
Wilson et au loin, une grande église: c'est la cathédrale
Saint-Gatien. Et maintenant, le jeu commence.

Un tour à Tours

Ecoutez le texte et
regardez.
Qui est-ce?
a Honoré de Balzac?
b Charlemagne?
c Saint Martin?

32

Regardez et devinez.
Qu'est-ce qu'il y a toujours
sur un Hôtel de ville français?

L'Hôtel de ville

Des spécialités de Tours

Ecoutez le texte. Qu'est-ce qui
n'est pas une spécialité de
Tours?
a Les mouillettes[1].
b Le nougat.
c Le fromage de chèvre[2]. 33

---

1 des mouillettes *(f.)* längliche Brotstückchen, die man in weichgekochte Eier taucht **2 une chèvre** eine Ziege

Au bord de la Loire

Ici, on peut faire environ 800 km de promenades à pied ou à vélo! Réfléchissez. Pour trouver des informations sur toutes les sorties, on va d'abord
a à l'office de tourisme.
b à l'Hôtel de ville.
c à la maison de la presse.

Ecoutez le texte.
Aujourd'hui, le Cadre Noir est
a une école militaire.
b une très bonne école pour faire du cheval.
c une école de cirque. 35 🔊

le Cadre Noir

Le Monstre de Tours

1 Cherchez 3 monuments de Tours qui ne sont pas sur ces deux pages.
2 Trouvez le nom de 3 autres châteaux de la Loire. Ils sont près de quelles villes?

Le château de Villandry

Ecoutez le texte. Combien est-ce qu'il y a de châteaux de la Loire?
a 400?, b 40?, c 20? 34 🔊

Approche

2 Avant le départ

Le jeudi 22 avril, vers 18 heures, les correspondants allemands arriveront à Tours.

Mercredi soir, Julie écrit un courriel à sa correspondante allemande Hannah:

> Coucou Hannah,
> Je suis contente de te voir demain! A l'arrivée, pas de problème pour porter ta valise, on rentrera à la maison en voiture.
> Puis on mangera en famille. Papa s'occupera du repas, j'espère que tu vas aimer!
> Vendredi, vous visiterez la ville en groupe ☺ mais nous, les Français, nous resterons au collège ☹. Ce week-end, je te montrerai un peu la région et tu retrouveras des endroits de notre petit jeu interactif. Et la semaine prochaine, tu découvriras enfin la vie dans notre cher vieux collège!
> Alors, bon voyage et à demain!
> Julie

A *Dans ce texte, il y a des formes du verbe que vous ne connaissez pas encore. C'est le* **futur simple**. *Relevez les formes (terminaisons) et cherchez l'infinitif de ces verbes. Ecrivez-les dans votre cahier.*

B *Quel est le programme de Hannah pour jeudi et vendredi? Prenez des notes puis racontez.*

Exemple: Jeudi, elle arrivera à Tours. Puis elle …

jeudi:	arriver
	rentrer en …
vendredi:	…

En forme

3 On attend les correspondants … (G 8)

 38, 1

Mme Hugot, la professeure française, informe ses élèves.

Trouvez les phrases qui vont ensemble. Ecrivez-les dans votre cahier:

1. Pendant le week-end, les élèves allemands
2. Lundi, de 8 h à 8 h 30, vous
3. Lundi à midi, nous
4. Mardi, toi, Mathieu, tu
5. Mercredi, j'
6. Jeudi soir, nous
7. Vendredi, le car

a montrerez le collège à vos corres.
b organiserons une petite fête.
c aiderai les profs allemands.
d partira à 8 h 15.
e resteront en famille.
f me diras si vous mangez à la cantine.
g mangerons en ville, avant le rallye.

4 Tout ira bien, Hannah!

36

1. Ça y est, Hannah est arrivée! Elle porte sa grosse valise dans la petite chambre de Julie.
Hannah: Désolée. J'ai trop d'affaires, non?
Julie: Ne t'en fais pas, on trouvera de la place.

5 Moi aussi, quand je pars, je prends presque toute mon armoire de fringues avec moi! Mon père, ça le rend dingue!
Hannah: «Randingue», qu'est-ce que c'est?
Julie: Ce sont deux mots! Il devient dingue, quoi.

10 «Dingue», c'est comme «fou».
Hannah: Oh, je connais ça! Avec mon père, c'est la même chose!
Les deux filles éclatent de rire.

2. Plus tard, dans le salon, toute la famille est en

15 train de discuter. Il est presque 20 heures. Quand est-ce qu'ils mangeront enfin?, se demande Hannah. Son ventre fait des bruits bizarres. Elle a très faim, mais elle n'ose pas le dire.
Julie: Ah, tu as la dalle, peut-être?

20 Tiens, prends encore des olives.
Mme Mollet: Julie, comment est-ce que tu parles à notre invitée? On ne dit pas «avoir la dalle», on dit «avoir faim»!
M. Mollet: Hannah, j'ai fait du poisson.

25 J'espère que tu aimeras ça.
Pour être polie, Hannah répond
«Oui, monsieur.».

3. Enfin, on mange et Hannah trouve le repas délicieux! Oscar, le petit frère de Julie

30 qui regardait Hannah depuis un moment, commence à poser des questions. Et quelles questions!

Oscar: Est-ce que tu as un ami, je veux dire un petit copain?
Hannah est un peu gênée. 35
Julie: Oscar, s'il te plaît, est-ce que tu peux éviter les questions débiles?
Mme Mollet: Julie, voyons, il est petit! Je suis désolée, Hannah!
Hannah devient rouge comme une tomate. 40
Hannah: Ce n'est pas grave.
M. Mollet: Bon, parlons un peu de notre programme du week-end. Samedi, nous partirons vers 10 heures. Nous ferons un grand tour à vélo au bord de la Loire et du Cher, 45 jusqu'à Villandry.
Mme Mollet: Je pense qu'on n'aura pas de pluie. Il faut environ 2 heures pour aller à Villandry. Ce ne sera pas trop pour toi, Hannah? Sinon on pourra faire une petite pause en route. 50

4. *M. Mollet:* Dis donc, Hannah, tu as aimé mon plat? Tu en reprends?
Hannah: Merci, votre poison est super, Monsieur, mais je n'ai plus faim.
Julie: Enfin quelqu'un qui ose dire la vérité 55 sur ta cuisine, papa! Ha ha ha!
Hannah: Pourquoi est-ce que tu ris?
Mme Mollet: Tu vois, Hannah, le poisson, c'est cet animal … et le poison, c'est euh … très mauvais … 60
Julie: C'est «poison» en anglais.
Hannah: Je fais beaucoup de fautes!
M. Mollet: C'est normal! Mais je trouve que tu te débrouilles très bien.
Hannah: Merci! 65

→

5. Hannah est très contente. Elle avait un peu peur
avant le voyage, mais les Mollet sont très gentils.
Samedi, la journée sera sûrement intéressante.
Et dimanche, ils iront voir les chevaux à Saumur.
70 Toute la famille de Julie viendra. Pendant que
Hannah réfléchit, Julie, elle, prépare sa question.
Julie: Euh, les garçons de ta classe, ils sont comment?
Hannah: Je m'entends bien avec eux. Tu verras,
ils sont sympas.
75 *Julie:* Et le corres de Mathieu, il est sympa, lui aussi?
Hannah: Ah, Niels, tu es amoureuse? Tu le trouves …
comment est-ce qu'on dit *süß* … avec du sucre …
attends, je cherche le mot dans le dictionnaire;
voilà: *sucré*?
80 *Julie:* Sucré?
Hannah: Oui, toutes les filles le trouvent *plein sucré*!
Julie: Ah, tu veux dire qu'il est *trop mignon*.
Eh oui, c'est vrai, ça …

PONS.eu
Das Online-Wörterbuch
Facebook | Twitter | Anmelden | Seite auf Deutsch
Wörterbuch Übersetzung Vokabeltrainer Bewerbungstipps Schule

süß | Deutsch ⇄ Französisch | **Suchen**

Deutsch » Französisch > S > sus

Übersetzungen für süß im Deutsch-Französisch-Wörterbuch

Ergebnis-Übersicht

I. süß [zy:s] ADJ		ⓘ
1. süß *(zuckrig):*		
⊕ ◀ süß *Gericht, Getränk*	sucré(e)	◀ ⊕
⊕ ◀ süß *Wein*	doux (douce)	◀ ⊕
2. süß *(lieblich):*		
⊕ ◀ süß *Duft, Parfüm*	suave	◀ ⊕
3. süß *(reizend):*		
⊕ ◀ süß *Kind*	mignon(ne)	◀ ⊕
⊕ ◀ ein *süßes Gesicht*	une jolie frimousse	◀ ⊕
II. süß [zy:s] ADJ		ⓘ
1. süß *(zuckerreich):*		
⊕ ◀ süß *essen, trinken*	sucré *inv*	◀ ⊕
⊕ ◀ süß *zubereiten*	avec du sucre	◀ ⊕
2. süß *(lieblich):*		

© PONS GmbH

Lire ## 5 A propos du texte

A *Dans le texte ci-dessus, il y a des verbes au futur.
Ecrivez ces formes dans votre cahier, cherchez
l'infinitif de ces verbes et écrivez-les.*

38, 2

B *Dans son carnet de voyage, Hannah
écrit un texte en français sur sa première
soirée chez les Mollet. Ecrivez ce texte
(environ 75 mots).
Prenez d'abord des notes.*

Dans son article, Hannah raconte	notes
• ce qu'elle a fait,	arriver, manger, faute …
• ce qu'elle a aimé,	Julie, famille, repas, …
• ce qui lui a posé des problèmes,	parler, comprendre …
• ce qu'elle fera le week-end.	vélo, Château de Villandry, chevaux

---

Stratégie ## 6 Utiliser le dictionnaire (allemand-français)

→ **En plus 115, 1** △

A *Hannah a cherché le mot pour «süß»
dans le dictionnaire. Quelle a été son erreur?*

B *Utilisez le dictionnaire et dites en français:*

1. Sie ist **sauer**, weil …
2. Wie **weit** ist es bis Villandry?
3. Nach Villandry **braucht** man ungefähr zwei Stunden.

STRATEGIE

Parler et écrire
Viele Wörter haben mehrere Bedeutungen. Bei der Suche im Wörterbuch
musst du darauf achten, in welchem
Zusammenhang du das Wort verwendest.
Lies den ganzen Wörterbucheintrag,
denn oft ist nicht die erste Übersetzung
die richtige.

Vis-à-vis
jeu de mots

7 Les niveaux de langue
(Vocabulaire, page 165)

 Vis-à-vis

> Il y a souvent plusieurs mots pour parler de la même chose. Comment choisir le mot juste au bon moment? Utilisez le français standard et vous êtes sûrs d'être corrects!

A *Dites en français standard:*

– Quelle galère!
– J'ai la dalle.

ON DIT

français standard	français familier	langue des jeunes
un homme / un garçon	un mec	un keum
une femme / une fille	une nana	une meuf
comprendre	piger	capter
Je l'aime beaucoup.	Je suis dingue de lui / d'elle.	Je le / la kiffe!
C'est vraiment gênant.	J'ai la honte!	J'ai la honte grave!

B *Regardez le dessin. Que dit le garçon?*
Traduisez en français standard.

> Il a un blème ce keum, il ne capte rien.

En forme

8 Le programme pour samedi (G 8, 9)

→ **En plus 116, 2** △

A *Mettez les verbes au **futur simple**.*

Julie: Demain, avec mes parents, on **fait** un tour à vélo à Villandry.
Hannah: Est-ce que ton frère **vient** avec nous?
Julie: Non, mes grands-parents **vont venir** en voiture avec lui et nous allons **visiter** le château ensemble.
Hannah: Où est-ce qu'on **mange**?
Julie: Demain? On ne **mange** pas!
Mme Mollet: Mais si, Hannah! Toi et Julie, vous **préparez** des sandwichs pour nous quatre. Mais on **voit** ça demain matin avant de partir!

Hannah: On **prend** quel vélo, demain?
Julie: Tu **prends** le mien[1]. Moi, j'**ai** celui de ma copine Charlotte.
Hannah: On **peut** prendre des photos dans le château?
Mme Mollet: Dans le château, non, mais dans les jardins, vous **prenez** toutes les photos que vous **voulez**. Mais maintenant, les filles, au lit!
Julie: Bon, nous **voyons** ça demain! Bonne nuit, maman!

B *Imagine: bientôt, ton correspondant français viendra chez toi. Dans un courriel, tu lui proposes un programme de visite. Utilise le **futur simple**. Les mots donnés peuvent t'aider.*

je	te montrer ma ville
nous	visiter … / manger …
tu	voir mes amis / ma famille …
il	faire beau / mauvais …
on	aller à …
…	…

---

1 le mien das meine

Jeu de mots

9 Quel temps fait-il?

Le ciel est couvert.
Il y a des nuages.

La neige tombe.

Il fait 15 degrés.

Le soleil brille.

A *Complétez dans votre cahier les filets à mots avec tous les mots et expressions que vous connaissez.*

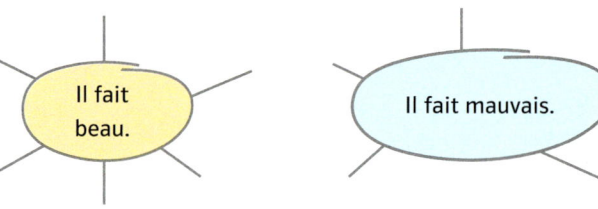

Il fait beau.

Il fait mauvais.

B *Quel temps fait-il aujourd'hui? Comment était le temps hier? Et demain, quel temps est-ce qu'il fera? Regardez sur Internet ou à la télévision.*

Ecouter
Médiation

10 France Bleu Touraine: Les sorties du week-end

→ **En plus 116, 3** △

37
40, 5

A *Tu es en France et tu écoutes la météo à la radio. Au téléphone, tes parents te demandent quel temps il fera ce week-end. Qu'est-ce que tu peux leur dire?*

38

B *A la radio, on parle aussi des activités dans la région ce week-end. Imagine. Tu es à la place d'Hannah.*

Choisissez un sujet qui vous intéresse:
- *L'histoire*
- *Les animaux*
- *Faire la fête dehors*

Ecoutez le texte une ou deux fois et prenez des notes. Puis expliquez à vos parents ce que vous pouvez faire ce week-end.

> **STRATEGIE**
>
> **Ecouter et prendre des notes**
> Ihr hört eine Radiosendung oder eine Durchsage, um ganz bestimmte Informationen zu bekommen.
> So könnt ihr vorgehen:
> - Schreibt das Thema, zu dem ihr Informationen braucht, als Überschrift auf einen Zettel. Hier könnt ihr z. B. „histoire" notieren.
> - Hört genau zu und filtert beim Hören Informationen heraus, die zu eurem Thema passen. Notiert auf Französisch Stichworte.
> - Beim zweiten Hören solltet ihr eure Notizen um weitere Informationen ergänzen.

Jeu de rôle

11 C'est Till? – Oui, c'est bien lui! (G 10)

→ **En plus 117, 5**

Jouez à deux. L'un dessine, l'autre devine. Puis changez de rôle.

Atelier B

Approche **1** ## Plus pratique? Moins pratique?

Parlez en classe: est-ce que pour vous, le vélo est plus pratique, aussi pratique ou moins pratique que la voiture pour découvrir une région? Justifiez votre réponse.

plus (+) pratique **que**
aussi (=) pratique **que**
moins (−) pratique **que**

Approche **2** ## Hannah s'informe sur les châteaux de la Loire.

→ **En plus** 118, 6

Un des châteaux les plus célèbres, c'est Chambord. Pour moi, le plus intéressant dans ce château, c'est la chambre du roi Louis XIV. Mais j'aime aussi le château de Villandry.

Le château de Villandry est plus petit que d'autres châteaux de la Loire, mais ses jardins sont les plus beaux de la région.

A *Et dans votre région, quels sont les endroits ou les évènements les plus intéressants, les plus connus?*

Exemples:
A mon avis, l'évènement **le plus intéressant** ici, c'est le «Karneval».

L'endroit **le plus connu** de notre région, c'est la cathédrale …

B *Lisez les informations, puis comparez les trois châteaux de la Loire les plus connus.*

Exemples:
Chambord est presque aussi vieux que Chenonceau.
Le parc de Chambord est le plus grand des trois.

	Villandry	Chambord	Chenonceau
Début de la construction jardins / parc entrée (-18 ans)	1532 env. 4 terrains de foot 5,50 €	1515 env. 4000 terrains de foot 8,50 €	1513 env. 51 terrains de foot 8,50 €

3   Le coup de foudre

Pendant la lecture:
Quel titre va avec quel paragraphe?

Enfin à deux   Tiens, qui est-ce?   Mathieu comprend tout.

Un souvenir   A la découverte de la région

39

41, 7

1. Après un bon petit-déjeuner, Hannah, Julie
5 et ses parents sont sur leurs vélos. Il est encore
tôt, c'est le meilleur moment pour rouler. De
l'autre côté du pont qu'ils viennent de traverser,
les toits de la vieille ville brillent sous le soleil.
M. Mollet: Hannah, est-ce que tu sais que
10   la Loire est le plus long fleuve de France?
Hannah: Ah bon, ce n'est pas la Seine?
M. Mollet: Non, la Seine est moins longue que
   la Loire!
Julie: Papa, tu ne vas pas nous faire un cours
15   de géographie! C'est ennuyeux!
M. Mollet: Hannah, c'est intéressant, non?
Hannah: Oui, c'est euh … plus intéressant
   que les cours à l'école.

2. A 11 heures, les Mollet ont retrouvé Oscar
20 et ses grands-parents devant le château.
Maintenant, tout le monde fait la queue
à l'entrée. Il fait aussi chaud qu'en été.
Tout à coup, on entend deux voix tout près.
Niels: Hannah! Hallo!
25 *Mathieu:* Julie, on est là!
Les garçons sont juste à quelques mètres, avec la
   famille de Mathieu. Hannah dit bonjour et Julie
   devient rouge comme une tomate.
Mme Mollet: Oh, tu as un coup de soleil, Julie!
30   Tu veux un peu de crème?
Julie: Mais non, maman, ce n'est rien!
La mère de Mathieu: Bonjour! Ah, vous êtes
   venus à vélo aussi! Oh là là! Il fait chaud!
Le père de Mathieu: On n'a presque plus d'eau.
35   Les garçons, vous voulez bien aller acheter une
   autre bouteille pendant qu'on attend le guide?
Mathieu: Dis donc Niels, je suis fatigué.
   Tu peux aller à la buvette sans moi?
Niels: Euh, oui, d'accord. A plus!

3. Il y a du monde à la buvette et quand
40
Niels et Julie ont enfin leurs bouteilles d'eau,
ils se mettent à chercher leurs corres.
Julie: Ils sont vaches quand même!
Niels: Vaches? Kühe? Muuuh!
Julie rit: Non! Ça veut dire qu'ils ne sont pas
45
   sympas. Ils ne nous ont pas attendus.
   On est seuls, quoi!

Et le visage de Julie devient encore plus rouge.
Ils décident d'attendre sur un banc. Derrière
eux, à l'ombre des arbres, il y a une petite statue
50
qu'ils ne remarquent pas. Niels ne sait pas quoi
dire. Julie elle, est en secret très heureuse d'être
seule avec lui.

4. Tout à coup, Hannah et Mathieu arrivent.
Mathieu: Désolé, on vous attendait devant la
55
   buvette, mais il y avait tellement de mon …
Soudain, Mathieu regarde les deux jeunes
avec un sourire bizarre.
Mathieu: Ne bougez pas!
Niels: Quoi, qu'est-ce qu'il y a?
60
Mathieu: Je peux faire une photo? …
   Voilà, merci. Et maintenant, vite!
   On arrivera juste à temps pour la visite.

5. Le soir, après une bonne douche et un
grand plat de spaghettis, les filles vont sur
65
Internet. Tiens, il y a un courriel de Mathieu
avec une photo …
Quand elles l'ouvrent, Hannah éclate de rire
et Julie, toute rouge, s'écrie:
«Mathieu, tu me le paieras!!!»
70

Lire

4 A propos du texte

A *Dites à quelle partie du texte correspond cette image.*

B *Prenez des notes, puis racontez ce qui s'est passé avant et après la scène sur la photo.*

C *Imaginez une suite au texte (environ 80 mots).*

eu de mots

5 C'est tout le contraire!

→ **En plus 118, 7**

A *Trouvez le contraire de ces mots.*

B *Imaginez et écrivez un courriel que Niels envoie à Julie. Utilisez 5 mots de A.*

mauvais,e	en retard	long,ue
difficile	se mettre à	froid,e
fermé,e	près de	nul,le
vieux, vieil, vieille	partir	petit,e
passionnant		

En forme

6 Les plus beaux souvenirs (G11)

→ **En plus 118, 8** △

42, 8

A *Hannah et Julie comparent des idées de cadeaux. Qu'est-ce qu'elles disent? Faites attention aux formes de l'adjectif bon!*

Exemple: A mon avis, une BD est **plus** **originale** **que** des chocolats.

fromage	une assiette	original	pratique	classique
guide de la région	T-shirt BD	intéressant	bon	cher
bonbons	chocolats …	drôle	beau	…

B *Julie dit à Hannah où elle peut trouver les cadeaux les plus intéressants. Qu'est-ce qu'elle dit?*

Exemple: Va dans un supermarché:
tu trouveras là-bas les BD **les moins chères**.

supermarché	marché aux puces	marché	musée
les BD	les assiettes	le fromage	les guides
– – cher	++ original	++ bon	++ intéressant
les CD	les choses	les fleurs	les cartes
++ nouveau	++ vieux	++ beau	– – drôles

Jeu de sons

7 Toujours plus!

40

A *Ecoutez et répétez.*

1. Un **plus** un, ça fait deux.
2. La **plus** belle, c'est elle.
3. Il l'aime toujours **plus**!
4. Elle ne sera **plus** jamais seule!

B *Lisez à haute voix. Attention à la prononciation!*

1. Tu en veux plus? Tu n'en veux plus?
2. Non, merci, je n'ai plus faim. Plus tard peut-être.
3. Tu dors plus que moi.
4. Il est beau et sympa en plus!

Osez parler! A la page 167 vous trouverez un «Petit lexique de l'échange»!

Vis-à-vis
Parler

8 Se débrouiller pendant l'échange

42, 9

→ **En plus 119, 9** △

ON DIT

Quand …

… tu n'as pas compris …

… tu peux dire:
Je suis désolé(e), mais vous parlez trop vite!
Est-ce que vous pouvez répéter s'il vous plaît?
Qu'est-ce que ça veut dire, «rend dingue»?

… tu ne trouves pas un mot …

C'est le contraire de …
C'est quelque chose comme …
Ça ressemble à …, mais c'est plus/moins …

… tu veux faire quelque chose …

Je voudrais bien …
Est-ce que je peux …?
C'est possible de …?

… tu n'aimes pas quelque chose et
tu veux être poli(e) …

Je suis désolé(e), mais je n'ai pas l'habitude de …
Merci, c'est gentil mais je ne veux pas.
Merci, mais je préfère …

Qu'est-ce que tu peux dire dans les situations données? Choisissez une situation et jouez un dialogue.

1. Tu dors mal parce que la couverture n'est pas assez chaude.
2. Tu veux utiliser l'ordinateur pour …
3. Tu n'aimes pas trop un plat.
4. Tu veux expliquer ton plat préféré.
5. Tu proposes une activité avec un ami de ta classe et son correspondant.

Exemple:

Ton correspondant: Bonjour, tu as bien dormi?
Toi: Pas trop. Je suis désolé(e), mais j'ai l'habitude de dormir avec une couverture plus chaude.
Ton correspondant: Ne t'en fais pas, ce n'est pas un problème. Si tu veux, tu peux avoir une autre couverture.
Toi: Merci, c'est très gentil!

Pratique

Ecouter
Médiation

1 Bienvenue chez nous!

41

A *Un ami français vient chez toi.
Vous parlez de votre vie de tous
les jours et de vos habitudes.*

*Ton frère / ta sœur qui ne comprend pas
le français veut savoir ce que dit ton ami*

- *de son école,*
- *de ses journées,*
- *de ses activités.*

B *Travaille seul(e). Ecoute ce que dit ton
ami. Puis raconte à ton frère / à ta
sœur les points les plus importants.*

PORTFOLIO

2 Vis-à-vis

*Vous préparez un jeu ou un quiz qui
permettra à vos correspondants de
découvrir votre ville et votre région.
Ce sera un jeu en français, bien sûr!*

- *Faites une liste: Quels endroits et
  quelles activités peuvent être
  intéressants pour vos correspondants?
  Pourquoi?*
- *Trouvez ou prenez des photos.*
- *Ecrivez des petits textes pour chaque
  photo. Vous pouvez aussi enregistrer[1]
  ces textes.*
- *Inventez des questions qui vont
  avec ces photos.*
- *Réalisez le jeu sur papier ou sur
  ordinateur.*

Endroits, activités...	intéressant
	à cause de ...
	parce que ...

Si vous ne savez pas comment
réaliser ce jeu, regardez
l'exemple aux pages 46 – 47.

Mon dico personnel: Ma ville et ma région (Vocabulaire, page 167)

le centre-ville	das Stadtzentrum	un centre commercial	ein Einkaufszentrum
un chantier	eine Baustelle	un village	ein Dorf
une zone piétonne	eine Fußgängerzone	une rivière	ein Fluss
faire les magasins	einen Einkaufs-	une forêt	ein Wald
	bummel machen,	une montagne	ein Berg, ein Gebirge
	„shoppen"	un château fort	eine Burg

---

1 enregistrer aufnehmen

Bilan

1 Parler

Mehr dazu 7y874v

Du kannst schon …

> Überprüfe, was du kannst!
> Vergleiche deine Lösungen mit
> den Lösungen auf Seite 222 – 223.

1. … ungefähre Angaben machen (Es sind ungefähr 20 km).	Il y a … km.
2. … sagen, wie lange man braucht, um nach Villandry zu fahren.	… 2 heures pour …
3. … zu jemandem sagen, dass er sehr gut zurechtkommt.	Tu te … très bien!
4. … zu einem Erwachsenen sagen, dass er sehr freundlich ist.	Vous … !
5. … sagen, dass etwas gut schmeckt.	C'est …!
6. … sagen, dass du dich gut mit jemandem verstehst (mit ihm / ihr).	… avec lui.
7. … sagen, dass du jemanden (sie / er) süß findest.	Elle est …
8. … sagen, dass du etwas wirklich peinlich findest.	C'est vraiment …
9. … sagen, wie das Wetter ist (15 Grad, Wolken).	Il fait …
10. … auf Französisch erklären, was ein Fisch ist.	C'est un … qui …

2 Jeu de mots

un ciel   une visite   un plat   un correspondant

A *Trouvez les noms qui vont avec les adjectifs.*
Notez les expressions dans votre cahier.
Attention à l'accord de l'adjectif!

1. **?**	passionnant ennuyeux original	2. **?**	couvert gris clair	3. **?**	gentil normal poli	4. **?**	délicieux français sucré

B *Complétez les filets à mots suivants dans votre cahier.*

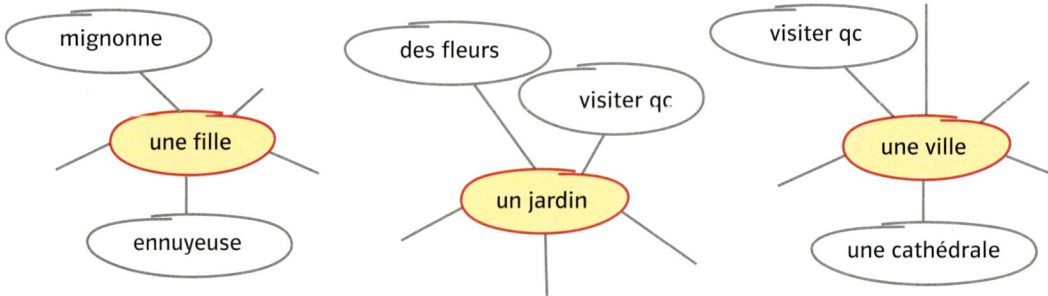

C *Trouvez le contraire des mots et expressions suivants:*

loin de	un ciel couvert	un roman	moins bon
se mettre à	une grosse valise	passionnant	en retard

3 Ecouter et parler

A *Ecoutez. A la radio, on parle du temps. C'est la météo pour quel jour?*

1.
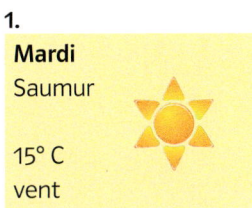
Mardi
Saumur

15° C
vent

2.
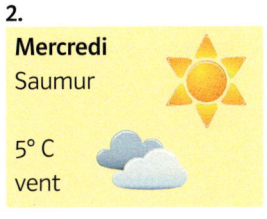
Mercredi
Saumur

5° C
vent

3.

Jeudi
Saumur

10° C

B *Regardez les dessins et décrivez le temps qu'il fera les deux autres jours.*

4 Vis-à-vis / Stratégie

Tu es dans une famille française et tu essaies d'être poli(e).
Qu'est-ce que tu peux dire dans les situations suivantes?

1. Tu as envie d'aller voir un film au cinéma avec un copain et son corres.
2. Tu n'aimes pas trop le poisson qui est dans ton assiette.

3. Tu veux dire: «Ich bin total kaputt!» Tu regardes dans le dictionnaire. Attention aux niveaux de langue!

5 En forme (G 8, 9)

*Imaginez, à partir des cartes ci-dessous, l'horoscope d'Anaïs, Soraya et Léo. Anaïs est née le 18 avril, Soraya le 23 février et Léo le 25 octobre. Utilisez le **futur**.*

Exemple: Demain, Anaïs vivra une journée géniale, elle …

21 mars / 20 avril
Amour: vivre une journée géniale / rencontrer le plus beau garçon de l'échange.
Loisirs: faire une randonnée à vélo et visiter un château.
Santé: le soir / être fatigué(e), dormir très tôt.

23 octobre / 24 novembre
Amour: ne pas tomber amoureux.
Loisirs: aller au cinéma / voir un film / lire un bon livre.
Santé: devoir manger des fruits

19 février / 20 mars
Amour: recevoir un courriel mystérieux.
Loisirs: faire du bateau sur la Loire / écrire un poème.
Santé: avoir mal au dos et aux bras.

Unité 4
Bienvenue en francophonie!

49

> Bonjour! Sa ka maché[1]? Voici la Martinique, une île à plus de 6800 km de Paris! Mes grands-parents viennent de là. A la Martinique, on est aussi en France et on parle le français. On le parle dans beaucoup d'autres pays encore: ce sont les pays de la francophonie.

🇫🇷 Vis-à-vis

La Martinique fait partie des Antilles francophones. Là-bas, loin de la métropole, on parle le français, mais le créole est la langue maternelle d'un très grand nombre d'habitants. Les langues créoles sont nées du contact de plusieurs langues différentes.

1 Sa ka maché (kreolisch) Ça va?

Mehr dazu 🌐
p9q9ae

Regardez la carte à la fin de votre livre.

1. Où se trouve la Martinique?
2. Dans quels pays est-ce qu'on parle le français? Donnez quelques exemples.

PORTFOLIO

Am Ende dieser Unité kannst du ein Land beschreiben und einen Beitrag für eine Broschüre über französischsprachige Länder verfassen.

1 Voyages en francophonie

A *Regardez les photos: Imaginez que vous pouvez faire un voyage.*
Quel pays ou quelle région vous intéresse le plus? Pourquoi?

1 Le Québec

(2 Le Maroc)

2 Le Maroc

3 Le Burkina Faso

4 La Nouvelle-Calédonie

B *Lisez et complétez.*

Le français est, avec l'anglais, la seule langue qu'on parle sur
les **?** continents. La Francophonie, c'est plus de **?** de francophones dans **?** Etats du monde. En Afrique, le français est présent
dans **?** pays.

32	77	
		5
220 millions		

2 Tâche: «Notre petit guide de la francophonie»

A *Après la partie «Découvertes», vous travaillerez sur des stations.*
Travaillez à deux. Les stations 1 et 2 sont obligatoires.

A chaque station, vous
- *lirez des textes sur un pays,*
- *travaillerez sur les mots et la grammaire,*
- *relèverez des informations.*

A la fin de l'unité, chaque élève choisira un pays et écrira un texte pour le présenter.
Vous pourrez ensuite mettre vos textes ensemble pour faire un petit guide.

B *De quoi est-ce qu'on peut parler*
pour décrire un pays?

des habitants   de la géographie   …   → En plus 120, 1 △

Lire

3 Savoir relever des informations

Lisez le texte «Le français dans le monde» et utilisez la stratégie.

1. Worum geht es insgesamt?

2. Worum geht es im Einzelnen?

3. Was ist das Wichtigste?

STRATEGIE

Lire

Ich überfliege den Text:
- Welche Information enthalten Überschriften und Bilder?
- Was weiß ich schon über das Thema?
- Welche Namen, Zahlen, Daten enthält der Text?

Ich lese den Text genau:
- Welche neuen Wörter kann ich erschließen?
- Worum geht es in den Abschnitten? Ich überlege mir Überschriften oder Schlüsselwörter und notiere sie.
- Welche Informationen finde ich auf die Fragen *Où? Quand? Qui? Quoi?* Ich notiere **Stichworte**.

Ich sehe meine Notizen durch und unterscheide Wichtiges von weniger Wichtigem.

50–52

50, 1

Le français dans le monde

1. En Europe, on parle le français en France, en Belgique et en Suisse, par exemple. Mais on le parle aussi au Québec. Dans cette province canadienne, le français est la langue maternelle
5 de plus de 6 millions d'habitants. En Algérie, en Tunisie et au Maroc, il est la deuxième langue après l'arabe. Dans beaucoup de pays d'Afrique noire, le français est la langue administrative et il est très présent dans
10 les médias.

2. Mais pourquoi est-ce que la langue française joue ce rôle important dans le monde? Pour le comprendre, il faut savoir qu'au cours de son histoire, la France a voulu – comme l'Angleterre,
15 le Portugal et d'autres pays européens –, avoir des nouveaux territoires dans toutes les parties du monde. Beaucoup de régions du monde sont devenues des colonies françaises. Les Français ont pris les richesses de leurs colonies.
20 Et ils ont apporté leur langue.

3. Aujourd'hui, il n'y a plus de colonies. Au cours du XXe siècle, beaucoup de colonies françaises sont devenues des Etats indépendants. D'autres, comme la Martinique sont devenus des départements et régions d'outre-mer. C'est pour-
25 quoi à la Martinique, à 6800 km de Paris, on est administrativement en France et on paie en euros.

Jeu de mots **4** ## Les noms des pays

A *Cherchez dans le texte de la page 62 les mots qui manquent.*

B *Quels autres noms de pays est-ce que vous connaissez en français?*

nom	adjectif
le Canada	?
?	québécois, québécoise
l'Europe (f.)	?
?	marocain, marocaine
?	anglais, anglaise

En forme **5** ## On part au Québec ou en Tunisie? (G 12)

→ En plus 120, 2 △

51, 3

A *Quand est-ce qu'on dit **au** et quand est-ce qu'on dit **en**? Regardez la partie B et trouvez la règle.*

B *Faites des dialogues.*

Exemple:
– Tu préfères partir **au Québec** ou **en Tunisie**?
– Je préfère partir **en Tunisie**.
– Pourquoi?
– Parce qu' **en Tunisie**, …

les pays

le Québec
la Tunisie
le Maroc
la Belgique
le Portugal …

pourquoi?

faire chaud

parler français

il y a des belles plages

on peut …

les gens …

En forme **6** ## Heureusement, il n'y a plus de colonies. (G 13)

→ En plus 120, 3 △

51, 4

A *Que veulent dire ces phrases en allemand?*

1. **Heureusement**, il n'y a plus de colonies.
2. Quelques colonies sont devenues **pleinement** indépendantes.
3. Dans d'autres, on est **administrativement** en France.

*Vous connaissez les adjectifs **heureux, plein** et **administratif**.*
Réfléchissez: Comment est-ce qu'on forme l'adverbe?

B *Trouvez les adverbes qui correspondent aux adjectifs suivants.*

pratique – long – sérieux – normal – simple – difficile – malheureux

C *Adjectif ou adverbe? Complétez.*

1. *gratuit* — Hier, j'ai téléphoné **?** en Tunisie.
   Mais les SMS n'étaient pas **?**!

2. *facile* — Vous trouverez **?** des informations sur Internet.
   C'est **?** de trouver des informations sur Internet.

3. *pauvre* — Même en Europe, il y a des gens très **?**.
   Trop de personnes vivent **?**.

4. *long* — J'ai **?** voyagé dans les pays francophones.
   J'ai fait des **?** séjours au Québec.

> Das kennst du aus dem Englischen!
> **Adjektiv** → Wie ist etwas?
> **Adverb** → Auf welche Weise geschieht etwas?

Station 1

Lire

1   Au Québec avec Cœur de pirate

Mehr dazu
z2x9jy
53–57

Avant la lecture
Qu'est-ce que vous savez déjà sur le Québec?

Pendant la lecture
Utilisez la stratégie page 62 et prenez des notes.

52, 1

Après la lecture
1. *Faites l'exercice 1 à la page 121.*
2. *Vous pouvez écouter une chanson de Béatrice. Est-ce que cette chanson vous plaît? Pourquoi?*

> Je suis Béatrice Martin. Je viens du Québec et je suis chanteuse.

Béatrice Martin est québécoise: elle est née en 1989 à Montréal, au Québec, la plus grande province du Canada. Sous le nom de Cœur de pirate, elle sort un premier album qui connaît un grand succès, d'abord au Québec, puis en Europe. Ses chansons parlent de l'amour, des amis, et les jeunes s'y retrouvent tout de suite. En 2010, elle fait une première tournée en France et en rapporte le prix «Victoires de la musique»[1] pour sa chanson «Comme un enfant». Pour son deuxième album «Blonde», elle gagne le «Félix»[2] du meilleur album pop au Québec. Béatrice aime beaucoup chanter en français, sa langue maternelle qui est pour elle «la langue la plus romantique».

Lire

2   Lire et écrire

A *Cherchez les expressions idiomatiques du texte et notez-les.*

Exemple:

1. Im Winter ist es dort sehr kalt.
→ L'hiver, il y fait très froid.

1. Im Winter ist es dort sehr kalt.
2. Französisch ist die offizielle Sprache.
3. Die Stadt liegt auf einer Insel.
4. Es gibt dort große Wälder.
5. Das Land ist 4 Mal so groß wie Deutschland.
6. Das Land hat 8 Millionen Einwohner.

52, 2

B *Pour bien savoir utiliser les pronoms **y** et **en**, faites l'exercice 2 à la page 121.*

Jeu de mots

3   Mots et expressions du Québec

A *Essayez de traduire ce qu'elle dit en français standard.*

53, 3

B *Relisez ces phrases. Qu'est-ce qu'on peut dire sur le français du Québec?*

> Cette **fin de semaine**, je monte à Montréal avec mon **chum** Gabriel, on va **magasiner** un peu **pis** manger un **chien chaud**. Ça va être **l'fun**, il fait toujours plein de **jokes**! **Tu viens-tu?**

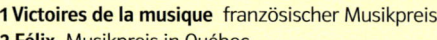

---

1 Victoires de la musique französischer Musikpreis
2 Félix Musikpreis in Québec

Le Québec est 2 fois et demie plus grand que la France et 4 fois plus grand que l'Allemagne. Il n'a pourtant que 8 millions d'habitants, alors que la France en compte 65 millions. Le français est la langue officielle de cette province.

La capitale du Québec porte le même nom: «Québec». Mais la plus grande ville du Québec, c'est Montréal. C'est même la deuxième ville francophone du monde après Paris!

Montréal se trouve sur une île du Saint-Laurent, un fleuve de 1140 km qui va des Grands-Lacs jusqu'à l'Atlantique.

L'hiver, il y fait très froid. Parfois, on ne retrouve plus sa voiture dans la rue parce qu'elle a disparu sous la neige! Il y a aussi sous la ville le Montréal souterrain: ce sont plus de 30 km de tunnels qui permettent d'aller d'une station de métro à une autre ou de son bureau à son appartement sans sortir. On y trouve aussi des commerces et des restaurants.

Montréal est une ville dynamique. Un grand nombre de festivals s'y déroulent comme par exemple les *Franco-Folies*, *Juste pour rire*, les *Nuits d'Afrique*, le *Festival de jazz* … En été, il y a aussi des concerts gratuits un peu partout et tout le monde fait la fête dehors.

A Montréal, il y a une grande Ecole nationale de cirque. Le célèbre *Cirque du Soleil*, où il n'y a pas d'animaux et seulement des artistes, vient lui aussi de Montréal.

Loin des villes, la nature au Québec est très impressionnante: on y trouve des grandes forêts et plus d'un million de lacs où on peut faire du canoë[3] et de la randonnée. Dans l'estuaire[4] du Saint-Laurent, on peut même voir des baleines.

Lire
Ecrire

Mehr dazu
xd38zg

4   On fait le point sur le Québec.

Notez ce que vous avez appris sur le Québec. Pour plus d'informations sur le Québec, allez sur Internet.

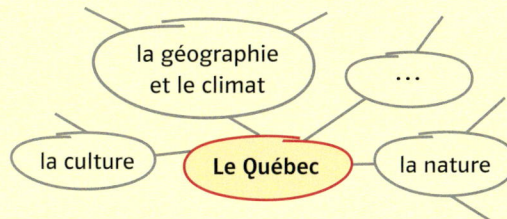

---

3 Im Frankokanadischen heißt es „canot"
4 un estuaire eine Flussmündung

Station 2

Lire

1 Au Maroc avec Nawal

58–60
Avant la lecture

Qu'est-ce que vous savez déjà sur le Maroc?

Pendant la lecture

Utilisez la stratégie page 62 et prenez des notes.

53, 1
Après la lecture

1. *Faites l'exercice 1 à la page 122.*
2. *Dans son blog, Nawal parle de plusieurs endroits. Quels endroits est-ce que vous voudriez visiter? Pourquoi (pas)?*

Lire
Ecrire

2 Décrire une photo

54, 2
A *Lisez. De quelle photo est-ce que Nawal parle?*

«La photo de mon blog que je préfère montre une scène dans la ville d'Agdz, dans le sud du Maroc, tout près du désert. Au premier plan, il y a des filles qui vont à l'école. A gauche, un monsieur à vélo va au marché. Plus loin, on voit une des deux tours de la belle kasbah[2]. A l'arrière-plan, les montagnes bleues du Haut Atlas se perdent dans les nuages.»

B *Choisissez une autre photo et décrivez-la.*

> **ON DIT**
>
> C'est une photo de …
> Cette photo montre …
> Au premier plan, on voit …
> A l'arrière-plan, il y a …
> A droite / à gauche …
> Près de / à côté de/plus loin, …

> Je m'appelle Nawal. Dans mon blog, je présente ma vie au Maroc.

Moi, j'habite à Marrakech. Ce qui me plaît le plus, dans ma ville, c'est le jardin Majorelle. On y trouve des plantes et des arbres du monde entier.

J'aime aussi beaucoup aller dans les souks, ces grands marchés colorés et pleins de monde où on trouve de tout.

J'habite dans la médina, la vieille ville, mais à Marrakech, il y a aussi des quartiers très modernes, comme Le Guéliz, où on trouve des boutiques et des restaurants à la mode.

Je parle le français, mais aussi l'arabe et le tamazight[1], qui sont les deux langues officielles des 32 millions d'habitants de mon pays.

La capitale, c'est Rabat, mais la ville la plus dynamique du pays, c'est Casablanca. Plus tard, je voudrais y faire mes études. Je meurs d'envie de découvrir aussi la France et de vivre un an ou deux dans d'autres pays.

---

1 le tamazight [lətamazigt] eine Berbersprache
2 une kasbah [ynkasba] eine Festung

Le week-end dernier, nous sommes allés à la campagne, chez ma cousine. Souvent, à la campagne, les gens sont plus pauvres et les jeunes ne peuvent pas toujours aller à l'école. On y vit moins bien qu'en ville. Mais ma cousine va à l'école gratuite de Bni Zoli où les jeunes filles peuvent apprendre à lire et aller jusqu'au bac. Plus tard, elle pourra gagner sa vie et être plus facilement indépendante.

Nous sommes allés ensuite à Tamegroute, tout près de Bni Zoli. Nous y avons visité la bibliothèque où il y a des très vieux livres. Au Moyen Âge, on trouvait dans les bibliothèques arabes des livres sur tout ce qu'on savait à l'époque: sur la médecine, la philosophie, les mathématiques etc. On en a fait des traductions et plus tard, les savants les ont apportés en Espagne, puis dans toute l'Europe. Grâce à eux, les sciences en Europe ont fait des grands progrès.

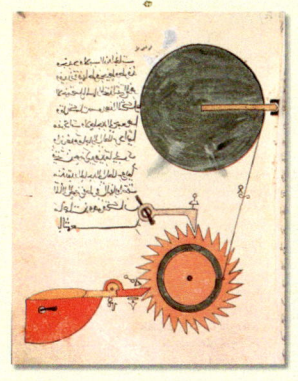

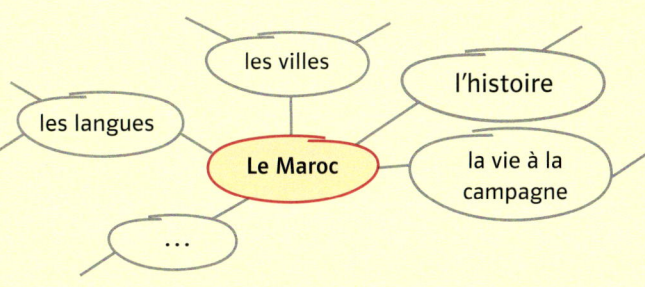

Lire
Ecrire

Mehr dazu
7xa793

3 **On fait le point sur le Maroc.**

A *Notez ce que vous avez appris sur le Maroc. Pour plus d'informations, allez sur Internet.*

54, 3

55, 4

B *Pour bien savoir utiliser les verbes **vivre** et **mourir**, et les **adverbes**, faites les exercices 2 et 3 à la page 122.*

les villes

l'histoire

les langues

Le Maroc

la vie à la campagne

…

Station 3

Lire

1 Au Burkina Faso avec Amin

61–63
Avant la lecture

Regardez la carte. Où se trouve le Burkina Faso?

Pendant la lecture

Utilisez la stratégie page 62 et prenez des notes.

56, 1
Après la lecture

1. Faites l'exercice 1 à la page 123, station 3.
2. Qu'est-ce que vous aimeriez dire ou demander à Amin? Ecrivez-lui une lettre très courte.

Lire
Ecrire

2 Décrire la géographie d'un pays

56, 2
A Regardez la carte et notez ce que vous apprenez sur la géographie du Burkina Faso.

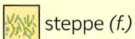 steppe (f.)   montagne (f.)   forêt (f.)

Moi, c'est Amin.
Je vis près de Houndé, au Burkina Faso.

1. Mon pays, le Burkina Faso, a presque 17 millions d'habitants; la capitale, c'est Ouagadougou.
Moi, je vis à la campagne, à environ 20 km de Houndé. Ma famille habite dans une case, comme les autres gens de mon village. Nous n'avons pas d'eau à la maison: pour boire et pour nous laver, nous allons chercher l'eau à un point d'eau à la sortie du village. Mais nous avons de la chance, car dans le village de mon copain Moussa, il n'y a pas encore de point d'eau. Le manque d'eau est un grave problème dans mon pays, mais on fait des progrès.

ON DIT

Ce pays est au sud / au nord / à l'est / à l'ouest de …
Ce pays a une frontière avec …
La capitale s'appelle …
Là-bas, il y a des / il n'y a pas de
   montagnes.
   fleuves.
   rivières.
   lacs.
   forêts.
Il y a aussi le désert.
C'est un pays où il fait …

2. Mes parents cultivent du coton. Vous savez que le Burkina Faso est le premier producteur de coton en Afrique de l'Ouest?

Le travail de mes parents m'a permis de continuer à aller à l'école: depuis deux ans, je suis au collège à Houndé. A l'école primaire, on était parfois jusqu'à 100 élèves par classe! Mais peu d'élèves continuent l'école parce que cela coûte cher et qu'on manque de collèges et de lycées. Moi, je suis content car j'aime beaucoup l'école.

3. Pour découvrir la capitale, vous pouvez par exemple aller voir le film «Ouaga Saga». Cette comédie a eu un prix au FESPACO, un des plus grands festivals africains. «Ouaga Saga» est un conte moderne qui raconte les aventures d'une bande de jeunes qui vivent dans un quartier pauvre de Ouagadougou. Leur vie quotidienne est faite de petits vols et de petits boulots, mais aussi de rêves: être un footballeur ou un musicien célèbre, par exemple. Pleins d'optimisme, ils utilisent le système «D»[1], et leurs idées remplacent l'argent qui manque souvent. Un jour, une aventure se présente …

Mehr dazu q3i6m3

B *Maintenant, faites le point sur ce que vous avez appris sur le Burkina Faso. Pour plus d'informations sur ce pays, allez sur Internet.*

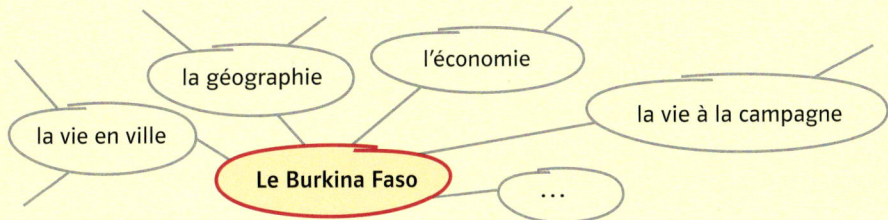

C *Pour bien savoir utiliser les mots de ce texte, faites l'exercice 2 à la page 123.*

1 **système «D»** «D» comme «se **dé**brouiller»

Station 4

Lire

1 En Nouvelle-Calédonie avec Arii

64–66

Avant la lecture

*Regardez la carte à la fin de votre livre.
Où se trouve la Nouvelle-Calédonie?*

Pendant la lecture

Utilisez la stratégie page 62 et prenez des notes.

57, 1

Après la lecture

1. *Faites l'exercice 1 à la page 123.*
2. *Pensez à la vie d'Arii et comparez.
   Qu'est-ce qui ressemble à votre vie, qu'est-ce qui
   est différent? Prenez des notes et parlez avec
   votre voisin.*

Parler

2 Décrire la géographie d'un pays

*Regardez les images et la carte et notez ce que vous
apprenez sur la Nouvelle-Calédonie.*

> **ON DIT**
>
> Ce sont des îles qui forment un archipel.
> C'est au sud / au nord / à l'est / à l'ouest de …
> Là-bas, il y a des / il n'y a pas de
>   montagnes.
>   fleuves / rivières.
>   lacs.
>   forêts.
>   plages.
> C'est un pays où il fait chaud / froid.

> Bonjour! Je suis Arii et j'habite en Nouvelle-Calédonie.

J'habite à Nouméa, c'est la plus grande
ville de l'archipel. Ici, nous sommes à
17 000 kilomètres de la métropole et il faut
24 heures en avion pour venir de Paris
jusqu'ici. Mais la Nouvelle-Calédonie fait
partie de la France. Entre 2014 et 2018,
nous déciderons si l'archipel devient
indépendant.

Chef-lieu
de territoire
━━ Route principale
— Autre route
······ Piste
✈ Aéroport
■ Forêts

© Avec l'aimable autorisation de la Cartothèque de l'IGN France

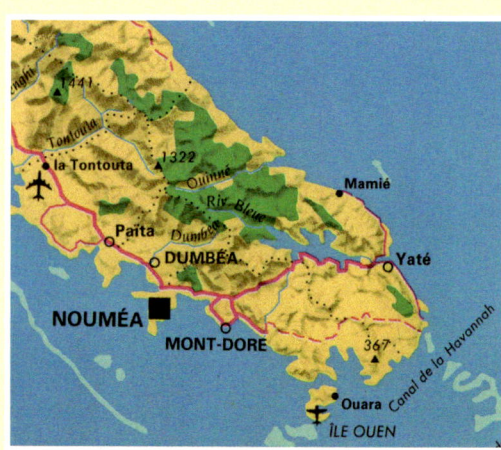

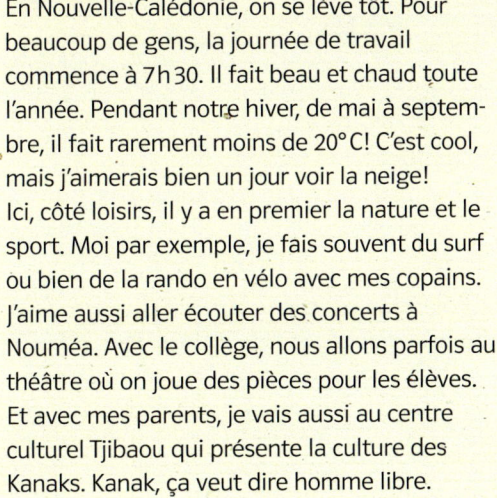

En Nouvelle-Calédonie, on se lève tôt. Pour beaucoup de gens, la journée de travail commence à 7h30. Il fait beau et chaud toute l'année. Pendant notre hiver, de mai à septembre, il fait rarement moins de 20°C! C'est cool, mais j'aimerais bien un jour voir la neige!
Ici, côté loisirs, il y a en premier la nature et le sport. Moi par exemple, je fais souvent du surf ou bien de la rando en vélo avec mes copains. J'aime aussi aller écouter des concerts à Nouméa. Avec le collège, nous allons parfois au théâtre où on joue des pièces pour les élèves. Et avec mes parents, je vais aussi au centre culturel Tjibaou qui présente la culture des Kanaks. Kanak, ça veut dire homme libre.

Pour nous, les jeunes, c'est important de connaître notre culture, la culture de notre archipel. Car ici, ce sont souvent les Français de la métropole qui prennent les décisions importantes. Et ils ne voient pas toujours les choses comme nous. Pour les Kanaks, c'est le groupe, les échanges et la nature qui comptent, alors que dans la culture occidentale, c'est souvent l'individu qui est le plus important. Malheureusement, pour certains, l'important, c'est aussi l'exploitation du nickel: elle permet de gagner beaucoup d'argent, mais elle pollue dangereusement notre archipel.
J'espère qu'avec le temps, on trouvera un équilibre.

Lire
Ecrire
3 **On fait le point sur la Nouvelle-Calédonie.**

Mehr dazu
bh7i9p

57, 2

A *Notez ce que vous avez appris sur la Nouvelle-Calédonie.*
Pour plus d'informations sur la Nouvelle-Calédonie, allez sur Internet.

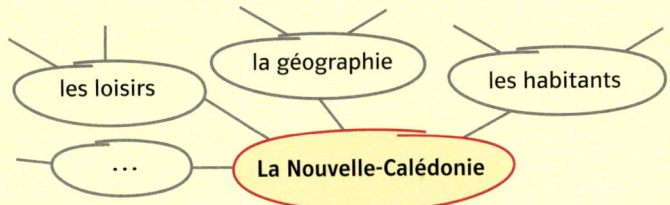

les loisirs   la géographie   les habitants   ...   **La Nouvelle-Calédonie**

B *Pour bien savoir utiliser les mots de ce texte, faites l'exercice 2 à la page 123.*

PORTFOLIO
4 «Notre petit guide de la francophonie»

A *Travaille seul. Choisis un pays francophone et écris un texte pour le présenter.*

- *Ton texte doit donner des informations à un lecteur qui ne sait presque rien sur ce pays. Utilise les informations, les mots et les expressions que tu as notés au cours de cette unité. Tu peux aussi chercher d'autres d'informations sur Internet.*
- *A la fin de ton texte, dis pourquoi tu as choisi ce pays.*
- *Le texte doit avoir environ 100 – 150 mots.*
- *Utilise la stratégie «Savoir donner des informations».*

Tu peux choisir un des pays présentés dans les stations 1–4. Si tu veux présenter un autre pays francophone, fais des recherches pour trouver des informations.

Savoir donner des informations

STRATEGIE

1. Ich **plane** den Text und mache Notizen.

Ecrire
- Welche Informationen sind für die Leser wichtig?
- Welche Informationen habe ich, welche brauche ich noch?
- In welcher Reihenfolge sollen sie stehen?
- Welche Vokabeln, Ausdrücke und Wendungen kann ich für meinen Text gebrauchen?

2. Ich **schreibe** den Text.

Ich schreibe im ersten Satz, worum es geht.
Ich gehe beim Schreiben von meinen Notizen aus.
Ich achte auf den Zusammenhang zwischen den Sätzen und benutze Verbindungswörter (*mais, parce que, c'est pourquoi, donc, alors que …*).

3. Ich lese alles durch und **verbessere** es.

Bekommt der Leser die wichtigen Informationen?
Sind die Sätze und ihre Abfolge logisch?
Welche Fehler kann ich verbessern?

B *Quand tu as fini, réfléchis et prends des notes dans ton cahier.*
Compare-les avec les notes de ton voisin / ta voisine.

Ce que j'ai **appris** (à faire)	Ce que j'ai trouvé **facile**	Ce que j'ai trouvé **difficile**	Ce qui **m'a aidé(e)**

 C *Travaillez en groupes. Choisissez parmi les textes de votre classe et faites votre «Petit guide de la francophonie».*

Objets trouvés

Ne tombez pas dans le panneau[1]!

Jan, un élève de la classe de Hannah, a pris ces photos pendant son séjour à Tours.
Il s'intéressait surtout aux panneaux qu'il a trouvés drôles ou curieux.

A *Que veulent dire ces panneaux? Trouvez la bonne solution.*

B *Quels mots est-ce qu'il faut chercher dans le dictionnaire
pour bien comprendre ces panneaux?*

1.

A Arrêt du «bus-buvette» scolaire.
B Cette rue est réservée au bus scolaire.
C Les boissons alcoolisées ne sont pas
autorisées dans le bus scolaire.

2.

A C'est très dangereux de toucher les garçons.
B Danger: électricité!
C Attention, coup de foudre.
On risque de tomber amoureux!

3.

A Si on roule à plus de 30 kilomètres à l'heure,
l'agent de police va piquer une crise.
B Si on roule à plus de 30 kilomètres à l'heure,
il y aura un accident.
C Vitesse limitée à 30 kilomètres à l'heure.

4.

A Vous n'êtes pas important.
B Il faut attendre et laisser passer les autres voitures.
C Les voitures sont plus importantes que les
personnes.

5.

A On peut se baigner, mais on n'a pas le droit
de manger des pêches en même temps.
B On n'a pas le droit de se baigner et d'être
de bonne humeur.
C On n'a pas le droit de se baigner et de prendre
des poissons.

---

1 un panneau ein Schild – **Ne tombez pas dans le panneau!** Fallt nicht darauf herein!

Révisions (Lösungen S. 223/224)

Lire

1 Clément raconte.

Dites ce que remplacent les pronoms en gras.

Exemple: **1. nous** ⟶ Clément et sa famille

1. «... Avec ma famille, **nous** avons montré le Futuroscope à mon corres Jan. C'est un parc d'attractions[1] pas loin de Tours.
2. Ma sœur était là aussi. Jan s'est bien entendu avec **elle**.
3. On a d'abord participé à «l'aventure en 4D», un jeu **où** on traverse d'autres «mondes» à la recherche d'«Arthur».
4. Puis on a fait le «8e continent[2]» **que** Jan a trouvé super cool.
5. Mais ce qui **lui** a plu le plus, c'était le parcours dans le noir, les yeux fermés, **où** on ne peut que toucher, sentir ou écouter.

6. Ma sœur n'avait pas envie de **le** faire.
7. Alors mes parents **lui** ont proposé d'aller à la buvette avec **eux**, et **nous** avons fait ce parcours sans **elle**.
8. Ensuite, je **leur** ai proposé de faire un truc **qui** plaît à tout le monde:
9. **On** est montés sur la «Gyrotour» d'**où** on voit l'ensemble du Futuroscope.
10. **Ça**, c'était vraiment cool!»

Ecrire
En forme

2 Après l'échange scolaire (G 10)

*De retour à Cologne, les élèves écrivent des petits textes sur leur séjour à Tours. Pour les aider, la professeure pose des questions. Ecrivez le texte de Hannah. Utilisez **le passé composé** ou **l'imparfait**.*

La professeure veut savoir ...	Hannah répond
1. si les élèves se sont sentis bien dans cette famille.	Je me ...
2. si la famille s'est bien occupée d'eux.	Les Mollet ...
3. comment ils ont trouvé leur séjour.	Le séjour ...
4. si les correspondants se sont bien entendus.	Julie et moi, nous ...
5. s'ils se sont bien débrouillés pour communiquer.	Nous ...
6. si les élèves ont déjà envoyé une lettre à leurs corres.	12 SMS, 8 courriels

Jeu de mots

3 Apprendre le vocabulaire

A *Complétez les expressions. Puis notez-les avec leur traduction dans votre cahier.*

1. avoir un **?** / une **?**   einen festen Freund / eine feste Freundin haben
2. **?** une douche   duschen
3. **?** une **?**   eine Entscheidung treffen
4. faire la **?**   Schlange stehen
5. être **?** en ...   gut sein in ...
6. **?** à rien de ...   Es nützt nichts, zu ...

B *Cherchez dans les dernières unités, 4 autres expressions à noter.*

---

1 un parc d'attractions ein Freizeitpark **2 un continent** ein Kontinent

Jeu de mots **4** **Devinettes**

 Inventez des définitions pour les mots donnés.
Votre partenaire doit deviner de quels mots il s'agit.

A Exemple:
C'est ce qu'on fait quand on a peu de
temps et que tout doit aller très vite.

On se dépêche.	On se dispute.
On se repose.	On se débrouille.
On se réveille.	

B Exemple:
C'est quelqu'un qui travaille dans un
cirque et qui fait des choses drôles.

un clown	un médecin
une infirmière	un musicien
une coiffeuse	un présentateur de
une mécanicienne	radio

En forme **5** **L'histoire de Charlotte** (G 2, 9)

Lisez le texte et mettez les verbes aux temps qui conviennent:
imparfait, passé composé, futur simple.

1. Quand j' (être) petite fille, je (vouloir) devenir dessinatrice.
2. Au collège, je (se débrouiller) pas mal.
3. Un jour, j' (voir) une pièce de théâtre très réussie.
4. Alors, je (s'intéresser) au théâtre.
5. J' (prendre) une décision.
6. J'ai pensé: «Plus tard, je (être) actrice.»
7. Mais mes parents m' (dire): «C'est un travail très dur.
8. Et puis, quand tu (être) grande, tu ne (trouver) pas toujours du travail.»
9. Nous (discuter) longtemps.
10. Ensuite, ils m' (proposer) de travailler dans le commerce.
11. Finalement, ça m' (plaire) et aujourd'hui, je suis à la tête d'une entreprise!
    Et je vais souvent au théâtre!

Lire **6** **Histoire**

Lisez le texte puis complétez-le par les mots à droite.
Commencez comme ça: D'habitude , je trouvais …

1. **?** , je trouvais mon voisin ennuyeux: un vieux monsieur qui habite **?**
   chez nous et qui ne sort pas beaucoup **?** son âge.
2. Mais **?** , j'ai dû lui apporter une lettre. **?** il me parlait, j'ai vu **?** sur sa
   table la photo d'un jeune homme avec un ballon.
3. Je lui ai demandé: «C'est votre fils?» Il a répondu: «Non, c'est
   moi **?** , quand j'avais 18 ans!
4. J'étais sportif et **?** les meilleurs. J'ai beaucoup voyagé et j'ai vu des
   choses incroyables.»
5. Alors, maintenant, **?** je le vois, il me raconte sa vie et ses aventures.
6. **?** , ce monsieur est **?** passionnant!

| d'habitude |
| chaque fois que |
| parmi |
| vraiment |
| à côté de |
| tout à coup |
| à cause de |
| finalement |
| il y a quinze jours |
| pendant que |
| il y a longtemps |

On prépare le DELF

1 Compréhension de l'oral

69 *Vous écoutez en podcast cette interview de la jeune journaliste Emma.*
Lisez les questions. Ecoutez le document, puis répondez.

1. Jacques parle de France Bleu et …
   a de son histoire.   **b** de son programme de la journée.   **c** de ce qu'est cette radio.
2. En province, France Bleu a …
   a 34 radios.   **b** 43 radios.   **c** 13 radios.
3. Les informations à France Bleu parlent de ce qui se passe
   a dans une région.   **b** dans une ville seulement.   **c** dans tout le pays.
4. Quel est le programme préféré des gens? Pourquoi?

2 Compréhension des écrits

Répondez aux questions.

1. Tours, 22 heures. Vos amis qui ont mangé des huîtres, sont très malades. Qui essayez-vous d'appeler?
2. S'il faut des médicaments, comment faites-vous pour en trouver, après 22 heures?
3. On a pris le vélo que votre ami vous avait passé, qu'est-ce que vous faites?
4. Ce vélo avait un numéro de code. Où est-ce que vous pouvez mettre ce numéro?

> **SAMU** répond à la demande d'aide médicale urgente: 15
> **Police Secours**: 17
> **Pompiers**: 18 ou 112
> Le 112, numéro européen des services d'urgence, est accessible de tout poste téléphonique.
> **Pharmacie de garde**
> Le commissariat de police a la liste des pharmaciens de garde la nuit.
> **Centre anti-poison**: Angers: 02 41 48 21 21
>
> Vous vous êtes fait voler votre vélo. Il se trouve peut être au bureau des objets trouvés. Renseignez-vous ici en vous munissant d'une pièce d'identité. Si votre vélo était gravé, inscrivez le code de votre vélo sur la liste noire des vélos volés, sur le serveur web de la FUBicy.

3 Production écrite

Ecris une carte postale à ton correspondant français / ta correspondante française. Parle-lui de ton prochain week-end. Utilise le futur simple.

> le 30 avril 2016
> Cher Sylvain,
> …
>
> Amicalement
> Theo
>
> Sylvain Mouret
> 6 impasse Renan
> 37000 Tours
> France

N'oubliez pas:
- l'adresse
- la date
- le début
- la formule de politesse

4 Production orale

Répondez aux questions.

1. Est-ce que vous savez déjà dans quelle branche vous aimeriez travailler, plus tard? Expliquez.
2. Est-ce que vous aimeriez vivre quelque temps en France, plus tard? Pourquoi (pas)?
3. Qu'est-ce qui est important pour vous, dans la vie?

Mehr dazu
h44c76

Mon petit coin de paradis!

Le Mont-Saint-Michel

74 Nous le savions déjà, mais cette fois, nous en sommes sûrs! Nos lecteurs ont du talent! Pour notre concours «Mon petit coin de paradis», nous avons reçu plus de 5000 photos et de textes de tous les coins de l'Hexagone et d'outre-mer.

Difficile pour le jury de faire un choix! Mais il le fallait, alors voici les trois meilleures photos.
Les gagnants recevront bientôt un appareil photo numérique.

La rédaction de votre revue préférée Géo Ado.

L'Auvergne

Vis-à-vis

Dans la France administrative, il y a des communes, des départements et des régions. Il y a 101 départements et 27 régions: 22 en métropole et 5 outre-mer.

Le MuCEM[1] à Marseille

70, 1 **A** *Quelles régions de France est-ce que vous connaissez déjà?*

B *Décrivez la photo de ces deux pages que vous préférez et expliquez votre choix.*

75 **C** *On a interviewé les gagnants. Ecoutez. Qui a envoyé quelle photo?*

1 le MuCEM le Musée des Civilisations de l'Europe et la Méditerranée

PORTFOLIO

Am Ende dieser Unité kannst du deine Lieblingsgegend vorstellen und deine Vorliebe begründen.

Atelier A

1 20 millions d'années déjà …

76 ⌐

Avant la lecture: Regardez la carte de l'Auvergne et dites ce qui est typique de cette région. Puis, cherchez l'Auvergne sur la carte au début de votre livre.

J'habite en Auvergne, dans le centre de la France. Cette région a quatre départements. Chez nous, un grand nombre de
5 personnes gagnent leur vie dans des usines, comme par exemple l'usine Michelin où on fabrique des pneus. Mais la région vit aussi du tourisme et de la production de viande, de lait et de fromage.
10 L'Auvergne est belle et j'aime bien vivre ici. C'est le Massif central, une très vieille montagne, qui dessine le paysage. On peut donc faire de l'escalade, des randonnées, des tours à cheval et même du ski en hiver. Ce qui est typique chez
15 nous, c'est le grand nombre de volcans comme par exemple le puy de Dôme. Ils se sont formés il y a 20 millions d'années, mais ils dorment depuis 8000 ans environ. Ce qui en reste, ce sont des cratères et l'eau chaude qui sort souvent de la
20 terre à plus de 80°C. C'est grâce à cette eau que nous avons des stations thermales connues dans le monde entier. Mais pour moi, le plus intéressant, c'est «Vulcania», près de ma ville Clermont-Ferrand. *Fouad*

Lire

2 A propos du texte

→ En plus 124, 1 △

Quelles informations se trouvent dans le texte?

1. Les habitants de l'Auvergne travaillent surtout …	**a** dans les transports et le spectacle. **b** dans l'agriculture et dans l'industrie. **c** dans le commerce et les médias.
2. Les montagnes d'Auvergne font partie …	**a** du Massif central. **b** du puy de Dôme. **c** de Clermont-Ferrand.
3. Les volcans …	**a** sont encore dangereux. **b** ne sont plus en activité. **c** ont 8000 ans.
4. La région est très connue pour …	**a** ses lacs de cratère. **b** ses stations thermales. **c** son fromage.

Lire
Médiation

3 **«Vulcania», un voyage au centre de la terre**

Wie kannst du neue Wörter erschließen?
→ Stratégie, S. 15

Tu es chez ton ami français à Clermont-Ferrand. A l'office de tourisme, tu trouves des informations sur «Vulcania». Le soir, tu téléphones à ton copain allemand. Tu lui racontes
- *ce que c'est, «Vulcania»,*
- *où cela se trouve,*
- *ce qu'on peut y faire et apprendre. Prends d'abord des notes.*

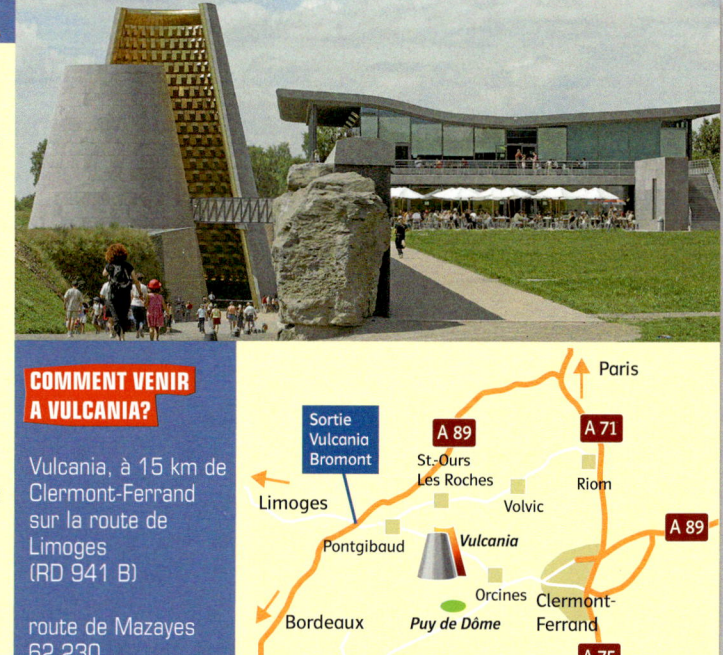

VULCANIA

Au cœur de la chaîne des Puys, à proximité de Clermont-Ferrand, entrez dans l'univers des parcs de loisirs avec Vulcania.

Explorez les volcans et percez les mystères de la terre. Vulcania vous raconte l'histoire des volcans de la chaîne des Puys, des éruptions volcaniques et des paysages environnants.

Découvrez le fonctionnement de ces montagnes de feu, descendez dans un cratère et ressentez toute la force et le mystère des volcans. D'où vient la terre? Quelle est son histoire? Découvrez grâce à des technologies innovantes, les origines et secrets de la «planète bleue».

COMMENT VENIR A VULCANIA?

Vulcania, à 15 km de Clermont-Ferrand sur la route de Limoges (RD 941 B)

route de Mazayes
62 230
St.-Ours Les Roches

Map labels: Paris, A 89, A 71, Sortie Vulcania Bromont, St-Ours Les Roches, Riom, Limoges, Volvic, A 89, Pontgibaud, Vulcania, Bordeaux, Orcines, Puy de Dôme, Clermont-Ferrand, A 75, Montpellier

Parler

4 **Tu veux faire un tour?** (G 18)   → En plus 124, 2 △

Ton ami français te propose des sorties. Qu'est-ce que tu réponds?

70, 2 **Exemple:** – Tu veux faire un tour au puy de Dôme ou en ville?
– **C'est** la ville **que** je voudrais voir.

Questions
1. Tu veux faire un tour au puy de Dôme ou en ville?
2. Qu'est-ce que tu aimes le mieux, la montagne ou la ville?
3. Tu t'intéresses plutôt aux volcans ou aux voitures?
4. Alors, on visite le musée Michelin ou Vulcania?
5. Ah, bon? Pourquoi?

Pour répondre

c'est le / la …	**qui** m'interesse(nt) le plus
ce sont les …	**qui** est le plus typique
c'est aux …	**que** je voudrais voir
	que je préfère
	que je m'intéresse

Atelier B

1 ## Les mystères du Mont-Saint-Michel

77–80

72, 4

La pêche à pied, à marée basse

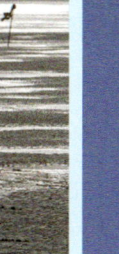

L'archange Michel sur la tour de l'église

1. Trois millions de visiteurs par an, jusqu'à 20 000 par jour en été … A votre avis, de quel lieu est-ce que je parle? Non, pas de la tour Eiffel, mais de ce que
5 je vois tous les matins quand j'ouvre ma fenêtre: le Mont-Saint-Michel, en Normandie!
Vous n'y êtes jamais allés? Alors je vais vous dire ce qui est intéressant à voir. Mais avant, petite
10 devinette: vous savez d'où vient le nom du mont? D'après une légende, l'archange[1] Michel a demandé, il y a plus de 1000 ans, la construction d'une église sur un rocher de la baie. Depuis, on parle du Mont-Saint-Michel.

15 **2.** Qu'est-ce qu'on peut faire au Mont-Saint-Michel?
Les touristes y viennent souvent juste pour la journée: ils visitent l'abbaye, regardent la mer monter dans la baie et repartent. Mais moi, ce qui
20 me plaît, c'est de me promener dans les petites rues le soir, quand les touristes sont partis, ou bien en hiver. J'ai alors l'impression d'avoir le mont pour moi toute seule! Les touristes oublient parfois que ce n'est pas seulement un lieu
25 touristique, mais aussi un village. Environ 40 personnes y habitent toute l'année.

3. Qu'est-ce qu'on peut en rapporter?
On trouve presque tout dans les magasins du mont, même plein de trucs kitsch comme des boules de neige[2]. Avec ma sœur, on se demande 30 souvent: qui est-ce qui achète ça? Si vous voulez vraiment acheter quelque chose, alors prenez des galettes au beurre. Moi, c'est ce que je préfère!

4. Qu'est-ce qui est dangereux au Mont-Saint-Michel? 35
Aller se promener tout seul dans la baie à marée basse. Il y a des panneaux partout et pourtant: qui est-ce qu'on retrouve dans la baie quand la mer monte? Des touristes imprudents! C'est dans la baie qu'il y a les plus grandes marées d'Europe. 40 C'est donc mieux d'y aller avec un guide, car l'eau monte très vite. Moi, mon guide, c'est mon papi Pierre! Il connaît la baie comme sa poche.
Quand il fait beau, nous allons y ramasser des coquillages. 45

Solenn

---
1 un archange [ɛnaʀkɑ̃ʒ] ein Erzengel **2 une boule de neige** eine Schneekugel

→ **En plus 124, 3**

En forme

2   Le quiz du Mont-Saint-Michel (G 19)

73, 6

A *Qu'est-ce* **que** *ou qu'est-ce* **qui**? *Regardez l'exemple et trouvez la règle.*

On peut faire **un tour** dans les petites rues.   →   Qu'est-ce **qu'**on peut faire là-bas?

Les galettes au beurre sont très bonnes.   →   Qu'est-ce **qui** est très bon?

B *Complétez par la bonne question, puis trouvez des réponses dans le texte.*

1. **?** est intéressant à voir, au Mont-Saint-Michel?
2. **?** il faut goûter?
3. **?** est dangereux?
4. **?** on peut ramasser dans la baie?

> qu'est-ce **qui** ?
> qu'est-ce **que** ?

C 1. **?** vit au Mont-Saint-Michel toute l'année?
    2. **?** on peut voir sur la tour de l'église?
    3. **?** l'auteur ne comprend pas?
    4. **?** connaît bien la baie?

> qui est-ce **qui** ?
> qui est-ce **que** ?

Parler

3   Un lieu impressionnant

73, 7

Faites une fiche de présentation du Mont-Saint-Michel. Notez les informations dans chaque rubrique. Puis faites un exposé.

- la légende
- le tourisme
- **Le Mont-Saint-Michel**
- la géographie
- les spécialités

Médiation

4   Attention à la marée!

Imaginez. Au Mont-Saint-Michel, un ami français vous propose d'aller dans la baie. Mais vous avez lu dans votre guide les explications suivantes et vous avez vu le panneau à droite. Vous lui expliquez en français pourquoi c'est dangereux.

> Der Mont-Saint-Michel ist bekannt für die größten Springfluten auf dem ganzen europäischen Kontinent. Bei starken Gezeiten zieht sich die See 15 Kilometer zurück und kommt sehr schnell zurück. Bei Flut ist es extrem gefährlich, sich allein in die Bucht zu wagen, selbst wenn man sich in der Nähe des Mont-Saint-Michel aufhält. Empfohlen wird, nur in Begleitung eines Führers in der Bucht zu spazieren.

Atelier C

1 Au carrefour de l'Europe et de la Méditerranée

81–82

74, 8

Avant la lecture: Décrivez les photos. Vous donnent-elles envie d'y aller? Pourquoi?

Avec ses 850 000 habitants, Marseille est la 2ᵉ ville [10] de France par son nombre d'habitants et c'est aussi la plus vieille ville de l'Hexagone. Elle existe depuis l'an 600 av. J.-C.[1]!

Son port est le premier port français et le 4ᵉ port européen. Au carrefour de l'Europe et de [15] la Méditerranée, Marseille est une ville très multiculturelle. Et en 2013, c'était la capitale européenne de la culture.

Alors, que faut-il faire ou voir absolument à Marseille? D'abord, il faut se promener sur [20] la Canebière, cette célèbre avenue longue de 1 kilomètre qui va jusqu'au Vieux-Port. On y voit plein de choses et de gens intéressants! Ensuite, vous pouvez faire un tour au MuCEM[2] pour découvrir les pays de la Méditerranée. Enfin, [25] prenez le bateau pour aller sur l'île du château d'If ou bien allez écouter un concert de Massilia Sound System. Avez-vous déjà entendu parler de ce groupe?

Lucie

Connaissez-vous «Plus belle la vie», la série culte de plusieurs millions de Français?
[5] Savez-vous que les histoires de cette série se déroulent à Marseille? Alors parlons un peu de cette ville.

Lire
parler

2 A propos du texte

Complétez les chiffres avec l'information correcte et racontez.

2013	quatrième	deuxième	1 km	600	850 000	1ᵉʳ

---

1 av. J.-C. = avant Jésus-Christ [ʒesykʀi] **2 le MuCEM** le Musée des Civilisations de l'Europe et la Méditerranée

Ecouter
Parler
Vis-à-vis

Mehr dazu
9mw8qr

3 Chanson: «Rendez-vous à Marseille»[1]

A *Ecoutez la chanson de Massilia Sound System et lisez le texte à la page 228–229. Que pensez-vous de cette chanson? Pourquoi?*

B *Relisez le texte jusqu'à la ligne 18. Que dit la chanson sur Marseille? Prenez des notes, puis parlez en français avec votre voisin sur ce sujet.*

C *Une partie de cette chanson est en occitan, la langue du sud de la France qui existe en plus du français. Quelles langues est-ce qu'on parle dans votre pays, en plus de l'allemand?*

En forme

74, 9

4 Interview de Massilia Sound System (G 20)

Complétez l'interview. Dans les questions, utilisez l'interrogation par inversion.

questions	réponses
1. Depuis quand **faites-vous** de la musique?	– **Nous faisons** de la musique ensemble depuis 1984.
2. Combien d'albums **avez-vous sorti**?	– **Nous ?** 10 albums.
3. Combien d'artistes **?** -vous?	– **Nous sommes** 7 artistes.
4. ? seulement en français?	– Non, **nous chantons** aussi en occitan.
5. ? un message à faire passer?	– Oui, **nous avons** un message: si on ne fait rien pour avoir un monde meilleur, tout ira mal.
6. ? que votre musique peut changer quelque chose?	– Oui. **Nous croyons** que Marseille peut devenir la ville de la tolérance.
7. Vous êtes très connus en France. **?** aussi **vendu** des CD en Allemagne?	– Oui, **nous avons** aussi **vendu** quelques CD en Allemagne.

Parler

5 Faites une interview. (G 20)

Imaginez: vous préparez l'interview d'un touriste à Marseille. Posez 5 questions avec l'interrogation par inversion. Puis faites l'interview avec votre partenaire. Ensuite, changez de rôle.

Pourquoi … ?	avoir envie de visiter
Que … ?	savoir
Comment … ?	être venu
Où … ?	être déjà allé …
… ?	…

1 Das Chanson befindet sich auf der Audio-CD 3 (622132), Track 10.

Médiation **6** ## La grotte Cosquer[1] et ses peintures

A *Votre professeur vous a montré un livre sur la grotte Cosquer.*
Ensuite, vous vous êtes informés sur Internet.
Lisez les documents.

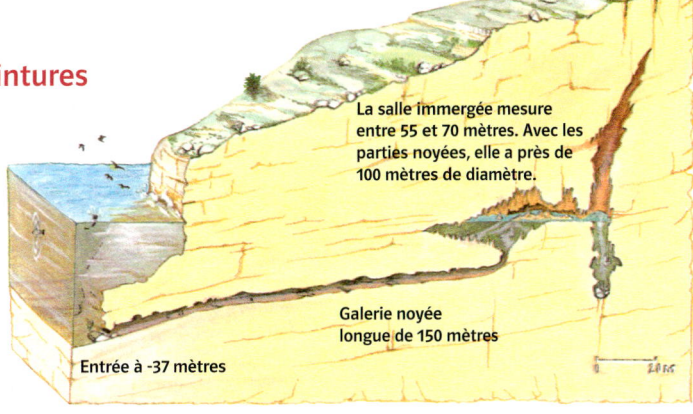

La salle immergée mesure entre 55 et 70 mètres. Avec les parties noyées, elle a près de 100 mètres de diamètre.

Galerie noyée longue de 150 mètres

Entrée à -37 mètres

Der Eingang der Cosquer-Höhle bei Marseille liegt im Meer, 37 Meter unter dem Wasserspiegel. Ein 150 Meter langer Tunnel führt in die Höhle hinein. Zahlreiche, ungefähr 27 000 und 19 000 Jahre alte Felszeichnungen zeigen Tiere wie Pinguine und Seehunde, Hände, geometrische Zeichen sowie eine außergewöhnliche Darstellung eines toten Menschen. In vorgeschichtlichen Zeiten konnte man trockenen Fußes in die Höhle gelangen. Als die Höhlenzeichnungen in Cosquer entstanden, war es dort um einiges kühler als heute in Deutschland. Später wurde das Klima wärmer, und das Wasser stieg an, als die gewaltigen Eismassen der Gletscher Europas zu schmelzen begannen. Die Höhle ist für die Öffentlichkeit nicht zugänglich.

B *Complétez les phrases suivantes.*

1. Pour entrer dans la grotte, il y a …
2. Dans la grotte se trouve un grand nombre de …

3. Les hommes de cette époque pouvaient aller …
4. Quand le climat est devenu plus chaud, il y a eu moins de glace et le niveau de la mer …

C *Imaginez. La grotte vous a beaucoup intéressés et vous en parlez dans un courriel à un ami français.*
Ecrivez ce courriel en français et dites ce que vous avez lu sur cette grotte.

STRATEGIE

Médiation
Wenn du über einen Artikel berichten willst, musst du nicht jedes Wort wiedergeben.
1. Überlege, was für dich in dem Text wichtig ist und was deinen Ansprechpartner interessieren könnte.
2. Versuche, die Sätze so umzuformulieren, dass du sie mit den Wörtern ausdrücken kannst, die du auf Französisch kennst. Aus einem Satz kannst du auch mehrere kurze Sätze bilden.

---

1 la grotte Cosquer [laɡʀɔtkɔskɛʀ] grotte au Cap Morgiou, entre Marseille et Cassis

Pratique

Lire
Parler

1 Conférence de presse: Le choix du jury

Parmi plus de 5000 articles, la rédaction de la revue «Géo ado» a choisi les trois meilleurs:

> Ihr könnt eure «Conférence de presse» auch anhand eurer Portfolio-Texte gestalten!

> **20 millions d'années déjà ...** (p. 79)
> **Les mystères du Mont-Saint-Michel** (p. 81)
> **Au carrefour de l'Europe ...** (p. 83)

*Tâche: Maintenant, le jury, c'est vous!
A votre avis, quel est le meilleur article?
Justifiez votre choix et répondez aux questions
des journalistes.*

A *Réfléchir: Travaillez d'abord seul.
Quel article est-ce que vous choisissez?
Pourquoi? Trouvez des arguments et notez
des mots-clés. Les questions à droite
peuvent vous aider.*

B *Echanger: Faites des groupes de 2 ou 3 élèves
qui ont choisi le même article. Dans chaque
petit groupe, comparez les notes que vous
avez prises dans la partie A et échangez
vos arguments.*

C *Partager / Présenter: Préparez ensemble
une petite présentation.*

D *Faites une conférence de presse. Présentez
le meilleur article. Les autres élèves jouent
les journalistes et posent des questions:*

- Pourquoi avez-vous choisi ...?
- Que pensez-vous de ...?
- Qu'est-ce qui ...?

> *Questions pour réfléchir:*
>
> - Qu'est-ce qui est spécialement intéressant dans cet article?
> - Est-ce que l'article donne envie de visiter cet endroit? Pourquoi?
> - Que montrent les images? Quelles informations donnent-elles?
>
> *Trouvez d'autres questions.*

Portfolio

2 Mon petit coin de paradis
(Vocabulaire, p. 180 – 181)

*Choisissez un lieu. Cela peut être votre ville /
région ou une autre. Ecrivez un petit article.*

Expliquez

- *pourquoi vous avez fait ce choix,*
- *la situation géographique,*
- *ce qui est connu (personnes, spécialités …),*
- *ce qu'on peut y faire (activités, visites …).*

connaissez-vous … ?
c'est une ville en … /   c'est près de …
c'est ici que …
on peut y faire du … / de la … / de l'…
sur la photo, on voit …
…

Bilan

1 Parler

Mehr dazu
n2c8te

Du kannst schon …

Überprüfe, was du kannst!
Vergleiche deine Lösungen mit
den Lösungen auf Seite 224.

1. … sagen, was dir in dieser Region gefällt (die Natur).	Ce qui … la nature.
2. … fragen, was man unbedingt sehen muss.	Que faut-il … ?
3. … sagen, dass die Auswahl schwierig ist.	… difficile.
4. … sagen, was typisch ist (die Vulkane).	Ce qui …
5. … fragen, ob jemand davon gehört hat.	Vous en … parler?
6. … sagen, dass die Gegend für etwas bekannt ist (für ihre Strände).	… ses plages.
7. … sagen, dass es jede Menge Dinge zu sehen gibt.	Il y a …
8. … sagen, dass man besser mit einem Führer dorthin geht.	C'est mieux … guide.

2 Lire / Médiation

*Imagine: en France, tu as regardé avec ta correspondante
la série «Plus belle la vie» qui t'a beaucoup plu.
Dans une revue, tu lis cet article. Tu en parles à tes parents.
Quel résumé est-ce que tu leur fais?*

p**l**us belle
la vie

«Je regarde *Plus belle la vie* depuis que
j'ai 10 ans. J'adore, car ce sont toujours
des histoires différentes, il y a plein de
personnages, et ça se passe à Marseille.
5 Comme j'habite à Aix, je reconnais des endroits.
Ça détend après les devoirs, ça rythme la
soirée, ça fait un bon moment de détente en
famille, quoi!
Et puis, le lendemain, j'en parle avec mes
10 copines: on échange sur ce qui est arrivé à tel
personnage, ce qui va lui arriver […]! Avec ma
sœur, on aime tellement la série qu'on a fait
changer l'organisation à la maison. Avant, on
dînait vers 20 h 10.

Du coup, ma sœur et moi, on mangeait à 15
toute vitesse pour aller voir la série … et ma
mère se retrouvait toute seule devant son
assiette. Du coup, on a décalé l'heure du repas.
On mange plus tôt et, ensuite, on se colle
devant la télé! Ça m'arrive de temps en temps 20
de louper un épisode car j'ai des activités mais,
dans ce cas, je vais regarder sur Internet […].
Je sais que cette série n'est pas un chef-d'œuvre,
mais on peut dire qu'elle fait partie de la vie de
la famille!» 25
Paoline, 15 ans

Phosphore, n° 361

Trouve le bon résumé.

1.
Die ganze Familie liebt diese Serie.
Aber weil die Eltern nichts verpassen
wollen, müssen die Kinder sich abends
immer mit dem Essen beeilen.
Darunter leidet das Familienleben.

2.
Sie lieben die Serie. Fast jeden Abend sitzen sie kurz
nach acht vor dem Fernseher. Deshalb haben sie sogar das Essen vorverlegt. Die Serie gehört inzwischen
zum Familienleben.

3.
Sie lieben die Serie und sprechen viel darüber. Aber ihre Eltern sind dagegen, weil
sie um diese Zeit essen. Deshalb sehen
die Kinder die Serie später im Internet an.

Module 2
Engagez-vous!

> ▐▐ Vis-à-vis
>
> Les Enfoirés, ce sont environ 50 artistes qui, chaque année, participent à une série de concerts au profit des Restos du Cœur, une association qui s'occupe des gens défavorisés. Chaque année, un concert passe à la télé. Pour beaucoup de Français, c'est un évènement médiatique à ne pas rater.

médias&publicité

en bref

Audience record pour les Enfoirés

Avec sa retransmission du concert des Enfoirés, organisé par l'association des Restos du cœur, TF1 a réalisé vendredi soir l'une de ses meilleures audiences annuelles. Le concert a rassemblé 12,7 millions de téléspectateurs, soit 53 % de part d'audience, près du double de l'audience moyenne de la chaîne.

Mehr dazu
rs7az5

Regardez la vidéo.

1. *A votre avis, où se passe la scène?*
2. *Que font ces personnes?*
3. *Dites ce que vous avez compris.*

PORTFOLIO

Am Ende dieser Unité kannst du für einen guten Zweck werben, z. B. mit einem Plakat.

Atelier A

Approche
Vis-à-vis

1 Les médias en France

 85

C'est aussi grâce aux médias que Les Enfoirés mobilisent les gens: on entend par exemple leur chanson de l'année à la radio et on peut revoir leur concert à la télévision. Voici quelques exemples du paysage médiatique français.

La télévision
Parmi les chaînes nationales, on trouve les chaînes publiques comme par exemple **France 2**, mais aussi la chaîne privée **TF1**. Sur **Canal+**, on voit surtout des films. La chaîne franco-allemande **ARTE**, elle, propose beaucoup d'émissions culturelles.

Les radios
Si on s'intéresse à l'actualité, on peut par exemple écouter **France Inter**, une radio nationale. Pour la musique, c'est **NRJ** qui occupe la première place. Il existe aussi beaucoup de radios libres: à **Radio Méga**, à Valence, les présentateurs sont souvent des jeunes.

La presse écrite
Les journaux **Le Monde** et **Le Figaro** sont les quotidiens les plus vendus en France. Les fous de sport, eux, achètent **L'Equipe**. Parmi les magazines, **Le Nouvel Observateur** traite des grandes questions de société. **Science et Vie Junior**, un magazine de sciences, s'adresse spécialement aux jeunes.

de mots
Parler

2 Les médias et moi

 79, 1

A *Faites un filet à mots sur les médias. Notez aussi des mots que vous avez appris dans d'autres unités.*

B *Quelles chaînes, quels journaux et magazines allemands connaissez-vous? Comparez avec les médias français.*

C *Dites quels médias vous utilisez et pourquoi vous les aimez.*

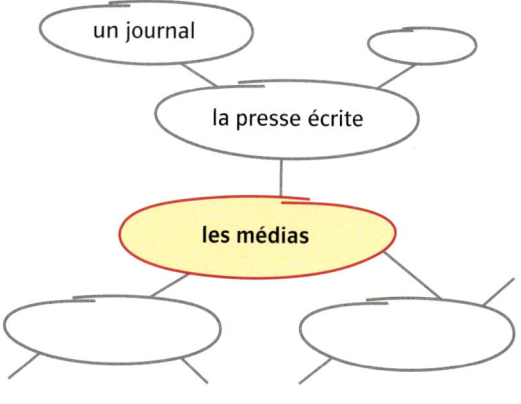

un journal

la presse écrite

les médias

3 L'histoire des Enfoirés

86–89

80, 2

Coluche (1944–1986), humoriste célèbre et inoubliable

1. Coluche venait d'un milieu défavorisé qu'il décrivait avec humour: «*Chez nous, ce qui était dur, c'était les fins de mois, surtout les trente derniers jours*».[1] Ce sont entre autres ces
5 souvenirs qui le motivent à fonder en 1985 les Restos du Cœur où on distribue des repas aux personnes qui en ont besoin. Mais quel est le rôle des Enfoirés dans cette histoire?

2. A la recherche d'argent pour Les Restos,
10 Coluche demande à des amis artistes de participer gratuitement à une série de concerts. C'est la naissance des Enfoirés. Et comme pour Coluche, rien n'est impossible, il s'adresse aussi au chanteur Jean-Jacques Goldman pour une
15 chanson:
– *Salut, on a besoin d'une chanson pour les Restos du Cœur, un truc qui cartonne[2], toi tu sais faire.*
– *Quand?*
20 – *La semaine prochaine.*
Une semaine plus tard, la «chanson des Restos» était prête! Et c'est un succès inattendu: depuis, Les Enfoirés chantent tous les ans cette chanson pendant leurs concerts. C'est le plus souvent
25 la dernière chanson de la soirée, et le public la connaît par cœur!

3. Alors qui sont les Enfoirés aujourd'hui? «*Nous sommes simplement une cinquantaine d'artistes, tous bénévoles*», dit le chanteur Alain Souchon. Ce sont des chanteurs, des
30 humoristes, des acteurs, mais aussi des sportifs comme Karim Benzéma ou Franck Ribéry. Chaque année, ils répètent pendant un jour et demi pour 4 heures de spectacle et ont déjà chanté plus de mille chansons différentes!
35 Quand les Enfoirés montent sur scène, les Français sont au rendez-vous. Les concerts sont toujours pleins et des millions de spectateurs regardent la diffusion du concert à la télé.

4. Coluche est mort dans un accident en juin
40 1986. Mais l'engagement des Enfoirés et de tous les bénévoles des Restos du Cœur continue. En 2012, les Restos ont distribué 130 millions de repas. L'argent des concerts, des CD et DVD des Enfoirés permet d'en offrir 25 millions. Grâce
45 à l'aide des Enfoirés et des Restos du Cœur, les fins de mois des personnes défavorisées sont un peu moins difficiles.

---

1 Normalement, il faut attendre le dernier jour du mois pour avoir l'argent qu'on a gagné.
2 un truc qui cartonne ein Ding, das einschlägt, ein Knüller, ein Hit

Lire

4 A propos du texte

A *Vrai ou faux? Si c'est vrai, justifiez votre réponse. Si c'est faux, corrigez.*

1. Coluche venait d'une famille riche.
2. Les Enfoirés préparent les repas dans les Restos du Cœur.
3. Certains Enfoirés ne sont pas chanteurs de métier.

4. Les artistes ne gagnent pas d'argent pour leurs concerts.
5. L'argent des concerts et des CD des Enfoirés permet de payer tous les repas des Restos du Cœur.

B *Faites un quiz sur le texte. Travaillez en groupes de 4 élèves. Chaque groupe choisit un sujet et note 3 questions sur une carte. Puis faites un «jeu télévisé» avec 5 candidats[1]. Lorsqu'un candidat ne sait pas répondre, il est éliminé[2] et on pose la question au candidat suivant.*

Sujets: **1. Coluche**   **2. Les Enfoirés**   **3. Les Restos du Cœur**

Exemple:
En quelle année est-ce que Coluche a fondé les Restos du Cœur?

Ecouter

5 Chanson: Attention au départ!

→ En plus 125, 1

A ***Avant l'écoute:*** *Dans quelle situation est-ce qu'on entend «Attention au départ!»?*

B *Cherchez et écoutez la chanson «Attention au départ» **sur Internet**. Ecoutez bien le refrain. Quels sont les groupes de mots qui riment avec **croire** [kʀwaʀ]? Complétez.*

> Refrain:
> 1. Direction …
> 2. Pour un …
> 3. Pour y …
>   …

C *Ecoutez la chanson encore une fois. A votre avis, de quel départ est-ce que la chanson parle? Quel est son message?*

Parler

6 De quoi est-ce qu'ils ont besoin?

A *Regardez la photo, puis expliquez.*

ON DIT

Il lui faut …
Il a besoin de …
Il en a vraiment besoin parce que …
Sans …, il risque de …
S'il n'a pas de …, il ne pourra pas …

B *Chaque élève imagine une situation et écrit une petite annonce pour demander quelque chose. Puis échangez les annonces et notez quelques phrases pour expliquer la situation. Utilisez les expressions données.*

81, 3

1 un candidat [ɛ̃kãdida] ein Kandidat **2 il est éliminé** er scheidet aus

En forme **7** **L'engagement d'Armelle** (G 21)

 82, 4

Armelle, une bénévole, a écrit un poème pour les gens qui aident dans les Restos du Cœur.

Des gens pauvres, il y en a partout.
Il y a nos Restos, parlez-**en** autour de vous.
Les gens arrivent, recevez-**les**.
Ils ont faim, donnez-**leur** à manger.
Vous avez du temps ou beaucoup d'argent?
Donnez-**en** à ces pauvres gens.
Ecoute-**moi**, ce que tu as en trop,
donne-**le**, fais un cadeau.
Cette femme qui vient chez nous,
aide-**la**, elle ne demande pas beaucoup.
Souris-**lui**, parle-**lui**, invite-**la**,
n'hésite pas, elle a besoin de toi.

parler de qc	écouter qn
parler à qn	sourire à qn
recevoir qn	inviter qn
aider qn	donner qc à qn

A *Dans le texte de cette chanson, il y a des verbes à l'impératif avec des pronoms. Dites ce que remplacent ces pronoms.*

Exemple: parlez-**en** ⟶ parlez **des Restos**

B *Armelle parle aux nouveaux bénévoles. Remplacez les mots en italique par des pronoms.*

1. Les gens arrivent vers 11 h 30. Demandez *aux gens* s'ils vont bien.
2. Puis montrez *aux gens* les tables.
3. Allez voir chaque personne et invitez *cette personne*.
4. Si vous voyez une personne qui n'ose pas entrer, dites *à cette personne* de venir.
5. Si cette personne a besoin d'aide, aidez *cette personne*.
6. Après le repas, il y a du café. Offrez *du café* à nos invités.

→ **En plus** 125, 2 △

Jeu de mots **8** **Pas possible? Impossible!**

 82, 5

A *Lisez l'exemple. Que veut dire le préfixe in-/im-?*

Exemple: C'est possible? – Non, c'est **im**possible.
C'est juste? – Non, c'est **in**juste.

C'est comme en anglais!
Devant **m**, **b**, **p**, le préfixe
in- devient im-.

B *Trouvez les adjectifs.*

1. Ce présentateur n'est pas poli. Il est **?** .
2. Cette émission n'est pas intéressante. Elle est **?** .
3. Cette salle n'est pas occupée. Elle est **?** .
4. Ce n'est pas croyable. C'est **?** .
5. Ce sportif n'est pas connu. Il est **?** .
6. On n'oubliera jamais Coluche. Il est **?** .

Atelier B

Lire
Parler

1   **On est tous égaux en droits.**

Pendant la lecture:

A

- *Qui peut faire le concours?*
- *Qu'est-ce qu'il faut faire?*
- *Qu'est-ce qu'on peut gagner?*

B *Regardez la stratégie à la page 50 et cherchez dans le dictionnaire les mots français pour dire:*

- *ein Behinderter*
- *die Hautfarbe*

C *Expliquez les pictogrammes de l'affiche. Les mots de «On dit» peuvent t'aider.*

Exemple:
L'affiche nous dit qu'il faut respecter les handicapés comme on respecte les autres personnes.

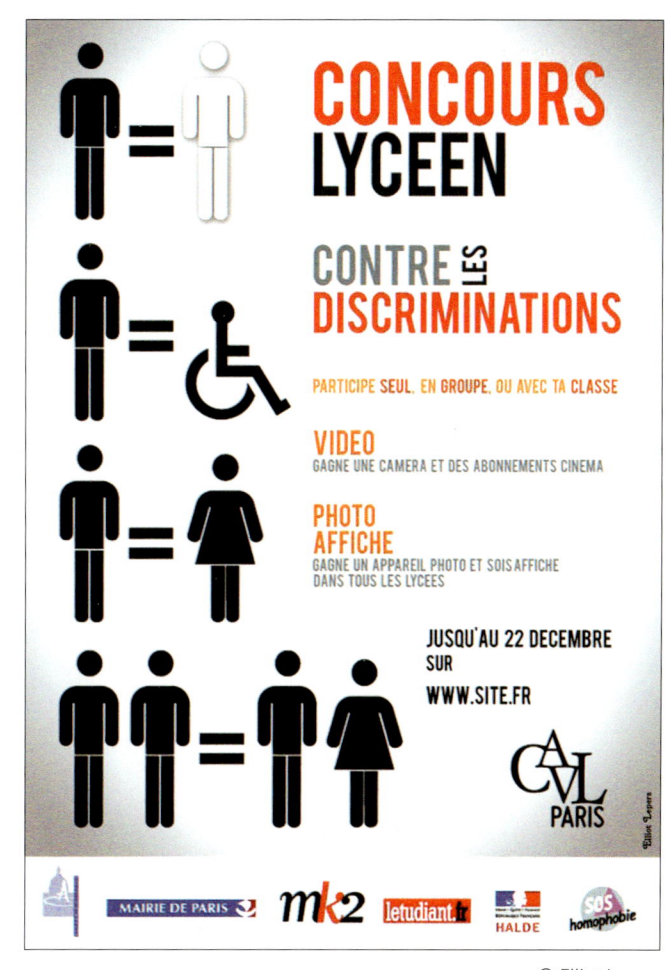

© Elliot Lepers

Après la lecture:
Connaissez-vous d'autres situations où il y a des discriminations? Racontez. (→ Vocabulaire, p. 185)

ON DIT

respecter qn
avoir le droit de faire qc
avoir les mêmes droits que …
faire partie de la société
être libre
être égal en droits
être juste/injuste
permettre à qn de faire qc (de participer, de vivre …,
Il ne faut pas faire qc (accuser, soupçonner qn …)
C'est important de … (d'avoir du courage, d'aider,
     d'accepter qn comme il est, …)

Ecrire 2 Indignez-vous!

83, 6

Les gens sont parfois malheureux parce qu'il leur manque quelqu'un ou quelque chose. Pensez à une personne qui n'a pas tout ce qu'il lui faut. Ecrivez 6–10 phrases pour décrire sa situation et dites ce qu'on peut faire pour rendre cette personne heureuse.

Vis-à-vis

Dans son célèbre livre «Indignez-vous!», le diplomate et écrivain Stéphane Hessel demande aux jeunes de ne pas fermer les yeux et de s'engager: «… regardez autour de vous, vous y trouverez les thèmes qui justifient votre indignation – le traitement fait aux immigrés, aux sans-papiers (…) Cherchez et vous trouverez!»

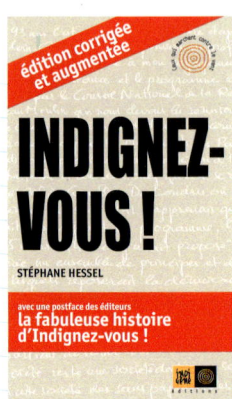

édition corrigée et augmentée

INDIGNEZ-VOUS !

STÉPHANE HESSEL

avec une postface des éditeurs
la fabuleuse histoire d'Indignez-vous !

Ecouter 3 Quand je ne connais pas le mot …

→ En plus 125, 3 △

90

83, 7

A *Lisez les mots suivants, puis écoutez deux fois les 4 petits textes. Quel mot est dans quel texte?*

1. [kɔ̃plɛ]
2. [egalite]
3. [inevitabl]
4. [pɛjɑ̃t]

B *Utilisez la stratégie. Que veulent dire ces mots? Justifiez vos réponses.*

Wie ihr die Lautschrift lesen könnt, steht auf Seite 148.

STRATEGIE

Ecouter

Ihr könnt beim Zuhören ein Wort nicht verstehen?
So könnt ihr herausfinden, was es bedeutet:

- Worum geht es insgesamt? Was verstehe ich?
- Welche Stelle verstehe ich nicht?
- Wie klingt es, wie könnte man das wohl schreiben?
- An welche Wörter erinnert es mich?
- Was könnte es in diesem Kontext bedeuten?

Ecouter 4 Interview: Les jeunes SPA[1]

91

Ecoutez l'interview deux fois et choisissez la bonne réponse.

1. Aujourd'hui, Isabelle s'occupe surtout …
   a d'un chat.
   b des autres jeunes.
   c d'un chien.

2. Elle va au parc parce que les animaux ont besoin …
   a de prendre l'air.
   b d'être en contact avec des gens.
   c de courir dehors.

3. Au club jeunesse SPA, les jeunes apprennent à …
   a jouer avec les animaux.
   b les caresser.
   c s'occuper d'eux quand ils sont malades.

4. Le club est pour les jeunes …
   a de 15 à 17 ans.
   b de plus de 17 ans.
   c de 11 à 17 ans.

5. Isabelle vient à la SPA …
   a une fois par mois.
   b une fois par semaine.
   c deux fois par semaine.

---

1 la SPA (= la **S**ociété **p**rotectrice des **a**nimaux) frz. Tierschutzverein

Pratique

Ecouter Regarder

1 Une seule lettre vous manque . . .

A *Regardez le film sur le DVD du cahier du professeur. Décrivez la situation au début et résumez ce qui se passe au milieu du film.*

 B *Faites des groupes de 4 élèves. Chaque groupe choisit une scène. Regardez le film encore une fois. Qu'est-ce qui se passe? Prenez des notes sur la scène que vous avez choisie.*

 C *Dans chaque groupe, parlez de la scène choisie, puis racontez-la au reste de la classe.*

D *Discutez en classe. Quel est le message de ce film? Dites ce que vous pensez de ce film.*

Portfolio

2 Faire une affiche pour une bonne cause[1]
(Vocabulaire, p. 185)

A *Pour quelle cause est-ce que vous voulez vous engager? Regardez les exemples. Vous pouvez aussi choisir une autre cause.*

1. Vous rêvez de vous occuper des animaux de la rue?
2. Vous voulez ouvrir un café de quartier pour les jeunes?
3. Vous trouvez qu'il faut plus de terrains de sport dans votre ville?
4. …

B *Trouvez des arguments et prenez des notes:*
Quel est le problème?
Quel est votre avis?
Qu'est-ce qu'on peut faire? Pourquoi?

 C *Travaillez avec des élèves qui ont choisi le même sujet que vous. Echangez vos arguments et faites une affiche. La stratégie peut vous aider.*

D *Faites une exposition[2]. Chaque élève cherche l'affiche qui lui plaît le mieux et prend des notes pour expliquer son choix aux autres.*

IL Y A DES CADEAUX DE **NOËL** QU'ON RETROUVE L'ÉTÉ SUR LE BORD DE NOS ROUTES

ADOPTER UN ANIMAL, C'EST ADOPTER UN **COMPORTEMENT RESPONSABLE**

LA SPA VOUS CONSEILLE DANS VOS DÉMARCHES D'ADOPTION

S.P.A SALON DE PCE–QUARTIER DU TALAGARD
TÉL. : 04.90.42.20.77 www.spa-salon-de-provence.fr

STRATEGIE

Ecrire
1. An wen wendet sich euer Plakat? Wie könnt ihr dieses Publikum ansprechen?
2. Beschreibt die Situation in wenigen Worten.
3. Nennt die Lösung, die ihr vorschlagt, in 1–2 kurzen Sätzen. Verwendet Fotos und Zeichnungen, um eure Lösung zu erläutern.
4. Erfindet einen Slogan. Formuliert einen Aufruf. Verwendet Verben im Imperativ.

1 une bonne cause ein guter Zweck **2 une exposition** eine Ausstellung

Bilan

1 Parler

Mehr dazu
623yi8

Du kannst schon …

> Überprüfe, was du kannst!
> Vergleiche deine Lösungen mit
> den Lösungen auf Seite 224/225.

1. … sagen, dass du dich für das Tagesgeschehen interessierst.	Je …
2. … sagen, wie dein Lieblingssender heißt.	… préférée, c'est …
3. … sagen, wie deine Lieblingssendung heißt.	Mon émission …
4. … sagen, dass diese Sendung sich an Jugendliche richtet.	Cette …
5. … sagen, dass es viele benachteiligte Menschen gibt.	Il y a trop de gens …
6. … sagen, dass diese Menschen etwas brauchen (Hilfe).	Ces gens … d'aide.
7. … sagen, dass etwas ungerecht ist.	C'est …
8. … jemanden auffordern, sich zu engagieren.	… -vous.

2 Jeu de mots / Vis-à-vis

Complétez les phrases.

1. En France, il y a beaucoup de **?** de télévision comme par exemple TF1 ou **?** .
2. Il y a aussi une **?** de télévision franco-allemande qui s'appelle **?** et qui propose beaucoup d' **?** culturelles.
3. Si on s'intéresse à l' **?** , et si on veut avoir les informations à la radio, on peut écouter France Inter.

4. Les journaux les plus vendus en France s'appellent **?** et **?** .
5. Il y a aussi un journal de sport très connu. Il s'appelle **?** .
6. Science et Vie Junior est un **?** de sciences qui **?** spécialement aux jeunes.

3 Jeu de mots

*Trouvez les adjectifs avec le préfixe **in-** / **imp-**.*

1. Quelque chose qu'on n'arrive pas à croire, c'est quelque chose d' **?** .
2. Un évènement qu'on n'attendait pas, c'est un évènement **?** .
3. Un concert qu'on n'oubliera jamais, c'est un concert **?** .
4. Je n'arrive pas à m'intéresser à ce livre. Pour moi, ce livre est **?** .
5. Une chose qui n'est vraiment pas possible est une chose **?** .
6. Cette invitation n'est pas officielle, elle est **?** .

4 Ecouter

92–94

Ecoutez les interviews. Après chaque texte, essayez de trouver ce que les mots suivants veulent dire en allemand.

Texte A: [sɑ̃nɥi]
Texte B: [ɑ̃difikylte]
Texte C: [luʀ]

Module 3

Un sésame pour le stage

Mehr dazu
q9uw84

🇫🇷 Vis-à-vis

En France, les élèves de troisième doivent faire un stage en entreprise. Ce stage d'observation est obligatoire et permet aux collégiens de découvrir le monde du travail et de choisir peut-être un métier. Il dure en général une semaine. On peut le faire en France ou à l'étranger. L'élève doit chercher une entreprise. Sa famille, le conseiller d'orientation mais aussi le prof principal du collège peuvent l'aider dans ses recherches. A la fin du stage, l'élève doit écrire un rapport de stage.

KLETT HAUS

77

Stéphane a 14 ans. Il fait son stage en entreprise dans une maison d'édition. Pour trouver ce stage, il a envoyé une lettre de candidature et a joint son CV.

96 Dans 3 ans, il va passer son bac et plus tard, il veut être journaliste.

1. Stéphane nous présente l'entreprise où il fait son stage. Regardez le film.
2. Comment s'appelle l'entreprise?
3. Faites un résumé des activités de Stéphane pour son rapport de stage.

PORTFOLIO

Am Ende dieser Unité weißt du, wie man sich für ein Praktikum in einem frankophonen Land bewirbt.

Atelier A

Lire

1 Le conseiller d'orientation

 97

> **Rendez-vous d'orientation**
>
> Si tu as le choix, qu'est-ce que tu feras plus tard?
> Ingénieur, vétérinaire, infirmier, jardinier ou coiffeur?
> Tu aimes les maths ou tu préfères la biologie?
> Tu veux avoir ton bac ou tu préfères faire une
> formation?
> Si tu ne sais pas encore, tu peux rencontrer
> le conseiller d'orientation de ton collège.
> Ton conseiller d'orientation est là pour t'informer et
> t'aider à choisir un lycée ou à trouver une orientation
> professionnelle pour atteindre tes objectifs.
> Prends rendez-vous et fais le bon choix!

A *Quel est le métier de tes rêves? Est-ce que tu as
déjà une idée d'orientation professionnelle?*

B *Faites un sondage dans votre classe. Quels sont
les métiers les plus populaires? Faites ensuite
un tableau.*

En forme

2 Qu'est-ce que tu feras si … (G 23)

→ En plus 126, 1 △

 88, 2

A *Que dit le conseiller d'orientation pour aider
Pierre, un élève de troisième? Fais des phrases
avec le présent et le futur.*

Exemple: Si tu fais *(faire)* une formation, tu auras
(avoir) un bon métier.

1. Si tu **?** *(travailler)* tous les jours, tu **?** *(avoir)* des
bonnes notes.
2. Si tu **?** *(avoir)* de bonnes notes, tu **?** *(pouvoir)*
choisir le métier de tes rêves.
3. Si tu **?** *(aimer)* les animaux, tu **?** *(être)*
peut-être vétérinaire.
4. Si tu **?** *(préférer)* les médias et la télévision,
tu **?** *(choisir)* peut-être le métier de journaliste.
5. Mais si tu **?** *(ne pas aimer)* l'école, tu **?** *(faire)*
une formation.

> **STRATEGIE**
>
> Mit einem *si*-Satz kannst du eine Bedingung
> ausdrücken. Hältst du die Bedingung für
> möglich oder wahrscheinlich, benutzt du
> das **Présent** im *si*-Satz. Danach steht im
> Hauptsatz das **Présent, Futur simple** oder
> der **Impératif**:
>
> Si tu as le temps, on **va** au cinéma.
> on **ira** au cinéma.
> **va** au cinéma.

B *Travaillez maintenant à deux. Posez des questions avec **si**, puis répondez.*

Exemple: – *S'il fait beau demain, on va à la piscine?*
on ira à la piscine?
– *Non, s'il fait beau demain, on va faire du roller dans le parc.*

Parler
Ecrire

3 Les petits boulots

A *Avoir un petit boulot pour gagner un peu plus
d'argent de poche? Qu'est-ce que vous en pensez?
Faites une liste des avantages et des inconvénients
pour faire le bon choix. Regardez le vocabulaire, p. 161 – 162 et 190.*

B *Voici quelques petits boulots classiques:*

*Travaillez en groupe. Discutez le pour et
le contre de ces petits jobs. Posez-vous
les questions suivantes:*

1. *C'est un job intéressant?*
2. *Je gagne combien?*
3. *Le job prend combien de mon temps?*
4. *Quelles sont mes responsabilités?*
5. *Je suis compétent(e) pour faire ce job?*

> faire du baby-sitting, distribuer des journaux,
> donner des cours, travailler dans un supermarché
> ou dans un fast-food, faire les vendanges …

4 Mon premier job: «Une soirée difficile»

 98

Susie, 16 ans, se plaint souvent parce qu'elle n'a pas assez d'argent de poche. Pour cela,
sa mère lui propose de chercher un petit boulot. Comme Susie ne craint pas le travail,
elle a choisi le baby-sitting. Elle doit s'occuper de Josh (2 ans), Greta (6 ans) et Sary (10 ans).

Josh, le bébé, dort déjà, mais les deux filles sont
debout. Je leur demande: «A quelle heure vous
vous couchez?» «A l'heure qu'on veut!» Il ne
faut jamais poser ce genre de questions aux
enfants. Autoritaire, je déclare: «On va monter
et je vais vous raconter une histoire.» Greta
me donne la main et son livre, elle me lit son
album. C'est vite fait: elle le connaît par cœur.
Je l'embrasse, la borde[1] et éteins la lumière.
Sary me dit, hargneuse[2]: «Maman m'a promis!
Je veux regarder mon émission à la télé.» Elle
descend, allume la télé, cherche un paquet de
chips[3] et s'assoit en croquant[4]. Greta descend
lourdement[5] l'escalier: «Je n'arrive pas à
dormir.»
«Viens, on va lire un autre livre.»
«Pourquoi Sary peut regarder la télé?»
«Parce que j'ai dix ans», répond Sary,
hautaine[6].

«C'est pas juste!» Et Greta se met à pleurer.
«Je veux un gâteau.»
Je fouille dans le placard et je lui trouve
des petits-beurre[7].
«Voilà! On va les monter et tu les mangeras
au lit.»
«Elle n'a pas le droit de les manger en haut[8]»,
dit le shérif.
«Ce soir, elle a le droit.»
«Je vais le dire à ma mère!»
Je monte avec Greta et les biscuits, et j'en
profite pour téléphoner à ma mère.
«Maman, qu'est-ce qu'on fait quand on
met au monde des enfants insupportables?»
«Pour une mère, aucun[9] enfant n'est
insupportable.»
Tout à coup, Josh se met à brailler[10].
J'accours. «Qu'est-ce qu'il y a, bébé?»
«Je veux ma maman.»

---

1 border qn jdn. zudecken **2 hargneux, -se** bissig, gehässig **3 un paquet de chips** eine Tüte Chips **4 en croquant**
knabbernd **5 lourdement** *hier:* schwerfällig, laut **6 hautain, -e** hochmütig, stolz **7 les petits-beurre** Butterkekse
8 en haut oben (in der oberen Etage) **9 aucun … ne …** kein **10 brailler** plärren, schreien

«Elle va venir. Viens, on va regarder la télé.»
C'est contre mes principes, mais est-ce qu'on
doit appliquer ses principes sur les enfants
45 des autres? Je le prends dans mes bras et
on descend.
«Il n'a pas le droit!», dit Sary.
«Poursuis-le en justice[11], alors!»
Greta arrive. «J'ai soif!» Je lui donne du lait.
50 L'émission se termine. J'éteins la télé. Sary
rouspète[12]: «Maman m'a dit que je peux rester
une heure.»
«C'est tout pour ce soir», je déclare. «Tout le
monde en haut.»
55 «Pas moi!» Sary déclare la guerre. J'essaie la
raison: «Ecoute, Sary, si tu ne te couches pas,
eux, ils ne se coucheront pas. Sois gentille.»
«Maman m'a dit.»
«Tu regarderas demain, quand maman sera là.»
60 «Maintenant!»
Je vais lui donner un coup de poing[13] sur le nez,
mais je me rappelle le dicton[14]: «Si tu dois
battre un enfant, sers-toi d'une plume[15].»

Ce n'est pas trop tôt que les parents rentrent!
Les deux filles dorment sur moi. J'explique
l'affaire. Le père a mes trois dollars à la main. 65
Il me raccompagne[16] et me remercie.

Susie Morgenstern *La première fois que
j'ai eu 16 ans,* © L'Ecole des Loisirs 1989

---

11 **poursuivre qn en justice** jdn. vor Gericht ziehen   12 **rouspéter** meckern   13 **un coup de poing** ein Fausthieb
14 **le dicton** sprichwörtliche Redensart   15 **une plume** eine Feder   16 **raccompagner qn** *hier:* jdn. nach Hause bringen

Lire

5   A propos du texte

A *Finissez les phrases suivantes.*

1. Le texte s'appelle … et il est tiré de … Il parle de …
2. On peut voir que Sary, la grande fille, n'est pas correcte
   envers Susie parce qu'elle …
   (3 exemples).
3. Susie essaie d'être comme une vraie mère parce qu'elle …
   (2 exemples).

B *Répondez aux questions suivantes.*

1. Résumez en six phrases ce qui se passe pendant
   cette «soirée difficile».
2. Où est-ce qu'on peut voir que Susie ne sait plus
   quoi faire avec les enfants? Donnez des exemples.
3. Expliquez le dicton que Susie utilise.
   Vous en connaissez d'autres?

En forme **6** ## Toujours de bons conseils!

A *Etre baby-sitter n'est pas facile. Voici quelques conseils.*
*Reliez les phrases et mettez les verbes au **présent** ou*
*à l'**impératif**.*

1. Si tu **?** (*vouloir*) travailler comme baby-sitter, …
2. Si les enfants **?** (*ne pas t'écouter*), …
3. Mais attention, si tu **?** (*être*) trop autoritaire, …
4. Si un enfant **?** (*manger*) trop de chips, …
5. Si les enfants **?** (*ne pas dormir*) à 21h, …

a … (*chanter*) une chanson ou **?** (*lire*) une histoire.
b … il **?** (*pouvoir*) tomber malade.
c … tu **?** (*ne pas devoir*) craindre les enfants.
d … (*être*) autoritaire!
e … les enfants **?** (*détester*) ça.

B *Maintenant, donnez des conseils à un copain pour*
*les petits boulots suivants. Utilisez le **présent** et*
*le **futur simple** dans chaque phrase.*

89, 3
1. Si – travailler dans un supermarché – avoir beaucoup de responsabilités
2. Si – faire du baby-sitting – travailler le week-end – le soir
3. Si – distribuer des journaux – prendre souvent le vélo – ou – devoir se lever tôt
4. Si – donner des cours – devoir être bon élève
5. Si – faire les vendanges – …

En forme **7** ## La langue dans son contexte

90, 6
Lisez les phrases suivantes (1.–8.) et cherchez le mot ou
la forme (A–L) qui manque dans chaque phrase.
Attention: *Il reste quatre verbes.*

1. Marie n'est jamais contente: elle **?** tout le temps.
2. Tu as toujours de bonnes notes, alors tu n'as rien à **?** pour les examens!
3. Je suis très fatigué! Hier, je/j' **?** la télé trop tard parce que j'ai regardé un super film.
4. Si tu veux **?** tes objectifs, tu dois travailler plus à l'école.
5. Quand j'étais petite, je/j' **?** les chiens: j'entendais un «wouf-wouf» et j'avais tout de suite peur.
6. Pardon, madame. Quel niveau de langue est-ce qu'on **?** avec cet examen?
7. Eh, Marc, il ne fait pas encore nuit! Alors, **?** la lumière!
8. Dans son dernier mail, Léa **?** une super belle photo de sa famille.

> **A** éteint **B** craindre **C** craignais **D** se plaint **E** se plaindre **F** atteindre **G** atteignait
> **H** joignons **I** atteint **J** ai éteint **K** éteins **L** a joint

1. → **?** **2.** → **?** **3.** → **?** **4.** → **?** **5.** → **?** **6.** → **?** **7.** → **?** **8.** → **?**

Atelier B

Lire

1 Si j'étais Président …

99

Avec des «si» on mettrait Paris en bouteille! C'est un proverbe français. Plusieurs chanteurs ont écrit des chansons qui commencent avec si:
Gérard Lenorman a écrit: «Si j'étais président de la République, … »; Charles Aznavour a chanté: «Si j'avais de l'argent, j'achèterais un piano …»; Claude François a chanté: «Si j'avais un marteau, … je bâtirais une ferme …» et Ivan Rebroff a chanté: «Ah, si j'étais riche … je bâtirais un vrai palais …»

Et vous, que feriez-vous si vous étiez Président(e)? Que feriez-vous si vous aviez de l'argent? Organiseriez-vous des fêtes pour tout le monde? Iriez-vous dans les pays où les gens ont faim? Donneriez-vous de l'argent pour les bonnes notes à l'école?

93, 9 *Faites un sondage dans votre classe et notez les réponses les plus drôles, les plus originales, les plus absurdes.*

En forme

2 Si je pouvais, je serais footballeur! (G 26)

→ En plus 126, 3 △

A *Si vous pouviez choisir le métier que vous voulez, lequel choisiriez-vous? Utilisez le conditionnel présent.*

93, 10

Exemple: **Si je pouvais** choisir mon métier, je **serais** footballeur.

1. Si j'avais le choix entre plusieurs équipes, je **?** (*choisir*) une grande équipe internationale.
2. Si le FC Bayern me demandait de jouer à Munich, j'**?** (*aller*) tout de suite.
3. Si je jouais pour cette équipe allemande, les journaux m'**?** (*appeler*) le nouveau Ribéry.
4. Vous **?** (*être*) mes fans et je **?** (*gagner*) des millions.
5. Et si un jour j'en avais marre de courir derrière un ballon, mes copains et moi, nous **?** (*commencer*) une carrière de top modèle et vous **?** (*prendre*) des photos de nous.
6. Si tout ça m'arrivait à moi et a mes copains, nous **?** (*être*) très heureux!

B *Travaillez maintenant à deux. **A** commence une phrase avec **si + imparfait**. **B** continue.*

Exemple:
A: S'il n'y avait pas d'ordinateurs, → **B:** la vie serait plus calme.

3   Le rapport de stage

Avant la lecture
Lisez les mots suivants.
Qu'est-ce que c'est en allemand?

une entreprise   le lexique   un document numérique

les remerciements   un graphiste

utiliser un logiciel

une introduction   une solution

une conclusion

Patrick Lebeau, 16 ans, stage du 16 au 18 février 2012
à *Happy entertainment*, 45 rue de Loumade, F-86000 Poitiers

Remerciements

Je tiens tout d'abord à remercier toute
l'équipe de *Happy Entertainment* chez qui
j'ai appris énormément et ma professeure,
5   Mme Simon, qui m'en a parlé et m'a aidé
à trouver ce stage.

Lexique

Le graphiste: c'est un créateur de visuel.
Il réalise des documents numériques, retravaille
10   des images et des textes. Il utilise des logiciels
comme *Adobe Flash* ou *Photoshop*.
Le développeur: il réalise un cahier des charges
qui décrit les besoins des utilisateurs et les
solutions techniques pour y arriver. Pour écrire
15   un programme, il utilise des logiciels qu'il adapte
aux besoins spécifiques du projet.

Introduction

Je voulais faire un stage dans les jeux vidéo parce
que cela m'intéresse. Je voulais savoir comment
20   on les créait. Chez *Happy Entertainment*, on me
les a montrés sans problème.

L'entreprise

Happy entertainment est une entreprise de
jeux vidéo ouverte du lundi au vendredi, dirigée
par Pierre Sébastien. Dans l'entreprise, il y a
25 employés et 14 métiers différents.   25

Le stage

Ma tutrice dans l'entreprise était Mme
Boulanger qui est assistante de gestion. Toute
l'équipe m'a accueilli chaleureusement. J'ai
travaillé du mercredi au vendredi de 9h à 12h30   30
puis de 14h à 17h30. Le premier jour, j'ai testé
plusieurs jeux, puis les autres jours, j'ai regardé
les graphistes qui faisaient des logos pour
un nouveau jeu. Ils m'ont appris à utiliser des
logiciels assez compliqués. J'ai bien aimé les   35
regarder car c'est important pour ma formation
plus tard.

Conclusion

J'ai beaucoup appris pendant ce stage. Cela a
renforcé mon désir de travailler dans les jeux   40
vidéo. Je peux dire maintenant que si je pouvais
choisir un métier, ce serait graphiste.

STRATEGIE

Am Ende eines Praktikums musst du einen kurzen Praktikumsbericht verfassen.
Sofern keine speziellen Angaben gefordert sind, kannst du folgenden formalen Aufbau wählen:
1. Deckblatt mit deinem Namen und Vornamen, deiner Klasse, dem Namen und der Adresse der Firma,
dem Datum des Praktikums und dem Namen deiner Schule;   **2.** Denk an die Personen, die dir geholfen
haben, den Praktikumsplatz zu finden und an jene, die dich beim Praktikum selbst unterstützt haben;
3. Inhaltsverzeichnis;   **4.** Eventuell eine kurze Auflistung von Fachvokabular;   **5.** Einleitung;
6. Kurze Beschreibung der Firma;   **7.** Ablauf des Praktikums;   **8.** Fazit

Lire
Ecrire

4   A propos du texte

A *Répondez aux questions.*

1. Où est-ce que Patrick Lebeau a fait son stage?
2. Pourquoi est-ce qu'il a choisi cette entreprise?
3. Est-ce qu'il a aimé son stage?
   (Justifiez votre réponse.)

B *Imaginez et écrivez le rapport de stage d'un(e)
élève qui vient de faire un stage chez
une fleuriste / dans un magasin / un salon
de coiffure / une librairie …*

En forme

5   Ah, si j'étais riche … (G 26)

A *Complétez les phrases avec l'**imparfait** et le **conditionnel présent**.*

93, 10

Exemple: Si j'**étais** riche, j'**aiderais** les écoles en Afrique.

1. Si tu (*faire*) **?** des efforts à l'école, tu (*pouvoir*) **?** aller à l'université après le bac.
2. Si tous les élèves (*passer*) **?** le bac, plus de gens (*trouver*) **?** un travail.
3. Si je (*pouvoir*) **?** choisir mon métier, ce (*être*) **?** prof ou médecin.
4. Si nous (*avoir*) **?** tous un métier de rêve, nous (*être*) **?** tous plus heureux.
5. Si nous (*être*) **?** plus heureux, nos parents, nos amis (*être*) **?** plus heureux aussi.
6. Et si je (*travailler*) **?** beaucoup, je (*être*) **?** riche. Et si j'étais riche, …

B *Complétez les phrases. Choisissez la forme correcte du verbe.*

1. Si j'étais riche, je …
2. Qu'est-ce qu'on ferait, si …
3. Si j'avais le temps, …
4. Si j'étais un roi / une reine, je …
5. Je serais très malheureux /-euse, si …
6. Si je savais chanter, je …
7. Je te le dirais tout de suite, si …
8. Nous travaillerions plus, si …
9. S'il n'y avait pas d'ordinateur, …
10. Si je pouvais choisir mon stage, …
11. Si nous n'avions pas de téléphone portable, nous …
12. Si les animaux pouvaient parler, …

On ne parle pas la bouche pleine !

Si les animaux pouvaient parler …

→ En plus 126, 4 △

Parler

6 J'aimerais travailler dans ta branche.

A *Travaillez à deux. Ecrivez un dialogue entre un conseiller d'orientation et un élève de 3ᵉ qui cherche un stage dans une entreprise.*

ON DIT

– Bonjour monsieur / madame.
– As-tu déjà trouvé une entreprise?
  Qu'est-ce qui t'intéresse?
– J'aimerais travailler dans le cinéma / chez
  un médecin / chez un architecte /
  dans un jardin d'enfants.
– Pourquoi?
– J'aimerais beaucoup … / J'ai de bonnes
  notes en … / J'aimerais être … plus tard.
– Tu as bien réfléchi? / Tu es sûr?
– Combien de temps dure le stage?
– Pense à ton rapport de stage.
– Merci beaucoup / Je te tiens au courant.

B *Ensuite, jouez le dialogue. **A** joue le conseiller d'orientation et **B** joue l'élève.*

Ecouter

7 Le graphiste du flyer

101 *Ecoutez cet entretien de stage. Vrai ou faux? Corrigez les phrases.*

1. Un jeune français veut travailler en France.
2. Arno connaît le travail en France.
3. Pour lui, les vêtements français sont cool.
4. Arno a déjà eu le DELF niveau B1.
5. Arno va s'occuper de la gestion du magasin.
6. Arno parle aussi très bien l'anglais.
7. Arno habitera loin du magasin.
8. Le magasin est fermé le samedi et le dimanche.

En forme

8 On me les a montrés sans problème. (G 27)

Remplacez les noms par des pronoms et écrivez les phrases dans votre cahier.

Exemple: Mme Simon a parlé du stage à Patrick. ⟶ **Elle lui en** a parlé.

94, 11
1. Le graphiste montre les jeux à Patrick. ⟶ Il …
2. Le développeur adapte les logiciels aux utilisateurs. ⟶ Il …
3. Patrick envoie sa lettre de motivation à Mme Simon. ⟶ Il …
4. Le chef présente sa tutrice à Patrick. ⟶ Il …
5. Patrick a parlé du stage à ses parents. ⟶ Il …
6. Le graphiste montre les logos à Patrick. ⟶ Il …

Pratique

LETTRE DE MOTIVATION

ENTRETIEN D'ORIENTATION

CV

PORTFOLIO **1** Ecrire un CV

A *Timo, un élève allemand, cherche un petit boulot en France, dans la ville de son correspondant Julien. Mais avant de trouver un travail, il faut d'abord faire un CV (Lebenslauf). Julien explique à Timo comment écrire un CV.* (Vocabulaire, p. 190)

95, 13

Bonjour Timo,

Tu as de la chance. Pour notre stage en entreprise, nous avons appris à faire un CV en français. Alors je peux t'aider.
Voilà, tu écris en haut et à gauche ton prénom et ton nom.
5 Sous ton prénom et ton nom, tu écris ta date de naissance, sous ta date de naissance, ton adresse postale. Sous ton adresse postale, ton adresse mail. Sous ton adresse mail, ton numéro de téléphone. Mets aussi mon adresse, parce que tu habiteras chez nous. Mes parents sont d'accord. Cette année, on ne part pas en
10 vacances: moi, je travaille pendant les vacances. Donc je suis là et mes parents aussi, ils veulent repeindre[1] l'appartement.
Si tu ne trouves pas de travail, tu aideras mon père.

Ensuite, sous mon adresse, tu écris **Formation**. Et sous Formation, élève de la classe de …, au lycée …
15 Et tes diplômes, je sais que tu as déjà le DELF A2 et que tu prépares le DELF niveau B1 à l'Institut français de Leipzig. Ecris-le! N'oublie pas de dire que tu parles très bien anglais (niveau B1) et que tu sais utiliser Internet et les ordinateurs
et les logiciels.

Tschüss!
Julien

PS: Pour la lettre de motivation, demande à ton professeur de français!

B *Tape ton CV en français sur l'ordinateur. Imprime-le et mets-le dans ton portfolio.*

---

1 repeindre neu streichen

2 ## Ecrire une lettre de motivation (Vocabulaire, p. 190)

Les parents de Timo l'ont aidé à écrire sa lettre de motivation en français.
Vous aussi, vous écrivez une lettre de motivation pour faire un stage en France.

> Timo Hunger
> Liststraße 12
> 70180 Stuttgart
>
> Monsieur le Directeur   Stuttgart, le 30 mai 2013
> des Editions Azalées
> F-37300-Joué-lès-Tours
>
> Monsieur,
>
> Je m'appelle Timo Hunger et j'ai 15 ans. Je suis en classe de 9ᵉ au lycée Wilhelm à
> Stuttgart. En France, c'est la troisième d'un collège. J'ai passé l'examen de fran-
> çais DELF niveau A2 et je prépare le niveau B1. Ma première langue est l'anglais.
> J'aimerais faire un stage dans votre entreprise pour savoir comment on fait un
> 5 livre d'école. J'adore lire et apprendre les langues étrangères.
> Je sais utiliser un ordinateur et je connais des logiciels différents. Je sais aussi
> faire des recherches sur Internet. J'ai déjà fait un stage chez Ernst Klett Verlag,
> à Stuttgart. J'apprends le français avec les livres des éditions Klett.
> Si je travaillais chez vous, j'habiterais chez mon correspondant, Julien Dubart
> 10 à Joué-lès-Tours. Je serais très heureux de travailler chez vous pendant
> le mois d'août.
> Recevez, Monsieur, mes salutations distinguées.
>
> Timo Hunger

3 Préparer l'entretien

A *Vous attendez maintenant la réponse de l'entreprise française.*
Vous devez vous préparer à répondre aux questions que
pourrait vous poser le chef d'entreprise. Relisez le vocabulaire
«On dit» p. 105 et la stratégie.

B *Travaillez à deux. Choisissez une situation et écrivez*
le jeu de rôles et jouez-le.

> **1.** L'élève **A** est directeur d'un garage Renault et reçoit
> un jeune élève pour un job d'été. Pose des questions
> sur la formation de l'élève et sur ce qu'il sait faire.
> L'élève **B** répond aux questions.

> **2.** L'élève **A** est directeur d'une bibliothèque et reçoit
> un jeune élève pour un job d'été. Pose des questions sur
> la formation de l'élève. L'élève **B** répond aux questions.

STRATEGIE

1. Das Gespräch gut vorbereiten.
2. Sich Notizen machen.
3. Das Vokabular «Berufe» lernen.
4. Fragen und Antworten antizi-
pieren (Geburtsdatum, Wohnort,
Schulbildung, Klassenstufe,
Fremdsprachenkenntnisse, EDV-
Kenntnisse, …).
5. Sich beim Gespräch richtig
verhalten (grüßen, sich bedanken,
sich entschuldigen, nachfragen,
höflich sein).

Bilan

1 Parler

Mehr dazu
7jf7f3

> Überprüfe, was du kannst!
> Vergleiche deine Lösungen mit
> den Lösungen auf Seite 225.

Du kannst schon …

1. … sagen, dass du etwas machen wirst, wenn du die Wahl hast.	Si j'ai …
2. … sagen, dass du später ein Praktikum im Ausland machen möchtest.	… à l'étranger.
3. … sagen, dass dein Traumjob Gärtner ist.	Mon métier …
4. … sagen, dass du gerne früh aufstehst.	… tôt.
5. … sagen, dass du Französisch und Englisch sprichst.	Je parle …
6. … sagen, dass du ein DELF-Diplom Niveau B1 hast.	J'ai un …

2 En forme (G 23)

Complétez le dialogue avec les formes correctes des verbes.

1. – Si tu veux, on **?** (*aller*) demain au cinéma, demain.
2. Ou bien, si tu préfères, nous **?** (*faire*) un tour en vélo.
3. Mais si nous **?** (*faire*) le tour en vélo, nous **?** (*aller*) jusqu'à la plage.
4. Si nous **?** (*aller*) jusqu'à la plage, nous **?** (*nager*), bien sûr.
5. Mais si l'eau **?** (*être*) trop froide, on **?** (*se reposer*) sous un arbre.
6. Si on **?** (*se reposer*) sous un arbre, je te **?** (*chanter*) une chanson.
7. Et si je **?** (*chante*), tu **?** (*danser*). D'accord?
8. – Oh, non, si je **?** (*danser*), ce **?** (*être*) une catastrophe! Tu verras!

3 Jeu de mots

Qu'est-ce que je suis? Ecrivez les réponses dans votre cahier.

1. Je m'occupe des voitures: je suis un / une …
2. Je réalise des dessins de maisons, etc.: Je suis un / une …
3. Je lave les cheveux des gens: Je suis un / une …
4. Je m'occupe des animaux malades: Je suis un / une …
5. Je travaille dans les parcs et les jardins: Je suis un / une …
6. Je travaille dans une école: Je suis un / une …
7. Je réalise des documents numériques: Je suis un / une …
8. J'écris des programmes de logiciels: Je suis un / une …
9. Je travaille dans un hôpital: Je suis un / une … ou …
10. Je présente les informations à la télévision: Je suis un / une …

4   En forme   (G 25)

Complétez le dialogue avec les formes correctes des verbes.
Ah, si je pouvais choisir mon métier, …

1. J' **?** (aimer) être boulanger.
2. Avec ma femme, la boulangère, nous **?** (habiter) une petite maison à côté de la boulangerie.
3. Tous les matins, je **?** (se lever) très tôt.
4. Je **?** (faire) des baguettes et des croissants.
5. J' **?** (ouvrir) la boulangerie à 6 h 30 du matin.
6. Les enfants **?** (aller) à l'école avec un croissant tout chaud dans leur sac à dos.
7. Nous **?** (avoir) aussi des crêpes et du nougat que nous **?** (offrir) à la sortie de l'école.
8. Mais mes parents **?** (préférer) avoir un fils biologiste et je n'aime pas la biologie …

5   En forme   (G 23, G 26)

Reliez les parties de phrases qui vont ensemble. (Plusieurs possibilités)

1. **S'il pleut,**
2. Si les parents sont sympas,
3. Si c'était possible,
4. Si on était en vacances,
5. Si on dormait jusqu'à midi,
6. Si tu aimes les petits enfants,
7. Si tu avais un vélo,
8. Si Chloë vient la semaine prochaine,
9. Si on gagnait la course mardi,
10. Si tu veux,

a   tu fais un stage dans un jardin d'enfants.
b   tu peux passer le week-end à la maison.
c   notre école serait championne.
d   **nous visiterons un musée.**
e   on n'aurait pas besoin des parents pour sortir.
f   on dormirait jusqu'à midi.
g   ils nous donneront de l'argent de poche.
h   Mattias aimerait faire un stage à Villandry.
i   on fera une fête chez moi.
j   les parents seraient en colère.

6   Médiation

A   *Während eines Urlaubs in Frankreich mit deinen Eltern findest du folgende Anzeige in einer französischen Zeitung. Du würdest gerne mitmachen. Du musst aber deine Eltern überreden.*

B   *Ecrivez votre lettre de motivation.*

C   *Travaillez à deux. Jouez le casting.*

> Société française de production cinématographique recherche: une famille allemande (père, mère et deux enfants), le père aura environ 40 ans et la mère aussi. Sympas, sportifs. Les enfants, garçons et filles entre 12 et 16 ans, pour jouer dans un film historique. 80 euros la journée par personne.
> Merci d'envoyer CV avec photos et lettre de motivation par courriel à l'adresse suivante:
> Frenchfilms@prod.fr
> Un casting sera organisé fin juillet à Nice.

Unité 1

En forme

1 C'était comment? (G1)

zu 1A2

A *Pour chaque verbe, notez dans votre cahier les formes demandées.*

	présent		imparfait
	nous...	→	je ...
Exemple:	nous parlons	→	je parlais

parler   faire   attendre   finir   croire

manger   prendre   dormir   lancer   rire

B *La mère de James parle du temps où elle était petite. Complétez le texte par les verbes à l'imparfait.*

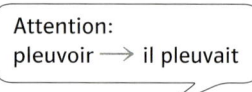

Attention:
pleuvoir → il pleuvait

1. Mes parents ne *(partir)* pas souvent en vacances.
2. En été, on *(aller)* parfois à la mer.
3. D'autres fois, mes parents m'*(envoyer)* à la campagne chez mes cousins.
4. J'*(adorer)* leur famille.
5. On *(jouer)*, on *(bouger)* et on *(rire)* beaucoup.
6. On *(sortir)* même quand il *(pleuvoir)*.
7. Ma tante *(préparer)* de bons repas, on *(manger)* des plats très originaux.
8. Et après les vacances, il *(falloir)* retourner au collège.
9. Cette vie *(être)* très simple, mais elle me *(plaire)*.
10. Nous n'*(avoir)* pas d'ordinateur ou de portable.
11. Nous n'*(envoyer)* pas de SMS, mais cela ne *(faire)* rien.

Parler

2 Chez le principal

zu 1A5

Le professeur de musique va chez le principal et raconte son histoire.
Qu'est-ce qu'il dit? Imaginez un petit monologue. Les mots-clés peuvent vous aider.

Questions	Mots-clés
D'où venaient les statuettes? (→ Imparfait)	Afrique – souvenir de voyage
Comment est-ce qu'elles étaient? (→ Imparfait)	très belles
Qu'est-ce qui s'est passé? (→ Passé composé)	disparaître – chercher partout – voler
Que faire pour les retrouver? (→ Futur composé)	appeler la police – demander aux élèves

Lire
Ecrire

3 A propos du texte

zu 1 B 2

Voici quelques mots-clés pour vous aider à résumer le texte «Une découverte dangereuse», page 18.

§	Qui	Où	Quoi	Quand	Pourquoi
1.	James	maison	statuette dans son sac peur parler	après le collège plus tard	–
2.	James mère	chambre de James	penser à la statuette raconter à Mikaleff	le lendemain	se débarrasser
3.	James Mikaleff	collège	mettre statuette dans le casier du prof	avant et pendant le cours	de la statuette

Ecrivez maintenant le résumé.
Vous pouvez utiliser les débuts de phrases suivantes:

1. A la maison, James fait une … Il trouve …
   Il ne sait pas comment elle … Il …
2. Plus tard, il …, mais il … Il ne sait pas …
3. Le lendemain au collège, il … à Mikaleff,
   puis il …

En forme

4 Tous les matins (G 2)

zu 1 B 4 B

A *Lisez les mots suivants.*
Quels mots appellent plutôt
*l'**imparfait**, quels mots plutôt*
*le **passé composé**?*

d'abord	enfin	tout à coup
puis	tous les matins	chaque jour
alors	ensuite	chaque fois que
(comme) d'habitude		(comme) toujours

B *Lisez le texte, puis racontez la même chose au passé. Commencez comme ça:*

Tous les matins, …

Tous les matins, c'est la même histoire: James n'a pas envie d'aller au collège. Chaque fois qu'il pense aux profs et aux autres élèves, il est de mauvaise humeur. Cette fois encore, c'est la même chose. Tout à coup, il regarde l'heure: comme d'habitude, il est en retard.

Alors il quitte la maison. Mais quand il arrive devant le collège, tous les élèves sont déjà en cours. D'abord, il veut rentrer à la maison. Mais alors, quelqu'un l'appelle: c'est Mikaleff, il est aussi en retard. Alors James entre dans le collège. Avec Mikaleff, il n'a plus l'impression d'être seul.

5 Gelatos est malheureux.

zu 1C 2A

*Après la visite de James, Gelatos est tout à coup très malheureux.
Complétez le texte par les mots à droite.*

1. James a vu les statuettes quand il est passé devant mon **?** .
Qu'est-ce qu'il va faire? Maintenant, j'ai peur. **2.** Est-ce qu'il va
me **?** ? **3.** Pour le moment, on le **?** d'avoir pris ces statuettes.
A cause de moi, il ne va pas bien. **4.** Il est tout **?** . **5.** On va l'**?** du
vol, c'est très grave, il n'a rien **?** ! **6.** Le **?** , c'est moi! Mais moi, je
ne peux rien dire. **7.** Est-ce que je dois faire un pas **?** lui et tout lui
raconter? **8.** Et s'il comprend que je suis **?** de ses bonnes notes,
il va peut-être trouver ça drôle et **?** . **9.** Ou est-ce qu'il va être en
colère? **10.** Ou bien il va peut-être me **?** ? **11.** Avant, j'étais heureux.
Ma vie d'avant me **?** . **12.** Je ne veux pas continuer à **?** . Je dois dire
la vérité.

jaloux	
pâle	vers
accuser	
dénoncer	voleur
soupçonne	
armoire	
volé	pardonner
mentir	
manque	
éclater de rire	

6 Une interview

zu 1C 2B

*Travaillez à deux. Un/une élève prend le rôle du journaliste.
L'autre élève choisit un rôle. Préparez l'interview.
La stratégie peut vous aider.*

le professeur de musique
- parle de ses statuettes
- parle de ses voyages en Afrique
- est triste et en colère
- est allé voir le principal

le principal
- doit connaître les problèmes
  au collège
- va parler aux élèves
- veut avoir toutes les informations
  sur le vol
- sait que James n'est pas le voleur

Mikaleff
- raconte que Gelatos est jaloux
  de James
- sait que James a trouvé les
  statuettes dans son sac
- ne sait pas si James est le voleur

James
- est en colère parce que les
  autres ne le croient pas
- raconte la découverte des
  statuettes chez Gelatos
- a demandé à Gelatos de
  dire la vérité

une fille de la classe
- raconte le cours de musique
- est triste pour le prof
- trouve James bizarre et pense
  que c'est lui le voleur

STRATEGIE

Parler

1. Lest die Rollenkarte genau durch.
2. Der Journalist überlegt sich Fragen, die
   zu den Informationen der Rollenkarte
   passen und notiert sie in Stichworten.
3. Der Interviewpartner überlegt sich Antworten und notiert sie in Stichworten.
4. Führt das Interview anhand eurer
   Notizen durch. Imparfait oder
   Passé composé? Der On-dit-Kasten auf
   Seite 22 kann euch helfen.

Unité 2

zu 2 A 5

Médiation
Ecrire

1 **Le travail à la maison, c'est galère!**

*Votre correspondant français /
Votre correspondante française
veut savoir si les jeunes
Allemands participent aux
travaux de la maison.
Vous avez fait un sondage
dans votre classe.
Ecrivez un courriel en français
pour donner ces résultats.*

> **Ergebnisse für die 28 Schüler und Schülerinnen**
>
> 24 decken oft den Tisch.
> 7 leeren den Mülleimer ihres Zimmers.
> 15 spülen das Geschirr.
> 20 haben Geschwister und kümmern sich um sie.
> 21 haben ein oder mehrere Haustiere und kümmern sich um sie.
> 17 helfen ihren Eltern beim Einkaufen.
> 15 bereiten manchmal eine Mahlzeit zu.

Ecouter
En forme

2 **Chez les Azemour, un vendredi soir** (G 5)

zu 2 A 6

A *Ecoutez la première scène,
puis répondez aux questions.
Utilisez les mots donnés.*

23

> être en train de faire qc
> venir de faire qc
> aller faire qc

1. Que fait Mehdi?
2. Que font Sana, Idris et Abdel?
3. Que fait Karima?

24

B *Ecoutez la deuxième scène,
puis répondez aux questions.
Utilisez les mots donnés et
les pronoms objets.*

Exemple: **1.** $\longrightarrow$ Oui, il **vient de** le terminer.

1. Est-ce que Mehdi a terminé **son jeu vidéo**? ..., il ... terminer.
2. Est-ce qu'Abdel et ses parents continuent ..., ils ... terminer.
   leur jeu de cartes?
3. Est-ce qu'Idris a lu **l'article** que Mehdi lui a passé? ..., il ... lire.
4. Est-ce qu'Abdel doit vider **le lave-vaisselle**? ..., Karima ... vider.

... une bonne idée.
... n'est pas une bonne idée.
Partir comme ça n'est pas une bonne idée.

zu 2 A 8

Jeu de sons

3 Le ton[1] fait la chanson.

Choisissez 3 phrases. Répétez-les, puis «jouez»-les.

Partir comme ça n'est pas une bonne idée.
J'espère qu'il va réfléchir et bientôt rentrer à la maison.
Je ne sais pas quoi faire, j'aimerais avoir plus de temps.
On trouve que papa et toi, vous travaillez trop.
Les parents doivent toujours être là pour leurs enfants.
Il faut discuter des problèmes et chercher ensemble
une solution.
On pourrait faire quelque chose ensemble tous
les dimanches!

> ### STRATEGIE
>
> **Parler**
>
> Beim Einüben schwieriger
> Sätze kann euch der
> „Rückwärtsgang" helfen.
> Baut die Sätze von hinten auf.
> Wiederholt die Teile laut,
> bis sie sitzen.

En forme

4 Qu'est-ce qui s'est passé? (G 4)

zu 2 B 3

*Ecrivez les phrases dans votre cahier. Attention au **participe passé**.*

1. Mehdi s'est senti **?** malheureux et il est parti.
2. Sana s'est dépêché **?** de téléphoner aux amis de Mehdi.
3. Idris s'est préparé **?** pour partir à la recherche de son fils.
4. Mme Brunet et ses filles se sont informé **?** sur l'heure d'arrivée de M. Brunet.
5. Mehdi et Pierre se sont retrouvé **?** pour parler de la journée d'orientation.
6. Pendant ce temps, Karima s'est occupé **?** de ses devoirs.
7. Abdel s'est reposé **?**.
8. Plus tard, Mehdi et sa famille se sont retrouvé **?** à la maison.

En forme

5 Ce qui est important dans la vie (G 7)

zu 2 B 6

Mehdi pose des questions à ses parents.
*Complétez le texte par **ce qui** ou **ce que / ce qu'**.*

Sana: **1. ?** je trouve important, c'est d'avoir une
famille sympa et un travail intéressant.
Mehdi: Et toi, papa?
Idris: **2. ?** est sûr, c'est qu'il est important d'avoir
des idées et de faire **?** on aime.
Mehdi: **3.** Alors moi, **?** je voudrais faire, c'est
travailler comme médecin. **4. ?** me plaît, c'est
de rencontrer des gens. **5.** Et **?** je voudrais
aussi, c'est voyager et voir d'autres pays.
Sana: **6. ?** il faut pour faire tout ça, c'est gagner
de l'argent.
Mehdi: **7.** Ça, c'est **?** m'énerve: tout le monde
pense toujours à l'argent!

> ### STRATEGIE
>
> **Ce qui** oder **ce que**?
> Suche zuerst nach dem Verb, dann nach
> dem Subjekt *(wer oder was)* im Satz.
> • Falls du **kein Subjekt** findest, muss es
> **ce qui** (Subjekt) heißen.
> • Falls es **schon ein Subjekt** gibt, muss es
> **ce que** (Objekt) heißen.
>
> Exemple: **?** je trouve important ...
> Das Verb ist «trouve»
> Das Subjekt ist «je»
> → **Ce que** je trouve important ...

---

1 **le ton** [lətɔ̃] der Ton(fall)

Ecouter

6 Présentatrice, un métier passionnant

zu 2 B 9

104

Lisez les phrases suivantes, puis écoutez la scène. Vrai ou faux? Si c'est faux, corrigez.

1. Alma est chez elle.
2. La nuit, elle ne dort que 5 heures.
3. Pour son travail, elle lit les journaux.
4. Elle écrit tout ce qu'elle va dire.
5. Elle travaille seule.
6. Elle aime son métier.

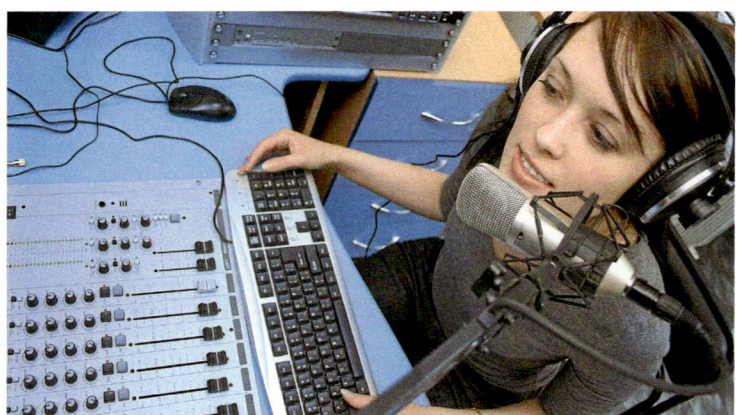

Ecoutez bien et essayez de comprendre toute la phrase. Le contexte va vous aider à trouver les solutions.

Unité 3

zu 3 A 6

Médiation

1 Un mot peut en cacher un autre.

Ton correspondant français fait lui aussi des fautes. Tu veux l'aider.
Utilise un dictionnaire et note les phrases correctes en allemand.

Exemple:

1. Du hörst die Musik zu **stark**!
2. Im Wald habe ich viele **Dumme** gesehen.
3. Diese Würstchen sind sehr **stark**.
4. Sie hat viele Knöpfe auf den Beinen.

STRATEGIE

Médiation

„Morgen wird die **Zeit** schön."
Was meint dein Freund damit?

1. Frage dich zuerst, was „Zeit" auf Französisch heißt: ⟶ le temps
2. Dein Freund wollte von „le temps" sprechen. Im Wörterbuch hat er aber nach der falschen Übersetzung gegriffen.
3. Was kann „le temps" noch alles heißen? Ach ja, z. B. das Wetter.
4. „Morgen wird das Wetter schön". Der Satz ergibt Sinn! Das wollte er sagen.

Médiation
En forme

2 Une visite du Reichstag à Berlin

zu 3 A 8

A *Vous voulez visiter le Reichstag de Berlin avec vos amis français. Lisez la brochure. Qu'est-ce qui peut intéresser quel ami? Prenez des notes.*

Vos amis français:

Nicolas	aime prendre des photos
Emma	adore l'histoire et les gâteaux allemands
Oscar	est un sportif

… Die Kuppel und die Besucherterrasse auf dem Dach des Reichstagsgebäudes bieten einen fantastischen Blick über die ganze Stadt. Die Spree windet sich zu Ihren Füßen, das
5 zum Greifen nahe Brandenburger Tor und die Hochhaus-Türme am Potsdamer Platz sind gut zu sehende Orientierungspunkte. Und in der Abenddämmerung beginnen die tausend

Lichter der City von Berlin zu funkeln. Besuchen Sie auch das Dachgarten-Restaurant 10 und Café auf dem Dach des Reichstags. Dort warten internationale Kaffee-Spezialitäten und eine ausgezeichnete Speisekarte darauf, Sie zu verführen. Der Rasen vor dem Reichstag zeigt die lockere und unkomplizierte Sei- 15 te Berlins. Hier ruhen sich bei sonnigem Wetter Berlins Besucher aus, hier machen die Berliner ihr Picknick, spielen Ball und Frisbee oder singen zur Gitarre …

B *Vous voulez motiver vos amis pour cette visite. Relisez vos notes et préparez un petit monologue pour leur dire ce que vous verrez et ce qu'ils pourront faire (environ 90 mots). Utilisez le futur simple.*

Tipp:

die Kuppel:	la coupole
das Dach:	le toit
der Rasen:	la pelouse

Commencez comme ça:
Demain, nous irons visiter le Reichstag. Toi, Nicolas, tu pourras …

Ecouter
Médiation

3 France Bleu Touraine: Les sorties du week-end

zu 3 A 10

Cet enregistrement du texte peut vous aider à faire l'exercice 10 à la page 52.

43 – 44

zu 3 A 10

Ecouter Médiation

4 Un coup de téléphone à Saumur

Imaginez. Vos parents, qui ne comprennent pas bien le français, veulent visiter le Cadre Noir en février. Vous téléphonez à l'office de tourisme.

45

A *Lisez la stratégie à la page 52. Notez le sujet qui les intéresse. Ecoutez la réponse et prenez des notes sur le sujet noté. Qu'est-ce que vous dites à vos parents?*

B *Votre copain Lukas voudrait lui aussi visiter le Cadre Noir le week-end du 27 et 28 avril. Notez ce qu'il veut savoir. Ecoutez le texte encore une fois et prenez des notes pour Lukas. Quelles informations est-ce que vous lui donnez?*

> Visite du Cadre Noir en février
> –
> –

> Visite du Cadre Noir
> le week-end du 27 et 28 février
> –
> –
> . . .

En forme

5 Avant la fête! (G 10)

zu 3 A 11

Hannah et Julie parlent de la fête du lendemain soir au collège. Julie pose des questions. Imaginez les réponses de Hannah. Utilisez les pronoms personnels disjoints et faites le dialogue.

moi	nous
toi	vous
lui / elle	eux / elles

Exemple: **1.** Julie: – Est-ce que tu vas aller à la fête avec **moi**?
Hannah: – Oui, je vais aller au collège avec **toi**.

1. aller à la fête avec Julie
2. s'occuper de Mathieu
3. acheter un cadeau pour Mme Hugot
4. rentrer sans Mme et M. Mollet
5. prendre une photo de Niels et Mathieu
6. préparer une quiche avec Julie et Mme Mollet
7. rester près de Julie
8. discuter avec Mme Mollet et Mme Hugot

En forme

6 Tours – Paris, quelle différence! (G 11)

zu 3 B 2

A *Comparez Tours et Paris. Faites attention à l'accord des adjectifs.*

Exemple: **1.** A Tours, les magasins sont moins originaux qu'à Paris.

	Tours	Paris
1. original – les magasins	–	+
2. sympa – les gens	+	–
3. cool – les jeunes	=	=
4. cher – la vie	–	+
5. intéressant – la vie	=	=
6. bon – l'ambiance	+	–
7. connu – la cathédrale	–	+
8. beau – la nature	+	–

B *Travaillez à deux. Posez des questions et répondez. Utilisez le* **superlatif**.

Exemple: – Quelle est pour toi la ville la plus belle ?

– Pour moi, la ville la plus belle , c'est … parce que …

ville	prof	livre	++ connu	++ sympa	– – intéressant
endroits	activités	cours	– – drôle	++ beau	++ important
spécialité	film		++ cool	– – timide	++ bon
copain / copine	château				

Ecouter
Parler

7 Chanson: Amour de jeunesse (texte p. 227)

zu 3 B 5 B

Ecoutez la chanson[1]. Est-ce qu'elle va bien avec l'histoire?
Justifiez votre réponse.

1 Das Chanson befindet sich auf der Audio-CD 3 (622168), Track 32.

En forme

8 **Comparez les correspondants.** (G 11)   zu 3 B 6

*Comparez Hannah, Julie, Niels et Mathieu. Utilisez le **comparatif** et le **superlatif**.*

Exemples: Hannah est plus vieille que Julie.
Niels est le moins bon / le plus mauvais en anglais.

	Hannah	Julie	Niels	Mathieu
âge	13 ans et demi	13 ans	14 ans	14 ans et demi
taille	1,72 m	1,65 m	1,78 m	1,69 m
notes en langues	2 (français) 2 (anglais)	15/20 (allemand) 14/20 (anglais)	2 (français) 4 (anglais)	17/20 (allemand) 19/20 (anglais)
☺ drôle	☺ ☺ ☺	☺ ☺	☺ ☺	☺
courageux	🐭	🐭	🐭 🐭 🐭	🐭 🐭

Vis-à-vis
Parler

9 **Se débrouiller pendant l'échange**   zu 3 B 8

Regardez les situations et imaginez les réponses.

Unité 4   Découvertes

1   Pour décrire un pays . . .

Jeu de mots

zu 61, 2 B

A *De quoi est-ce qu'on peut parler pour décrire un pays? Faites un filet à mots. Notez aussi des expressions.*

B *Complétez ce filet à mots après chaque station de l'unité 4.*

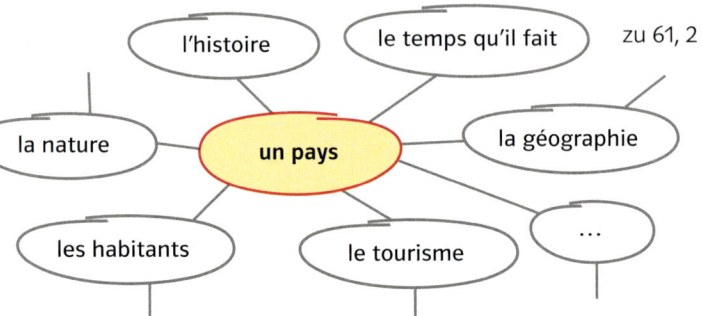

un pays — l'histoire — le temps qu'il fait — la géographie — la nature — le tourisme — les habitants — . . .

2   Aux quatre coins du monde (G 12, Vocabulaire, p. 175)

En forme

zu 63, 5

Voici quelques-uns des 200 pays et territoires du monde où on reçoit la chaîne de télévision[1] francophone **TV5 Monde**:

le Canada	l'Allemagne (f.)
la Tunisie	les Etats-Unis (m.)
le Maroc	la Russie
la Belgique	les Pays-Bas (m.)
le Portugal	la Suisse

A *Dans quels pays est-ce qu'on peut regarder cette chaîne? Commencez comme ça:*

On peut la regarder   **en Allemagne** , . . .

Frage: wo / wohin?
Ländernamen (m.) → **au / aux**
Ländernamen (f.) → **en**
Ländernamen (Plural) → **aux**

B *Vous aimez voyager? Dites 5 noms de pays où vous avez envie d'aller. Commencez comme ça:*

J'aimerais bien aller en / au / aux . . .

3   Pratiquement partout dans le monde . . . (G 13)

En forme

zu 63, 6

Adjectif ou adverbe? Complétez. Attention à l'accord de l'adjectif.

1. Sur tous les continents, il y a des gens **?** qui travaillent **?** . → sérieux

2. **?** , il y a aussi partout des gens **?** . → malheureux

3. Pour **?** se débrouiller, il est très important d'avoir un **?** travail. → bon

4. Mais la vie peut être **?** et parfois, on trouve **?** du travail. → difficile

5. Il y a aussi des pays où les gens sont très pauvres et vont **?** . → mauvais

6. Alors les gens quittent leur pays. Est-ce que c'est une **?** idée? → bon

---

1 une chaîne de télévision ein Fernsehsender

Unité 4   Station 1

Lire   1

1 A propos du texte

zu 64, 1

Bearbeitet die Übungen zu den Stationen und kontrolliert euch dann selbst. Die Lösungen findet ihr auf Seite 223.

Vrai ou faux? Si c'est faux, corrigez la phrase.

1. Cœur de pirate est une chanteuse canadienne.
2. La langue officielle du Québec est le français.
3. Le Québec est plus grand que l'Allemagne mais plus petit que la France.
4. La capitale du Québec est Montréal.
5. Montréal compte plus d'habitants francophones que Paris.
6. A Montréal, il fait très froid en hiver, mais en été, on passe beaucoup de temps dehors.
7. Au Québec, il y a des grandes forêts et plus de deux millions de lacs.

Parler

2 On y va? (G 14)

zu 64, 2 B

A *Vous connaissez déjà quelques expressions avec les pronoms* **y** *et* **en**. *Vous parlez à un ami. Qu'est-ce que vous dites pour …*

1. lui demander son avis?
2. lui dire que vous en avez assez?
3. lui dire que c'est le moment de partir ensemble?
4. l'encourager à faire quelque chose?
5. lui dire que vous avez terminé qc?
6. lui dire de ne pas s'inquiéter?

a On y va!
b Vas-y!
c Ne t'en fais pas!
d J'en ai marre!
e Qu'est-ce que tu en penses?
f Ça y est!

B *Répondez aux questions. Utilisez* **y**.

1. Est-ce que tu vas **au bord de la mer**, cet été?
2. Est-ce que tu vas **à Arcachon**?
3. Est-ce que tu veux aller **à Toulouse**?
4. Est-ce que tu as participé **à l'échange scolaire**?
5. Est-ce que tu es déjà allé(e) **en Angleterre**?

Exemple:

– Oui, j'**y** vais en juillet.
– Oui / Non, je …
– …

C *Répondez aux questions. Utilisez* **en**.

1. Est-ce que tu rêves **d'aller au Canada**?
2. Est-ce que tu as déjà vu **des baleines**?
3. Est-ce que tu as envie **de voir le Québec**?
4. Quand est-ce que nous parlons **de notre voyage**?

Exemple:

– Oui, j'**en** rêve.
– …

Unité 4 Station 2

Lire **1** **A propos du texte** zu 66, 1

Quelles informations sont dans le texte?
Complétez les phrases.

1. Nawal écrit un blog pour …
2. Nawal n'habite pas dans un quartier moderne, mais …
3. Elle rêve de …
4. La cousine de Nawal habite …
5. Sa cousine veut aller à l'école parce que plus tard, elle veut …
6. Tamegroute est un endroit intéressant parce que …

En forme **2** **Qui vivra, verra!** (G 16) zu 67, 3 B

Complétez cet article du blog de Nawal.
Mettez les verbes aux temps qui conviennent.

Les grands auteurs ne sont pas tous (mourir)! Beaucoup
(vivre) maintenant, à notre époque, par exemple Tahar Ben
Jelloun, que j'adore. Il (naître) en 1944 à Fès, au Maroc. Plus
tard, il (faire) des études à Rabat et il (devenir) professeur
de philosophie. Il a longtemps (vivre) ici, dans son pays.
Mais en 1971, il (partir) en France où il (vivre) encore
aujourd'hui. Dans sa vie, Ben Jelloun (écrire) un grand
nombre de poèmes, d'articles et de romans qui (vivre)
encore longtemps après lui. C'est pourquoi on peut
dire que les grands auteurs (ne jamais mourir)! Comme lui,
moi aussi je (vivre) un jour en France, mais je pense que je
(mourir) dans le pays où je (naître). Qui vivra, verra!

Tahar Ben Jelloun, écrivain

En forme **3** **Faire des études pour vivre mieux** (G 15) zu 67, 3 B

Des Françaises racontent leur visite à l'école de Bni Zoli.
Complétez le texte et utilisez le comparatif de l'adverbe.

1. Au Maroc, les gens vivent (+ pauvrement) à la campagne qu'en ville.
   C'est une chance de pouvoir aller dans une école gratuite.
2. Les jeunes filles nous ont reçues (– timidement) que les femmes du village.
3. Deux des jeunes filles parlaient le français (+ bien) que les autres, et même (= bien) que nous.
4. (++ bien) pour ces jeunes filles, c'est de continuer leurs études ici.
5. Car grâce à cette école, ces jeunes filles trouveront (+ facilement) du travail.
6. Et comme ça, elles vivront (+ bien).
7. Certains jeunes chez nous sont parfois moins motivés et travaillent (– sérieusement) qu'elles.

Unité 4 Station 3

zu 68, 1

Lire

1 A propos du texte

Quelles informations sont dans le texte? Complétez les phrases.

1. Quand Amin veut de l'eau, il doit …
2. Pour vivre, les parents d'Amin …
3. Souvent au Burkina Faso, l'école …

4. Le sujet de «Ouaga Saga», c'est …
5. Pour vivre, les jeunes de ce film …
6. Utiliser le système D, ça veut dire …

Jeu de mots

2 Au Burkina Faso, par exemple

zu 69, 2 C

A *Cherchez dans le texte les mots pour dire:*

1. une toute petite ville
2. l'école avant le collège
3. la vie de tous les jours

4. avancer dans son travail
5. un film drôle
6. mettre qc à la place de qc

B *Expliquez les mots suivants.*

1. un point d'eau
2. le coton
3. le manque d'eau

4. une frontière
5. un conte

Unité 4 Station 4

Lire

1 A propos du texte

zu 70, 1

Vrai ou faux? Si c'est faux, corrigez.

1. La Nouvelle-Calédonie est une île.
2. Elle n'est pas indépendante.
3. En hiver, il n'y a pas de neige.
4. Les Kanaks viennent de la métropole.

5. Pour les Kanaks, l'argent est plus important que la nature.
6. L'exploitation du nickel est dangereuse pour la nature.

Jeu de mots

2 En Nouvelle-Calédonie

zu 71, 3 B

Complétez les phrases avec les mots qui conviennent.
Attention à la forme!

1. Etre **?** , c'est être indépendant.
2. Les pays d'Europe et les Etats-Unis sont des pays **?** .
3. L'exploitation du nickel **?** la nature.
4. Les choses qu'on ne trouve pas souvent sont des choses **?** .
5. Chez nous, il fait froid en hiver **?** à Nouméa, il fait souvent 20°C.
6. Côté **?** , on peut par exemple aller au centre culturel Tjibaou.
7. Qu'est-ce qui compte le plus: le groupe ou l'**?** ?

loisirs
rare
polluer
libre
individu
occidental
alors que

Module 1

Lire

1 **A propos du texte** zu 79, 2

Qu'est-ce que c'est?
Expliquez les noms suivants.

l'Auvergne   Michelin   le puy de Dôme
le Massif central   Clermont-Ferrand

En forme

2 **C'est l'Auvergne que je préfère.** (G 18) zu 80, 4

Wenn man im Deutschen Satzteile hervorheben möchte, **betont** man sie einfach mit der Stimme. Im Französischen braucht man zu diesem Zweck **c'est qui** und **c'est que**.

Le puy Mary (2 700 km²)

Complétez les phrases.

1. Quelle est la plus haute[1] montagne d'Auvergne?
   → ? le puy de Sancy ? est la plus haute montagne d'Auvergne.
2. D'où viennent les eaux minérales *Vichy* et *Volvic*?
   → ? de l'Auvergne ? viennent les eaux minérales *Vichy* et *Volvic*.
3. Où est-ce qu'il y a toutes sortes de fromages délicieux?
   → ? en Auvergne ? il y a toutes sortes de fromages délicieux.

– Welcher Vulkan ist der größte Europas?
– Der **puy Mary** ist der größte.

→ **C'est** le puy Mary **qui** est le plus gros.

En forme

3 **Solenn parle avec Rémy.** (G 19) zu 82, 2

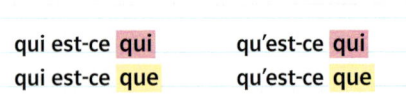

qui est-ce **qui**	qu'est-ce **qui**
qui est-ce **que**	qu'est-ce **que**

Complétez les questions de Rémy à son amie Solenn. Utilisez les mots à droite.

Rémy:
1. ? tu as trouvé aujourd'hui?
2. ? fascine les touristes?
3. ? a demandé la construction de ce lieu?
4. ? le guide allemand cherche?
5. ? on voit dans la baie?
6. ? te plaît dans ce magasin de souvenirs?

Solenn:
… plein de coquillages …
… l'ambiance mystérieuse de ce lieu …
… l'archange Michel …
… des touristes imprudents …
… sûrement des touristes allemands …
… les galettes au beurre …

---

1 **haut, haute** hoch

Module 2

Ecouter

1 **Chanson: Le réel de la pauvreté[1]**   zu 91, 5

A *Avant la lecture:*

1. *Que veut dire le titre de la chanson? Pour comprendre
les mots, pensez à des mots de la même famille.*

2. *Qu'est-ce qu'on peut faire, qu'est-ce qu'on ne peut pas
faire quand on n'a pas d'argent?*

B *Ecoutez la chanson une première fois
et lisez le texte à la page 230.
Comment est-ce que la chanteuse a l'air d'être?*

triste?   heureuse?   courageuse?

contente?   stressée?   timide?

C *Lisez les phrases, puis écoutez la chanson encore une fois. Choisissez la bonne réponse.*

1. La chanteuse est   **a** jeune et riche.   **b** vieille et pauvre.   **c** jeune et pauvre.
2. Elle n'a plus de   **a** café, lait, pain.   **b** thé, chocolat, pain.   **c** œufs, lait, pain.
3. Elle   **a** travaille au café.   **b** travaille dans un bureau.   **c** chante dans le métro.

D *Que dit la chanson? Est-ce que la musique va avec les paroles? Justifiez votre réponse.*

En forme

2 **On s'engage!** (G 21)   zu 92, 7

Deux filles parlent dans la rue. Complétez leur dialogue par les pronoms à droite.

1. – Tu as vu l'annonce des Restos du cœur? Non? Alors, lis-**?** .
2. Ils ont besoin de bénévoles. Aidons-**?** .
3. – Ben, parlons-**?** d'abord à nos parents.
4. – D'accord, demandons-**?** s'ils sont d'accord.
5. – Ton frère pourrait aussi venir avec nous! Montre-**?** l'annonce.
6. Invite-**?** à participer.
7. – Je ne sais pas, il prépare son bac, ne **?** oublie pas.
8. – Tu as peut-être raison. Oh, voilà le bus. Dépêchons-**?** .

la   nous   les   l'   lui   le   en   leur

Ecouter

3 **Comprendre des mots nouveaux**   zu 94, 3

95

A *Lisez les mots suivants, puis écoutez deux fois les textes de **A** à **C**.
Quel mot est dans quel texte?*

1. [ʀəvɑ̃] – **2.** [pʀɔfit] – **3.** [depɑ̃dɑ̃t] – **4.** [nuvote] – **5.** [ʀəpaʀ]

B *Utilisez la stratégie à la page 94. A votre avis, que veulent dire ces mots?
Justifiez vos réponses.*

C *Lola parle d'une sorte de magasin spécial: une ressourcerie. Expliquez ce que c'est.*

---

1 Das Chanson befindet sich auf der Audio-CD 3 (622168), Track 33.

Module 3

Lire
1 **Attention!** (G 23)   zu 98, 2

Reliez les phrases d'après le sens.

1. Si tu rates ton bac à cause de l'anglais,
2. Si tu vois le conseiller d'orientation,
3. Si je fais les vendanges en septembre,
4. Si vous passez le DELF en janvier,
5. Si tu passes le DELF B1,
6. Si tu connais tous ces logiciels,
7. Si tu écris un CV aussi nul,
8. Si je viens te voir en Allemagne,

a je rate la rentrée à l'école de gestion.
b tu auras déjà un bon niveau en français.
c tu peux faire graphiste plus tard.
d tu n'as aucune chance!
e tu feras un stage en Angleterre cet été.
f tu pourras m'aider à écrire ma lettre?
g vous aurez les résultats avant l'été.
h demande-lui ce qu'il pense de ton projet.

Lire
2 **Condition sine qua non** (G 25)   zu 102, 2

*Das Conditionnel steht nicht nur in den Si-Sätzen, man verwendet es
auch zur Formulierung von Annahmen (A), Wünschen (W), Vorschlägen (V),
Ratschlägen (R) und als Ausdruck von Höflichkeit (H). Ordne zu.*

1. Tu devrais travailler plus.
2. Pourriez-vous me passer M. Sylvain, s'il vous plaît?
3. Cela lui plairait certainement.
4. J'aimerais lui parler de mes problèmes.
5. On pourrait aller au cinéma, ce soir.
6. Ma mère aimerait ce livre.

Parler
3 **Si j'étais à Tours …**   zu 102, 2

*Choisissez deux des situations suivantes et discutez
avec votre voisin de ce que vous feriez dans ces situations.
Puis votre voisin, dit ce qu'il ne ferait pas.*

1. Tu es à Tours avec ton copain français.
2. Tu fais un stage chez un vétérinaire en France.
3. Tu travailles dans une cuisine à Lyon.
4. Tu es en vacances à Arcachon et il pleut.

Ecouter
4 **Devinettes**   zu 105, 6

Ecoutez les devinettes et trouvez les 4 métiers cachés dans les 4 devinettes.

102 vétérinaire – chanteur – chanteuse – professeur – médecin – principal – vendeur –
vendeuse – chauffeur de taxi – ingénieur – biologiste – dessinateur – dessinatrice –
journaliste – développeur – graphiste – footballeur – footballeuse – jardinier –
coiffeur – coiffeuse – infirmier – infirmière

Grammaire U 1

ɢ1 Die Bildung des Imparfait – La formation de l'imparfait

> A Valence, je suis souvent seul. A Paris, mes amis venaient souvent chez moi.

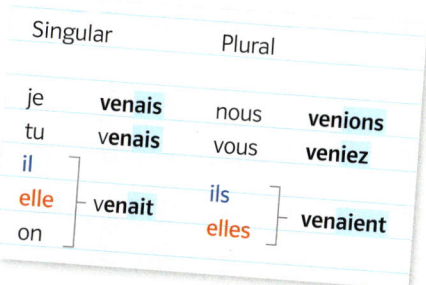

Singular		Plural	
je	**venais**	nous	**venions**
tu	v**enais**	vous	**veniez**
il		ils	
elle	v**enait**	elles	**venaient**
on			

Ableitung der Imparfait-Formen

Präsens: nous **ven**ons

Imparfait-Stamm: je **ven**ais

Mettez les formes correctes de l'imparfait.

1. Mes amis m' (appeler) tous les soirs.
2. Nous (faire) des petites fêtes.
3. On (manger) ensemble.
4. Parfois, mes copains (dormir) chez moi.
5. Et toi, tu (connaître) beaucoup de monde.
6. Tu (avoir) souvent des invités.
7. Vous (prendre) le café ensemble.
8. J' (aimer) beaucoup habiter à Paris.

ɢ2 Imparfait und Passé composé – L'imparfait et le passé composé

> Comment **c'était** à Paris? Tu **pouvais** aller à pied à ton travail?

> Non, je **devais** toujours prendre le métro. Une heure tous les matins!

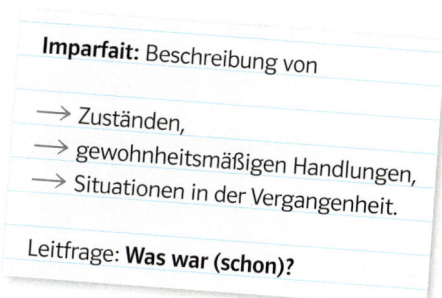

Imparfait: Beschreibung von

→ Zuständen,
→ gewohnheitsmäßigen Handlungen,
→ Situationen in der Vergangenheit.

Leitfrage: **Was war (schon)?**

Signalwörter, z. B.:

(comme) toujours   chaque jour
(comme) d'habitude   chaque fois que
tous les matins

Ecoute, maman, c'**était** hier, au cours de musique. Tout le monde **pensait** déjà à la récré quand, tout à coup, le prof a **commencé** à crier …

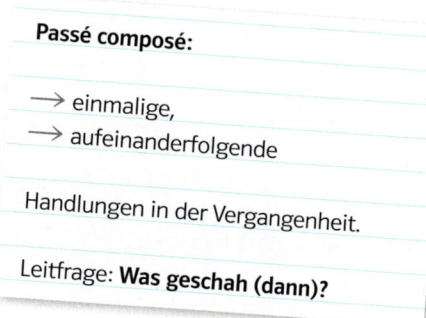

Passé composé:

→ einmalige,
→ aufeinanderfolgende

Handlungen in der Vergangenheit.

Leitfrage: **Was geschah (dann)?**

Signalwörter, z. B.:

d'abord	ensuite
puis	tout à coup
alors	à ce moment-là
	enfin

Imparfait ou passé composé?

1. Ses statuettes n'(être) plus là.
2. Notre prof (être) toujours très sympa.
3. Mais à ce moment-là, il (perdre) la tête.
4. D'abord, il (chercher) partout dans la salle.
5. Ensuite, il (aller) chez le principal.
6. Il (avoir) l'air malheureux.

G 3   Das Verb courir – Le verbe courir (laufen)

Quand le prof a vu que ses statuettes n'étaient plus là, il **a couru** chez le principal.

Singular		Plural	
je	**cours**	nous	**courons**
tu	**cours**	vous	**courez**
il		ils	
elle	**court**		**courent**
on		elles	

Imperativ:	Cours.
	Courons.
	Courez.
Passé composé:	j'ai **couru**
Imparfait:	je **courais**

Complétez par les formes du verbe courir.

1. Vous ? déjà depuis une heure!
2. Oui, nous ? pour préparer la course contre la faim.
3. Les participants ? pour aider les pays pauvres.
4. Le bus part dans 5 minutes. On ??
5. Ah non, moi, je ne ? pas.
6. J'ai déjà beaucoup ? au cours de sport. Maintenant, je suis fatiguée.

Regarde la phrase 6. Qui parle? C'est un garçon ou une fille? Comment est-ce que tu peux savoir?

Grammaire U 2

G 4 Die reflexiven Verben – Les verbes pronominaux

Je me lave!
Je me dépêche!

se laver	s'habiller
je **me** lave	je **m'**habille
tu **te** laves	tu **t'**habilles
il/elle/on **se** lave	il/elle/on **s'**habille
nous **nous** lavons	nous **nous** habillons
vous **vous** lavez	vous **vous** habillez
ils/elles **se** lavent	ils/elles **s'**habillent

Complétez les phrases.

1. Lundi, je **?** lève à 7 heures.
2. Mes parents **?** lèvent à 6 heures.
3. Le dimanche, **? ?** levons tard.
4. Le dimanche, on ne **?** dépêche pas.
5. **? ?** levez à quelle heure, le dimanche?
6. Tu **?** lèves et tu **?**'habilles. Et après, qu'est-ce que tu fais, le dimanche?
7. Eh bien, je **?** motive pour la semaine!

Imperativ bejaht:	Lave-**toi**.
verneint:	Ne **te** lave pas.
Futur composé:	Je vais **me** laver.
Passé composé:	Je **me** **suis** lavé(**e**).
Stellung:	Je ne **m'**habille pas.
	Je ne vais pas **m'**habiller.
	Je ne **me** suis pas habillé(**e**).

das reflexive Verb: **le verbe pronominal**
das Reflexivpronomen: **le pronom réfléchi**

G 5 venir de faire qc und être en train de faire qc

Salut, Karima. Je **suis en train de chercher** des chansons sur Internet. Je **viens de trouver** un clip super cool …

– Que fait Karima?
– Elle **est en train de mettre** la table.
– Et Abdel?
– Il **est en train de l'aider**.

– Mehdi est là?
– Non, il **vient de partir**.
– Tu as parlé à Léo?
– Oui, je **viens de lui parler**.

→

Traduisez les phrases.

1. Ich räume gerade die Küche auf.
2. Der Bus ist gerade weggefahren.
3. Sie isst gerade.

4. Wir beeilen uns, weil der Bus gerade wegfährt.
5. Sie hat gerade gegessen.

G6 Das Plusquamperfekt – Le plus-que-parfait

Ma mère n'est pas là. Pourtant[1], je lui **avais parlé** de la journée d'orientation, hier.

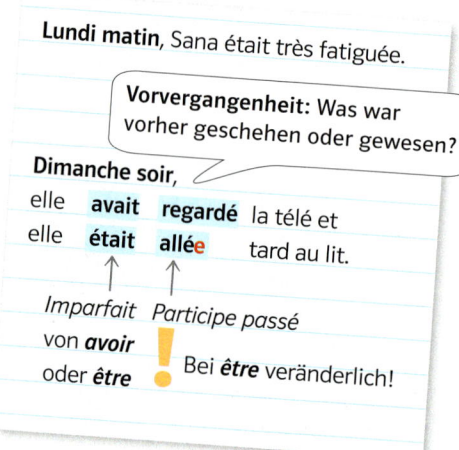

Lundi matin, Sana était très fatiguée.

Vorvergangenheit: Was war vorher geschehen oder gewesen?

Dimanche soir,

elle **avait regardé** la télé et
elle **était allée** tard au lit.

Imparfait   Participe passé
von **avoir**
oder **être**   **!** Bei **être** veränderlich!

Utilisez le plus-que-parfait.

1. Hier, M. Brunet est arrivé à 3 heures à l'aéroport. Il (partir) 12 heures avant.
2. Quand il est arrivé, il était content. Sa femme (venir) le chercher à l'aéroport.

3. Elle était très heureuse de le retrouver. Elle (ne pas le voir) depuis longtemps.
4. Il lui (beaucoup manquer)!

G7 ce qui und ce que

Ce qui me plaît dans votre métier et **ce que** je trouve passionnant, ce sont les grands voyages.

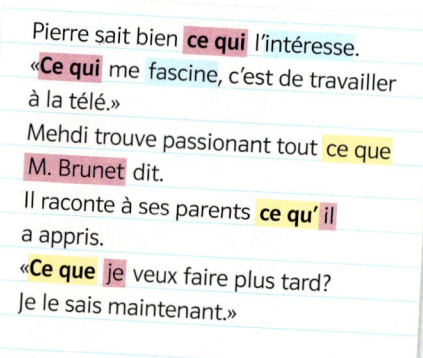

Pierre sait bien **ce qui** l'intéresse.
«**Ce qui** me fascine, c'est de travailler à la télé.»
Mehdi trouve passionant tout **ce que** M. Brunet dit.
Il raconte à ses parents **ce qu'** il a appris.
«**Ce que** je veux faire plus tard? Je le sais maintenant.»

Ce qui → sujet
Ce que → objet

---

1 pourtant dennoch

Sujet ou objet?

qc se passe
qc m'intéresse
qc me plaît
qc me fascine

↓

sujet → ce qui se passe
ce qui m'intéresse
ce qui me plaît
…

je trouve qc passionnant
je dis qc
je fais qc
j'aime qc

↓

objet → ce que je trouve passionnant
ce que je dis
ce que je fais
…

Complétez les phrases.

1. Sana raconte à une amie **?** Mehdi a fait.
2. Tu sais **?** s'est passé? Mehdi est parti!
3. Mais c'est incroyable! Il fait **?** il veut.
4. Il n'a pas dit où il va. C'est **?** je ne comprends pas.

5. Le professeur veut savoir **?** Abdel aime.
6. *Abdel:* Ben, **?** me plaît, c'est le sport.
7. Tu sais déjà **?** tu veux faire plus tard?
8. Non, mais **?** m'intéresse aussi, c'est la technique. Je veux peut-être devenir mécanicien.

Grammaire U 3

G 8 Die Bildung des Futur simple – La formation du futur simple

Qu'est-ce que tu vas faire avec ta corres, ce soir?

On **mangera** en famille.

Singular		Plural	
je	mange**rai**	nous	mange**rons**
tu	mange**ras**	vous	mange**rez**
il elle on	mange**ra**	ils elles	mange**ront**

Ableitung der Futur-Formen

Infinitiv: **manger** (essen)
↓
Futur: je **manger**ai

Ebenso:

attendre (warten) → j'attend**rai**
prendre (nehmen) → je prend**rai**

lire (lesen) → je li**rai**
dormir (schlafen) → je dormi**rai**

→

> ! • **acheter** (kaufen)   j'ach**è**te   ⟶   j'ach**è**terai, tu ach**è**teras, …
> **appeler** (anrufen)   j'appe**ll**e   ⟶   j'appe**ll**erai, tu appe**ll**eras, …
> **payer** (bezahlen)   je pa**i**e   ⟶   je pa**i**erai, tu pa**i**eras, …

> ! • **aller**   j'ir**ai**, …   **faire**   je fer**ai**, …   **venir**   je viendr**ai**, …
> **avoir**   j'aur**ai**, …   **pouvoir**   je pourr**ai**, …   **voir**   je verr**ai**, …
> **être**   je ser**ai**, …   **savoir**   je saur**ai**, …   **vouloir**   je voudr**ai**, …

Le professeur explique le rallye aux élèves.
Mettez les formes correctes du futur simple.

1. Vous (essayer) de trouver tous les endroits qui sont sur la liste.
2. A chaque endroit, vous (avoir) des informations.
3. Vous (répondre) à des questions et vous (prendre) des photos.
4. Le rallye (finir) ici, devant le collège.
5. Tous les élèves (se retrouver) à 16 heures.
6. *Nicolas:* Monsieur, je ne (pouvoir) pas faire tout le parcours, je suis un peu malade.
7. Bon, alors tu (venir) avec moi, et après, tu (aller) au CDI.

G 9   Der Gebrauch des Futur simple – L'emploi du futur simple

Ah, morgen besichtigen wir das Schloss und dann …

Demain, on visitera le château et après, on va faire un tour en ville.

Deutsch: Häufig Präsens, um Zukunft auszudrücken.

Französisch: Futur (composé oder simple), um Zukunft auszudrücken.

Wann Futur composé, wann Futur simple? Es gibt keine festen Regeln!

Gesprochenes Französisch:
Futur simple, Futur composé.

Förmliches geschriebenes Französisch:
Häufiger Futur simple.

> **Visite du château**
> 30 m à droite. Vous trouverez les audio-guides à l'entrée.

G 10 Die unverbundenen Personalpronomen – Les pronoms personnels disjoints

	Singular	Plural
1. Person	**moi**	**nous**
2. Person	**toi**	**vous**
3. Person	**lui** / **elle**	**eux** / **elles**

Mathieu et Niels regardent des photos. *Complétez.*

1. Ce sont les Mollet, là? – Oui, ce sont **?** .
2. Et là, c'est Oscar? – Oui, c'est **?** .
3. C'est vous? – Oui, c'est **?** , sous la pluie.

4. Tiens, Julie et Hannah. – Non, ce ne sont pas **?** , ce sont des élèves de 3ᵉ.
5. Et là, c'est ta mère? – Oui, c'est **?** .

G 11 Die Steigerung der Adjektive und der Vergleich
Les degrés de l'adjectif et la comparaison

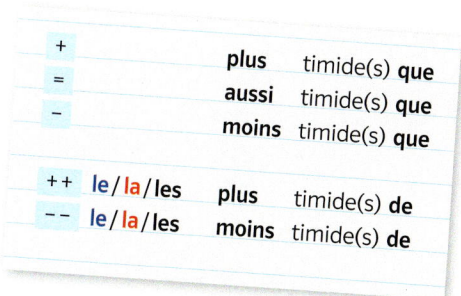

+		**plus**	timide(s) **que**
=		**aussi**	timide(s) **que**
–		**moins**	timide(s) **que**
++	**le** / **la** / **les**	**plus**	timide(s) **de**
– –	**le** / **la** / **les**	**moins**	timide(s) **de**

der Komparativ – **le comparatif**
die Gleichheit – **l'égalité** *(f.)*
der Superlativ – **le superlatif**

Traduisez les phrases.

1. Julie ist genauso hübsch wie Hannah.
2. Hannah ist höflicher als Julie.
3. Julie findet, dass Deutsch schwieriger ist als Französisch.

4. Anton ist der stärkste Junge der Klasse.
5. Niels ist weniger stark als Anton, aber er ist cooler.

Grammaire U 4

G12 Präposition und Ländername – Préposition + nom de pays

Mes grands-parents viennent **du Maroc**. Mais mon père est né **en France**.

la France	**le** Canada
l'Algérie	**le** Maroc
les Antilles	**les** Etats-Unis (USA)

J'habite …

en France.	**au** Canada.
en Algérie.	**au** Maroc.
aux Antilles. (*Plural*)	**aux** Etats-Unis. (*Plural*)

Je viens …

de France.	**du** Canada.
d'Algérie.	**du** Maroc.
des Antilles. (*Plural*)	**des** Etats-Unis. (*Plural*)

Complétez les phrases.

1. **?** Maroc et **?** Algérie sont **?** Afrique.
2. La famille de Marie vient **?** Antilles.
3. **?** Québec est une province **?** Canada.

4. Le Portugal est un beau pays.
   Mon copain Filipe vient **?** Portugal.
5. Il passe toutes ses vacances **?** Portugal.

G13 Das Adverb und seine Bildung – L'adverbe et sa formation

Au début, mes grands-parents n'étaient pas heureux en France. **Malheureusement**, ils ne parlaient pas bien le français.

Adjektiv		Adverb
gratuit	gratuit**e**	gratuit**ement**
heureux	heureu**se**	heureu**sement**
long	long**ue**	long**uement**
simple	simple	simpl**ement**
vrai	vraie	vrai**ment**
poli	polie	poli**ment**

Sonderformen	
gentil, gentille	**gentiment**
bon, bonne	**bien**
mauvais, mauvaise	**mal**
meilleur, meilleure	**mieux**

Complétez les phrases et transformez les adjectifs en adverbes.

1. Tu t'intéresses (*sérieux*) au Maroc?
2. On trouve (*facile*) des informations sur Internet.
3. Il y a (*pratique*) tout.

4. (*Normal*), les informations du «Portail national du Maroc» sont en français.
5. Ce site t'aidera (*sûr*).

G14 Die Pronomen **en** und **y** – Les pronoms **en** et **y**

Tu as passé tes vacances au Québec?

Oui, j'**en** reviens. C'est trop beau, là-bas. Je vais **y** retourner.

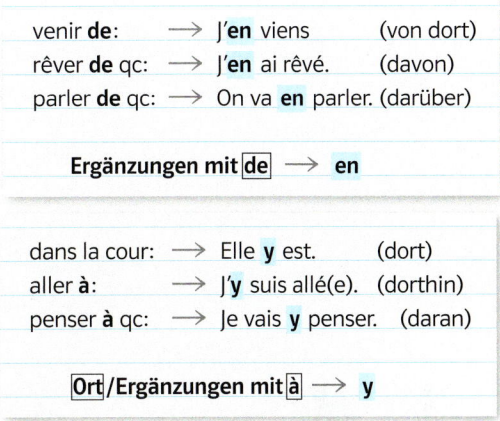

venir **de**:	→	J'**en** viens	(von dort)
rêver **de** qc:	→	J'**en** ai rêvé.	(davon)
parler **de** qc:	→	On va **en** parler.	(darüber)

Ergänzungen mit de → en

dans la cour:	→	Elle **y** est.	(dort)
aller **à**:	→	J'**y** suis allé(e).	(dorthin)
penser **à** qc:	→	Je vais **y** penser.	(daran)

Ort/Ergänzungen mit à → y

Traduisez les phrases.

1. Ich gehe nach Québec. Ich gehe nächste Woche dorthin.
2. Ich träume seit Monaten davon.

3. Ich habe mit meinem Bruder darüber gesprochen.
4. Er wohnt dort.

G15 Die Steigerung des Adverbs – Les degrés de l'adverbe

En ce moment, je n'ai pas de travail, c'est vrai. Mais je ne suis pas sûr de trouver **plus facilement** un boulot en France.

+		**plus**	facilement	que
=		**aussi**	facilement	que
–		**moins**	facilement	que

| ++ | le | **plus** | facilement |
| –– | le | **moins** | facilement |

Steigerung von **bien** (Sonderform):

+		**mieux**		que
=		**aussi**	bien	que
–		**moins**	bien	que

| ++ | le | **mieux** | |
| –– | le | **moins** | bien |

Complétez les phrases. Utilisez les degrés de l'adverbe.

1. (= *longtemps*) Pour avoir un travail en France, je vais peut-être chercher ? qu'ici.
2. (+ *bien*) Je voudrais être guide. Je connais ? ma ville que les autres guides.
3. (++ *souvent*) Je me présente à l'office de tourisme ? possible.

G 16 Das Verb **vivre** – Le verbe **vivre** (leben)

Moi, je veux **vivre** et mourir dans mon pays. J'y suis, j'y reste!

	Singular		Plural
je	**vis**	nous	**vivons**
tu	**vis**	vous	**vivez**
il		ils	
elle	**vit**		**vivent**
on		elles	

Imperativ: Vis.
Vivons.
Vivez.

Passé composé: j'ai **vécu**
Imparfait: je **vivais**
Futur simple: je vi**vrai**

Complétez les phrases. Attention aux temps.

1. J'aime bien Marrakech et je **?** bien ici.
2. Ma famille et tous mes amis **?** ici.
3. Je suis né à Marrakech, je n'ai jamais **?** dans une autre ville.
4. Un jour, peut-être, mes enfants quitteront le pays pour **?** en Europe.
5. Mais j'espère qu'ils resteront ici et que nous **?** ensemble encore dans dix ans.

G 17 Das Verb **mourir** – Le verbe **mourir** (sterben)

Ici a vécu le célèbre savant Ibn Rushd. Il est **mort** en 1198.

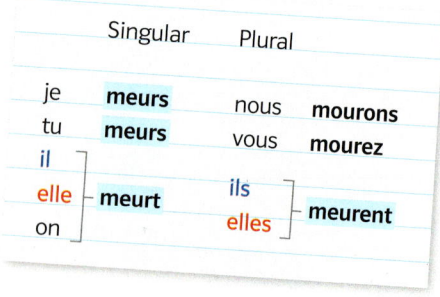

Il fait très chaud. Je **meurs** de soif.

	Singular		Plural
je	**meurs**	nous	**mourons**
tu	**meurs**	vous	**mourez**
il		ils	
elle	**meurt**		**meurent**
on		elles	

Imperativ: Meurs.
Mourons.
Mourez.

Passé composé: il est **mort**
elle est **morte**
Imparfait: je **mourais**
Futur simple: je mou**rrai**

Grammaire M1

G 18 Die Hervorhebung mit c'est … qui/que – La mise en relief avec **c'est … qui/que**

> Maman a acheté du Bleu d'Auvergne. Mmm! J'adore ce fromage!
>
> C'est moi qui l'ai acheté!

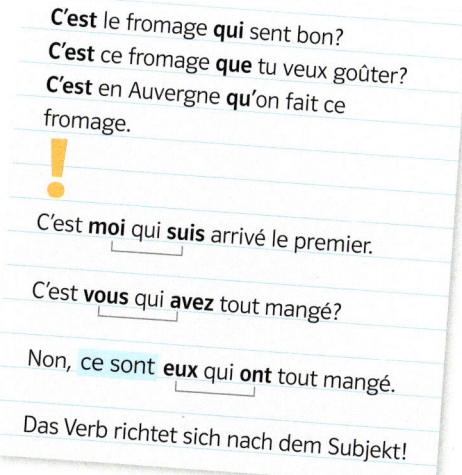

> **C'est** le fromage **qui** sent bon?
> **C'est** ce fromage **que** tu veux goûter?
> **C'est** en Auvergne **qu'**on fait ce fromage.
>
> **!**
>
> C'est **moi** qui **suis** arrivé le premier.
>
> C'est **vous** qui **avez** tout mangé?
>
> Non, ce sont **eux** qui **ont** tout mangé.
>
> Das Verb richtet sich nach dem Subjekt!

A *C'est … **qui** ou C'est … **que**? Complétez.*

1. Vous cherchez un bon fromage d'Auvergne?
   C'est le Bleu d'Auvergne **?** est typique.
2. C'est le Bleu d'Auvergne **?** il faut goûter.
3. C'est au marché **?** tu trouves ce fromage.
4. Ce ne sont pas les supermarchés **?** le vendent.

B *Traduisez. Utilisez la mise en relief.*

1. Hast **du** den Käse gegessen?
2. Nein, **Léa und Jan** haben den Käse gegessen.
3. Hast du den Käse **in der Auvergne** gekauft?

G 19 Fragen mit Qu'est-ce qui usw. – Les questions avec **qu'est-ce qui** etc.

> Tu as visité le Mont-Saint-Michel, le week-end dernier? Qu'est-ce qui te plaît le plus, là-bas?
>
> Les galettes au beurre!

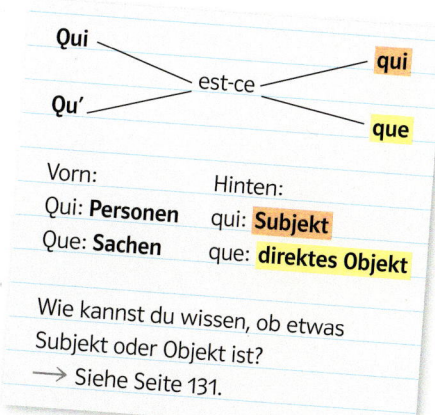

> Qui
> Qu'
> est-ce
> **qui**
> **que**
>
> Vorn: Hinten:
> Qui: **Personen**   qui: **Subjekt**
> Que: **Sachen**   que: **direktes Objekt**
>
> Wie kannst du wissen, ob etwas Subjekt oder Objekt ist?
> → Siehe Seite 131.

Complétez les phrases.

1. Crac! Tu as entendu ce bruit? **?** se passe?
2. Alex, Jérôme, vous êtes là? **?** peut m'aider?
3. Je cherche ma clé. **?** a vu ma clé?
4. Pardon, **?** tu as dit?
5. **?** t'intéresse le plus, la culture ou la technique?
6. Rihanna ou Zaz: **?** tu aimes le mieux?

G20 Die Inversionsfrage – L'interrogation par inversion

Monsieur, **voulez-vous** manger la meilleure bouillabaisse[1] de Marseille? Alors, entrez!

Aussagesatz:	Vous avez faim.
Inversionsfrage:	**Avez-vous** faim?

Connais-tu ce restaurant?
Ont-ils faim? [ɔ̃til]
A-t-il faim? [atil]
De quoi parl**e-t-e**lle? [paʁltɛl]

!

L'avez-vous vu?
Ne l'avez-vous pas vu?
Ne voulez-vous pas **lui** parler?

die Inversion: die Umstellung der Reihenfolge

Vous faites une interview. Transformez les questions. Utilisez l'inversion.

1. Est-ce que vous parlez français?
2. Est-ce que vous connaissez la revue Géo Ado?
3. Est-ce que tu as lu cet article?
4. De quoi est-ce qu'il parle?
5. Est-ce que tu l'as compris?
6. Est-ce que vous avez envie d'en savoir plus?

---

1 **une bouillabaisse:** plat de poissons avec une soupe (*spécialité de Marseille*)

Grammaire M2

G21 Der Imperativ mit einem Pronomen – L'impératif avec un pronom

On l'aide?

Oui, **aidons-la.**

bejaht	verneint
Appelle-moi.	Ne m'appelle pas.
Donnez-leur à manger.	Ne leur donnez pas à manger.
Parlons-en.	N'en parlons pas.
Allez-y.	N'y allez pas.
Touche-le.	Ne le touche pas.

Traduisez les phrases.

1. Hört mir bitte zu!
2. Wartet auf mich!
3. Beeil dich!

4. Da ist Anna. Laden wir sie ein!
5. Vergiss mich nicht!
6. Sprechen wir nicht darüber.

G 22 avoir besoin de

J'ai **besoin de** te **parler**.	Ich muss mit dir reden.
J'ai **besoin de toi**.	Ich brauche dich.
J'ai **besoin d'argent**.	Ich brauche Geld.
– Tu as **besoin de mon aide**?	– Brauchst du meine Hilfe?
– Non, je n'**en** ai pas besoin.	– Nein, ich brauche sie nicht.

Traduisez les phrases.

1. Ich muss mich konzentrieren.
2. Wir brauchen Hilfe.
3. – Brauchst du meinen Computer?
   – Ja, ich brauche ihn.

4. – Braucht ihr ein neues Telefon?
   – Nein, wir brauchen kein neues Telefon.
   Wir brauchen jemanden, um es zu reparieren.

Grammaire M3

G 23 Der Bedingungssatz I – La proposition conditionnelle I

Si tu **veux**, on **ira** au cinéma ce week-end.

S'il fait beau, je **préfère** aller à la piscine.

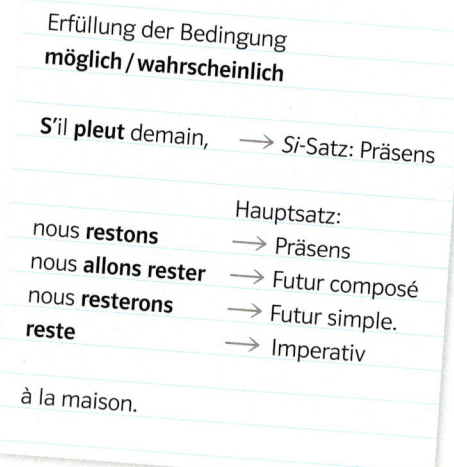

Erfüllung der Bedingung **möglich / wahrscheinlich**	
S'il pleut demain,	→ *Si*-Satz: Präsens
	Hauptsatz:
nous **restons**	→ Präsens
nous **allons rester**	→ Futur composé
nous **resterons**	→ Futur simple.
reste	→ Imperativ
à la maison.	

Mettez les verbes à la forme correcte.

1. Si tu (venir) chez moi, tu peux prendre le métro.
2. Si vous (prendre) le métro, descendez à la troisième station.

3. Si Stéphane et Susie le (vouloir), ils pourront venir aussi.
4. Nous allons faire un jeu vidéo si Susie en (avoir) envie.

G 24 Die Verben auf -indre – Les verbes en -indre

Eteins la télé! C'est trop nul!

Infinitiv: **éteindre** (ausmachen / löschen)			
	Singular		Plural
j'	**éteins**	nous	**éteignons**
tu	**éteins**	vous	**éteignez**
il		ils	
elle	**éteint**	elles	**éteignent**
on			

Ebenso:

atteindre	erreichen
craindre	fürchten
joindre	beifügen
se plaindre	sich beklagen

Imperativ:	Eteins.
	Eteignons.
	Eteignez.
Passé composé:	j'ai **éteint**
Imparfait:	j'**éteignais**
Futur simple:	j'**éteindrai**

Complétez les phrases.

1. Maintenant, j'**?** la télé. Je veux lire un livre.
2. Nous **?** toujours un bisou à notre lettre.
3. La crise a **?** la France.
4. Lucie, pourquoi est-ce que tu t'es **?** de moi?

5. La prochaine fois, je me **?** de toi.
6. Quand vous étiez petits,
   vous **?** les vagues.
7. Ne **?** rien. Je suis là.

G 25 Das Conditionnel présent – Le conditionnel présent

Bonjour, madame. Je **voudrais** faire un stage dans votre entreprise. Est-ce que c'est possible?

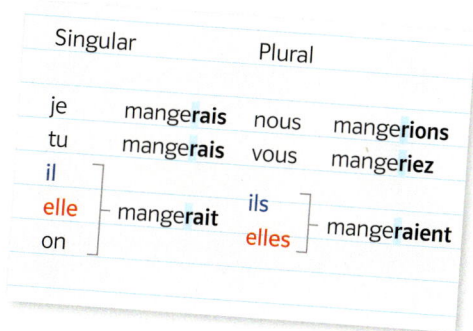

Singular		Plural	
je	mange**rais**	nous	mange**rions**
tu	mange**rais**	vous	mange**riez**
il			
elle	mange**rait**	ils	mange**raient**
on		elles	

Die Ableitung des *Conditionnel présent* ist bei allen Verben mit der Ableitung des *Futur simple* identisch (⟶ **G 8**). Nur die Endungen unterscheiden sich. Vergleiche *aller* (gehen).

Futur simple:	j'ir**ai**	tu ir**as**	il ir**a**	nous ir**ons**	vous ir**ez**	ils ir**ont**
Conditionnel présent:	j'ir**ais**	tu ir**ais**	il ir**ait**	nous ir**ions**	vous ir**iez**	ils ir**aient**

Mit dem *Conditionnel présent* kann man einen **Wunsch**, eine **Vermutung**, einen **Ratschlag**, eine **höfliche Bitte** oder eine **Möglichkeit** ausdrücken.

Beispiel für einen Wunsch und für eine höfliche Bitte:

Excusez-moi, monsieur Racine,
je **voudrais** écrire une lettre en français.

Est-ce que vous **pourriez** m'aider,
s'il vous plaît?

Entschuldigen Sie, Herr Racine,
ich möchte einen Brief auf Französisch schreiben.
Könnten Sie mir bitte helfen?

G 26 Der Bedingungssatz II – La proposition conditionnelle II

Si j'**avais** de l'argent, je m'**achèterais** un nouveau smartphone.

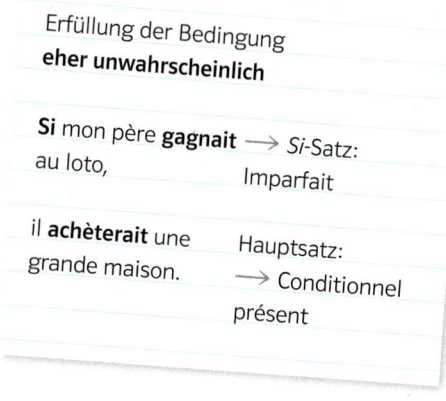

Erfüllung der Bedingung
eher unwahrscheinlich

Si mon père **gagnait** ⟶ Si-Satz:
au loto,   Imparfait

il **achèterait** une   Hauptsatz:
grande maison.   ⟶ Conditionnel
            présent

! Im Si-Satz (si = wenn / falls)
nie Futur und nie Conditionnel!

Mettez les formes correctes des verbes.

1. Si le soleil (tourner) autour de la terre,
   le monde (être) différent.
2. Et si le soleil ne (briller) pas,
   la nuit (avoir) 24 heures.

3. Si les voitures (pouvoir) voler,
   il n'y (avoir) pas de bouchons.
4. Et si tu (croire) tout ce que je raconte,
   tu (être) vraiment bête!

G 27 Die Reihenfolge der Pronomen im Satz – La place des pronoms dans la phrase

Tu as montré ton rapport de stage à la conseillère?

Oui, je **le lui** ai montré hier.

Me, te, se, nous, vous
vor
le, la, les
vor
lui, leur
vor
y / en

! Kombination von *me*, *te*, *se*, *nous*, *vous*
und *lui*, *leur* nicht möglich!
~~Tu me lui présentes?~~ ⟶ Tu me
présentes *à lui?*

Traduisez les phrases.

1. Ich habe es ihm gesagt.
2. Ich interessiere mich dafür.

3. Gibst du mir davon?
4. Hast du die Fotos?
   Zeigst du sie uns jetzt?

Überblick über die Stratégies in Band 3

 Mehr dazu
nf52hz

Hier siehst du, wo du die Lern- und Arbeitsmethoden in deinem Französischbuch
und in deinem *Cahier d'activités* (CdA) nachschlagen kannst.
Die *Stratégies* aus den Bänden 1 und 2 findest du im Internet.

Vokabeln lernen und wiederholen

■ Mit dem Buch

Im *Vocabulaire* ab Seite 149 stehen die Lernwörter in der Reihenfolge,
in der sie in den Texten vorkommen. So kannst du damit lernen:

Schreiben: Decke die deutsche Spalte mit einem Blatt zu. Lies die französischen
Wörter und schreibe die deutsche Bedeutung auf dein Blatt. Vergleiche deinen
Aufschrieb mit der deutschen Übersetzung im Buch.

Aussprechen: Sprich die Wörter beim Lernen aus. Sprich sie mal laut, mal leise,
mal langsam, mal schnell. Das hilft dir dabei, sie zu behalten.

Beispielsätze beachten: Die Beispielsätze in der blauen Spalte zeigen dir, wie die
Wörter verwendet werden. Damit kannst du dich gut auf Vokabeltests vorbereiten.

Verb + Ergänzung lernen: Lerne die Ergänzungen immer mit!
Also z. B. *offrir **qc à qn*** (jemandem etw. anbieten / schenken).

Wortverbindungen einprägen: Präge dir wichtige Wortverbindungen ein, z. B. *un concours*
(ein Wettbewerb) ⟶ *participer à un concours* (an einem Wettbewerb teilnehmen).
Das hilft dir dabei, die Wörter richtig anzuwenden.

Kurz, aber regelmäßig: Lerne die neuen Wörter in kleinen Portionen. Regelmäßig
10 Minuten Vokabeln lernen ist besser als nur selten und dann eine halbe Stunde.

■ Mit einem Karteikasten oder einem Übungsprogramm

Schreibe das französische Wort oder die Wortverbindung auf die Vorderseite einer Karteikarte.
Auf die Rückseite schreibst du die deutsche Übersetzung. Du kannst auch Bilder zeichnen,
die zu den Wörtern passen. Mit diesen Karten kannst du die Wörter jederzeit wiederholen.
Zu Découvertes gibt es auch Lernprogramme, mit denen du die Vokabeln systematisch
lernen und wiederholen kannst.

■ Mit Klebezetteln

Schreibe Wörter, die du dir überhaupt nicht einprägen kannst,
auf Klebezettel. Klebe die Zettel an Stellen, an denen du sie oft
siehst, z. B. neben die Tür.

■ Vokabeln anhören im Internet

Mehr dazu
7ry2ug
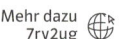

Die Lernwörter kannst du im Internet anhören und nachsprechen. Gib einfach
auf *www.klett.de* den Découvertes-Code ein. Du kannst die Tondateien auch auf
deinen MP3-Player laden, so hast du sie jederzeit dabei.

■ **Vokabeln ordnen und sammeln**

Lerne Wörter mit ihren **Gegenteilen** (*une question ≠ une réponse*), schreibe Wörter aus der gleichen **Wortfamilie** (*le sourire* ⟶ *rire*) oder mit **ähnlichen Bedeutungen** auf (*le contraire* ⟶ *l'inverse*).

Sammle Wörter, die zu einem bestimmten **Sachgebiet** gehören, in Vokabelnetzen. Du kannst dafür ein Ringbuch benutzen. Nimm pro Sachgebiet eine ganze Seite und lasse ausreichend Platz, sodass du das Vokabelnetz später ergänzen kannst. Trage in deine Vokabelnetze Wörter ein, die für dich persönlich wichtig sind. Eine Auswahl von Wörtern zu verschiedenen Themen findest du in der Rubrik **„Mon dico personnel"** (z. B. S. 167).

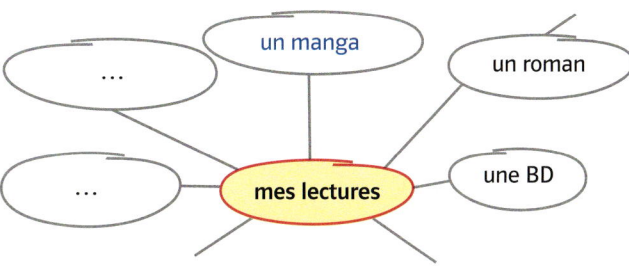

Grammatik lernen und wiederholen

Suche in den Texten und Übungen des Buchs Beispiele für die Grammatikthemen und schreibe sie auf. Du kannst ein **eigenes Grammatikheft** führen, in dem du mit Farben und Markierungen arbeitest. Schreibe z. B. maskuline Formen blau und feminine Formen rot wie auf S. 134. Markiere das direkte Objekt gelb und das Subjekt rot wie auf Seite 137.

Lerne Beispiele für wichtige Grammatikthemen **auswendig**, z. B. für die Objektpronomen: *Je ne veux pas te voir.* Baue deine eigenen **Eselsbrücken**, um dir wichtige Regeln zu merken. Dabei ist alles erlaubt, Hauptsache es hilft dir, z. B. „Immer dieser Lui! Dem werd' ich's zeigen! ⟶ *Je vais lui montrer …*"

Wiederholung?
Kein Problem. Sieh mal in das Kapitel **Révisions** in deinem Grammatischen Beiheft!

Im Grammatischen Anhang ab Seite 127 wird die Grammatik kurz gefasst dargestellt. Im Grammatischen Beiheft zu deinem Buch findest du darüber hinaus ausführliche Erklärungen, Beispiele, Regeln und weitere Übungen. Im Kapitel *Révisions* im Grammatischen Beiheft kannst du die **Grammatik aus Band 1 und 2** nachschlagen und **wiederholen**. Dort findest du alles, was du für die Wiederholungsübungen in deinem Buch und im *Cahier d'activités* brauchst.

Texte überprüfen

Mache nach dem Schreiben eine kurze Pause.
Lies deinen Text dann genau durch.

- Ist alles enthalten, was für diese **Textsorte** wichtig ist?
- Erfährt man im ersten Satz, **worum es geht**?
- Sind die Sätze **gut zu verstehen**?
- Gibt es Stellen, die nicht zum **Thema** gehören und besser weggelassen werden?
- Gibt es unnötige **Wiederholungen**?

Gibt es **Fehler**? Achte auf folgende Fehlerquellen:

• Stimmen Subjekte und Verben überein?	**falsch:** richtig:	*Les élèves regarde James.* *Les élèves regard**ent** James.*
	falsch: richtig:	*Ils **nous** regardons.* ***Ils** nous regard**ent**.*
• Stimmen Nomen und Adjektive überein?	**falsch:** richtig:	***L'eau** est froid_.* ***L'eau** est froid**e**.*
• Stimmen Begleiter und Nomen überein?	**falsch:** richtig:	*J'aime bien cette CD.* *J'aime bien **ce** CD.*
	falsch: richtig:	*Ils ont invité leur amis.* *Ils ont invité leur**s** amis.*
• Hast du an die Pluralendungen gedacht?	**falsch:** richtig:	*Il pose de**s** question_.* *Il pose de**s** question**s**.*
• Stimmt das Hilfsverb beim Passé composé?	**falsch:** richtig:	*Ils sont déménagés.* *Ils **ont** déménagé.*
• Stimmt die Angleichung des Partizips beim Passé composé mit *être*?	**falsch:** richtig:	*Ils sont arrivé_ à Valence.* *Ils sont arrivé**s** à Valence.*
• Stimmen die Pronomen?	**falsch:** richtig:	*Je veux rester en contact avec les.* *Je veux rester en contact avec **eux / elles**.*
	falsch: richtig:	*Elle veut savoir qu'est-ce que tu fais.* *Elle veut savoir **ce que** tu fais.*
• Stehen die Objektpronomen an der richtigen Stelle?	**falsch:** richtig:	*Je le ne connais pas.* *Je ne **le** connais pas.*
	falsch: richtig:	*Il ne te veut pas voir.* *Il ne veut pas **te** voir.*

– Stimmen die Mengenangaben?	**falsch:**	*Il pose beaucoup _ questions.*
	richtig:	*Il pose beaucoup **de** questions.*
– … und der Teilungsartikel?	**falsch:**	*Les élèves ont _ chance.*
	richtig:	*Les élèves ont **de la** chance.*
– Stimmen Apostrophe und Akzente?	**falsch:**	*Le endroit ou on a trouve …*
	richtig:	***L'**endroit **où** on a trouv**é** …*

Aus Fehlern lernen

Sieh deine Tests und Klassenarbeiten genau durch. Schreibe deine Fehler in die entsprechende Spalte deines **Fehlerprotokolls**, markiere die Fehlerstelle und schreibe die richtige Form daneben.

Lege die Tabelle auf einer DIN-A4-Seite im Querformat an.

Datum	Rechtschreibung		Wort/Ausdruck		männlich/weiblich		Verbform	
	falsch	richtig	falsch	richtig	falsch	richtig	falsch	richtig
16.10.	*a cote de*	*à côté de*			*une groupe*	*un groupe*	*j'entend*	*j'entends*
19.12.	*le endroit*	*l'endroit*	*avant 3 jours*	*il y a 3 jours*			*il prendait*	*il prenait*
…	…	…	…	…	…	…	…	…

Sieh dein Fehlerprotokoll vor Klassenarbeiten genau durch.
Nimm dir vor, diese Fehler nie wieder zu machen!

Aufgaben gemeinsam bearbeiten

■ On fait un REP.

1. *Réfléchir* (nachdenken): Was steht in der Arbeitsanweisung? Worum geht es? Jeder denkt zuerst alleine über die Aufgabe nach und verschafft sich einen Überblick über das Thema.
2. *Echanger* (austauschen): Sprecht miteinander. Beantwortet die Fragen im Kasten rechts. Plant die Schritte, die zu erledigen sind.
3. *Partager / Présenter* (teilen und präsentieren): Einigt euch auf ein Gruppenergebnis und präsentiert es in der Klasse.

Führt eure Arbeiten zusammen und verbessert euch gegenseitig.
(⟶ Fehler-Checkliste S. 146)

– Was müssen wir tun?

– Haben wir so etwas Ähnliches schon einmal gemacht?

– Was hat uns dabei geholfen?

– Haben wir in unseren Heften etwas aufgeschrieben, auf das wir zurückgreifen können?

– Welche Strategien und On-dit-Kästen aus dem Buch können wir nutzen?

– Welchen Wortschatz und welche Grammatik brauchen wir?

Lautzeichen

Vokale (Selbstlaute)

[a]	madame	wie in *Banane*		[o]	aussi	wie in *Rose*
[e]	téléphoner	wie in *telefonieren*		[ɔ]	comment	wie in *Loch*
[ə]	je m'appelle	wie in *Tasse*		[ø]	monsieur	wie in *böse*
[ɛ]	je m'appelle	wie in *bellen*		[œ]	t-shirt	wie in *Stöcke*
[i]	il, bizarre	wie in *Liebe*		[u]	bonjour	wie in *Tube*
				[y]	Salut!	wie in *Tür*

Konsonanten (Mitlaute)

[ʒ]	bonjour	wie in *Journalist*		[v]	Viens!	wie in *Wasser*
[f]	famille, photo	wie in *Familie, Foto*		[ɲ]	Allemagne	wie in *Lasagne*
[ʀ]	bonjour	wie in *Rad, hören*		[ŋ]	camping	wie in *Camping*
[s]	Moustique	wie in *Maß*		[ʃ]	chat	wie in *schön*
[z]	bizarre	wie in *Saal, Rose*				

Nasalvokale

[ɔ̃]	bonjour	werden durch die Nase
[ɑ̃]	croissant	gesprochen und deshalb
[ɛ̃]	bien	**Nasalvokale** genannt.

Halbkonsonanten

[j]	bien	wie in *ja*
[w]	toi	wie in englisch: *water*
[ɥ]	je suis	kurz gesprochenes [y], gehört zum folgenden Vokal.

Symbole und Abkürzungen

fam.	*familier* (= umgangssprachlich)		⬯	Aussprache beachten!
ugs.	umgangssprachlich		‿	Zwei Wörter werden wie ein Wort ausgesprochen, z. B. *les_amis* [lezami]
f.	*féminin* (= feminin, weiblich)			
m.	*masculin* (= maskulin, männlich)		✐	Schreibung beachten!
sg.	*singulier* (= Singular, Einzahl)		qc	*quelque chose* (= etwas)
pl.	*pluriel* (= Plural, Mehrzahl)		qn	*quelqu'un* (= jemand)
Adv.	Adverb, frz. *adverbe*			
inv.	*invariable* (= unveränderlich)			

Mehr dazu 7ry2ug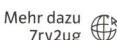

Au début   Rhône-Alpes

TU TE RAPPELLES?

une région	eine Region; eine Gegend	en hiver	im Winter
une montagne	ein Berg; ein Gebirge	en été	im Sommer
même	sogar	être connu(e)	bekannt sein
en janvier	im Januar	une différence	ein Unterschied
en juillet	im Juli	la même chose	das Gleiche

Rhône-Alpes [ʀɔnalp]	*Region im Südosten Frank-reichs*	
la **Savoie** [lasavwa]	*Departement in den französi-schen Alpen*	
la **Haute-Savoie** [laotsavwa]	*Departement in den französi-schen Alpen*	
un **département** [ɛ̃depaʀtəmã]	ein Departement *(französi-scher Verwaltungsbezirk)*	

Vis-à-vis

Ein **Departement** ist eine französische Verwaltungs-einheit. Frankreich gliedert sich in 27 Regionen (régions), diese in 101 Departements. Alle Departe-ments sind durchnummeriert. Die Nummern bilden die ersten Stellen der Postleitzahlen und befinden sich auch auf den Autokennzeichen.

le **nord** [lənɔʀ]	der Norden

! **au nord de** [onɔʀdə]: im Norden von, nördlich von
à l'est de [alɛstdə]: im Osten von, östlich von
au sud de [osyddə]: im Süden von, südlich von
à l'ouest de [alwɛstdə]: im Westen von, westlich von

le **mont Blanc** [ləmõblã]	*Berg in den französischen Alpen*
haut/haute [o/ot]	hoch
l'**Europe** (f.) [løʀɔp]	Europa
principal/principale [pʀɛ̃sipal]	Haupt-
Annecy [ansi]	*Stadt in den französischen Alpen*
Chambéry [ʃãbeʀi]	*Stadt in den französischen Alpen*
la **température** [latãpeʀatyʀ]	die Temperatur
la **Drôme** [ladʀom]	*Departement in der Region Rhône-Alpes*

La Savoie et la Haute-Savoie sont des départements de la région Rhône-Alpes.
Savoie und Haute-Savoie sind Departements der Region Rhône-Alpes.

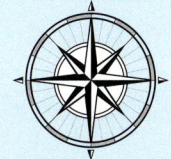

Le mont Blanc est la montagne la plus haute d'Europe (4810 m).
Der Mont Blanc ist der höchste Berg Europas (4810 m).

l'**Ardèche** *(f.)* [laʀdɛʃ]	*Departement in der Region Rhône-Alpes*
la **Provence** [lapʀɔvãs]	die Provence

La Drôme et l'Ardèche sont des départements aux portes de la Provence.
Drôme und Ardèche sind Departements an der Schwelle zur („vor den Toren der") Provence.

le **mont Gerbier de Jonc** [ləmõʒɛʀbjedəʒõ]	*Berg im Süden Frankreichs*
une **source** [ynsurs]	eine Quelle

La source de la Loire se trouve dans le département de l'Ardèche.
Die Quelle der Loire liegt im Departement Ardèche.

la **Loire** [lalwaʀ]	die Loire *(französischer Fluss)*
un **fleuve** [ɛ̃flœv]	ein Fluss, ein Strom

🇫🇷 **Vis-à-vis**

Un **fleuve** mündet immer ins Meer. Une **rivière** hingegen mündet immer in einen anderen Fluss.

Quel est le fleuve qui traverse Paris? – C'est la Seine.
Welcher Fluss fließt durch Paris? – Die Seine.

le **Rhône** [ləʀon]	die Rhône *(Fluss in Frankreich)*
Valence [valãs]	*Stadt im Departement Drôme*
Privas [pʀiva]	*Stadt im Departement Ardèche*
Montélimar [mõtelimaʀ]	*Stadt im Departement Drôme*

La Loire est plus longue que le Rhône.
Die Loire ist länger als die Rhône.

un **contraste** [ɛ̃kõtʀast]	ein Kontrast, ein Gegensatz
situé/située [sitɥe]	gelegen

→ contre, le contraire

La région Rhône-Alpes est située entre les Alpes et la Provence.
Die Region Rhône-Alpes liegt zwischen den Alpen und der Provence.

une **frontière** [ynfʀõtjɛʀ]	eine Grenze
la **Suisse** [lasɥis]	die Schweiz

En Suisse, on parle plusieurs langues.
In der Schweiz spricht man mehrere Sprachen.

l'**Italie** *(f.)* [litali]	Italien
un **canoë** [ɛ̃kanɔe]	ein Kanu
un **habitant**/une **habitante** [ɛ̃nabitã/ynabitãt]	ein Einwohner/eine Einwohnerin
la **superficie** [lasypɛʀfisi]	eine Fläche; eine Oberfläche
la **Saône** [lason]	die Saône *(Fluss in Frankreich)*
les **Jeux olympiques** *(m.)* [leʒøzɔlɛ̃pik]	die Olympischen Spiele

[ɔ] und [e] spricht man getrennt voneinander aus!

→ habiter

La Saône traverse Lyon.   Die Saône fließt durch Lyon.

les **gorges de l'Ardèche** [leɡɔʀʒdəlaʀdɛʃ]	Schlucht, die der Fluss Ardèche gebildet hat	
gâter qn [ɡate]	jdn. verwöhnen	**Mmm, c'est bon! Tu nous gâtes!** Mmm, das schmeckt! Du verwöhnst uns!
une **fondue savoyarde** [ynfɔ̃dysavwajaʀd]	ein Käsefondue	
un **gratin dauphinois** [ɛ̃ɡʀatɛ̃dofinwa]	ein Kartoffelgratin	
une **spécialité** [ynspesjalite]	eine Spezialität; eine Besonderheit	**Quelles spécialités est-ce qu'il y a dans ta région?** Welche Spezialitäten gibt es in deiner Region?
le **nougat** [lənuɡa]	der Nugat (Süßigkeit aus Mandeln und Honig)	
une **pâte** [ynpat]	ein Teig, eine Masse	
une **base** [ynbaz]	eine Grundlage, eine Basis	
à base de qc [abazdə]	auf der Grundlage von; (hier) aus	**C'est une pâte à base de blanc d'œuf, de miel et ...** Es ist eine Masse aus Eiklar, Honig und ...
le **blanc d'œuf** [ləblɑ̃dœf]	das Eiklar, Eiweiß	
le **miel** [ləmjɛl]	der Honig	
une **amande** [ynamɑ̃d]	eine Mandel	
au moins [omwɛ̃]	mindestens	**J'en achète au moins deux cents grammes.** Ich kaufe mindestens 200 Gramm (davon).
une **pistache** [ynpistaʃ]	eine Pistazie	
l'**origine** (f.) [lɔʀiʒin]	der Ursprung	**Quelles sont les origines du nougat?** Was sind die Ursprünge des Nugat?
une **légende** [ynleʒɑ̃d]	eine Legende, eine Sage	**On raconte beaucoup de légendes sur ses origines.** Man erzählt viele Legenden über seinen Ursprung.

Unité 1 Soupçons!

TU TE RAPPELLES?

enfin	schließlich	**apporter** qc	etwas mitbringen
ensuite	danach	**avoir l'air**	aussehen
loin de	weit von	**un cours**	eine Unterrichtsstunde
pendant	während	**croire** qc	etwas glauben
tout à coup	plötzlich	**rester**	bleiben
tout de suite	sofort	**sonner**	klingeln

un **soupçon** [ɛ̃supsɔ̃]	ein Verdacht	**«Soupçons» est le titre d'un livre de Hervé Mestron.** „Soupçons" ist der Titel eines Buches von Hervé Mestron.
le **Midi** [ləmidi]	Südfrankreich	**Dans le Midi, il y a beaucoup de touristes.** In Südfrankreich gibt es viele Touristen.
une **différence** [yndifeʀɑ̃s]	ein Unterschied	→ **différent** (anders, verschieden)

une **province** [ynpʀɔvɛ̃s]	eine Provinz	**D'abord, ils ont habité à Paris, maintenant ils habitent en province.** Zuerst haben sie in Paris gewohnt, jetzt wohnen sie in der Provinz.
un **évènement** [ɛ̃nevɛnmɑ̃]	ein Ereignis	englisch: **an event**
se **dérouler** [sədeʀule]	sich abspielen	**Beaucoup d'évènements importants se déroulent à Paris.** Viele wichtige Ereignisse spielen sich in Paris ab. Das Verb kommt fast nur in der 3. Person vor.
déménager [demenaʒe]	umziehen	**Ils ont déménagé de Paris à Valence.** Sie sind von Paris nach Valence umgezogen.

> ⚠️ **déménager** wird konjugiert wie **manger**:
> je déménage, nous déménag**e**ons;
> j'**ai déménagé**

un **objet** [ɛ̃nɔbʒɛ]	ein Gegenstand	englisch: **an object**
un **regard** [ɛ̃ʀ(ə)gaʀ]	ein Blick	→ **regarder qn/qc**
couper qc [kupe]	etw. schneiden, abschneiden	**Il me faut un couteau pour couper le pain.** Ich brauche ein Messer, um das Brot zu schneiden.
accepter qn/qc [aksɛpte]	jdn./etw. akzeptieren, annehmen	
une **couverture** [ynkuvɛʀtyʀ]	eine Decke, *(hier)* ein Einband, Umschlag	**Sur la couverture, il y a la photo d'un garçon.** Auf dem Umschlag ist das Foto eines Jungen.
A 3 un **voleur**/une **voleuse** [ɛ̃vɔlœʀ/ynvɔløz]	ein Dieb/eine Diebin	

un **passage** [ɛ̃pasaʒ]	eine Passage	
un **roman** [ɛ̃ʀɔmɑ̃]	ein Roman	
rendre qc à qn [ʀɑ̃dʀ]	jdm. etw. zurückgeben	**La professeure rend les copies.** Die Lehrerin gibt die Arbeiten zurück. → **redonner qc à qn**

> ⚠️ **rendre** wird konjugiert wie **vendre**:
> je rends, nous rendons; j'ai **rendu**

un **contrôle** [ɛ̃kɔ̃tʀol]	eine Kontrolle; *(hier)* eine Kontrollaufgabe	
marquer une pause [maʀkeynpoz]	eine Pause (beim Sprechen) machen; innehalten	
le **meilleur**/la **meilleure** [ləmɛjœʀ/lamɛjœʀ]	der beste/die beste/das beste	**Qui a la meilleure note?** Wer hat die beste Note?
une **habitude** [ynabityd]	eine Gewohnheit	
d'**habitude** [dabityd]	gewöhnlich, normalerweise	**Gelatos a une bonne note, comme d'habitude.** Gelatos hat eine gute Note, wie gewöhnlich.
une **route** [ynʀut]	eine (Land-)Straße	→ **une autoroute**; englisch: **road**

> 🇫🇷 **Vis-à-vis**
>
> Das Wort „la **route**" bezieht sich im Französischen auf Landstraßen. In geschlossenen Ortschaften wird von „la **rue**" gesprochen.

lorsque [lɔʀskə]	wenn, als	= **quand**
une **épaule** [ynepol]	eine Schulter	

à cause de qn/qc [akozdə]	(einer Person/einer Sache) wegen	englisch: **because of**
une impression [ynɛ̃pʀɛsjɔ̃]	ein Eindruck	
avoir l'impression que [avwaʀlɛ̃pʀɛsjɔ̃]	den Eindruck haben, dass	**James a l'impression que Mikaleff n'aime pas beaucoup Gelatos.** James hat den Eindruck, dass Mikaleff Gelatos nicht sehr mag.
sentir qc [sɑ̃tiʀ]	etw. fühlen, spüren; etw. riechen	**Les élèves sentaient que le prof était content de venir en classe.** Die Schüler spürten, dass der Lehrer gerne in die Klasse kam.

⚠ **sentir** wird konjugiert wie **dormir**: je sen**s**, tu sen**s**, il/elle sen**t**, nous sentons, vous sentez, ils/elles sentent; **j'ai senti**

africain/africaine [afʀikɛ̃/ afʀikɛn]	afrikanisch	**un pays africain, la musique africaine** ein afrikanisches Land, afrikanische Musik
la Côte d'Ivoire [lakotdivwaʀ]	die Elfenbeinküste (Staat in Westafrika)	
dessiner qc [desine]	etw. zeichnen	→ **un dessin, un dessinateur/une dessinatrice**
encourager qn [ɑ̃kuʀaʒe]	jdn. ermutigen	**Le professeur encourageait tous ses élèves.** Der Lehrer ermutigte alle seine Schüler. → **le courage**

⚠ **encourager** wird konjugiert wie **manger**: j'encourage, nous encourag**e**ons; j'ai encouragé

le sourire [ləsuʀiʀ]	das Lächeln	→ **rire** (lachen), **sourire** (lächeln)
au fond de qc [ofɔ̃də]	hinten in, unten in	**au fond de la classe** hinten in der Klasse (im Klassenraum)
une statuette [ynstatyɛt]	eine Figur, eine Statuette	**Les statuettes ont disparu!** Die Figuren sind verschwunden/ sind weg! = **ne plus être là**
disparaître [dispaʀɛtʀ]	verschwinden	

⚠ **disparaître** wird konjugiert wie **connaître**: je disparais, il disparaît, nous disparaissons; **j'ai disparu**

toucher qn/qc [tuʃe]	jdn./etw. berühren, jdn./etw. anfassen	englisch: **to touch** **toucher à qc** bedeutet: sich an etwas zu schaffen machen, an etwas herummachen
une larme [ynlaʀm]	eine Träne	**Il avait les larmes aux yeux.** Er hatte Tränen in den Augen.
voler qc [vɔle]	etw. stehlen	**On les a volées!** Man hat sie gestohlen! → **un voleur**
un principal/une principale [ɛ̃pʀɛ̃sipal/ynpʀɛ̃sipal]	ein Schulleiter/eine Schulleiterin (im „Collège")	
dehors [dəɔʀ]	draußen, im Freien; (hier) Raus mit euch!	

B1

une découverte [yndekuvɛʀt]	eine Entdeckung	**James a fait une découverte dangereuse.** James hat eine gefährliche Entdeckung gemacht.

parmi [paʀmi]	unter	**Il y a un voleur parmi les élèves?** Gibt es einen Dieb unter den Schülern?
étrange/étrange [etʀɑ̃ʒ]	seltsam, merkwürdig	englisch: **strange**
l'inverse (m.) [lɛ̃vɛʀs]	das Gegenteil, das Umgekehrte	= **le contraire**
arriver à faire qc [aʀive]	gelingen, etw. zu tun	**Il n'arrivait pas à le croire.** Er konnte es nicht glauben.
l'Afrique (f.) [lafʀik]	Afrika	

caresser qn/qc [kaʀese]	jdn./etw. streicheln	**Elle m'a caressé les cheveux.** Sie strich mir über die Haare.
un propriétaire/une propriétaire [ɛ̃pʀɔpʀijetɛʀ/ ynpʀɔpʀijetɛʀ]	ein Eigentümer/eine Eigentümerin	**Il faut rendre les statuettes à son propriétaire.** Man muss die Figuren ihrem Eigentümer zurückgeben.
le lendemain [ləlɑ̃dmɛ̃]	am folgenden Tag	**Le lendemain, je suis parti au collège.** Am folgenden Tag ging ich ins Collège.
devenir qn/qc [dəvəniʀ]	jd./etw. werden	**Tout devenait compliqué.** Alles wurde kompliziert. → **venir**
⚠ **devenir** wird konjugiert wie **venir**: je devi**e**ns, nous dev**e**nons; je suis **devenu(e)**		
garder qc [gaʀde]	etw. behalten	**Je ne pouvais pas garder ça pour moi tout seul.** Ich konnte das nicht für mich ganz allein behalten.
la vérité [laveʀite]	die Wahrheit	**C'est la vérité. = C'est vrai.**
clair/claire [klɛʀ]	hell, klar	
une autorisation [ynɔtɔʀizasjɔ̃]	eine Erlaubnis, eine Genehmigung	**J'ai demandé l'autorisation d'aller à l'infirmerie.** Ich bat um die Erlaubnis, zur Krankenstation gehen zu dürfen.
un chemin [ɛ̃ʃəmɛ̃]	ein Weg	**demander le chemin à qn** jemanden nach dem Weg fragen
une seconde [ynsəgɔ̃d]	eine Sekunde	〰 Das **-c-** spricht man weich aus wie ein **-g-.**

AUF EINEN BLICK

Pour résumer un texte   Zusammenfassen, gewusst wie!

Le texte raconte l'histoire de . . .	Der Text erzählt die Geschichte von …
Le texte parle de . . .	Der Text handelt von …
Dans la première partie . . .	Im ersten Teil …
Dans la deuxième partie . . .	Im zweiten Teil …
A la fin . . .	Am Ende …

B 5

frapper [fʀape]	klopfen; schlagen	**Quelqu'un a frappé à la porte.** Jemand klopfte an die Tür.
courir [kuʀiʀ]	laufen, rennen	**Je courais à la catastrophe.** Ich stand kurz vor der Katastrophe. → **une course**: ein Lauf, ein Rennen
⚠ **courir**: je cours, tu cours, il/elle/on court, nous courons, vous courez, ils/elles courent; j'ai **couru**		
une mouche [ynmuʃ]	eine Fliege	
hésiter à faire qc [ezite]	zögern, etw. zu tun	englisch: **to hesitate**
mentir [mɑ̃tiʀ]	lügen	**Je ne mens pas, c'est la vérité!** Ich lüge nicht, das ist die Wahrheit.
⚠ **mentir** wird konjugiert wie **sentir** und **dormir**: je mens, nous mentons; j'ai **menti**		
Ça va s'arranger. [savasaʀɑ̃ʒe]	Das wird schon wieder.	
un pickpocket [ɛ̃pikpɔkɛt]	ein Taschendieb	
malade/malade [malad]	krank	**Je ne vais pas bien, je suis malade.** Mir geht es nicht gut, ich bin krank.

B 7	**un fait** [ɛ̃fɛ]	eine Tatsache
	il y a deux semaines [ilja]	(jetzt) vor zwei Wochen
!	**il y a** deux heures: (jetzt) vor zwei Stunden **avant** deux heures: vor 2 Uhr	
C1	**donc** [dɔ̃k]	also
	manquer [mɑ̃ke]	fehlen
	éclater de rire [eklatedərir]	in Gelächter ausbrechen
	pendant que [pɑ̃dɑ̃kə]	während
	une armoire [ynarmwar]	ein (Kleider-)Schrank
	à moitié [amwatje]	zur Hälfte
	cacher qc [kaʃe]	etw. verstecken
	un pas [ɛ̃pa]	ein Schritt
	de près [dəprɛ]	aus der Nähe, von Nahem
	un médicament [ɛ̃medikamɑ̃]	ein Medikament
	dénoncer qn [denɔ̃se]	jdn. verraten
	autour de qn/qc [otur]	um jdn./etw. herum
	soupçonner qn de qc [supsɔne]	jdn. einer Sache verdächtigen
	un vol [ɛ̃vɔl]	(hier) ein Diebstahl, ein Raub
	chaque fois que [ʃakfwakə]	jedesmal wenn
	pâle/pâle [pal]	bleich
	vers [vɛr]	gegen, in Richtung
C2	**pardonner** qc à qn [pardɔne]	jdm. etw. verzeihen
	accuser qn [akyze]	jdn. anklagen

C'est un fait. = C'est vrai.

Il y a trois jours, j'ai rencontré Lucie.
Vor drei Tagen habe ich Lucie getroffen.

Pierre est malade, il ne peut donc pas venir.
Pierre ist krank, er kann also nicht kommen.

Il me manque.   Er fehlt mir.

Pendant qu'il parlait, je suis parti chercher un verre d'eau.
Während er sprach, ging ich ein Glas Wasser holen.

Son armoire était ouverte.
Sein Schrank stand offen.

La statuette était à moitié cachée par un pull.
Die Figur war zur Hälfte von einem Pulli verdeckt.
la moitié du gâteau = die Hälfte des Kuchens

Qui a caché la statuette?   Wer hat die Figur versteckt?

J'ai fait un pas pour regarder de près.
Ich machte einen Schritt, um es aus der Nähe zu betrachten.

deutsch: **jdn. denunzieren**

Il y avait du monde autour de lui.
Er war umringt von Leuten.

On me soupçonnait.   Man verdächtigte mich.
→ un soupçon

→ un voleur; voler qc

Il devenait pâle.   Er wurde bleich.
englisch: **pale**

Enfin, il est venu vers moi.
Schließlich kam er auf mich zu.

Je lui ai pardonné.   Ich habe ihm verziehen.
= accepter que qn s'excuse

englisch: **to accuse**

AUF EINEN BLICK

Des évènements mystérieux   Wortschatz für Krimis

sentir qc	etw. spüren, etw. riechen		**dire la vérité** à qn	jdm. die Wahrheit sagen
avoir l'impression que	den Eindruck haben, dass		**mentir** à qn	jdn. belügen
accuser qn	jdn. anklagen		**hésiter** à faire qc	zögern, etw. zu tun
pardonner qc à qn	jdm. etw. verzeihen		**risquer** qc	etw. riskieren
lancer un regard à qn	jdm. einen Blick zuwerfen		**frapper** qn	jdn. schlagen
soupçonner qn	jdn. verdächtigen		**voler** qc à qn	jdm. etw. stehlen

→

être jaloux/jalouse de qn	eifersüchtig auf jdn. sein	garder qc	etw. behalten
accepter qn	jdn. akzeptieren	cacher qc à qn	etw. vor jdm. verstecken
croire qn	jdm. glauben	rendre qc à qn	jdm. etw. zurückgeben
dénoncer qn	jdn. verraten	disparaître	verschwinden

MON DICO PERSONNEL

Des mots pour les «Histoires noires» Noch mehr „Krimi-Wörter"

un vol	ein Diebstahl		un espion	ein Spion
une trace de sang	eine Blutspur		un assassin	ein Mörder
un indice	ein Indiz	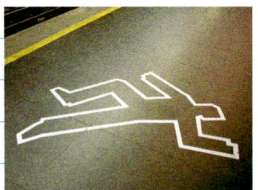	un meurtre	ein Mord
la police	die Polizei		il est mort	er ist tot
un policier	ein Polizist		elle est morte	sie ist tot

TIPP

Sieh dir die Beispielsätze genau an. Sprich sie vor dich hin und präge sie dir ein. Das hilft nicht nur beim Behalten, sondern ist zugleich eine prima Vorbereitung für den nächsten Vokabeltest!

Unité 2   Métro-boulot-dodo

TU TE RAPPELLES?

parfois	manchmal	mettre la table	den Tisch decken
tard	spät	finir qc	etw. beenden
tôt	früh	venir	kommen
espérer	hoffen	devenir	werden
ranger	aufräumen	un métier	ein Beruf
faire les courses	einkaufen	gagner de l'argent	Geld verdienen

un **travail**/des **travaux** [ɛ̃tʀavaj/detʀavo]	eine Arbeit/Arbeiten	→ travailler
un **boulot** *(fam.)* [ɛ̃bulo]	ein Job *(ugs.)*	
occuper [ɔkype]	beschäftigen; besetzen	
un **lycée** [ɛ̃lise]	ein Gymnasium/Lycée	**La grande sœur de Mehdi va au lycée.** Mehdis große Schwester geht ins Lycée.
un **ingénieur**/une **femme ingénieur** [ɛ̃nɛ̃ʒenjœʀ/ynfamɛ̃ʒenjœʀ]	ein Ingenieur/eine Inge-nieurin	**Le père de Mehdi est ingénieur.** Mehdis Vater ist Ingenieur.
fabriquer qc [fabʀike]	etw. herstellen	**Chez** *Renault*, **on fabrique des voitures.** Bei *Renault* werden Autos hergestellt.
fonder qc [fɔ̃de]	etw. gründen	
une **entreprise** [ynɑ̃tʀəpʀiz]	ein Betrieb, eine Firma, ein Unternehmen	**fonder une entreprise** = ein Unternehmen gründen
un **infirmier**/une **infirmière** [ɛ̃nɛ̃fiʀmje/ynɛ̃fiʀmjɛʀ]	ein Krankenpfleger/eine Krankenpflegerin	**La mère de Mehdi est infirmière.** Mehdis Mutter ist Krankenpflegerin. → l'infirmerie

une **formation** [ynfɔRmasjɔ̃]	eine Ausbildung	**Elle a fait une formation d'infirmière.** Sie hat eine Ausbildung als Krankenpflegerin gemacht.
l'**Institut Pasteur** *(m.)* [ɛ̃stitypastœR]	*biologisch-medizinisches For-schungszentrum, das auch Impfstoffe entwickelt*	
une **recherche** [ynRəʃɛRʃ]	eine (Nach)Forschung; eine Suche	
médical/médicale [medikal]	medizinisch	**la recherche médicale** = die medizinische Forschung
une **analyse** [ynanaliz]	eine Analyse, eine genaue Untersuchung	
un **scientifique/une scientifique** [ɛ̃sjɑ̃tifik/ynsjɑ̃tifik]	ein Wissenschaftler/eine Wissenschaftlerin	
un **vaccin** [ɛ̃vaksɛ̃]	ein Impfstoff; eine Impfung	**Louis Pasteur a inventé un vaccin contre la rage.** Louis Pasteur hat einen Impfstoff gegen Tollwut entdeckt.

A1

se **réveiller** [səReveje]	aufwachen	**Sana se réveille à 5 heures.** Sana wacht um 5 Uhr auf.
un **réveil** [ɛ̃Revɛj]	ein Wecker	**Le réveil sonne.** Der Wecker klingelt.
lever qc [ləve]	etw. heben	**Levez la main!** Hebt die Hand! (Meldet euch!)
se **lever** [sələve]	aufstehen; sich erheben	**Sana se lève très tôt le matin.** Sana steht morgens sehr früh auf.

> **!** **se lever:** je me **lève**, tu te **lèves**, il/elle/on se **lève**, nous nous levons, vous vous levez, ils/elles se **lèvent**; je me **suis** levé(e)

laver qn/qc [lave]	jdn./etw. waschen	
se **laver** [səlave]	sich waschen	**Elle va dans la salle de bains pour se laver.** Sie geht ins Bad, um sich zu waschen.
s'**habiller** [sabije]	sich anziehen, sich kleiden	**Tu t'es habillé?** Hast du dich angezogen?
le **mari** [ləmaRi]	der Ehemann	**!** **un homme:** ein Mann, ein Mensch; **un mari:** ein Ehemann
se **dépêcher** [sədepeʃe]	sich beeilen	**Vite! Dépêche-toi!** Schnell! Beeil dich!
rater qc *(fam.)* [Rate]	etw. verpassen; verpfuschen, nicht schaffen	**rater le bus, rater une interrogation**
une **soirée** [ynswaRe]	ein Abend	**un soir** → **une soirée; un jour** → **une journée; un an** → **une année**
s'**occuper** de qn/qc [sɔkype]	sich mit jdm./etw. beschäftigen; sich um jdn./etw. kümmern	**Qui s'occupe du repas?** Wer kümmert sich um das Essen?

A2

soupirer [supiRe]	seufzen	
pourtant [puRtɑ̃]	dennoch, trotzdem	**Elle n'était pas au collège. Pourtant, il y avait une journée d'orientation.** Sie war nicht im Collège. Dabei gab es doch einen Berufsberatungstag.
l'**orientation** *(f.)* [lɔRjɑ̃tasjɔ̃]	die Orientierung	
une **journée d'orientation** [ynʒuRnedɔRjɑ̃tasjɔ̃]	ein Berufsberatungstag	

informer qn sur qc [ɛ̃fɔʀme]	jdn. über etw. informieren	= **donner des informations sur qc**
s'informer sur qc [sɛ̃fɔʀme]	sich über etw. informieren	**Les élèves peuvent s'informer sur les métiers.** Die Schüler können sich über Berufe informieren.
un **hôpital** [ɛ̃nɔpital]	ein Krankenhaus	**Sana est infirmière à l'hôpital Cochin.** Sana ist Krankenpflegerin am Cochin-Krankenhaus.
l'**hôpital Cochin** [kɔʃɛ̃]	*Krankenhaus in Paris*	
se disputer avec qn [sədispyte]	sich mit jdm. streiten	**Ne vous disputez pas.** **Ça m'énerve.** Streitet euch nicht. Das geht mir auf die Nerven. 
terminer qc [tɛʀmine]	etw. beenden, etw. fertig-stellen	= **finir qc**
bouder [bude]	schmollen	
être en train de faire qc [ɛtʀɑ̃tʀɛ̃dəfɛʀ]	gerade etw. tun	**Karima est en train de faire ses devoirs.** Karima macht gerade ihre Hausaufgaben.
se concentrer sur qc [səkɔ̃sɑ̃tʀe]	sich auf etw. konzentrieren	
dur/dure [dyʀ]	hart; schwierig	**La vie est dure.** Das Leben ist hart.
on pourrait [ɔ̃puʀɛ]	man könnte	**On pourrait faire ça ensemble, non?** Wir könnten das zusammen machen, oder?
se **sentir** [səsɑ̃tiʀ]	sich fühlen	**Sana se sent stressée.** Sana fühlt sich gestresst.

> **!** **se sentir:** je me sen**s**, tu te sen**s**, il/elle/on se sen**t**, nous nous sentons, vous vous sentez, ils/elles se sentent; **je me suis senti(e)**

stressé/stressée [stʀɛse]	gestresst	
prêt/prête [pʀɛ/pʀɛt]	fertig, bereit	**La quiche est prête?** Ist die Quiche fertig?
se reposer [səʀəpoze]	sich ausruhen	
se fermer [səfɛʀme]	sich schließen	

> **!** So wie **fermer** können auch einige andere „normale" Verben reflexiv werden, z. B. **s'ouvrir** = sich öffnen, **se préparer** = sich vorbereiten, **se présenter** = sich vorstellen, **se cacher** = sich verstecken

venir de faire qc [vəniʀdəfɛʀ]	gerade etw. getan haben	**Mehdi vient de partir.** Mehdi ist gerade gegangen.
A5 **Quelle galère!** [kɛlgalɛʀ]	Echt ätzend! *(ugs.)*	= **C'est difficile (et je n'aime pas le faire).**
vider qc [vide]	etw. leeren	**Tous les jours, je vide la poubelle.** Jeden Tag leere ich den Mülleimer.
la **vaisselle** [lavɛsɛl]	das Geschirr	
faire la vaisselle [fɛʀlavɛsɛl]	Geschirr spülen, den Ab-wasch machen	
un **aspirateur** [ɛ̃naspiʀatœʀ]	ein Staubsauger	
passer l'aspirateur [paselaspiʀatœʀ]	Staub saugen	**Mehdi, tu peux passer l'aspirateur dans le salon, s'il te plaît?** Mehdi, kannst du bitte im Wohnzimmer Staub saugen?

AUF EINEN BLICK

Le travail à la maison Jeder tut, was er kann …

faire son lit

ranger sa chambre/ son armoire

vider la poubelle

nettoyer [netwaje] *la salle de bains*

faire les courses

faire la cuisine

le travail à la maison

nettoyer [netwaje] *la cage de son hamster*

passer l'aspirateur

mettre la table

débarrasser la table

laver *le linge* [ləlɛ̃ʒ]

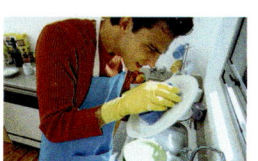
laver *la vaisselle*

B1

un **week-end** [ɛ̃wikɛnd]	ein Wochenende	Aussprache: Im Französischen wird die 2. Silbe betont.
seul/seule [sœl]	*(hier:)* einzig	le **seul jour où** = der einzige Tag, an dem
une **ambiance** [ynɑ̃bjɑ̃s]	eine Stimmung, eine Atmosphäre	**Ce soir, l'ambiance à la maison n'est pas très bonne.** Heute Abend ist die Stimmung zu Hause nicht sehr gut.
inquiet/inquiète [ɛ̃kjɛ/ɛ̃kjɛt]	unruhig, beunruhigt	**Sana est inquiète, Idris est en colère.** Sana ist beunruhigt, Idris ist wütend. englisch: **quiet** (still, ruhig)
s'intéresser à qc [sɛ̃teʀese]	sich für etw. interessieren	**Pierre s'intéresse à tout.** Pierre interessiert sich für alles.
un **présentateur**/une **présentatrice** [ɛ̃pʀezɑ̃tatœʀ/ ynpʀezɑ̃tatʀis]	ein Nachrichtensprecher/ eine Nachrichtensprecherin; ein Moderator/eine Moderatorin	→ **présenter** qc 

une **aventure** [ynavãtyʀ]	ein Abenteuer	englisch: **an adventure**
un **pilote**/une **pilote** [ɛ̃pilɔt/ynpilɔt]	ein Pilot/eine Pilotin	**Mehdi veut peut-être devenir pilote.** Mehdi möchte vielleicht Pilot werden.
ce qui [səki]	was (*Relativpronomen, Subjekt*)	**Il ne sait pas encore ce qui l'intéresse vraiment.** Er weiß noch nicht, was ihn wirklich interessiert.
un **médecin**/une **femme médecin** [ɛ̃medsɛ̃/ynfammedsɛ̃]	ein Arzt/eine Ärztin	Aussprache: **Le père de Coren**t**in est méde**c**in.**
Médecins du Monde [medsɛ̃dymɔ̃d]	*In Frankreich gegründete Ärzteorganisation, die ehrenamtlich medizinische Hilfe in Krisengebieten leistet*	
Haïti [aiti]	*Inselstaat im Karibischen Meer*	**En Haïti, on parle français.** In Haiti spricht man Französisch.
être de retour [ɛtʀədəʀətuʀ]	zurück sein	**M. Brunet est de retour.** M. Brunet ist zurück.
incroyable [ɛ̃kʀwajabl]	unglaublich	→ **croire** (glauben)
un **paysage** [ɛ̃peizaʒ]	eine Landschaft	→ **un pays** (ein Land)
ce que [səkə]	was (*Relativpronomen, Objekt*)	**Tout ce que M. Brunet raconte fascine Mehdi.** Alles, was Herr Brunet erzählt, fasziniert Mehdi.
fasciner [fasine]	faszinieren, fesseln	Aussprache: die Buchstaben **-sc-** spricht man hier als **-s-**.
une **décision** [yndesizjɔ̃]	eine Entscheidung	englisch: **a decision**
prendre une décision [pʀɑ̃dʀyndesizjɔ̃]	eine Entscheidung treffen	**J'ai pris une décision.** Ich habe eine Entscheidung getroffen.
humanitaire [ymanitɛʀ]	humanitär, menschenfreundlich	**un médecin humanitaire** = ein Arzt bei einer Hilfsorganisation, z. B. bei „Ärzte der Welt" (**Médecins du Monde**)
un **pour cent** (*inv.*) [ɛ̃puʀsɑ̃]	ein Prozent	Das Nomen **pour cent** besteht aus zwei Wörtern (wörtlich: „für Hundert"). Man schreibt es getrennt.
passionnant/**passionnante** [pasjɔnɑ̃/pasjɔnɑ̃t]	spannend, fesselnd	
tu pourrais [typuʀɛ]	du könntest	
un **stage** [ɛ̃staʒ]	ein Praktikum	**Tu pourrais faire un stage.** Du könntest ein Praktikum machen.
finalement [finalmɑ̃]	schließlich, zum Schluss	→ **la fin, finir, enfin**
B4 un **cuisinier**/une **cuisinière** [ɛ̃kɥizinje/ynkɥizinjɛʀ]	ein Koch/eine Köchin	→ **la cuisine** (die Küche)
un **vétérinaire**/une **vétérinaire** [ɛ̃veteʀinɛʀ/ynveteʀinɛʀ]	ein Tierarzt/eine Tierärztin	**Un vétérinaire est un médecin pour animaux.**
un **architecte**/une **architecte** [ɛ̃naʀʃitɛkt/ynaʀʃitɛkt]	ein Architekt/eine Architektin	
un **jardinier**/une **jardinière** [ɛ̃ʒaʀdinje/ynʒaʀdinjɛʀ]	ein Gärtner/eine Gärtnerin	**Un jardinier s'occupe des jardins.** Ein Gärtner kümmert sich um die Gärten.
un **coiffeur**/une **coiffeuse** [ɛ̃kwafœʀ/ynkwaføz]	ein Friseur/eine Friseurin	**Je vais chez le coiffeur.** Ich gehe zum Friseur.
un **mécanicien**/une **mécanicienne** [ɛ̃mekanisjɛ̃/ynmekanisjɛn]	ein Mechaniker/eine Mechanikerin	**Julie est mécanicienne.** Julie ist Mechanikerin.
un **musicien**/une **musicienne** [ɛ̃myzisjɛ̃/ynmyzisjɛn]	ein Musiker/eine Musikerin	**Un musicien fait de la musique.** Ein Musiker macht Musik.
B7 **normalement** [nɔʀmalmɑ̃]	normalerweise	

une **carte vitale** [ynkaʀtvital]	eine Krankenversicherungs-karte	**Chez le médecin, on présente sa carte vitale.** Beim Arzt legt man seine Krankenversicherungskarte vor.
un **médicament** [ɛ̃medikamɑ̃]	ein Arzneimittel, ein Medi-kament	
une **pharmacie** [ynfaʀmasi]	eine Apotheke	**A la pharmacie, on peut acheter des médicaments.** In der Apotheke kann man Medikamente kaufen.
un **remboursement** [ɛ̃ʀɑ̃buʀsəmɑ̃]	eine Rückzahlung; Rücker-stattung	**D'abord, on paie et plus tard, on reçoit un rembourse-ment.** Zuerst bezahlt man, und später erhält man eine Rücker-stattung.

B 9

l'**industrie** (f.) [lɛ̃dystʀi]	die Industrie	
le **commerce** [ləkɔmɛʀs]	der Handel	deutsch: → der Kommerz
l'**agriculture** (f.) [lagʀikyltyʀ]	die Landwirtschaft, der Ackerbau	**Mon oncle travaille à la campagne, dans l'agriculture.** Mein Onkel arbeitet auf dem Land, in der Landwirtschaft.
fort/forte [fɔʀ/fɔʀt]	stark	
être fort(e) en [ɛtʀəfɔʀɑ̃]	gut sein in etw.	**Karima est forte en langues.** Karima ist gut in Sprachen.
une **langue** [ynlɑ̃g]	eine Sprache	englisch: **a language**
la **technique** [latɛknik]	die Technik	**Pour ce métier, il faut être fort en technique.** Für diesen Beruf muss man gut in Technik sein.
communiquer avec qn [kɔmynike]	mit jdm. kommunizieren, Nachrichten austauschen	englisch: **to communicate with sb**
la **nature** [lanatyʀ]	die Natur	**J'adore les arbres et les animaux. J'aime bien la nature.** Ich mag Bäume und Tiere sehr gerne. Ich liebe die Natur.
permettre à qn **de** faire qc [pɛʀmɛtʀ]	jdm. erlauben, etw. zu tun; jdm. etw. ermöglichen	**Je suis pilote. Mon métier me permet de voir beaucoup de pays.** Ich bin Pilot. Mein Beruf ermöglicht es mir, viele Länder zu sehen.

! **permettre** wird konjugiert wie **mettre**: je per**mets**, nous per**mettons**; j'ai per**mis**

voyager [vwajaʒe]	reisen	→ **faire un voyage**

! **voyager** wird konjugiert wie **manger** und **bouger**: je voyage, nous voyage**o**ns; j'ai voyagé

MON DICO PERSONNEL

Quel est ton métier de rêve?

un **agriculteur**/une **agricultrice**	ein Landwirt/eine Landwirtin
un **architecte**/une **architecte**	ein Architekt/eine Architektin
un **avocat**/une **avocate**	ein Rechtsanwalt/eine Rechtsanwältin
un **boulanger**/une **boulangère**	ein Bäcker/eine Bäckerin
un **coureur automobile**/une **coureuse automobile**	ein Rennfahrer/eine Rennfahrerin
un **dessinateur**/une **dessinatrice**	ein Zeichner/eine Zeichnerin
un **diplomate**/une **diplomate**	ein Diplomat/eine Diplomatin
un **infirmier**/une **infirmière**	ein Krankenpfleger/eine Krankenpflegerin
un **ingénieur**/une **femme ingénieur**	ein Ingenieur/eine Ingenieurin
un **joueur de foot**/une **joueuse de foot**	ein Fußballspieler/eine Fußballspielerin
un **mécanicien**/une **mécanicienne**	ein Mechaniker/eine Mechanikerin

un médecin/une femme médecin	ein Arzt/eine Ärztin
un pilote/une pilote	ein Pilot/eine Pilotin
un policier/une policière	*ein Polizist/eine Polizistin*
un pompier/une femme pompier	*ein Feuerwehrmann/eine Feuerwehrfrau*
un scientifique/une scientifique	ein Wissenschaftler/eine Wissenschaftlerin
un vétérinaire/une vétérinaire	ein Tierarzt/eine Tierärztin
un vendeur/une vendeuse	ein Verkäufer/eine Verkäuferin

TIPP

Lerne bei Adjektiven die **weibliche** Form immer mit! Finde selber Beispiele:
Il est inqu**iet**. **Elle** est inqu**iète**.
Un long voyage, **une** long**ue** phrase.

Unité 3   Bon séjour à Tours!

un endroit	ein Ort	**un bruit**	ein Geräusch
une valise	ein Koffer	**je suis désolé/désolée**	es tut mir leid
connaître qn/qc	jdn./etw. kennen	**je suis content/contente**	ich bin zufrieden/froh
entendre qn/qc	jdn./etw. hören	**il y a du soleil**	es ist sonnig
une langue	eine Sprache	**il pleut**	es regnet
une habitude	eine Gewohnheit	**il y a beaucoup de monde**	es gibt viele Leute, es ist voll
une erreur	ein Irrtum, ein Fehler		

un séjour [ɛ̃seʒuʀ]	ein Aufenthalt	**Bon séjour à Tours!** Schönen Aufenthalt in Tours!
Tours [tuʀ]	*Stadt in Zentralfrankreich*	
découvrir qc [dekuvʀiʀ]	etw. entdecken	**= faire des découvertes** (f.) 
! **découvrir** wird konjugiert wie **ouvrir**: je découvre, nous découvrons; j'ai **découvert**		
un échange scolaire [ɛ̃neʃɑ̃ʒskɔlɛʀ]	ein Schüleraustausch	**Pendant un échange scolaire, on peut découvrir beaucoup de choses.** Während eines Schüleraustauschs kann man viel entdecken. → **changer** (wechseln)
un correspondant/une correspondante [ɛ̃kɔʀɛspɔ̃dɑ̃/ynkɔʀɛspɔ̃dɑ̃t]	ein Brieffreund/eine Brieffreundin; ein Austauschpartner/eine Austauschpartnerin	Abkürzung: **un corres/une corres** (fam.)
un site [ɛ̃sit]	eine Website	**Quels sont vos sites Internet préférés?** Welche sind eure bevorzugten Websites im Internet?
l'Office franco-allemand pour la jeunesse (m.) [lɔfisfʀɑ̃koalmɑ̃puʀlaʒœnɛs]	das Deutsch-Französische Jugendwerk (DFJW)	Abkürzung: **l'OFAJ** [lɔfaj] (m.)
un car [ɛ̃kaʀ]	ein Bus (Reisebus)	Im Französischen unterscheidet man zwischen **un bus** (ein Linienbus) und **un car** (ein Reisebus).
A1 **un diaporama** [ɛ̃djapɔʀama] eine Diashow		

un pont [ɛ̃pɔ̃]	eine Brücke	
une église [ynegliz]	eine Kirche	
Saint-Gatien [sɛ̃gasjɛ̃]	Saint-Gatien *(Heiliger Gatianus; erster Bischof von Tours, 249 – 301)*	
Saint Martin de Tours [sɛ̃maʀtɛ̃dətuʀ]	*Martin von Tours, „Sankt Martin", ca. 316 – 397; dritter Bischof von Tours*	
un Hôtel de ville [ɛ̃nɔtɛldəvil]	ein Rathaus	

environ [ɑ̃viʀɔ̃]	ungefähr, etwa

Il y a environ deux ans, je suis allé(e) à Tours.
Vor ungefähr zwei Jahren war ich in Tours.

une promenade [ynpʀɔmənad]	ein Spaziergang

une promenade à vélo
= ein Ausflug mit dem Fahrrad, eine Radtour

une sortie [ynsɔʀti]	*(hier)* ein Ausflug

Das Wort kennst du schon in der Bedeutung „ein Ausgang".

le Cadre Noir [ləkadʀənwaʀ]	*berühmte französische Reitschule*
un monument [ɛ̃mɔnymɑ̃]	ein Denkmal, ein Monument
près de qn/qc [pʀɛdə]	nahe bei jdm./etw.

Le château de Villandry est près de Tours.
Das Schloss Villandry ist nahe bei Tours.

un château [ɛ̃ʃato]	ein Schloss

Dimanche, on va visiter le château de Villandry.
Am Sonntag besichtigen wir das Schloss Villandry.

Villandry [vilɑ̃dʀi]	Villandry *(Schloss und Gemeinde an der Loire)*

A 4

gros/grosse [gʀo/gʀos]	dick *(Personen)*; groß, schwer *(Sachen, Tiere)*

Das Adjektiv **gros/grosse** steht vor dem Nomen:
une grosse valise, un gros chien

dingue/dingue *(fam.)* [dɛ̃g]	bekloppt, irre *(ugs.)*

dingue *(fam.)* = **fou**

rendre qn **dingue** [ʀɑ̃dʀədɛ̃g]	jdn. irre machen

Arrête, ça me rend dingue!
Hör auf, das macht mich wahnsinnig!

> **!** Du kennst schon **rendre** in der Bedeutung „zurückgeben".
> Steht nach **rendre** ein **Adjektiv**, bedeutet es **„machen"**:
> **Ça le rend triste:** Das macht ihn traurig.
> **Ça la rend heureuse:** Das macht sie glücklich.

le ventre [ləvɑ̃tʀ]	der Bauch
oser faire qc [oze]	wagen, sich trauen etw. zu tun

Hannah hésite. Elle a très faim, mais elle n'ose pas le dire. Hannah zögert. Sie hat großen Hunger, aber sie traut sich nicht, es zu sagen.

avoir la dalle *(fam.)* [avwaʀladal]	Kohldampf haben *(ugs.)*
un poisson [ɛ̃pwasɔ̃]	ein Fisch

Ce soir, on mangera du poisson.
Heute Abend essen wir Fisch.

poli/polie [pɔli]	höflich

englisch: **polite**

délicieux/délicieuse [delisjø/delisjøz]	köstlich

englisch: **delicious**

un petit copain/une petite copine [ɛ̃pətikɔpɛ̃/ynpətitkɔpin]	ein fester Freund/eine feste Freundin

gêné/gênée [ʒene]	verlegen	deutsch: **sich genieren**
éviter qc [evite]	etw. vermeiden	**Il y a des choses qu'il faut éviter.** Es gibt Dinge, die man vermeiden sollte.
débile/débile *(fam.)* [debil]	dämlich *(ugs.)*	**Est-ce que tu peux éviter les questions débiles?** Kannst du die dämlichen Fragen lassen?
un **programme** [ɛ̃prɔgram]	ein Programm	
le **Cher** [ləʃɛʀ]	der Cher *(Fluss in Frankreich)*	
jusque [ʒysk]	bis	**Nous ferons un tour jusqu'à Villandry.** Wir werden eine Tour bis nach Villandry machen.
la **pluie** [laplɥi]	der Regen	**Je pense qu'on n'aura pas de pluie.** Ich denke, es wird nicht regnen. (Wir werden keinen Regen haben.) → **il pleut**
un **poison** [ɛ̃pwazɔ̃]	ein Gift	englisch: **poison**
une **faute** [ynfot]	ein Fehler	→ **faux**
se **débrouiller** [sədebʀuje]	zurechtkommen, sich zu helfen wissen	**Je trouve que tu te débrouilles très bien.** Ich finde, du kommst sehr gut zurecht!
gentil/gentille [ʒɑ̃ti/ʒɑ̃tij]	nett	
sûrement [syʀmɑ̃]	sicher, sicherlich *(Adv.)*	**La journée sera sûrement intéressante.** Der Tag wird sicher interessant. → **sûr/sûre**
Saumur [somyʀ]	*Stadt und Schloss an der Loire*	
s'**entendre** [sɑ̃tɑ̃dʀə]	sich verstehen	**Je m'entends bien avec les garçons.** Ich verstehe mich gut mit den Jungs.

! s'**entendre**: je m'entends, tu t'entends, nous nous entendons; je me suis entendu(e); *Futur simple*: je m'entendrai, tu t'entendras, usw.

amoureux/amoureuse [amuʀø/amuʀøz]	verliebt	→ **l'amour** *(m.)* 
un **dictionnaire** [ɛ̃diksjɔnɛʀ]	ein Wörterbuch	englisch: **dictionary**
sucré/sucrée [sykʀe]	süß *(Geschmack)*	**Le gâteau est trop sucré.** Der Kuchen ist zu süß.
mignon/mignonne [miɲɔ̃/miɲɔn]	süß, niedlich	**Il la trouve mignonne.** Er findet sie süß.
A7 un **niveau** [ɛ̃nivo]	ein Niveau, eine Stufe	
un **standard** [ɛ̃stɑ̃daʀ]	ein Standard, ein Normal-maß	**le français standard** = das Standardfranzösisch
familier/familière [familje/familjɛʀ]	vertraut; geläufig; *(hier)* umgangssprachlich	**le français familier** = das umgangssprachliche Franzö-sisch
gênant/gênante [ʒɛnɑ̃/ʒɛnɑ̃t]	peinlich, lästig	**Hannah est un peu gênée. Elle trouve ça très gênant.** Hannah ist ein bisschen verlegen. Sie findet das sehr peinlich.
J'ai la honte! *(fam.)* [ʒelaɔ̃t]	Peinlich!, So eine Blamage! *(ugs.)*	= **C'est très gênant.**
A9 la **météo** [lameteo]	die Wettervorhersage	Abkürzung für **la météorologie** [lameteɔʀɔlɔʒi]
couvert/couverte [kuvɛʀ/kuvɛʀt]	bedeckt	→ **une couverture** (eine Decke)

un **nuage** [ɛ̃nyaʒ]	eine Wolke	

Le ciel est couvert. Il y a des nuages.
Der Himmel ist bedeckt. Es ist wolkig.

la **neige** [lanɛʒ]	der Schnee	

→ **neiger** (schneien)

A 10 la **Touraine** [latuʀɛn] — *die Gegend um Tours*

AUF EINEN BLICK

La langue des jeunes Das kann dir in Frankreich zu Ohren kommen.

langue des jeunes	français standard	
C'est chiant!	C'est très désagréable.	Das ist sehr unangenehm.
Ça craint!	C'est dangereux/c'est risqué.	Das ist gefährlich.
Il est casse-pied.	Il est énervant.	Er ist eine Nervensäge.
Il flashe sur …	Il est amoureux de …	Er ist in … verliebt.
Il la drague.	Il lui fait la cour.	Er macht ihr den Hof/flirtet mit ihr.
Je m'en fous.	Ça m'est égal.	Das ist mir egal.
C'est trop!	C'est incroyable.	Das ist unglaublich!
J'hallucine!	C'est étonnant!	Das ist erstaunlich!
J'en ai tellement marre!	J'en ai vraiment assez!	Ich habe wirklich genug davon!
C'est branché.	C'est à la mode.	Das ist in Mode/„in".
l'aprèm	l'après-midi	der Nachmittag

B 1

plus pratique que [plypʀatikkə]	praktischer als
aussi pratique que [osipʀatikkə]	genauso praktisch wie
moins [mwɛ̃]	weniger
moins pratique que [mwɛ̃pʀatikkə]	weniger praktisch als

Il est deux heures moins le quart
wörtlich: Es ist zwei Uhr weniger ein Viertel.

B 2

célèbre/célèbre [selɛbʀ]	berühmt
Chambord [ʃɑ̃bɔʀ]	Chambord (*Schloss und Gemeinde an der Loire*)
le plus intéressant [ləplysɛ̃teʀesɑ̃]	das interessanteste
un **roi** [ɛ̃ʀwa]	ein König
comparer qc [kɔ̃paʀe]	mit etw. vergleichen
une **construction** [ynkɔ̃stryksjɔ̃]	ein Aufbau, Bauen
Chenonceaux [ʃənɔ̃so]	Chenonceaux (*Schloss und Gemeinde an der Loire*)

Chambord est un des châteaux les plus célèbres.

Chambord ist eins der berühmtesten Schlösser.

englisch: **to compare**

la **construction d'une église** = der Bau einer Kirche

B 3

le **coup de foudre** [ləkudfudʀ]	Liebe auf den ersten Blick (*wörtl. „der Blitzschlag"*)

Elle est amoureuse. C'est le coup de foudre.
Sie ist verliebt. Es ist Liebe auf den ersten Blick.

le meilleur moment [ləmɛjœʀmomɑ̃]	der beste Moment

> **!** Achte auf die Steigerungsformen von **bon/bonne**:
> = **aussi bon/bonne que:** genauso gut
> – **moins bon/bonne que:** weniger gut
> + **meilleur/meilleure que:** besser
> ++ **le meilleur/la meilleure:** der/die beste

rouler [ʀule]	fahren	**Sur l'autoroute, on peut rouler vite.** Auf der Autobahn kann man schnell fahren. 
un toit [ɛ̃twa]	ein Dach	 **Les toits de la vieille ville brillent sous le soleil.** Die Dächer der Altstadt glänzen in der Sonne.
la Seine [lasɛn]	die Seine *(Fluss, der durch Paris fließt)*	
ennuyeux/ennuyeuse [ɑ̃nɥijø/ɑ̃nɥijøz]	langweilig	≠ **passionnant, intéressant**
faire la queue [fɛʀlakø]	Schlange stehen	= **attendre**; englisch: **to queue**
un mètre [ɛ̃mɛtʀ]	ein Meter	→ **un kilomètre**
un coup de soleil [ɛ̃kudəsɔlɛj]	ein Sonnenbrand	**J'ai eu un coup de soleil.** Ich habe einen Sonnenbrand bekommen.
se mettre à faire qc [s(ə)mɛtʀ]	anfangen, etw. zu tun	**Ils se mettent à chercher leurs corres.** Sie beginnen, ihre Austauschpartner zu suchen. = **commencer à faire qc**
une vache [ynvaʃ]	eine Kuh	→ **«La vache qui rit»** 
vache *(fam.)* [vaʃ]	fies; gemein *(ugs.)*	**Ils sont vaches, quand même!** *(fam.)* Die sind doch fies! *(ugs.)*
décider de faire qc [deside]	entscheiden, beschließen, etw. zu tun	**Ils décident d'attendre.** Sie beschließen zu warten. → **prendre une décision**, englisch: **to decide**
un banc [ɛ̃bɑ̃]	eine (Sitz)Bank	
une ombre [ynɔ̃bʀ]	ein Schatten	**à l'ombre d'un arbre** = im Schatten eines Baumes
une statue [ynstaty]	eine Statue	→ **une statuette**
remarquer qn/qc [ʀəmaʀke]	jdn./etw. bemerken	= **voir qn/qc**
en secret [ɑ̃səkʀɛ]	im Geheimen	
tellement [tɛlmɑ̃]	so viel, dermaßen	**Il y avait tellement de monde qu'on ne voyait rien.** Es war so voll, dass man nichts sah.
soudain [sudɛ̃]	plötzlich; auf einmal	= **tout à coup**
à temps [atɑ̃]	rechtzeitig	**Ils ne sont pas en retard. Ils arrivent juste à temps.** Sie verspäten sich nicht. Sie kommen gerade noch rechtzeitig.
une douche [ynduʃ]	eine Dusche	**Je peux prendre une douche?** Darf ich duschen?
s'écrier [sekʀie]	überrascht (aus)rufen	→ **crier**
B 5 **le contraire** (de) [ləkɔ̃tʀɛʀ]	das Gegenteil (von)	**C'est tout le contraire!** Es ist genau das Gegenteil! → **contre**

Se débrouiller pendant l'échange   Weitere nützliche Wendungen

Il te faut qc.
Du brauchst etwas.
	Il me faut un médicament.
	Il me faut une prise d'électricité.
	Il me faut des piles pour …
	Je dois recharger la batterie
	    de mon portable.
		Ich brauche ein Medikament.
		Ich brauche eine Steckdose.
		Ich brauche Batterien für …
		Ich muss den Akku meines Mobiltelefons
		    aufladen.

Tu veux t'excuser.
Du möchtest dich
entschuldigen.
	Excusez-moi, Madame, j'ai fait une grosse
	    bêtise.
	J'ai cassé le/la/les …
	C'est de ma faute.
	Je me suis trompé(e) de porte.
		Entschuldigen Sie bitte, ich habe eine große
		    Dummheit gemacht.
		Ich habe … kaputt gemacht.
		Das ist meine Schuld.
		Ich habe mich in der Tür geirrt.

Tu as un petit problème. Du hast ein kleines Problem.	Je me sens très mal. J'ai mal à la tête. Il y a trop de bruit. La porte ne se ferme pas. Je n'ai pas de monnaie.	Ich fühle mich sehr schlecht. Ich habe Kopfschmerzen. Es ist zu laut. Die Tür geht nicht zu. Ich habe kein Kleingeld.
Tu veux te rendre utile. Du möchtest dich nützlich machen.	Est-ce que je peux vous aider? Est-ce que je peux mettre/débarrasser la table? Est-ce que je peux faire la vaisselle? Est-ce que je peux vider le lave-vaisselle?	Kann ich Ihnen helfen? Kann ich den Tisch decken/abräumen? Kann ich abspülen? Kann ich die Spülmaschine ausräumen?

A table
Bei Tisch
	C'est délicieux.
	J'en reprends volontiers.
	Je n'aime pas tellement le/la/les …
	C'est un peu trop salé.
	Je ne mange pas de poisson, est-ce que
	    je pourrais avoir une omelette?
		Es schmeckt sehr gut.
		Ich nehme gerne noch einmal davon.
		Ich mag … nicht besonders gern.
		Es ist etwas zu salzig.
		Ich esse keinen Fisch, könnte ich ein
		    Omelette haben?

Ma ville et ma région   Meine Stadt und meine Gegend

faire une excursion	einen Ausflug machen		
une curiosité	eine Sehenswürdigkeit		
qc qu'il faut voir	etwas, das man sehen muss		
un château fort	eine Burg		
une forêt	ein Wald		
une montagne	ein Berg, ein Gebirge	une piscine	ein Schwimmbad
un village	ein Dorf	un terrain de sport	eine Sportplatz
prendre le bus	den Bus nehmen	un centre-ville	das Stadtzentrum
prendre le tram	die Straßenbahn nehmen	un cinéma	ein Kino
prendre le vélo	das Fahrrad nehmen	une zone piétonne	eine Fußgängerzone
sortir	ausgehen	un glacier	eine Eisdiele
faire un tour	eine Runde drehen	une maison des jeunes et de la culture (MJC)	ein Jugendhaus

TIPP

Lerne Wörter in Verbindungen, die man gut anwenden kann, also z. B.: *un fleuve* → *le fleuve qui traverse Paris* (der Fluss, der durch Paris fließt). Die Beispielsätze in der rechten Spalte können dir dabei helfen.

Unité 4   Bienvenue en francophonie!

TU TE RAPPELLES?

le monde	die Welt	la capitale	die Hauptstadt
un pays	ein Land	presque	fast, beinahe
plusieurs	mehrere	partout	überall
différent	anders, verschieden	apporter qc	etw. mitbringen
être né(e)	geboren werden	permettre à qn de faire qc	jdm. erlauben/ermöglichen, etw. zu tun
en ville	in der Stadt	manquer	fehlen
à la campagne	auf dem Land		

la francophonie [lafʀɑ̃kɔfɔni]	die Frankofonie	**La francophonie, c'est l'ensemble des pays et régions où on parle français.** Die Frankofonie ist die Gesamtheit der Länder und Regionen, in denen man Französisch spricht.
la Martinique [lamaʀtinik]	Martinique	

 **Vis-à-vis**

Martinique ist eine Insel der kleinen Antillen, einer Inselgruppe zwischen dem Karibischen Meer und dem Atlantik. Martinique ist eine ehemalige französische Kolonie und gehört heute noch zu Frankreich.

à la Martinique   in Martinique

une île [ynil]	eine Insel	**La Martinique est une île.** Martinique ist eine Insel.
faire partie de qc [fɛʀpaʀti]	gehören zu, ein Teil sein von	**La Martinique fait partie de la France.** Martinique gehört zu Frankreich.
les Antilles *(f., pl.)* [lezɑ̃tij]	die Antillen	Aussprache: Sprich [ij] wie bei **famille**.
francophone/francophone [fʀɑ̃kɔfɔn]	französischsprachig	**Une partie des Antilles est francophone.** Ein Teil der Antillen ist französischsprachig.
une métropole [ynmetʀɔpɔl]	eine Metropole; *(hier)* Frankreich als Mutterland	
le créole [ləkʀeɔl]	Kreolisch	**Les langues créoles sont nées du contact de plusieurs langues différentes.** Die Kreolsprachen sind aus dem Kontakt mehrerer unterschiedlicher Sprachen entstanden.
une langue maternelle [ynlɑ̃gmatɛʀnɛl]	eine Muttersprache	**Le créole est la langue maternelle des Martiniquais.** Das Kreolische ist die Muttersprache der Bewohner von Martinique.
un nombre [ɛ̃nɔ̃bʀ]	eine Zahl	**un grand nombre de** = eine große Anzahl von, viele
un habitant/une habitante [ɛ̃nabitɑ̃/ynabitɑ̃t]	ein Einwohner/eine Einwohnerin	→ **habiter**
1 **le Québec** [ləkebɛk]	Quebec *(Provinz im Osten Kanadas)*	**Le Québec est la plus grande province du Canada.** Quebec ist die größte Provinz Kanadas.
le Maroc [ləmaʀɔk]	Marokko *(Staat in Nordafrika)*	**Le Maroc est en Afrique du Nord.** Marokko liegt in Nordafrika.

le **Burkina Faso** [ləbyʀkinafaso]	Burkina Faso (*Staat in West-afrika*)	Le Burkina Faso est un pays africain. Burkina Faso ist ein afrikanisches Land.
la **Nouvelle-Calédonie** [lanuvɛlkaledɔni]	Neukaledonien (*Inselgruppe in Ozeanien*)	La Nouvelle-Calédonie est un groupe d'îles. Neukaledonien ist eine Inselgruppe.
un **continent** [ɛ̃kɔ̃tinã]	ein Kontinent	Aussprache: Die Betonung liegt auf der letzten Silbe.
un **Etat** [ɛ̃neta]	ein Staat	l'Etat français = der französische Staat Beachte die Großschreibung!
présent/présente [pʀezã/pʀezãt]	vorhanden, anwesend	→ le présent (die Gegenwart)
3 l'**Europe** (*f.*) [løʀɔp]	Europa	
la **Suisse** [lasɥis]	die Schweiz	En Suisse, on parle plusieurs langues. In der Schweiz spricht man mehrere Sprachen.
canadien/canadienne [kanadjɛ̃/kanadjɛn]	kanadisch	Le Québec est une province canadienne. Quebec ist eine kanadische Provinz.
l'**Algérie** (*f.*) [lalʒeʀi]	Algerien	L'Algérie est un pays voisin du Maroc. Algerien ist ein Nachbarland von Marokko.
la **Tunisie** [latynizi]	Tunesien	Tu es déjà allé(e) en Tunisie? Warst du schon einmal in Tunesien?
l'**arabe** (*m.*) [laʀab]	das Arabische	Au Maroc, en Algérie et en Tunisie, le français est la deuxième langue après l'arabe. In Marokko, Algerien und Tunesien ist Französisch die zweite Sprache nach dem Arabischen.
l'**Afrique noire** (*f.*) [lafʀiknwaʀ]	Schwarzafrika	
administratif/adminis-trative [administʀatif/administʀativ]	Verwaltungs-, behördlich	la langue administrative = die Sprache der Verwaltung und der Politik
un **rôle** [ɛ̃ʀol]	eine Rolle	jouer un rôle important = eine wichtige Rolle spielen
au cours de [okuʀdə]	im Laufe (einer Sache)	au cours de l'histoire = im Laufe der Geschichte
l'**Angleterre** (*f.*) [lãɡlətɛʀ]	England	→ anglais
le **Portugal** [ləpɔʀtyɡal]	Portugal	
européen/européenne [øʀɔpeɛ̃/øʀɔpeɛn]	europäisch	les pays européens = die europäischen Länder les langues européennes = die europäischen Sprachen
un **territoire** [ɛ̃teʀitwaʀ]	ein Gebiet, Territorium	
une **colonie** [ynkɔlɔni]	eine Kolonie	
un **Français**/une **Française** [ɛ̃fʀãsɛ/ynfʀãsɛz]	ein Franzose/eine Französin	le français (kleingeschrieben): das Französische le Français (großgeschrieben): der Franzose
riche/riche [ʀiʃ]	reich	≠ pauvre
la **richesse** [laʀiʃɛs]	der Reichtum	la richesse ≠ la pauvreté
un **siècle** [ɛ̃sjɛkl]	ein Jahrhundert	au XXIᵉ (vingt-et-unième) siècle = im 21. Jahrhundert
indépendant/indépendante [ɛ̃depãdã/ɛ̃depãdãt]	unabhängig	englisch: independent
les **départements et régions d'outre-mer** (*m., pl.*) [ledepaʀtəmã eʀeʒjɔ̃dutʀəmɛʀ]	die Überseedepartements/ Überseeregionen	Abkürzung: les DOM-ROM Les DOM-ROM font partie de la France. Die DOM-ROM gehören zu Frankreich.

administrativement [administrativmã]	verwaltungsmäßig, was die Verwaltung betrifft	**l'administration** = die Verwaltung
4 québécois/québécoise [kebekwa/kebekwaz]	aus Quebec	→ **le Québec**
marocain/marocaine [maʀɔkɛ̃/maʀɔkɛn]	marokkanisch	→ **le Maroc**
anglais/anglaise [ãglɛ/ãglɛz]	englisch	→ **l'Angleterre**

Die Reihenfolge der Stationen ist frei. Deshalb werden einige Wörter in mehreren Stationen aufgeführt.

Station 1   Au Québec avec Cœur de pirate

1 un Québécois/ une Québécoise [ɛ̃kebekwa/ynkebekwaz]	ein Quebecer/ eine Quebecerin	**Elle est québécoise.** **C'est une Québécoise.**
Montréal [mɔ̃real]	Montreal *(größte Stadt in der Provinz Quebec)*	
sortir qc [sɔʀtiʀ]	etw. herausbringen	**Elle a sorti un album.** Sie hat ein Album herausgebracht.
y [i]	dort, dorthin	**Je vais au Québec. J'y vais avec ma tante.** Ich gehe nach Quebec. Ich gehe mit meiner Tante dorthin. → il **y** a; On **y** va!
une tournée [yntuʀne]	eine Tournee	
en [ã]	von dort	**Tu es déjà allé(e) au Québec? – Oui, j'en viens.** Warst du schon einmal in Quebec? – Ja, ich komme (eben) von dort.
rapporter qc [ʀapɔʀte]	etw. zurückbringen, von einem anderen Ort mitbringen	**Béatrice est allée en France. Elle en a rapporté un prix.** Béatrice ist nach Frankreich gegangen. Sie hat von dort einen Preis mitgebracht.
les Victoires de la musique (f.) [viktwaʀdəlamyzik]	*(wörtlich:)* „Siege der Musik" *(Name eines Musikwettbewerbs)*	
Félix (m.) [feliks]	*Name eines Musikpreises in Quebec*	
romantique/romantique [ʀɔmãtik]	romantisch	**Pour elle, le français est la langue la plus romantique.** Für sie ist Französisch die romantischste Sprache.
alors que [alɔʀkə]	wohingegen, während, obwohl	**Le Québec n'a que huit millions d'habitants; alors que la France en compte soixante-cinq millions.** Quebec hat nur 8 Millionen Einwohner, während Frankreich 65 Millionen (davon) zählt.
compter qc [kɔ̃te]	etw. zählen	Aussprache: Das „**p**" in **compter** spricht man nicht.
une langue officielle [ynlãgɔfisjɛl]	eine Amtssprache	**Le français est la langue officielle du Québec.** Französisch ist die Amtssprache von Quebec.
le Saint-Laurent [ləsɛ̃lɔʀã]	der Sankt-Lorenz-Strom *(nach dem Mississippi und dem Missouri drittgrößter Strom in Nordamerika)*	

un **lac** [ɛ̃lak]	ein See	

🇫🇷🇫🇷 Vis-à-vis

Les Grands Lacs: Die „Großen Seen" auf den Gebieten der USA und Kanadas sind der Obere See (le Lac Supérieur), der Michigansee (le Lac Michigan), der Huron-See (le Lac Huron), der Eriesee (le Lac Erié) und der Ontariosee (le Lac Ontario).

au bord d'un lac = an einem See

un **tunnel** [ɛ̃tynɛl]	ein Tunnel	
dynamique/dynamique [dinamik]	dynamisch; *(hier)* lebhaft	**Montréal est une ville dynamique.** Montreal ist eine lebhafte Stadt.
les **FrancoFolies** *(f.)* de Montréal [lefʀɑ̃kofɔli]	*Musikfestival in Montreal*	
un **concert** [ɛ̃kɔ̃sɛʀ]	ein Konzert	**Il y a des concerts gratuits un peu partout.** Hier und da gibt es kostenlose Konzerte.
le **Cirque du Soleil** [ləsiʀkdysɔlɛj]	*Zirkusunternehmen aus Montreal*	
un **artiste**/une **artiste** [ɛ̃naʀtist/ynaʀtist]	ein Künstler/eine Künstlerin	→ l'**art** *(m.)* (die Kunst)
impressionnant/ impressionnante [ɛ̃pʀesjɔnɑ̃/ɛ̃pʀesjɔnɑ̃t]	eindrucksvoll, beeindruckend	**La nature du Québec est impressionnante.** Quebecs Natur ist beeindruckend. → une **impression**, avoir l'**impression** que …
une **forêt** [ynfɔʀɛ]	ein Wald	**Au Québec, il y a des grandes forêts.** In Quebec gibt es große Wälder.
une **randonnée** [ynʀɑ̃dɔne]	eine Wanderung	**Dans les forêts québécoises, on peut faire de la randonnée.** In den Wäldern von Quebec kann man wandern.
une **baleine** [ynbalɛn]	ein Wal	
4 **faire le point** sur qc [fɛʀləpwɛ̃]	einen zusammenfassenden Überblick über etw. geben	
un **climat** [ɛ̃klima]	ein Klima	Aussprache: Das „t" am Ende wird nicht ausgesprochen, die Betonung liegt auf dem „**a**".
une **culture** [ynkyltyʀ]	eine Kultur	

Station 2   Au Maroc avec Nawal

1 **Marrakech** [maʀakɛʃ]	*Stadt in Marokko*	
le **jardin Majorelle** [ləʒaʀdɛ̃maʒɔʀɛl]	*botanischer Garten in Marrakesch*	
y [i]	dort, dorthin	**Je vais à Marrakech. J'y vais au mois de mai.** Ich gehe nach Marrakesch. Ich gehe im Mai dorthin. → il **y** a; On **y** va!
une **plante** [ynplɑ̃t]	eine Pflanze	englisch: **plant**
entier/entière [ɑ̃tje/ɑ̃tjɛʀ]	ganz, völlig	**Dans ce jardin, il y a des plantes du monde entier.** In diesem Garten gibt es Pflanzen aus der ganzen Welt.
un **souk** [ɛ̃suk]	ein Souk *(arabischer Markt)*	
coloré/colorée [kɔlɔʀe]	farbig; bunt	→ une **couleur**

une **médina** [ynmedina]	*Bezeichnung der Altstadt in nordafrikanischen Städten*	
une **langue officielle** [ynlãgɔfisjɛl]	eine Amtssprache	**L'arabe et le tamazight sont les deux langues officielles du Maroc.** Arabisch und Tamazight sind die zwei Amtssprachen Marokkos.
Rabat [ʀaba]	*Hauptstadt von Marokko*	**Rabat est la capitale du Maroc.** Rabat ist die Hauptstadt Marokkos.
dynamique/dynamique [dinamik]	dynamisch; *(hier)* lebhaft	**Casablanca est la ville la plus dynamique du Maroc.** Casablanca ist die lebhafteste Stadt von Marokko.
Casablanca [kazablãka]	*Stadt in Marokko*	
les **études** *(f.) (pl.)* [lezetyd]	das Studium	**faire des études d'histoire** = Geschichte studieren
mourir [muʀiʀ]	sterben	**Nawal meurt d'envie d'aller en France.** Nawal würde für ihr Leben gern nach Frankreich gehen.

⚠ **mourir:** je m**eu**rs, tu m**eu**rs, il m**eu**rt, nous m**ou**rons, vous m**ou**rez, ils m**eu**rent; je suis **mort(e)**; *Futur simple:* je mou**rr**ai, **tu** mou**rr**as usw.

vivre [vivʀ]	leben	**Nawal vit au Maroc.** Nawal lebt in Marokko. → **la vie**

⚠ **vivre:** je vi**s**, tu vi**s**, il vi**t**, nous vivons, vous vivez, ils vivent; j'ai **vécu**; *Futur simple:* je viv**r**ai, **tu** viv**r**as usw.

moins bien [mwɛ̃bjɛ̃]	weniger gut	**Elle dit qu'on vit moins bien à la campagne qu'à la ville.** Sie sagt, dass man auf dem Land weniger gut lebt als in der Stadt.
le **baccalauréat** [ləbakalɔʀea]	das Abitur/die Matura	**On peut aller au lycée jusqu'au baccalauréat.** Man kann ins Gymnasium gehen bis zum Abitur. → Abkürzung **le bac** [ləbak]

🇫🇷 Vis-à-vis

Das französische **baccalauréat** wird am Ende des **lycée** abgelegt und entspricht in etwa dem deutschen Abitur.

gagner sa vie [gaɲesavi]	seinen Lebensunterhalt verdienen	**Nawal veut gagner sa vie et être indépendante.** Nawal möchte ihren Lebensunterhalt verdienen und unabhängig sein.
une **bibliothèque** [ynbiblijɔtɛk]	eine Bibliothek, eine Bücherei	
le **Moyen Age** [ləmwajɛnaʒ]	das Mittelalter	
une **époque** [ynepɔk]	eine Epoche, ein Zeitalter	**à l'époque** = zu dieser Zeit, damals
la **médecine** [lamedsin]	die Medizin	→ **un médecin, une femme médecin**
la **philosophie** [lafilɔzɔfi]	die Philosophie	**faire des études de philosophie** = Philosophie studieren
une **traduction** [yntʀadyksjõ]	eine Übersetzung	
un **savant**/une **savante** [ɛ̃savã/ynsavãt]	ein Gelehrter/eine Gelehrte	→ **savoir**
grâce à qn/qc [gʀas]	durch jdn./etw.	**Grâce aux savants arabes, les sciences ont fait des grands progrès.** Durch die arabischen Gelehrten haben die Wissenschaften große Fortschritte gemacht.
une **science** [ynsjãs]	eine Wissenschaft	englisch: **science**

un **progrès** [ɛ̃pʀɔgʀɛ]	ein Fortschritt	**Vous avancez dans votre travail? – Oui, nous faisons des progrès.** Kommt ihr voran mit eurer Arbeit? – Ja, wir machen Fortschritte.
2 un **désert** [ɛ̃dezɛʀ]	eine Wüste	englisch: **desert** Nicht verwechseln mit **un dessert** [ɛ̃desɛʀ] (ein Nachtisch).
un **plan** [ɛ̃plɑ̃]	ein Plan; *(hier)* eine (Kamera-)Einstellung	
le **premier plan** [ləpʀəmjeplɑ̃]	der Vordergrund *(Bild, Foto, Film)*	**Au premier plan, on voit des filles.** Im Vordergrund sieht man Mädchen.
l'**arrière-plan** *(m.)* [laʀjɛʀplɑ̃]	der Hintergrund *(Bild, Foto, Film)*	**A l'arrière-plan, il y a une montagne.** Im Hintergrund ist ein Gebirge. 
le **Haut Atlas** [lɔotatlas]	der Hohe Atlas *(Hochgebirge in Marokko)*	
3 **faire le point** sur qc [fɛʀləpwɛ̃]	einen zusammenfassenden Überblick über etw. geben	

Station 3   Au Burkina Faso avec Amin

1 **Ouagadougou** [wagadugu]	*Hauptstadt von Burkina Faso*	
vivre [vivʀ]	leben	**Amin et ses parents vivent de l'agriculture.** Amin und seine Eltern leben vom Ackerbau. → **la vie**
❗ **vivre**: je vi**s**, tu vi**s**, il vi**t**, nous vivons, vous vivez, ils vivent; j'ai **vécu**; *Futur simple:* je viv**rai**, tu viv**ras** usw.		
Houndé [unde]	*Stadt in Burkina Faso*	
une **case** [ynkaz]	eine Hütte	**La famille d'Amin habite dans une case.** Amins Familie wohnt in einer Hütte.
un **village** [ɛ̃vilaʒ]	ein Dorf	→ **une ville** (eine Stadt); englisch: **village**
un **point d'eau** [ɛ̃pwɛdo]	eine Wasserstelle; *(hier)* eine Zapfstelle für Trinkwasser	**Nous allons chercher l'eau à un point d'eau.** Das Wasser holen wir an einer Zapfstelle.
un **manque** [ɛ̃mɑ̃k]	ein Mangel	**Beaucoup de villages manquent d'eau. Le manque d'eau est un grave problème.** Vielen Dörfern fehlt es an Wasser. Der Wassermangel ist ein schwerwiegendes Problem. → **manquer de qc** (fehlen, an etwas mangeln)
un **progrès** [ɛ̃pʀɔgʀɛ]	ein Fortschritt	**Vous avancez dans votre travail? – Oui, nous faisons des progrès.** Kommt ihr voran mit eurer Arbeit? – Ja, wir machen Fortschritte.
cultiver qc [kyltive]	etw. anbauen	**Au Burkina Faso, on cultive du coton.** In Burkina Faso baut man Baumwolle an.
le **coton** [ləkɔtɔ̃]	die Baumwolle	englisch: **cotton**

un **producteur**/une **productrice** [ɛ̃pʀɔdyktœʀ/ynpʀɔdyktʀis]	ein Produzent/eine Produzentin	**Le Burkina Faso est le premier producteur de coton en Afrique de l'Ouest.** Burkina Faso ist der größte Baumwollproduzent in Westafrika.
une **école primaire** [ynekɔlpʀimɛʀ]	eine Grundschule	
une **comédie** [ynkɔmedi]	eine Komödie	englisch: **comedy**
le **FESPACO** (Festival panafricain du cinéma et de la télévision de Ouagadougou) [ləfɛspako]	afrikanisches Filmfestival	
un **conte** [ɛ̃kɔ̃t]	ein Märchen	→ ra**cont**er
une **bande** [ynbɑ̃d]	eine Bande, eine Clique	une **bande de jeunes** = eine Clique von Jugendlichen
quotidien/quotidienne [kɔtidjɛ̃/kɔtidjɛn]	täglich	**Leur vie quotidienne est faite de petits vols et de petits boulots.** Ihr Alltag(sleben) besteht aus kleinen Diebstählen und Gelegenheitsjobs.
l'**optimisme** (m.) [lɔptimism]	der Optimismus	**Ils sont pleins d'optimisme.** Sie sind voller Optimismus.
le **système «D»** (fam.) [ləsistɛmde]	ein Kniff, ein Trick (die Kunst, sich zu helfen zu wissen)	**«D»** = savoir se **d**ébrouiller
remplacer qc [ʀɑ̃plase]	etw. ersetzen	**Leurs idées remplacent l'argent qui manque souvent.** Ihr Ideenreichtum ersetzt das Geld, das oft fehlt. → une **place** (ein Platz); englisch: **to replace**
2 une **frontière** [ynfʀɔ̃tjɛʀ]	eine Grenze	**Le Burkina Faso a une frontière avec la Côte d'Ivoire.** Burkina Faso hat eine Grenze zur Elfenbeinküste.
une **rivière** [ynʀivjɛʀ]	ein Fluss	englisch: **river** 

> 🇫🇷 **Vis-à-vis**
>
> Un **fleuve** mündet immer ins Meer.
> Une **rivière** mündet in einen anderen Fluss.

l'**économie** (f.) [lekɔnɔmi]	die Wirtschaft	**L'économie:** l'industrie, l'agriculture, le commerce, les transports, les entreprises, …

Station 4   En Nouvelle-Calédonie avec Arii

1 **Nouméa** [numea]	größte Stadt der neukaledonischen Inselgruppe	
un **archipel** [ɛ̃naʀʃipɛl]	ein Archipel, eine Inselgruppe	**Un archipel est un groupe d'îles.** Ein Archipel ist eine Inselgruppe.
rare/rare [ʀaʀ]	selten	**Pendant l'hiver, les pluies sont rares et il fait rarement froid.** Im Winter gibt es selten Regen und es ist selten kalt.
un **loisir** [ɛ̃lwaziʀ]	eine Freizeitbeschäftigung/ ein Hobby („les loisirs" bedeutet auch „die Freizeit")	

une **randonnée** [ynʀɑ̃dɔne]	eine Wanderung	**Je fais souvent du surf ou de la rando en vélo.** Ich gehe oft Surfen oder mache Radtouren. Abkürzung: **une rando** (fam.) 
une **pièce** (de théâtre) [ynpjɛs]	ein (Theater-)Stück	**Les acteurs jouent une pièce.** Die Schauspieler spielen ein Stück. **Une pièce** bedeutet auch „ein Zimmer".
un **centre** [ɛ̃sɑ̃tʀ]	ein Zentrum, eine Mitte, ein Mittelpunkt	englisch: **centre**, amerikanisch: **center**
le **centre culturel Tjibaou** [ləsɑ̃tʀkyltyʀɛltʃibau]	*Zentrum für die Kultur der Kanak in Noumea, Neu-Kaledonien*	
vouloir dire [vulwaʀdiʀ]	bedeuten, heißen, meinen	**Qu'est-ce que ça veut dire?** Was heißt das?
libre/libre [libʀ]	frei	**Kanak, ça veut dire «homme libre».** Kanak bedeutet „freier Mensch".
compter qc [kɔ̃te]	etw. zählen	Aussprache: Das „**p**" in **compter** spricht man nicht.
alors que [alɔʀkə]	wohingegen, während, dagegen	**Là-bas, il fait chaud alors qu'ici, il fait froid.** Dort ist es warm, hier dagegen ist es kalt.
occidental/occidentale occidentaux/occidentales [ɔksidɑ̃tal/ɔksidɑ̃to]	abendländisch, westlich	**la culture occidentale** ≠ **la culture orientale** **Les pays occidentaux** ≠ **les pays orientaux**
un **individu** [ɛ̃nɛ̃dividy]	ein Individuum, eine einzelne Person	**Qu'est-ce qui est plus important: l'individu ou le groupe?** Was ist wichtiger: der Einzelne oder die Gruppe?
une **exploitation** [ynɛksplwatasjɔ̃]	Nutzung, Abbau	**l'exploitation du nickel** = der Nickelabbau
le **nickel** [lənikɛl]	das Nickel	**Il faut du nickel pour fabriquer par exemple des portables.** Man braucht Nickel um z. B. Mobiltelefone herzustellen.
polluer qc [pɔlɥe]	etw. verschmutzen	**L'exploitation du nickel pollue la nature.** Der Nickelabbau verschmutzt die Natur.
2 **former** qc [fɔʀme]	etw. formen, bilden	→ **une forme** (eine Form), **une formation** (eine Ausbildung)
une **rivière** [ynʀivjɛʀ]	ein Fluss	**Le Cher est une rivière, la Loire est un fleuve.**
faire le point sur qc [fɛʀləpwɛ̃]	einen zusammenfassenden Überblick über etw. geben	

AUF EINEN BLICK

Parler d'un pays   Über ein Land sprechen

	au sud/au nord/ à l'est/à l'ouest de	im Süden/Norden/ Osten/Westen von	**une rivière**	ein Fluss (der in einen See oder Fluss mündet)
	une frontière	*eine Grenze*	**un lac**	ein See
	une capitale	eine Hauptstadt	**une île**	eine Insel
la géographie et la nature	**un(e) habitant(e)**	ein(e) Einwohner(in)	**une montagne**	ein Berg/Gebirge
	une ville	eine Stadt	**une forêt**	ein Wald
	un village	ein Dorf	**un désert**	eine Wüste
	un paysage	eine Landschaft	*polluer qc*	*etw. verschmutzen*
	un fleuve	ein Fluss (der ins Meer mündet)	**les plantes** (f.)	die Pflanzen
			un animal/des animaux	ein Tier/Tiere

la culture	les langues *(f.)*	die Sprachen	les fêtes *(f.)*	die Feste
	l'histoire *(f.)*	die Geschichte	la littérature	die Literatur
	l'art *(m.)*	die Kunst	la musique	die Musik
	le cinéma	das Kino	les monuments *(m.)*	die Denkmäler
l'administration	l'administration *(f.)*	die Verwaltung	un territoire	ein Territorium
	un Etat	ein Staat	faire partie de	gehören zu
	une province	eine Provinz	être indépendant(e)	unabhängig sein
l'économie	être producteur de …	Produzent von … sein	l'industrie *(f.)*	die Industrie
	cultiver qc	etw. anbauen	le commerce	der Handel
	fabriquer qc	etw. herstellen	l'agriculture *(f.)*	die Landwirtschaft
			l'exploitation *(f.) de* (nickel)	der Abbau von (Nickel)

Les continents — Les adjectifs

l'Afrique *(f.)*	Afrika	africain/africaine
l'Asie *(f.)*	Asien	asiatique
l'Amérique du Nord *(f.)*	Nordamerika	nord-américain/nord-américaine
l'Amérique du Sud *(f.)*	Südamerika	sud-américain/sud-américaine
l'Australie *(f.)*	Australien	australien/australienne
l'Europe *(f.)*	Europa	européen/européenne
l'Océanie *(f.)*	Ozeanien	océanien/océanienne

Quelques pays — Les adjectifs

Groß: **un Français** = ein Franzose
Klein: **le français** = das Französische

l'Algérie *(f.)* [lalʒeʀi]	Algerien	algérien/algérienne
l'Allemagne *(f.)* [lalmaɲ]	Deutschland	allemand/allemande
l'Angleterre *(f.)* [lãɡlətɛʀ]	England	anglais/anglaise
l'Autriche *(f.)* [lotʀiʃ]	Österreich	autrichien/autrichienne
la Belgique [labɛlʒik]	Belgien	belge/belge
le Burkina Faso [ləbyʀkinafaso]	Burkina Faso	burkinabé/burkinabée
le Canada [ləkanada]	Kanada	canadien/canadienne
la Chine [laʃin]	China	chinois/chinoise
la Côte d'Ivoire [lakotdivwaʀ]	die Elfenbeinküste	ivoirien/ivoirienne
l'Espagne *(f.)* [lɛspaɲ]	Spanien	espagnol/espagnole
les Etats-Unis *(m.)* [lezetazyni]	die USA	américain/américaine
la France [lafʀãs]	Frankreich	français/française
la Grande-Bretagne [laɡʀãdbʀətaɲ]	Großbritannien	britannique
la Grèce [laɡʀɛs]	Griechenland	grec/grecque
la Hongrie [laõɡʀi]	Ungarn	hongrois/hongroise
l'Irlande *(f.)* [liʀlãd]	Irland	irlandais/irlandaise
l'Italie *(f.)* [litali]	Italien	italien/italienne

le Japon [ləʒapɔ̃]	Japan	japonais/japonaise
le Maroc [ləmaʀɔk]	Marokko	marocain/marocaine
la Nouvelle-Calédonie [lanuvɛlkaledɔni]	Neu-Kaledonien	néo-calédonien/néo-calédonienne
les Pays-Bas (m.) [lepeiba]	die Niederlande	néerlandais/néerlandaise/hollandais/hollandaise
la Pologne [lapɔlɔɲ]	Polen	polonais/polonaise
le Portugal [ləpɔʀtygal]	Portugal	portugais/portugaise
la Roumanie [laʀumani]	Rumänien	roumain/roumaine
la Russie [laʀysi]	Russland	russe/russe
la Suède [lasɥɛd]	Schweden	suédois/suédoise
la Suisse [lasɥis]	die Schweiz	suisse/suisse
la Tunisie [latynizi]	Tunesien	tunisien/tunisienne
la Turquie [latyʀki]	die Türkei	turc/turque

TIPP
Beim Merken einiger Wörter können dir deine Englischkenntnisse helfen. Was heißt zum Beispiel „Wissenschaft"?
englisch → science, französisch → science

Module 1   Mon petit coin de paradis!

TU TE RAPPELLES?

un concours	ein Wettbewerb	jusqu'à	bis
recevoir qc	etw. bekommen	par jour	pro Tag
gagner	gewinnen, verdienen	il y a deux mois	vor zwei Monaten
vivre	leben	juste (adv.)	nur
un nombre	eine Zahl	refaire qc	etw. noch einmal machen
environ	ungefähr	pourtant	dennoch, trotzdem
grâce à qc	durch etw./dank etw.	se dérouler	sich abspielen
plutôt	eher, vielmehr	célèbre	berühmt

un **paradis** [ɛ̃paʀadi]	ein Paradies	≠ l'**enfer** (m.)
le **Mont-Saint-Michel** [ləmɔ̃sɛ̃miʃel]	der Mont-Saint-Michel (Gemeinde mit einer berühmten Abtei, die auf einer kleinen Felsinsel an der Küste der Normandie liegt)	**au Mont-Saint-Michel** = auf dem Mont-Saint-Michel
le **MuCEM** (le Musée des Civilisations de l'Europe et la Méditerranée) [ləmysɛm]	das MuCEM (Museum in Marseille)	
un **lecteur**/une **lectrice** [ɛ̃lɛktœʀ/ynlɛktʀis]	ein Leser/eine Leserin	→ **lire** (lesen), **une lecture** (eine Lektüre)
le **talent** [lətalɑ̃]	das Talent, die Begabung	**Il faut avoir du talent pour prendre des bonnes photos.** Man braucht Talent, um gute Fotos zu machen.

un **hexagone** [ɛ̃nɛgzagɔn]	ein Sechseck	**Sur la carte, la France a la forme d'un hexagone.** Auf der Karte hat Frankreich die Form eines Sechsecks. 

⚑ Vis-à-vis

Die Umrisse Frankreichs erinnern auf der Landkarte an ein Sechseck. Mit dem Begriff **l'Hexagone** *(m.)* unterscheiden die Franzosen das französische Mutterland von den französischen Gebieten in Übersee (la France d'outre-mer).

outre-mer [utʀəmɛʀ]	Übersee-	**la** France d'outre-mer = die französischen Gebiete in Übersee → **la mer** (das Meer)
le jury [ləʒyʀi]	die Jury	
un **choix** [ɛ̃ʃwa]	eine Wahl	**Difficile de faire un choix.** Es ist schwer, eine Wahl zu treffen. → **choisir, faire un choix**
un **gagnant**/une **gagnante** [ɛ̃gaɲɑ̃/yngaɲɑ̃t]	ein Gewinner/eine Gewinnerin	→ **gagner** 
un **appareil photo** [ɛ̃napaʀɛjfɔto]	ein Fotoapparat	
numérique/numérique [nymeʀik]	digital	→ **un numéro** (eine Nummer), **un nombre** (eine Zahl)
une **revue** [ynʀəvy]	eine Zeitschrift	**les lecteurs des journaux et des revues** = die Zeitungs- und Zeitschriftenleser
Géo Ado [ʒeɔado]	*Titel einer Zeitschrift für Jugendliche*	un **ado** (un **adolescent**) = un **jeune**
une **commune** [ynkɔmyn]	eine Gemeinde, eine Kommune	**les communes = les villes et les villages** (die Städte und Dörfer)
A1 un **centre** [ɛ̃sɑ̃tʀ]	ein Zentrum, eine Mitte, ein Mittelpunkt	englisch: **centre,** amerikanisch: **center**
une **usine** [ynyzin]	eine Fabrik	**Un grand nombre de personnes gagnent leur vie dans des usines.** Viele Menschen verdienen ihren Lebensunterhalt in Fabriken. 
Michelin [miʃlɛ̃]	*französischer Reifenhersteller mit Sitz in Clermont-Ferrand*	
un **pneu** [ɛ̃pnø]	ein Reifen	**Chez** *Michelin*, **on fabrique des pneus.** Bei *Michelin* werden Reifen hergestellt.
une **production** [ynpʀɔdyksjɔ̃]	eine Produktion	
le Massif central [ləmasifsɑ̃tʀal]	das Zentralmassiv *(Gebirge in Zentralfrankreich)*	**dans le Massif central** = im Zentralmassiv

le puy de Dôme [ləpɥidədom]	*Berg im Zentralmassiv*	**au puy de Dôme** = auf dem Puy de Dôme	

Der **Puy de Dôme** (1465 m) ist einer von mehreren erloschenen Vulkanen im Zentralmassiv. Da diese Berge wie an einer Kette aufgereiht erscheinen, spricht man auch von „**la chaîne des Puys**" (la chaîne = die Kette).

se former [səfɔʀme]	sich bilden, entstehen	**Ces volcans se sont formés il y a 20 millions d'années.** Diese Vulkane sind vor 20 Millionen Jahren entstanden.
un cratère [ɛ̃kʀatɛʀ]	ein Krater	**Ce qui en reste, ce sont des cratères.** Was noch davon übrig ist, sind Krater.
la terre [latɛʀ]	die Erde	
une station thermale [ynstasjɔ̃tɛʀmal]	ein (Bade-)Kurort	

B1

Clermont-Ferrand [klɛʀmɔ̃fɛʀɑ̃]	*größte Stadt in der Auvergne*	→ **visiter qc** (etw. besuchen, besichtigen)
un visiteur/une visiteuse [ɛ̃vizitœʀ/ynvizitøz]	ein Besucher/eine Besucherin	
un lieu/des **lieux** [ɛ̃ljø/deljø]	ein Ort	**un lieu** = un endroit; **avoir lieu** = stattfinden
une construction [ynkɔ̃stʀyksjɔ̃]	ein Aufbau, Bauen	**la construction d'une église** = der Bau einer Kirche
un rocher [ɛ̃ʀɔʃe]	ein Fels/Felsen	englisch: **rock**
une baie [ynbɛ]	eine Bucht	Sprich es wie mit einem **ä**. Englisch: **bay**
une abbaye [ynabei]	eine Abtei	Sprich **e** und **i** getrennt voneinander aus: **abe-i**
se promener [səpʀɔmne]	spazieren gehen	**Je me promène dans les petites rues le soir.** Ich gehe abends in den kleinen Straßen spazieren. → **faire une promenade**

! **se promener**: je **me** promène, tu **te** promènes, il **se** promène, nous **nous** promenons, vous **vous** promenez, ils **se** promènent; je me **suis** promené(e); *Futur simple*: je me prom**è**nerai, tu te prom**è**neras usw.

ou bien [ubjɛ̃]	oder aber	
touristique/touristique [tuʀistik]	touristisch	→ **un/une touriste, le tourisme**
plein de … [plɛ̃də]	viel/viele; jede Menge	**plein** = voll
le kitsch [ləkitʃ]	der Kitsch	**plein de trucs kitsch** = jede Menge Kitsch
qui est-ce qui … ? [kiɛski]	wer … ? *(Fragepronomen, Subjekt ist eine Person)*	**Qui est-ce qui achète ça?** Wer kauft denn das?
une galette [yngalɛt]	*(hier)* ein Keks	**des galettes au beurre** = Butterkekse
qu'est-ce qui …? [kɛski]	was … ? *(Fragepronomen, Subjekt ist eine Sache)*	**Qu'est-ce qui est dangereux?** Was ist gefährlich?
la marée [lamaʀe]	die Gezeiten *(pl.)*	→ **la mer**
la marée basse [lamaʀebas]	die Ebbe	**A marée basse** = bei Ebbe
la marée haute [lamaʀeot]	die Flut	**A marée haute, l'eau monte.** Bei Flut steigt das Wasser.
un panneau [ɛ̃pano]	ein Schild, Hinweisschild	**Il faut lire les panneaux.** Man muss lesen, was auf den Schildern steht.
qui est-ce que …? [kiɛskə]	wen …?	**Qui est-ce que tu attends?** Auf wen wartest du?

imprudent/imprudente [ɛ̃pʀydɑ̃/ɛ̃pʀydɑ̃t]	unvorsichtig	**prudent** = vorsichtig die Vorsilbe **im-** bezeichnet hier das Gegenteil, wie bei **possible – impossible**. 
un coquillage [ɛ̃kɔkijaʒ]	eine Muschel	
ramasser qc [ʀamase]	etw. aufheben, etw. einsammeln	**Sur la plage, on peut ramasser des coquillages.** Am Strand kann man Muscheln sammeln.
la Méditerranée [lamediteʀane]	das Mittelmeer	**au bord de la Méditerranée** = am Mittelmeer
un culte [ɛ̃kylt]	ein Kult	**un film culte, une série culte** = ein Kultfilm, eine Kultserie
exister [ɛgziste]	existieren/geben	**La ville de Marseille existe depuis l'an 600 av. J.-C.** Die Stadt Marseille gibt es seit dem Jahr 600 v. Chr.
Jésus-Christ [ʒezykʀi]	Jesus Christus	Achte auf die Aussprache!

C1 (appears beside la Méditerranée)

⚠ **av. J.-C.** [avɑ̃ʒise]: Abkürzung für „avant Jésus-Christ"; deutsch: v. Chr. (vor Christus)		
un port [ɛ̃pɔʀ]	ein Hafen	**Dans le port de Marseille, il y a beaucoup de bateaux.** Im Hafen von Marseille gibt es viele Schiffe.
multiculturel/multi-culturelle [myltikyltyʀɛl]	multikulturell	
absolument (adv.) [apsɔlymɑ̃]	absolut, unbedingt (Adv.)	**Que faut-il voir absolument?** Was muss man unbedingt ansehen?
la Canebière [lakanbjɛʀ]	*Prachtstraße in Marseille*	
long de/longue de 1 km [lɔ̃də/lɔ̃gdə]	1 km lang	**La Canebière est une avenue longue d'un kilomètre.** Die Canebière ist eine 1 km lange Avenue.
le château d'If [ləʃatodif]	*Festung auf einer kleinen Insel vor Marseille*	

🇫🇷 **Vis-à-vis**

Das **Château d'If** diente zuerst als Verteidigungsanlage und später als Gefängnis. Berühmt wurde die Festung als einer der Handlungsorte des Romans *Der Graf von Monte Christo* von Alexandre Dumas.

C6

une grotte [yngʀɔt]	eine Höhle	
la grotte Cosquer [lagʀɔtkɔskɛʀ]	*Höhle in der Nähe von Marseille*	
la peinture [lapɛ̃tyʀ]	die Malerei; *(hier)* die Felszeichnung	

> Sieh' dir auch noch einmal das Dico personnel S. 167 an.

AUF EINEN BLICK

Présenter une ville/une région So kannst du eine Stadt/eine Region vorstellen.

pour commencer	**Je voudrais vous présenter …**	Ich möchte euch/Ihnen … vorstellen.
	Est-ce que vous êtes déjà allé(e)/s à/en …?	Seid ihr/Sind Sie schon einmal in … gewesen?
	Connaissez-vous …?	Kennt ihr …/Kennen Sie … ?
	Savez-vous que …?	Wisst ihr, dass …/Wissen Sie, dass … ?

→

la situation géographique	C'est près de …	Es ist nahe bei …
	C'est à côté de …	Es ist neben …
	C'est au nord/sud/à l'est/à l'ouest de …	Es ist nördlich/südlich/östlich/westlich von …
	C'est à 35 kilomètres de …	Es ist 35 Kilometer entfernt von …
	C'est au bord d'un lac/d'un fleuve.	Es liegt an einem See/einem Fluss.
ce qui est connu	La région/La ville est connue pour …	Die Gegend/die Stadt ist bekannt für …
	Ils sont connus dans le monde entier.	Sie sind in der ganzen Welt bekannt.
	Elles sont connues dans le monde entier.	Sie sind in der ganzen Welt bekannt.
	C'est ici qu'il y a …	Hier gibt es …
	Ce qui est typique, c'est …	Typisch ist …
ce qu'on peut y faire	Ce qu'il faut faire absolument, c'est …	Was man unbedingt machen muss, das ist …
	Ce qui est intéressant à voir, c'est …	Was interessant zu sehen ist, das ist …
	Le plus intéressant, c'est …	Das Interessanteste ist …
	On peut y découvrir …	Man kann dort … entdecken.
	On peut y faire du/de la/de l'…	Man kann dort … machen.
	Vous pouvez faire un tour à …	Ihr könnt/Sie können einen Ausflug nach … machen.

Module 2   Engagez-vous!

TIPP

Lerne immer die **Verben mit ihren Ergänzungen!** Also z. B. *décider de faire qc* (entscheiden, etw. zu tun). Das hilft dir dabei, die Wörter richtig anzuwenden.

TU TE RAPPELLES?

s'occuper de qn	sich um jdn. kümmern	gratuit/gratuite	kostenlos
un évènement	ein Ereignis	un succès	ein Erfolg
rater qc *(fam.)*	etw. verpassen	respecter qn	jdn. achten, respektieren
parmi les élèves	unter den Schülern	le droit	das Recht
dur/dure	hart; schwierig	juste *(adj.)*	gerecht
participer à qc	an etw. teilnehmen		

s'engager pour qc [sãgaʒe]	sich für etw. einsetzen	**Ma sœur s'engage pour un projet écologique.** Meine Schwester engagiert sich für ein ökologisches Projekt.
les Enfoirés [lezãfwaʀe]	Name einer Veranstaltungsreihe und einer Gruppe französischer Prominenter, die zugunsten der Organisation *Les Restos du Cœur* auftreten.	**Vis-à-vis** Zu Entstehung des Namens „Les Enfoirés" wird folgende Geschichte erzählt: Als Coluche bei Künstlern anfragte, ob sie zugunsten der Restos du Cœur unentgeltlich auftreten würden, lehnten einige zunächst ab. Coluche antwortete: „Vous êtes vraiment une bande d'enfoirés". („Ihr seid echt ein Haufen Arschlöcher.")
au profit de [opʀɔfidə]	zugunsten von	**Ce sont des concerts au profit des Restos du Cœur.** Es sind Konzerte zugunsten der Restos du Cœur.
une association [ynasɔsjasjɔ̃]	ein Verein, ein Zusammenschluss	
défavorisé/défavorisée [defavɔʀize]	benachteiligt	**des gens défavorisés** = benachteiligte Menschen
médiatique/médiatique [medjatik]	medienwirksam; Medien-	**C'est un évènement médiatique à ne pas rater.** Es ist ein Medienereignis, das man nicht verpassen sollte.

A1

mobiliser qn [mɔbilize]	jemanden mobilisieren (*jemanden dazu bewegen, sich einzusetzen*)	
une chaîne de télévision [ynʃɛndətelevizjɔ̃]	ein Fernsehsender	**La ZDF est une chaîne de télévision allemande.** Das ZDF ist ein deutscher Fernsehsender.
national/nationale [nasjɔnal]	national, staatlich; (*hier*) landesweit	
public/publique [pyblik]	öffentlich	**une chaîne publique** = ein öffentlich-rechtlicher Sender
privé/privée [pʀive]	privat	**une chaîne privée** = ein privater Sender
franco-allemand/franco-allemande [fʀɑ̃koalmɑ̃/ fʀɑ̃koalmɑ̃d]	deutsch-französisch	**Arte est une chaîne franco-allemande.** Arte ist ein deutsch-französischer Sender.
une émission [ynemisjɔ̃]	eine Fernsehsendung	**J'ai regardé une émission sur le Québec.** Ich habe eine Sendung über Quebec gesehen.
culturel/culturelle [kyltyʀɛl]	Kultur-	
l'actualité (*f.*) [laktɥalite]	das Tagesgeschehen	**Je ne m'intéresse pas trop à l'actualité.** Ich interessiere mich nicht so sehr für das Tagesgeschehen.
libre/libre [libʀ]	frei	**Une radio libre est une radio indépendante qui ne veut pas gagner d'argent.** Ein freier Radiosender ist ein unabhängiger Sender, der kein Geld verdienen möchte.
la presse [lapʀɛs]	die Presse	**La presse écrite, ce sont les journaux et les magazines.** Die Presse, das sind die Zeitungen und Zeitschriften. (die journalistischen Printmedien)
un quotidien [œ̃kɔtidjɛ̃]	eine Tageszeitung	**Un quotidien est un journal qui sort tous les jours.** Eine Tageszeitung ist eine Zeitung, die jeden Tag erscheint.
un magazine [œ̃magazin]	eine Zeitschrift	Nicht verwechseln: **un magasin** ein Laden
traiter de qc [tʀete]	sich mit etw. befassen; etw. behandeln	**Le Nouvel Observateur est un magazine qui traite des grandes questions de société.** Der Nouvel Observateur ist eine Zeitschrift, die sich mit den großen gesellschaftlichen Fragen befasst.
la société [lasɔsjete]	die Gesellschaft	englisch: **society**
s'adresser à qn [sadʀese]	sich an jemanden richten, sich an jemanden wenden	**Ce magazine s'adresse aux jeunes.** Diese Zeitschrift richtet sich an Jugendliche.

AUF EINEN BLICK

Les médias Fernsehen, Radio, Presse und mehr

Tous ces médias sont aussi présents sur **Internet**!

des chaînes de télévision

France 2 [fʀɑ̃sdø]	Hauptsender der öffentlich-rechtlichen Fernsehanstalt *France Télévisions*
TF1 [teɛfɛ̃]	landesweiter privater Fernsehsender
Canal + [kanalplys]	kostenpflichtiger privater Fernsehsender
ARTE [aʀte]	deutsch-französischer Fernsehsender

des stations de radio

France Inter [fʀɑ̃sɛ̃tɛʀ]	landesweiter öffentlich-rechtlicher Radiosender; Nachrichten und Musik
NRJ [enɛʀʒi]	(*Nouvelle Radio Jeunesse*) größtes privates Radiounternehmen; Musik, Kurznachrichten
Radio Méga [ʀadjomega]	einer der vielen lokalen Radiosender (Valence)

la presse écrite

Le Monde [ləmɔ̃d]	wichtige französische Tageszeitung
Le Figaro [ləfigaʀo]	wichtige französische Tageszeitung
L'Equipe [lekip]	täglich erscheinende Sportzeitung
Le Nouvel Observateur [lənuvɛlɔpsɛʀvatœʀ]	wöchentlich erscheinendes Nachrichtenmagazin
Science et Vie Junior [sjɑ̃seviʒynjɔʀ]	monatlich erscheinendes Wissensmagazin für Jugendliche

A3

un humoriste/une humoriste [ɛ̃nymɔʀist/ynymɔʀist]	ein Humorist/eine Humoristin; ein Komiker/eine Komikerin	→ **l'humour**
inoubliable/inoubliable [inubljabl]	unvergesslich	→ **oublier**
le milieu [ləmiljø]	das Milieu, das Umfeld	**Coluche venait d'un milieu défavorisé.** Coluche kam aus einem benachteiligten Umfeld.
l'humour (*m.*) [lymuʀ]	der Humor	**Il décrivait son milieu avec humour.** Er beschrieb sein Milieu mit Humor.
entre autres [ɑ̃tʀotʀ]	unter anderem	
avoir besoin de qc [avwaʀbəzwɛ̃]	etw. brauchen	**J'ai besoin de quelque chose à manger. J'en ai besoin maintenant.** Ich brauche etwas zu essen. Ich brauche es jetzt.
comme [kɔm]	da, weil	**Comme pour Coluche, rien n'est impossible, il s'adresse à …** Da für Coluche nichts unmöglich ist, wendet er sich an …
impossible/impossible [ɛ̃pɔsibl]	unmöglich	**Rien n'est impossible.** Nichts ist unmöglich. englisch: **impossible**
inattendu/inattendue [inatɑ̃dy]	unerwartet	→ **attendre**; ≠ **attendu**
le public [ləpyblik]	das Publikum/die Öffentlichkeit	→ **public/publique** (*adj.*): öffentlich
par cœur [paʀkœʀ]	auswendig	**apprendre/connaître qc par cœur** etw. auswendig lernen/kennen

une cinquantaine de [ynsɛ̃kãtɛn]	um die fünfzig	**cinquante** = fünfzig

> **!** une **dizaine**: um die zehn
> une **vingtaine**: um die zwanzig
> une **trentaine**: um die dreißig …

bénévole/bénévole [benevɔl]	ehrenamtlich, unentgeltlich	**Les Enfoirés sont une association bénévole. Les artistes travaillent bénévolement** *(adv.)*. Die Enfoirés sind eine ehrenamtliche Vereinigung. Die Künstler arbeiten unentgeltlich (= ohne Geld zu verdienen).
une scène [ynsɛn]	eine Szene; *(hier)* eine Bühne	**monter sur scène** = auftreten, einen Bühnenauftritt haben
un rendez-vous [ɛ̃rãdevu]	eine Verabredung/ein Treffen	**être au rendez-vous** = dabei sein, sich nicht lange bitten lassen
un spectateur/ une spectatrice [ɛ̃spɛktatœr/ynspɛktatris]	ein Zuschauer/eine Zuschauerin	→ **un spectacle**

une diffusion [yndifyzjɔ̃]	eine Verbreitung; Ausstrahlung	**la diffusion du concert** = die Ausstrahlung des Konzerts
un accident [ɛ̃naksidã]	ein Unfall	**Coluche est mort dans un accident.** Coluche kam bei einem Unfall ums Leben. englisch: **an accident**
un engagement [ɛ̃nãgaʒmã]	ein Engagement; ein Einsatz	→ **s'engager (pour qc)**
une aide [ynɛd]	eine Hilfe, eine Unterstützung	**Ils ont besoin d'aide.** Sie brauchen Hilfe. → **aider qn** (jdm. helfen)

B1 **égal/égale/égaux/égales** [egal/ego/egal]	gleich	**On est tous égaux en droits.** Wir sind alle gleichberechtigt.
une discrimination [yndiskriminasjɔ̃]	eine Diskriminierung, ungerechte Behandlung	
B2 **s'indigner** de qc [sɛ̃diɲe]	sich empören über etw.	⟺ Aussprache: **-gn-** wie bei **gagner**
un diplomate/une diplomate [ɛ̃diplɔmat/yndiplɔmat]	ein Diplomat/eine Diplomatin	
un écrivain/une femme écrivain [ɛ̃nekrivɛ̃/ynfamekrivɛ̃]	ein Schriftsteller/eine Schriftstellerin	→ **écrire**
un thème [ɛ̃tɛm]	ein Thema	**C'est un thème qui m'intéresse.** Das ist ein Thema, das mich interessiert.
justifier qc [ʒystifje]	etw. rechtfertigen, begründen	**Justifiez votre réponse.** Begründet eure Antwort. → **juste**: gerecht
une indignation [ynɛ̃diɲasjɔ̃]	eine Empörung	→ **s'indigner** (sich empören)
un traitement [ɛ̃trɛtmã]	eine Behandlung	→ **traiter**
un immigré/une immigrée [ɛ̃nimigre/ynimigre]	ein Einwanderer/eine Einwanderin	englisch: **an immigrant**

un/une **sans-papiers**
[ɛ̃/ynsɑ̃papje]

eine Person ohne Papiere/
ein Illegaler

Vis-à-vis

Als **sans-papiers** bezeichnet man in Frankreich die-
jenigen Einwanderer, die keine Aufenthaltsgenehmi-
gung besitzen. Sie können weder eine legale Arbeit
annehmen noch staatliche Hilfe beanspruchen.

**Pour un sans-papiers, il est presque impossible de trou-
ver un travail ou un appartement.**
Für eine Person ohne Papiere ist es fast unmöglich, eine
Arbeit oder eine Wohnung zu finden.

MON DICO PERSONNEL

S'engager pour une bonne cause   Sich für einen guten Zweck einsetzen

les problèmes

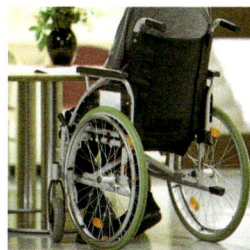

les catastrophes (f.)	(Natur)Katastrophen
la discrimination	die Diskriminierung
la toxicomanie	die Drogensucht
la dépendance	die Abhängigkeit
l'injustice (f.)	die Ungerechtigkeit
le racisme	der Rassismus
la violence	die Gewalt
le harcèlement moral [ləaʀsɛlmɑ̃mɔʀal]	das Mobbing
abandonner qn	jdn. verlassen
être abandonné(e)	verlassen sein
la solitude	die Einsamkeit
être handicapé(e) [ɑ̃dikape]	behindert sein
être sans domicile fixe (être SDF)	obdachlos sein
être défavorisé(e)	benachteiligt sein
être pauvre	arm sein
l'indifférence (f.)	die Gleichgültigkeit
être indifférent(e)	gleichgültig sein

ce qu'il faut
ce qu'on peut faire

aider qn	jdm. helfen
parler de qc	über etw. sprechen
faire qc au profit de qn	etw. zugunsten von jdm. tun
respecter qn	jdn. achten/respektieren
le respect [ləʀɛspɛ]	der Respekt
l'égalité (f.) **des chances**	die Chancengleichheit
demander de l'aide	um Hilfe bitten
informer qn	jdn. informieren
adopter qn/qc	jdn./etw. adoptieren
s'occuper de qn/qc	sich um jdn./etw. kümmern
participer à qc	an etw. teilnehmen
organiser qc	etw. organisieren
prendre l'initiative (f.) de faire qc	die Initiative ergreifen
lancer un appel à qn	einen Aufruf an jdn. richten
collecter de l'argent	Geld sammeln
offrir qc à qn	jdm. etw. schenken/anbieten
s'engager pour qc	sich für etw. einsetzen/engagieren
s'indigner de qc	sich über etw. empören
mobiliser qn	jdn. mobilisieren

Module 3   Un sésame pour le stage

TIPP

Lerne Vokabeln **konzentriert** für **10 Minuten**. Mache dann etwas anderes. Lerne später noch einmal für 10 Minuten.

TU TE RAPPELLES?

un métier	ein Beruf	s'informer sur qc	sich über etw. informieren
un travail	eine Arbeit	avoir le droit de faire qc	etw. tun dürfen
un boulot	ein Job	découvrir qc	etw. entdecken
une formation	eine Ausbildung	apprendre à faire qc	lernen, etw. zu tun
une entreprise	ein Unternehmen	envoyer qc à qn	jdm. etw. schicken
s'occuper de qn/qc	sich um jdn./etw. kümmern	utiliser qc	etw. benutzen
		Si tu veux.	Wenn du willst.

un **sésame** [ɛ̃sezam]	*(hier)* eine Zauberformel	**Sésame, ouvre-toi!** Sesam, öffne dich!
une **observation** [ynɔpsɛrvasjɔ̃]	eine Beobachtung	englisch: **observation**
obligatoire/obligatoire [ɔbligatwaʀ]	Pflicht-; obligatorisch	**Ce stage est obligatoire.** Das ist ein Pflichtpraktikum.
durer [dyʀe]	dauern	**Ça dure une semaine.** Es dauert eine Woche.
à l'étranger [aletʀɑ̃ʒe]	im Ausland	
un **conseiller d'orientation** [ɛ̃kɔ̃sejedɔʀjɑ̃tasjɔ̃]	ein Berater für die berufliche Bildung	
un **rapport** [ɛ̃ʀapɔʀ]	ein Bericht	**un rapport de stage** = ein Praktikumsbericht
une **maison d'édition** [ynmɛzɔ̃dedisjɔ̃]	ein Verlag	
une **candidature** [ynkɑ̃didatyʀ]	eine Bewerbung	**poser sa candidature** = sich bewerben
une **lettre de candidature** [ynlɛtʀdəkɑ̃didatyʀ]	ein Bewerbungsschreiben	
joindre qc [ʒwɛ̃dʀ]	etw. zusammenfügen; *(hier)* etw. beifügen	**A sa lettre de candidature, Stéphane a joint son CV.** Seinem Bewerbungsschreiben hat Stéphane seinen Lebenslauf beigefügt.
un **CV** [ɛ̃seve]	ein Lebenslauf	Abkürzung für **un curriculum vitae** [ɛ̃kyʀikylɔmvite]
par cœur [paʀkœʀ]	auswendig	**apprendre/connaître qc par cœur** etw. auswendig lernen/kennen
A1 la **biologie** [labjɔlɔʒi]	die Biologie	**La biologie est la science de la vie.** Die Biologie ist die Wissenschaft vom Leben.
professionnel/professionnelle [pʀɔfɛsjɔnɛl]	beruflich; Berufs-	**l'orientation professionnelle:** die berufliche Orientierung
atteindre qc [atɛ̃dʀ]	etw. erreichen	Nicht verwechseln mit **attendre** (warten)!

> ! **atteindre**: j'atteins, tu atteins, il/elle/on atteint, nous atteignons, vous atteignez, ils/elles atteignent; *Passé composé:* j'ai atteint; *Imparfait:* j'atteignais; *Futur simple:* j'atteindrai

un **objectif** [ɛ̃nɔbʒɛktif]	ein Ziel	**atteindre ses objectifs** = seine Ziele erreichen
un **choix** [ɛ̃ʃwa]	eine Wahl, eine Auswahl	**faire le bon choix** = die richtige Wahl treffen
un **sondage** [ɛ̃sɔ̃daʒ]	eine Umfrage	
A3 le **baby-sitting** [ləbebisitiŋ]	das Babysitting	

distribuer qc [distʁibɥe]	etw. verteilen	**distribuer des journaux** = Zeitungen austragen
le fastfood [ləfastfud]	Fastfood	
les vendanges *(f.)* [levãdãʒ]	die Weinlese	**faire les vendanges** = Trauben lesen; bei der Weinlese helfen

la responsabilité [laʁɛspõsabilite]	die Verantwortung	**Quelles sont mes responsabilités?** Wofür bin ich zuständig?
compétent/compétente [kõpetã/kõpetãt]	kompetent; fähig	

A 4

se plaindre [səplɛ̃dʁ]	sich beschweren, beklagen	**Susie se plaint.** Susie beklagt sich.

! **se plaindre:** je me plains, tu te plains, il/elle/on se plaint, nous nous plaig**n**ons, vous vous plaig**n**ez, ils/elles se plaig**n**ent; *Passé composé:* je me suis plaint; *Imparfait:* je me plaig**n**ais; *Futur simple:* je me plaindrai

craindre qc [kʁɛ̃dʁ]	etw. (be)fürchten	**Elle ne craint pas le travail.** Sie fürchtet sich nicht vor der Arbeit.

! **craindre** wird konjugiert wie **atteindre:** je crains, nous craig**n**ons; *Passé composé:* j'ai craint; *Imparfait:* je craig**n**ais; *Futur simple:* je craindrai

un bébé [ɛ̃bebe]	ein Baby, ein Säugling	
se coucher [səkuʃe]	zu Bett gehen; sich hinlegen	**A quelle heure vous vous couchez?** Wann geht ihr zu Bett?
un genre [ɛ̃ʒãʁ]	eine Art	**ce genre de questions** = diese Art von Fragen
déclarer qc [deklaʁe]	etw. erklären; ankündigen	**Jules déclare qu'il ne veut plus aller à l'école.** Jules erklärt, dass er nicht mehr in die Schule gehen will.
éteindre qc [etɛ̃dʁ]	etw. ausschalten	

! **éteindre** wird konjugiert wie **atteindre:** j'éteins, nous éteig**n**ons; *Passé composé:* j'ai éteint; *Imparfait:* j'éteig**n**ais; *Futur simple:* j'éteindrai

la lumière [lalymjɛʁ]	das Licht	**Susie a éteint la lumière.** Susie hat das Licht ausgeschaltet.
promettre qc à qn [pʁɔmɛtʁ]	jdm. etw. versprechen	**Tu l'as promis!** Du hast es versprochen!
une émission [ynemisjõ]	eine Fernsehsendung	**J'ai regardé une émission à la télé.** Ich habe eine Sendung im Fernsehen gesehen.

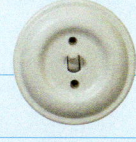

allumer qc [alyme]	etw. anschalten, anzünden	**allumer** (anschalten) ≠ **éteindre** (ausschalten)
pleurer [plœʁe]	weinen	**Greta se met à pleurer.** Greta beginnt zu weinen.
fouiller [fuje]	wühlen; suchen	
un placard [ɛ̃plakaʁ]	ein Schrank, Wandschrank	**Susie fouille dans le placard.** Susie wühlt im Schrank.
profiter de qc [pʁɔfite]	etw. nutzen	**Elle profite d'une pause pour téléphoner à sa mère.** Sie nutzt eine Pause, um mit ihrer Mutter zu telefonieren.
mettre qn **au monde** [mɛtʁomõd]	jdn. auf die Welt bringen, in die Welt setzen	

insupportable/insup-portable [ɛ̃sypɔʁtabl]	unerträglich	
accourir [akuʁiʁ]	herbeilaufen	→ **courir**

un **principe** [ɛ̃pʀɛ̃sip]	ein Prinzip, ein Grundsatz	**C'est contre mes principes.** Das ist gegen meine Grundsätze!
appliquer qc [aplike]	etw. anwenden	
une **guerre** [ynɡɛʀ]	ein Krieg	**déclarer la guerre à qn** = jdm. den Krieg erklären
la **raison** [laʀɛzɔ̃]	die Vernunft	englisch: **reason**

! **La raison** hat mehrere Bedeutungen: der Grund und die Vernunft. Du kennst auch schon **avoir raison** (recht haben).

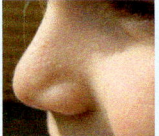

le **nez** [ləne]	die Nase	
se **rappeler** qc [səʀaple]	sich an etw. erinnern	**Tu te rappelles?** Erinnerst du dich?
battre qn [batʀ]	jdn. schlagen	

! **battre:** je **bats**, tu bats, il bat, nous **battons**, vous battez, ils battent; *Passé composé:* j'ai battu, *Imparfait:* je battais; *Futur simple:* je battrai

se **servir** de qc [səsɛʀviʀ]	etw. benutzen, sich einer Sache bedienen	**Sers-toi d'une plume.** Benutze eine Feder. = **utiliser qc**
remercier qn [ʀəmɛʀsje]	jdm. danken	**Je vous remercie.** Ich danke Ihnen.
B1 un **proverbe** [ɛ̃pʀɔvɛʀb]	ein Sprichwort	
un **marteau** [ɛ̃maʀto]	ein Hammer	

un **président**/une **présidente** [ɛ̃pʀezidɑ̃/ynpʀezidɑ̃t]	ein Präsident/eine Präsidentin	**Le président de la République** der französische Staatspräsident
bâtir qc [batiʀ]	etw. bauen; errichten	

! **bâtir** wird konjugiert wie **finir** oder **réussir**:
je bâtis, nous bâti**ss**ons; *Passé composé:* j'ai bâti;
Imparfait: je bâtissais; *Futur simple:* je bâtirai

un **palais** [ɛ̃palɛ]	ein Palast	**Si j'étais riche, je bâtirais un palais.** Wenn ich reich wäre, würde ich einen Palast bauen.
original/originale/originaux/originales [ɔʀiʒinal/ɔʀiʒino]	originell, besonders, eigenartig	
absurde/absurde [apsyʀd]	absurd, unsinnig	
B2 un **footballeur**/une **footballeuse** [ɛ̃futbolœʀ/ynfutboløz]	ein Fußballspieler/eine Fußballspielerin	**Si je pouvais, je serais footballeuse!** Wenn ich könnte, wäre ich Fußballspielerin!

une **carrière** [ynkaʀjɛʀ]	eine Karriere; eine Laufbahn	
un **top modèle** [ɛ̃tɔpmɔdɛl]	ein Topmodel	**Ma sœur voudrait être top modèle.** Meine Schwester wäre gerne Topmodel.
B3 un **remerciement** [ɛ̃ʀəmɛʀsimɑ̃]	eine Danksagung	→ **remercier qn**
tenir à faire qc [təniʀ]	Wert darauf legen, etw. zu tun	**Je tiens à remercier toute l'équipe.** Ich lege Wert darauf, dem ganzen Team zu danken.

! Die Grundbedeutung von **tenir** ist „halten".
Das Verb wird konjugiert wie **venir**: je tiens, nous tenons;
Passé composé: j'ai tenu; *Imparfait:* je tenais;
Futur simple: je tiendrai

énormément [enɔʀmemɑ̃]	sehr (viel)	**Ils m'ont aidé énormément.** Sie haben mir sehr geholfen.

un graphiste/une graphiste [ɛ̃gʀafist/yngʀafist]	ein Grafiker/eine Grafikerin
un créateur/une créatrice [ɛ̃kʀeatœʀ/ynkʀeatʀis]	ein Schöpfer/eine Schöpferin; ein Hersteller/eine Herstellerin
le visuel [ləvisɥɛl]	der visuelle Aspekt, die „Optik"
réaliser qc [ʀealize]	etw. realisieren; etw. ausführen
un document [ɛ̃dɔkymɑ̃]	ein Dokument
numérique/numérique [nymeʀik]	digital
un logiciel [ɛ̃lɔʒisjɛl]	eine Software, ein Computerprogramm
un développeur/une développeuse [ɛ̃devlɔpœʀ/yndevlɔpøz]	ein Entwickler/eine Entwicklerin (von Software)
un cahier des charges [ɛ̃kajedeʃaʀʒ]	ein Pflichtenheft
un besoin [ɛ̃bəzwɛ̃]	ein Bedarf
un utilisateur/une utilisatrice [ɛ̃nytilizatœʀ/ynytilizatʀis]	ein Nutzer/eine Nutzerin
technique/technique [tɛknik]	technisch
adapter qc [adapte]	etw. anpassen, adaptieren
spécifique/spécifique [spesifik]	spezifisch
créer qc [kʀee]	etw. schaffen; erschaffen; herstellen
dirigé/(e) par [diʀiʒe]	geleitet von
un employé/une employée [ɛ̃nɑ̃plwaje/ynɑ̃plwaje]	ein Angestellter/eine Angestellte
un tuteur/une tutrice [ɛ̃tytœʀ/yntytʀis]	ein Mentor/eine Mentorin
une gestion [ynʒɛstjɔ̃]	eine Geschaftsführung
accueillir qn [akœjiʀ]	jdn. empfangen, aufnehmen
chaleureusement [ʃalœʀøzmɑ̃]	herzlich
tester qc [tɛste]	etw. testen
un logo [ɛ̃logo]	ein Logo, ein Markenzeichen
compliqué/compliquée [kɔ̃plike]	kompliziert
renforcer qc [ʀɑ̃fɔʀse]	etw. verstärken
un désir [ɛ̃deziʀ]	ein Wunsch

→ **un numéro** (eine Nummer);
un nombre (eine Zahl)

Un développeur écrit des programmes.
Ein Entwickler schreibt Programme.

Il réalise un cahier des charges.
Er führt ein Pflichtenheft aus.

Quels sont les besoins des utilisateurs?
Welchen Bedarf haben die Nutzer?
→ **utiliser qc**

une solution technique = eine technische Lösung

→ **un créateur/une créatrice**

L'entreprise est dirigée par Pierre Sébastien.
Das Unternehmen wird von Pierre Sébastien geleitet.

Dans cette entreprise, il y a 25 employés.
Dieses Unternehmen hat 25 Angestellte.

l'assistante de gestion
= die Assistentin
der Geschäftsführung

Ils m'ont accueilli(e) chaleureusement.
Sie haben mich herzlich aufgenommen.

→ **fort, forte** (stark)

un boulanger/une boulangère [ɛ̃bulɑ̃ʒe/ynbulɑ̃ʒɛʀ]	ein Bäcker/eine Bäckerin	→ **une boulangerie**

B 5

une université [ynynivɛʀsite]	eine Universität

B 6

une branche [ynbʀɑ̃ʃ]	ein Zweig; ein Erwerbszweig, eine Branche
tenir qn **au courant** de qc [təniʀokuʀɑ̃]	jdn. über etw. auf dem Laufenden halten; jdm. Bescheid geben

Je vous tiens au courant.
Ich halte Sie auf dem Laufenden.

AUF EINEN BLICK

L'orientation professionnelle   Die berufliche Orientierung

s'informer sur qc	s'intéresser à qc	sich für etw. interessieren
sich über etw. informieren	**aller à la journée d'orientation**	zum Berufsberatungstag gehen
	rencontrer le conseiller d'orientation	den Berater für die berufliche Bildung treffen
poser sa candidature	**chercher/choisir une entreprise**	ein Unternehmen suchen/auswählen
sich bewerben	**rédiger une lettre de motivation**	einen Bewerbungsbrief schreiben
	joindre son CV	seinen Lebenslauf beifügen
faire un stage en entreprise	**accueillir qn**	jdn. aufnehmen
ein Betriebspraktikum machen	un **tuteur**/une **tutrice**	ein Mentor/eine Mentorin
	remercier qn	jdm. danken
	écrire un rapport de stage	einen Praktikumsbericht schreiben
	rester en contact avec qn	mit jdm. in Kontakt bleiben
découvrir le monde du travail	les **responsabilités** (f.)	(hier) die Zuständigkeiten
die Arbeitswelt erkunden	**s'occuper de qc**	sich um etw. kümmern
	un **employé**/une **employée**	ein Angestellter/eine Angestellte
	l'**assistant(e) de gestion.**	der/die Assistent(in) der Geschäftsleitung
	connaître les métiers différents	die verschiedenen Berufe kennenlernen
	réaliser qc	etw. ausführen
	utiliser des logiciels	Software verwenden
	retravailler qc	etw. überarbeiten
	adapter qc à des besoins spécifiques	etw. an bestimmte Bedürfnisse anpassen
choisir un métier	**faire un choix**	eine Wahl treffen
einen Beruf wählen	**faire une formation**	eine Ausbildung machen
	passer son baccalauréat	sein Abitur ablegen
	aller à l'université	an die Universität gehen
	faire des études (de ...)	(ein Fach) studieren
	travailler dans le commerce	im Handel arbeiten
	commencer une carrière de ...	eine Laufbahn als ... beginnen
	être ingénieur/vendeur/ ...	Ingenieur/Verkäufer/ ... sein
	continuer à apprendre	weiterlernen
	atteindre ses objectifs	seine Ziele erreichen

Les métiers → p. 160 – 162

Liste des mots

Die *Liste des mots* enthält den Lernwort-schatz aus den *Unités*. Wörter, die innerhalb von *Lire*-Aufgaben erschlossen werden sollen, grammatische Basiswörter wie z. B. die Subjektpronomen *je, tu* … sowie Zahlen werden in der folgenden Liste nicht aufgeführt.

Die Fundstellen verweisen auf das erst-malige Vorkommen der Wörter wie z. B.:

une **affaire I3A**, 3

Band **1**, Unité **3**, Atelier **A**, Nummer **3**.

Weitere Abkürzungen:

DE = Einstiegsseite *Découvertes*;

A = Atelier A;

B = Atelier B;

C = Atelier C

Grau gesetzte Wörter sind fakultativ und brauchen nicht gelernt zu werden.

A

à propos de qc [apʀɔpodə] apropos, etw. betreffend, bezüglich einer Sache, 1 II2A, 1
à (Paris) [a] in, nach (Paris) I2DE
A plus! [aplys] Bis später! I5A, 1
A tout à l'heure! [atutalœʀ] bis gleich I1
abandonner qc [abɑ̃dɔne] etw. aufgeben II6B
une **abbaye** [ynabei] eine Abtei ⟨IIIM1B⟩
un **abricot** [ɛ̃nabʀiko] eine Aprikose ⟨II4B⟩
absolument *(adv.)* [apsɔlymɑ̃] absolut, unbedingt *(Adv.)* ⟨IIIM1C⟩
absurde/absurde [apsyʀd] absurd, unsinnig ⟨IIIM3B, 1⟩
accepter qn/qc [aksɛpte] jdn./etw. akzeptieren, annehmen III1DE
un **accident** [ɛ̃naksidɑ̃] ein Unfall ⟨IIIM2A, 3⟩
accourir [akuʀiʀ] herbeilaufen ⟨IIIM3A, 4⟩
accueillir qn [akœjiʀ] jdn. empfangen, aufnehmen ⟨IIIM3B, 3⟩
accuser qn [akyze] jdn. anklagen III1C, 2
acheter qc [aʃte] etw. kaufen II4DE
un **acteur**/une **actrice** [ɛ̃naktœʀ/ynaktʀis] ein Schauspieler/eine Schauspielerin II1B, 2
une **activité** [ynaktivite] eine Freizeitbe-schäftigung I5DE
l'**actualité** *(f.)* [laktɥalite] das Tagesgesche-hen ⟨IIIM2A, 1⟩
adapter qc [adapte] etw. anpassen, adaptieren ⟨IIIM3B, 3⟩
administratif/administrative [administʀatif/administʀativ] Verwaltungs-, behördlich III4DE, 3
administrativement [administʀativmɑ̃] verwaltungsmäßig, was die Verwaltung betrifft III4DE, 3

adorer qn/qc [adɔʀe] jemanden/etwas sehr gern mögen I7D, 1
s' **adresser** à qn [sadʀese] sich an jemanden richten, sich an jemanden wenden ⟨IIIM2A, 1⟩
un **aéroport** [ɛ̃naeʀɔpɔʀ] ein Flughafen I7C, 2
une **affaire** [ynafɛʀ] eine Sache, eine Angelegenheit I3A, 2
une **affiche** [ynafiʃ] ein Plakat I2A, 3
africain/africaine [afʀikɛ̃/afʀikɛn] afrikanisch III1A, 3
l'**âge** *(f.)* [laʒ] das Alter I3B, 9
Tu as quel âge? [tyakɛlaʒ] Wie alt bist du? I3B, 9
l'**agriculture** *(f.)* [lagʀikyltyʀ] die Landwirt-schaft, der Ackerbau III2B, 9
une **aide** [ynɛd] eine Hilfe, eine Unterstüt-zung ⟨IIIM2A, 3⟩
aider qn [ede] jdm. helfen I6B, 1
Aïe! [ai] Aua! I4DE
de l'**ail** *(m.)* [dələaj] Knoblauch ⟨II4P⟩
aimer qn/qc [eme] jdn./etw. lieben, jemanden/etwas mögen I2B, 2
j'aimerais mieux … [ʒɛmʀɛmjø] ich würde lieber … II3A, 8
l'**air** *(m.)* [lɛʀ] die Luft; *(hier:)* das Aussehen II1A, 1
avoir l'air [avwaʀlɛʀ] aussehen II1A, 1
une **aire de repos** [ynɛʀdəʀəpo] ein Rastplatz *(auf französischen Autobahnen)* II5A, 3
un **album** [ɛ̃nalbɔm] ein Album; ein Musikalbum, eine CD II5A, 3
l'**allemand** *(m.)* [lalmɑ̃] Deutsch I4DE
allemand [almɑ̃] deutsch ⟨I4⟩
aller [ale] gehen, fahren I4A, 3
aller vers qn [alevɛʀ] auf jdn. zugehen I6B, 1
aller chercher qc [aleʃɛʀʃe] etw. (ab)holen II4A, 2
aller faire qc [alefɛʀ] etwas tun werden I5A, 1
Allez-y! [alezi] Los!/Mach schon!/Auf geht's! II1A, 3
Allô? [alo] Hallo? *(am Telefon)* I3A, 3
allumer qc [alyme] etw. anschalten, anzünden ⟨IIIM3A, 4⟩
alors [alɔʀ] nun, jetzt, dann I2B, 2
alors que [alɔʀkə] wohingegen, während, dagegen ⟨III4D, 1⟩; wohingegen, während, obwohl III4A, 1
l'**alphabet** *(m.)* [lalfabɛ] das Alphabet I0, 5
une **amande** [ynamɑ̃d] eine Mandel III0
une **ambiance** [ynɑ̃bjɑ̃s] eine Stimmung, eine Atmosphäre III2B, 1
un **ami**/une **amie** [ɛ̃nami/ynami] ein Freund/eine Freundin I2A, 3
l' **amitié** *(f.)* [lamitje] die Feundschaft I6A, 4
Amitiés. [amitje] Viele Grüße. II0DE
à moitié [amwatje] zur Hälfte III1C, 1
l'**amour** *(m.)* [lamuʀ] die Liebe II6B
amoureux/amoureuse [amuʀø/amuʀøz] verliebt III3A, 4
un **an** [ɛ̃nɑ̃] ein Jahr I3B, 1
une **analyse** [ynanaliz] eine Analyse, eine genaue Untersuchung III2DE

un **ananas** [ɛ̃nanana] eine Ananas ⟨II4P⟩
anglais/anglaise [ɑ̃glɛ/ɑ̃glɛz] englisch III4DE, 4
anglais [ɑ̃glɛ] Englisch ⟨I4⟩
un **animal**/des **animaux** [ɛ̃nanimal/dezanimo] ein Tier/Tiere II5A, 3
une **année** [ynane] ein Jahr I3B, 7
un **anniversaire** [ɛ̃naniveʀsɛʀ] ein Geburtstag I3DE
une **annonce** [ynanɔ̃s] eine Anzeige, eine Annonce II7B, 9
un **anorak** [ɛ̃nanɔʀak] ein Anorak I6B, 8
août *(m.)* [ut] August I3B, 7
un **apéritif** [ɛ̃napeʀitif] ein Aperitif II4A, 2
un **appareil photo** [ɛ̃napaʀɛjfoto] ein Fotoapparat ⟨IIIM1DE⟩
un **appartement** [ɛ̃napaʀtəmɑ̃] eine Wohnung I5A, 3
appeler qn [aple] jdn. (an)rufen II2B, 2
il/elle s'appelle [il/ɛlsapɛl] er/sie heißt ⟨I0, 3⟩
je m'appelle [ʒəmapɛl] ich heiße ⟨I0, 2⟩
l'**applaudissement** *(m.)* [laplodismɑ̃] der Beifall, der Applaus II3B, 5
appliquer qc [aplike] etw. anwenden ⟨IIIM3A, 4⟩
apporter qc à qn [apɔʀte] jdm. etw. (mit) bringen II6C
apprendre qc [apʀɑ̃dʀ] etw. lernen, etw. erfahren II0DE
après [apʀɛ] nach; danach I4A, 1
l'**après-midi** *(m.f.)* [lapʀemidi] der Nachmit-tag I5A, 6
à propos [apʀopo] a propos, übrigens I3A, 3
un **aquarium** [ɛ̃nakwaʀjɔm] ein Aquarium II0DE
l'**arabe** *(m.)* [laʀab] das Arabische III4DE, 3
un **arbre** [ɛ̃naʀbʀ] ein Baum II5A, 3
une **arche** [ynaʀʃ] ein Bogen I7DE
un **archipel** [ɛ̃naʀʃipɛl] ein Archipel, eine Inselgruppe ⟨III4D, 1⟩
un **architecte**/une **architecte** [ɛ̃naʀʃitɛkt/ynaʀʃitɛkt] ein Architekt/eine Architektin III2B, 4
l'**argent** *(m.)* [laʀʒɑ̃] das Geld II6B
l'argent *(m.)* de poche [laʀʒɑ̃dəpɔʃ] das Taschengeld II7B, 3
un **argument** [ɛ̃naʀgymɑ̃] ein Argument II7B, 8
une **armoire** [ynaʀmwaʀ] Schrank III1C, 1
arrêter qc [aʀete] etw. anhalten, beenden; mit etw. aufhören II3B, 1
l'**arrière-plan** *(m.)* [laʀjɛʀplɑ̃] der Hinter-grund *(Bild, Foto, Film)* III4B, 2
l'**arrivée** *(f.)* [laʀive] die Ankunft I6A, 2
arriver à faire qc [aʀive] gelingen etwas zu tun III1B, 1
arriver [aʀive] (an)kommen I2DE
l'**art** *(m.)* [laʀ] die Kunst I7DE
les arts plastiques (f.) [lezaʀplastik] Kunst ⟨I4P⟩
les arts du cirque *(m.)* [lezaʀdysiʀk] die Zirkuskünste II7DE
un **article** [ɛ̃naʀtikl] ein Artikel II3B, 4
un **artiste**/une **artiste** [ɛ̃naʀtist/ynaʀtist] ein Künstler/eine Künstlerin III4A, 1

un **aspirateur** [ɛ̃naspiʀatœʀ] ein Staubsauger III2A, 5
  passer l'aspirateur [paselaspiʀatœʀ] Staub saugen III2A, 5
assez (de) [ase(də)] genug, genügend (von) II7B, 8
  assez [ase] genug, ziemlich I6B, 1
une **assiette** [ynasjɛt] ein Teller II4B, 1
un **assistant**/une **assistante** [ɛ̃nasistɑ̃/ynasistɑ̃t] ein Assistent/eine Assistentin I7DE
une **association** [ynasɔsjasjɔ̃] ein Verein, ein Zusammenschluss ⟨IIIM2DE⟩
l'**astronomie** (f.) [lastʀɔnɔmi] die Astronomie II8DE
un **atelier** [ɛ̃natəlje] ein Workshop; eine Werkstatt II6C
l'**athlétisme** (m.) [latletism] die Leichtathletik I5A, 3
atteindre qc [atɛ̃dʀ] etw. erreichen ⟨IIIM3A, 1⟩
attendre qn [atɑ̃dʀ] auf jdn. warten, jdn. erwarten II2B, 2
Attention! [atɑ̃sjɔ̃] Achtung!, Vorsicht! I1A, 1
une **aubergine** [ynobɛʀʒin] eine Aubergine ⟨II4P⟩
un **auditeur**/une **auditrice** [ɛ̃noditœʀ/ynoditʀis] ein Hörer I7E, 1
aujourd'hui [oʒuʀdɥi] heute I3A, 3
au moins [omwɛ̃] mindestens III0
aussi [osi] auch I1B, 1
  aussi pratique que [osipʀatikkə] genauso praktisch wie III3B, 1
  aussi … que [osikə] genauso wie II7A, 1
l'**automne** (m.) [lotɔn] der Herbst II5B, 4
une **autorisation** [ynɔtɔʀizasjɔ̃] Erlaubnis, Genehmigung III1B, 1
une **autoroute** [ynotoʀut] eine Autobahn II5A, 3
autour de qn/qc [otuʀ] um jdn./etw. herum III1C, 1
les **autres** [lezotʀ] die anderen I4B, 4
autre/**autre** [otʀ] anderer/andere/anderes I6B, 1
avancer [avɑ̃se] vorankommen II3B, 1
avant [avɑ̃] vor I6B, 1
avec [avɛk] mit I2DE
une **aventure** [ynavɑ̃tyʀ] ein Abenteuer III2B, 1
une **avenue** [ynavəny] eine Straße I5DE
un **avion** [ɛ̃navjɔ̃] ein Flugzeug I7C, 3
un **avis** [ɛ̃navi] eine Meinung II6A
  à mon avis [amɔ̃navi] meiner Meinung nach II7B, 8
  Je suis de ton avis. [ʒəsɥidətɔ̃navi] Ich bin deiner Meinung. II7B, 8
un **avocat** [ɛ̃navɔka] eine Avokado ⟨II4P⟩
avoir [avwaʀ] haben I3B, 1
  avoir raison [avwaʀʀɛzɔ̃] recht haben I4B, 4
  avoir besoin de qc [avwaʀbəzwɛ̃] etw. brauchen ⟨IIIM2A, 3⟩
  avoir envie de faire qc [avwaʀɑ̃vi] Lust haben, etwas zu tun I3B, 1
  avoir faim [avwaʀfɛ̃] Hunger haben I3B, 1

  avoir l'impression que [avwaʀlɛ̃pʀesjɔ̃] den Eindruck haben, dass III1A, 3
  avoir la dalle (fam.) [avwaʀladal] Kohldampf haben (ugs.) III3A, 4
  avoir la pêche (fam.) [avwaʀlapɛʃ] topfit sein, gut drauf sein II8A
  avoir le temps de faire qc [avwaʀlətɑ̃] Zeit haben, etw. zu tun II4B, 2
  avoir mal [avwaʀmal] Schmerzen haben I5B, 3
  avoir peur [avwaʀpœʀ] Angst haben I6A, 4
avril (m.) [avʀil] April I3B, 7

B

le **baby-sitting** [ləbɛbisitiŋ] das Babysitting ⟨IIIM3A, 3⟩
le **baccalauréat** [ləbakalɔʀea] das Abitur III4B, 1
une **baie** [ynbɛ] eine Bucht ⟨IIIM1B⟩
un **bal** [ɛ̃bal] ein Ball I6B
un **baladeur mp3** [ɛ̃baladœʀɛmpetʀwa] ein MP3-Player II5A, 3
une **baleine** [ynbalɛn] ein Wal III4A, 1
une **balle** [ynbal] ein (kleiner) Ball II7A, 1
un **ballon** [ɛ̃balɔ̃] ein Ball II5B, 1
une **banane** [ynbanan] eine Banane ⟨II4P⟩
un **banc** [ɛ̃bɑ̃] eine (Sitz-)Bank III3B, 3
une **bande** [ynbɑ̃d] eine Bande, eine Clique ⟨III4C, 1⟩
le **baptême** [ləbatɛm] die Taufe ⟨I3P⟩
une **base** [ynbaz] eine Grundlage, eine Basis III0
  à base de qc [abazdə] auf der Grundlage von; (hier) aus III0
une **basket** [ynbaskɛt] ein Turnschuh I6B, 8
le **basket(ball)** [ləbaskɛtbɔl] Basketball I5
un **bateau**/des **bateaux** [ɛ̃bato/debato] ein Boot, ein Schiff/Boote, Schiffe II5A, 1
  un bateau à moteur [ɛ̃batoamɔtœʀ] ein Motorboot ⟨II5P⟩
bâtir qc [batiʀ] etw. bauen; errichten ⟨IIIM3B, 1⟩
battre qn [batʀ] jdn. schlagen ⟨IIIM3A, 4⟩
une **BD** [ynbede] ein Comic I2DE
beau/**bel**/**belle** [bo/bɛl/bɛl] schön II6B
  Il fait beau. [ilfebo] Es ist schönes Wetter./Das Wetter ist schön. I7B, 1
beaucoup [boku] viel I5B, 2
  beaucoup de [bokudə] viel(e) I7B, 1
un **bébé** [ɛ̃bebe] ein Baby, ein Säugling ⟨IIIM3A, 4⟩
belge/**belge** [bɛlʒ] belgisch II6C
bénévole/**bénévole** [benevɔl] ehrenamtlich, unentgeltlich ⟨IIIM2A, 3⟩
un **bermuda** [ɛ̃bɛʀmyda] Bermudashorts ⟨I6P⟩
un **besoin** [ɛ̃bəzwɛ̃] ein Bedarf ⟨IIIM3B, 3⟩
  avoir besoin de qc [avwaʀbəzwɛ̃] etw. brauchen ⟨IIIM2A, 3⟩
bête/**bête** [bɛt/bɛt] dumm, blöd II1B, 2
le **beurre** [ləbœʀ] die Butter II4A, 2
une **bibliothèque** [ynbiblijɔtɛk] eine Bibliothek, eine Bücherei III4B, 1; eine Bücherei ⟨I5P⟩
bien (adv.) [bjɛ̃] gut (Adv.) I0, 4

  Ça va bien. [savabjɛ̃] Es geht (mir) gut. I0, 4
  moins bien [mwɛ̃bjɛ̃] weniger gut III4B, 1
bien sûr [bjɛ̃syʀ] Sicherlich!, Na klar!, Selbstverständlich! I3A, 1
bientôt [bjɛ̃to] bald I3A, 1
Bienvenue! [bjɛ̃vny] Willkommen! I0, 1
la **biologie** [labiɔlɔʒi] die Biologie ⟨IIIM3A, 1⟩
un **biologiste**/une **biologiste** [ɛ̃bjɔlɔʒist/ynbjɔlɔʒist] ein Biologe/eine Biologin II7B, 3
une **bise** (fam.) [ynbiz] ein Kuss, ein Küsschen I7B, 4
un **bisou** [ɛ̃bizu] ein Küsschen I7B, 1
bizarre [bizaʀ] komisch, merkwürdig I1B, 1
une **blague** [ynblag] ein Scherz, ein Streich II1A, 1
blanc/**blanche** [blɑ̃/blɑ̃ʃ] weiß I6B, 6
un **blanc d'œuf** [ɛ̃blɑ̃dœf] das Eiklar, Eiweiß III0
bleu/**bleue** [blø] blau I6B, 6
un **blog** [ɛ̃blɔg] ein Blog I6A, 4
blond/**blonde** [blɔ̃/blɔ̃d] blond II1B, 7
un **blouson** [ɛ̃bluzɔ̃] ein Blouson, eine Jacke ⟨III1C, 1⟩
Bof! [bɔf] Na ja., Ach. I1B, 7
boire qc [bwaʀ] etw. trinken II4A, 2
une **boisson** [ynbwasɔ̃] ein Getränk II4A, 2
bon/**bonne** [bɔ̃/bɔn] gut I6A, 4
  Bonne journée! [bɔnʒuʀne] Einen schönen Tag! I5C, 1
au bord de qc [obɔʀdə] am Ufer, am Rande von etw. II0DE
un **bouchon** [ɛ̃buʃɔ̃] ein Korken; hier: ein Verkehrsstau II5A, 3
bouder [bude] schmollen III2A, 2
bouger [buʒe] sich bewegen II7B, 1
une **bougie** [ynbuʒi] eine Kerze I3A, 3
un **boulanger**/une **boulangère** [ɛ̃bulɑ̃ʒe/ynbulɑ̃ʒɛʀ] ein Bäcker/eine Bäckerin ⟨IIIM3B, 3⟩
une **boulangerie** [ynbulɑ̃ʒʀi] eine Bäckerei I5B, 1
une **boulette** [ynbulɛt] ein Kügelchen II1B, 2
un **boulot** (fam.) [ɛ̃bulo] ein Job (ugs.) III2DE
une **bouteille** [ynbutɛj] eine Flasche II4A, 2
une **boutique** [ynbutik] eine Boutique, ein Ladengeschäft I7B, 1
une **branche** [ynbʀɑ̃ʃ] ein Zweig; ein Erwerbszweig, eine Branche ⟨IIIM3B, 6⟩
un **bras** [ɛ̃bʀa] ein Arm II2A, 1
briller [brije] scheinen II8DE
le **bruit** [ləbʀɥi] das Geräusch; der Lärm II2B, 4
un **bulletin (scolaire)** [ɛ̃byltɛ̃(skɔlɛʀ)] ein (Schul-)Zeugnis II3A, 2
un **bureau** [ɛ̃byʀo] ein Büro; ein Schreibtisch; hier: Arbeitszimmer I3A, 3
un **bus** [ɛ̃bys] ein Bus I7C, 1
une **buvette** [ynbyvɛt] ein Getränkestand II7B, 3

C

ça [sa] das I2B, 2
  ça change (de qc) [saʃɑ̃ʒ] es ist mal etwas anderes (als) I6B, 6

Ça y est! [saje] Geschafft! **II8DE**
cacher qc [kaʃe] etw. verstecken **III1C**, 1
un **cadeau** [ɛ̃kado] ein Geschenk **I3A**, 1
le **café** [ləkafe] der Kaffee **II4B**, 6
un **café** [ɛ̃kafe] ein Café **I5B**, 1
un **cahier** [ɛ̃kaje] ein Heft **I2A**
   un cahier de textes [ɛ̃kajedətɛkst] ein Hausaufgabenheft **II3DE**
   un cahier des charges [ɛ̃kajedeʃaʀʒ] ein
   Pflichtenheft ⟨**III3B**, 3⟩
le **calme** [ləkalm] die Ruhe **II8A**
la **campagne** [lakãpaɲ] das Land **II7B**, 3
canadien/**canadienne** [kanadjɛ̃/kanadjɛn]
   kanadisch **III4DE**, 3
un **canapé** [ɛ̃kanape] ein Sofa **II5A**, 6
un **canari** [ɛ̃kanaʀi] ein Kanarienvogel ⟨**I1P**⟩
une **candidature** [ynkãdidatyʀ] eine
   Bewerbung ⟨**III3DE**⟩
   une lettre de candidature
   [ynlɛtʀdəkãdidatyʀ] ein Bewerbungsschreiben ⟨**III3DE**⟩
un **canoë** [ɛ̃kanɔe] ein Kanu **III0**
une **cantine** [ynkãtin] eine Kantine **I4DE**
la **capitale** [lakapital] die Hauptstadt **I7DE**
captivant/**captivante** [kaptivã/kaptivãt]
   fesselnd **II8P**
un **car** [ɛ̃kaʀ] ein Bus (Reisebus) **III3DE**
car [kaʀ] denn **II6C**
caresser qn/qc [kaʀese] jdn./etw. streicheln
   III1B, 1
un **carnet** [ɛ̃kaʀnɛ] ein Heft **II3DE**
une **carotte** [ynkaʀɔt] eine Karotte, eine
   Möhre **II4A**, 2
un **carrefour** [ɛ̃kaʀfuʀ] eine Kreuzung **I5B**, 1
une **carrière** [ynkaʀjɛʀ] eine Karriere; eine
   Laufbahn ⟨**III3B**, 2⟩
un **cartable** [ɛ̃kaʀtabl] eine Schultasche ⟨**I1**⟩
une **carte** [ynkaʀt] eine Karte **I3A**, 10
   une carte postale [ynkaʀtpɔstal] eine Postkarte, eine Ansichtskarte **I7B**, 1
   une carte vitale [ynkaʀtvital] eine Krankenversicherungskarte **III2B**, 7
un **carton** [ɛ̃kaʀtɔ̃] ein Karton **I2A**, 3
une **case** [ynkaz] eine Hütte ⟨**III4C**, 1⟩
une **casquette** [ynkaskɛt] eine Kappe, eine
   Schirmmütze **I6B**, 1
les **catacombes** (f.) [lekatakɔ̃b] die Katakomben (unterirdische Begräbnisstätte) **II2DE**
une **catastrophe** [ynkatastʀɔf] eine
   Katastrophe **I2A**, 3
à cause de qn/qc [akozdə] (einer Per-
   son/einer Sache) wegen **III1A**, 3
Ça va s'arranger. [savasaʀãʒe] Das wird
   schon wieder. **III1B**, 5
un **CD**/des **CD** [ɛ̃sede/desede] eine CD/CDs
   I3A, 1
un **CDI** [ɛ̃sedei] ein CDI **I4DE**
ce/c' [sə] (z. B. in „c'est" = das ist …) **I0**, 3
   ce soir [səswaʀ] heute Abend **I5A**, 1
ce sont [səsɔ̃] das sind **I3A**, 3
ce/cet/cette/ces [sə/sɛt/sɛt/se] die-
   ser/diese/dieses (Demonstrativbegleiter)
   II1B, 2
une **ceinture** [ynsɛ̃tyʀ] ein Gürtel **I6A**, 4
célèbre/**célèbre** [selɛbʀ] berühmt **III3B**, 1
un **centime** [ɛ̃sãtim] ein Cent **I5C**, 1

un **centre** [ɛ̃sãtʀ] ein Zentrum, eine Mitte,
   ein Mittelpunkt ⟨**IIIM1A**, 1⟩; ⟨**III4D**, 1⟩
le **centre-ville** [ləsãtʀəvil] das Stadtzentrum
   I7A, 1
ce que [səkə] was (Relativpronomen, Objekt)
   III2B, 1
ce qui [səki] was (Relativpronomen, Subjekt)
   III2B, 1
C'est à qui? [sɛtaki] Wer ist an der Reihe?
   II4A, 2
C'est ça? [sɛsa] Stimmt's? **I3B**, 1
C'est [sɛ] Das ist … ⟨**I0**, 3⟩
le **chagrin d'amour** [ləʃagʀɛ̃damuʀ] Liebeskummer **II8A**
une **chaîne de télévision** [ynʃɛndətelevizjɔ̃]
   ein Fernsehsender ⟨**IIIM2A**, 1⟩
une **chaise** [ynʃɛz] ein Stuhl **II3DE**
chaleureusement [ʃalœʀøzmã] herzlich
   ⟨**IIIM3B**, 3⟩
une **chambre** [ynʃãbʀ] ein (Schlaf-)Zimmer
   I3A, 3
   une chambre d'enfant [ynʃãbʀədãfã] ein
   Kinderzimmer **I5**
un **champignon** [ɛ̃ʃãpiɲɔ̃] ein Champignon
   ⟨**II4P**⟩
un **champion**/une **championne**
   [ɛ̃ʃãpjɔ̃/ynʃãpjɔn] ein Champion, ein
   Meister/eine Meisterin **I5B**, 3
la **chance** [laʃãs] das Glück; die Chance
   II1A, 1
changer de qc [ʃãʒe] etw. wechseln **II1A**, 1
   changer [ʃãʒe] wechseln, ändern **I6B**, 6
une **chanson** [ynʃãsɔ̃] ein Lied ⟨**I0**, 4⟩
chanter [ʃãte] singen **I3B**, 1
un **chanteur**/une **chanteuse** [ɛ̃ʃãtœʀ/ynʃãtøz]
   ein Sänger/eine Sängerin **I6A**, 4
un **chapeau** [ɛ̃ʃapo] ein Hut **I6A**, 4
chaque [ʃak] jeder/jede/jedes + Nomen
   II3DE
   chaque fois que [ʃakfwakə] jedesmal wenn
   III1C, 1
un **chat** [ɛ̃ʃa] eine Katze **I1B**, 1
châtain (inv.) [ʃatɛ̃] kastanienbraun **II1B**, 7
un **château** [ɛ̃ʃato] ein Schloss **III3A**, 1
chatter avec qn [tʃate] mit jdm. (im Internet)
   chatten **II1B**, 1
chaud/**chaude** [ʃo/ʃod] warm/heiß **I5C**, 1
   Il fait chaud. [ilfɛʃo] Es ist warm, heiß.
   I7B, 1
un **chauffeur** [ɛ̃ʃofœʀ] ein Chauffeur **I5A**, 1
une **chaussure** [ynʃosyʀ] ein Schuh **I6B**, 8
un **chemin** [ɛ̃ʃəmɛ̃] ein Weg **III1B**, 1
une **chemise** [ynʃəmiz] ein Hemd **I6B**, 8
cher/**chère** [ʃɛʀ] teuer **I7D**, 1
Cher …/Chère … [ʃɛʀ] Lieber … /
   Liebe … **I6B**, 6
chercher qn/qc [ʃɛʀʃe] jdn/etw. suchen
   I2DE
un **cheval**/des **chevaux** [ɛ̃ʃəval/deʃəvo] ein
   Pferd/Pferde **II7B**, 3
un **cheveu**/des **cheveux** [ɛ̃ʃ(ə)vø/deʃ(ə)vø]
   ein Haar/Haare **II1B**, 7
chez qn [ʃe] bei jdm. **I4A**, 1
la **chicorée** [laʃikɔʀe] die Endivie **II4B**, 2
un **chien** [ɛ̃ʃjɛ̃] ein Hund **I1B**, 1
des **chips** (m.) [deʃips] Chips ⟨**I6P**⟩

le **chocolat** [ləʃɔkɔla] die Schokolade **II4A**, 1
choisir qc [ʃwaziʀ] etw. wählen, etw.
   aussuchen **II7A**, 1
un **choix** [ɛ̃ʃwa] eine Wahl, eine Auswahl
   ⟨**IIIM3A**, 1⟩; eine Wahl ⟨**IIIM1DE**⟩
une **chose** [ynʃoz] eine Sache/ein Ding
   ⟨**I7D**, 1⟩
   quelque chose [kɛlkəʃoz] etwas **I4B**, 4
chouette/**chouette** (fam.) [ʃwɛt] klasse,
   super **II8DE**
un **chou-fleur** [ɛ̃ʃuflœʀ] ein Blumenkohl
   ⟨**II4P**⟩
Chut! [ʃyt] Pst! **I2A**, 3
le **ciel** [ləsjɛl] der Himmel **I6B**, 6
un **cinéma** [ɛ̃sinema] ein Kino **II1B**, 2
une **cinquantaine** de [ynsɛ̃kãtɛn] um die
   fünfzig ⟨**IIIM2A**, 1⟩
la **cinquième** (A)/ la **5e**(A) [lasɛ̃kjɛm] die
   Fünfte, die Fünf A **I4DE**
le **cirque** [ləsiʀk] der Zirkus **II7DE**
un **citron** [ɛ̃sitʀɔ̃] eine Zitrone **II4DE**
clair/**claire** [klɛʀ] hell, klar **III1B**, 1
classique [klasik] klassisch **I2B**, 7
une **clé** [ynkle] ein Schlüssel **I4A**, 3
   une clé USB [ynkleyɛsbe] ein USB-Stick
   I4A, 3
un **client**/une **cliente** [ɛ̃klijã/ynklijãt] ein
   Kunde/eine Kundin **I5C**, 1
un **climat** [ɛ̃klima] ein Klima **III4A**, 4
cliquer [klike] klicken **I4B**, 4
un **club sportif** [ɛ̃klœbspɔʀtif] ein Sportverein ⟨**I5P**⟩
un **coca** [ɛ̃kɔka] eine Cola **I5C**, 1
un **cochon** [ɛ̃kɔʃɔ̃] ein Schwein ⟨**I1P**⟩
   un cochon d'Inde [ɛ̃kɔʃɔ̃dɛ̃d] ein Meer-
   schweinchen ⟨**I1P**⟩
un **coiffeur**/une **coiffeuse**
   [ɛ̃kwafœʀ/ynkwaføz] ein Friseur/eine
   Friseurin **III2B**, 4; ein Frisör, eine Frisörin
   ⟨**I5**⟩
un **coin** [ɛ̃kwɛ̃] eine Ecke, hier: eine Rubrik
   II6DE
la **colère** [lakɔlɛʀ] der Zorn, die Wut **II1A**, 1
un **collège** [ɛ̃kɔlɛʒ] ein „Collège" **I4DE**
une **colonie** [ynkɔlɔni] eine Kolonie **III4DE**, 3
une **colo(nie de vacances)** [ynkɔlɔnid(ə)
   vakãs] ein Ferienlager **II0DE**
coloré/**colorée** [kɔlɔʀe] farbig; bunt **III4B**, 1
un **combat** [ɛ̃kɔ̃ba] ein Kampf **I5B**, 3
combien (de) [kɔ̃bjɛ̃] wie viel **I5C**, 1
   Ça coûte combien? [sakutkɔ̃bjɛ̃] Wieviel
   kostet das? **I5C**, 1
une **combinaison** [ynkɔ̃binɛzɔ̃] eine
   Kombination; ein Overall **II5B**, 1
une **comédie** [ynkɔmedi] eine Komödie
   ⟨**II6D**⟩; ⟨**III4C**, 1⟩
comme [kɔm] als **I5A**, 6; weil ⟨**II2P**⟩; wie
   I4B, 4
   comme ça [kɔmsa] so, auf diese Weise
   I4B, 4
comme [kɔm] da, weil ⟨**IIIM2A**, 3⟩
commencer [kɔmãse] anfangen, beginnen
   I4A, 1
comment? [kɔmã] wie? (Fragewort) **I1A**, 1
   Comment allez-vous? [kɔmãtalevu] Wie
   geht es euch/Ihnen? **I7B**, 4

le **commerce** [ləkɔmɛʀs] der Handel **III2B**, 9
une **commune** [ynkɔmyn] eine Gemeinde, eine Kommune ⟨**IIIM1DE**⟩
communiquer avec qn [kɔmynike] mit jdm. kommunizieren, Nachrichten austauschen **III2B**, 9
comparer avec qc [kɔ̃paʀe] mit etw. vergleichen **III3B**, 2
compétent/compétente [kɔ̃petɑ̃/kɔ̃petɑ̃t] kompetent; fähig ⟨**IIIM3A**, 3⟩
compliqué/compliquée [kɔ̃plike] kompliziert **II4DE**; kompliziert, schwierig **II3A**
se compliquer la vie [səkɔ̃plikelavi] sich das Leben (unnötig) schwer machen **II3A**, 1
comprendre qc [kɔ̃pʀɑ̃dʀ] etw. verstehen **II1A**, 7
Je n'ai pas compris. [ʒənepakɔ̃pʀi] Ich habe nicht verstanden. **II1A**, 7
compter qc [kɔ̃te] etw. zählen **III4A**, 1
se concentrer sur qc [səkɔ̃sɑ̃tʀe] sich auf etw. konzentrieren **III2A**, 2
un **concert** [ɛ̃kɔ̃sɛʀ] ein Konzert **I6DE**
à condition que [akɔ̃disjɔ̃kə] vorausgesetzt, dass **II3A**, 1
connaître qn/qc [kɔnɛtʀ] jdn./etw. kennen **II1A**, 1
connu/connue [kɔny] bekannt **II6B**
un **conseiller d'orientation** [ɛ̃kɔ̃sɛjedɔʀjɑ̃tasjɔ̃] ein Berater für die berufliche Bildung ⟨**IIIM3DE**⟩
une **construction** [ynkɔ̃stʀyksjɔ̃] der Aufbau, das Bauen **III3B**, 2
le **contact** [ləkɔ̃takt] der Kontakt **II6A**
un **conte** [ɛ̃kɔ̃t] ein Märchen ⟨**III4C**, 1⟩
content/contente [kɔ̃tɑ̃/kɔ̃tɑ̃t] zufrieden **I6A**, 4
un **continent** [ɛ̃kɔ̃tinɑ̃] ein Kontinent **III4DE**, 1
continuer à faire qc [kɔ̃tinɥe] fortfahren, etw. zu tun **I6B**, 1
le **contraire** (de) [ləkɔ̃tʀɛʀ] das Gegenteil (von) **III3B**, 5
au contraire [okɔ̃tʀɛʀ] im Gegenteil **I6B**, 1
un **contraste** [ɛ̃kɔ̃tʀast] ein Kontrast, ein Gegensatz **III0**
contre [kɔ̃tʀ] gegen **II2A**, 1
un **contrôle** [ɛ̃kɔ̃tʀol] eine Kontrolle; *(hier)* eine Kontrollaufgabe **III1A**, 3
cool *(fam.)* *(inv.)* [kul] cool **I4B**, 4
un **copain**/une **copine** *(fam.)* [kɔpɛ̃/ynkɔpin] ein Freund/eine Freundin **I1B**, 2
une **copie** [ynkɔpi] eine Kopie **I4B**, 4
un **coquillage** [ɛ̃kɔkijaʒ] eine Muschel ⟨**IIIM1B**⟩
une **corde** [ynkɔʀd] ein Seil; eine Leine; *hier:* ein Band **II7A**, 1
la **corde molle** [lakɔʀdəmɔl] die Slackline **II7A**, 1
un **correspondant**/une **correspondante** [ɛ̃kɔʀɛspɔ̃dɑ̃/ynkɔʀɛspɔ̃dɑ̃t] ein Brieffreund/eine Brieffreundin; ein Austauschpartner/eine Austauschpartnerin **III3DE**
une **côte** [ynkot] eine Küste **II5DE**
un **côté** [ɛ̃kote] eine Seite; *(hier)* was … betrifft ⟨**III4D**, 1⟩; eine Seite **II7A**, 1

à côté de qn/qc [akotedə] neben jdm./etw. **II1A**, 1
le **coton** [ləkɔtɔ̃] die Baumwolle ⟨**III4C**, 1⟩
coucher [kuʃe] schlafen **I5A**, 3
se coucher [səkuʃe] zu Bett gehen; sich hinlegen ⟨**IIIM3A**, 4⟩
Coucou! [kuku] Kuckuck!/Hallo! **II0DE**
une **couleur** [ynkulœʀ] eine Farbe **I6B**, 6
un **couloir** [ɛ̃kulwaʀ] ein Gang, ein Flur **II2DE**
le **coup de foudre** [ləkudfudʀ] Liebe auf den ersten Blick *(wörtl. „der Blitzschlag")* **III3B**, 3
un **coup de soleil** [ɛ̃kudəsɔlɛj] ein Sonnenbrand **III3B**, 3
couper qc [kupe] etw. schneiden, abschneiden **III1DE**
la **cour** [lakuʀ] der (Schul-)Hof **I4DE**
le **courage** [ləkuʀaʒ] der Mut **II6DE**
courageux/courageuse [kuʀaʒø/kuʀaʒøz] mutig **II2DE**
courir [kuʀiʀ] laufen, rennen **III1B**, 5
un **courriel** [ɛ̃kuʀjɛl] eine E-Mail **I6B**, 6
le **courrier** [ləkuʀje] die Post **II0DE**
un **cours** [ɛ̃kuʀ] eine Unterrichtsstunde **I4DE**
au cours de [okuʀdə] im Laufe (einer Sache) **III4DE**, 3
une **course** [ynkuʀs] ein Lauf, ein Rennen **II3A**, 2
faire les courses (f.) (pl.) [fɛʀlekuʀs] einkaufen **I4DE**
court/courte [kuʀ/kuʀt] kurz **II6DE**; **I6A**, 4
un **cousin**/une **cousine** [ɛ̃kuzɛ̃/ynkuzin] ein Cousin/eine Cousine **I3A**, 9
un **couteau** [ɛ̃kuto] ein Messer **II4B**, 1
coûter qc [kute] etw. kosten **I5C**, 1
Ça coûte combien? [sakutkɔ̃bjɛ̃] Wie viel kostet das? **I5C**, 1
couvert/couverte [kuvɛʀ/kuvɛʀt] bedeckt **III3A**, 9
une **couverture** [ynkuvɛʀtyʀ] eine Decke *(hier)* ein Einband, Umschlag **III1DE**
un **crabe** [ɛ̃kʀab] eine Krabbe **II0DE**
craindre qc [kʀɛ̃dʀ] etw. (be)fürchten ⟨**IIIM3A**, 4⟩
un **crâne** [ɛ̃kʀan] ein Schädel, ein Totenkopf **II2A**, 1
un **cratère** [ɛ̃kʀatɛʀ] ein Krater ⟨**IIIM1A**, 1⟩
un **crayon** [ɛ̃kʀɛjɔ̃] ein Bleistift **I2A**, 1
un **créateur**/une **créatrice** [ɛ̃kʀeatœʀ/ynkʀeatʀis] ein Schöpfer/eine Schöpferin; ein Hersteller/eine Herstellerin ⟨**IIIM3B**, 3⟩
créer qc [kʀee] etw. schaffen; erschaffen; herstellen ⟨**IIIM3B**, 3⟩
le **créole** [ləkʀeɔl] Kreolisch **III4DE**
une **crêpe** [ynkʀɛp] eine Crêpe **I5DE**
crier [kʀije] schreien **II3B**, 1
croire [kʀwaʀ] glauben **II8A**
une **cuillère** [ynkɥijɛʀ] ein Löffel **II4B**, 1
une **cuisine** [ynkɥizin] eine Küche **I5A**, 3
faire la cuisine [fɛʀlakɥizin] kochen, Essen zubereiten **II4DE**
un **cuisinier**/une **cuisinière** [ɛ̃kɥizinje/ynkɥizinjɛʀ] ein Koch/eine Köchin **III2B**, 4

un **culte** [ɛ̃kylt] ein Kult ⟨**IIIM1C**⟩
cultiver qc [kyltive] etw. anbauen ⟨**III4C**, 1⟩
une **culture** [ynkyltyʀ] eine Kultur **III4A**, 4
culturel/culturelle [kyltyʀɛl] Kultur- ⟨**IIIM2A**, 1⟩
curieux/curieuse [kyʀjø/kyʀjøz] neugierig; merkwürdig **II2B**, 1
un **CV** [ɛ̃seve] ein Lebenslauf ⟨**IIIM3DE**⟩
le **cyclisme** [ləsiklism] Radfahren **I5**

D

d'abord [dabɔʀ] zuerst **I3A**, 1
d'accord [dakɔʀ] einverstanden, o.k. **I2B**, 2
avoir la dalle *(fam.)* [avwaʀladal] Kohldampf haben *(ugs.)* **III3A**, 4
une **dame** [yndam] eine Dame, eine Frau **I1B**, 4
dangereux/dangereuse [dɑ̃ʒʀø/dɑ̃ʒʀøz] gefährlich **II2B**, 1
dans [dɑ̃] in **I0**, 6
la **danse** [ladɑ̃s] der Tanz, das Tanzen **I5A**, 5
danser [dɑ̃se] tanzen **I6DE**
dans la rue [dɑ̃laʀy] auf der Straße **I2A**, 3
de/d' [də] aus; von **I1B**, 1
de … à [dəa] von … bis **I4A**, 2
débile/débile *(fam.)* [debil] dämlich *(ugs.)* **III3A**, 4
debout [d(ə)bu] stehend, im Stehen **II5B**, 1
se débrouiller [sədebʀuje] zurechtkommen, sich zu helfen wissen **III3A**, 4
décembre *(m.)* [desɑ̃bʀ] Dezember **I3B**, 1
décider de faire qc [deside] entscheiden, beschließen, etw. zu tun **III3B**, 3
une **décision** [yndesizjɔ̃] eine Entscheidung **III2B**, 1
prendre une décision [pʀɑ̃dʀynedesizjɔ̃] eine Entscheidung treffen **II2B**, 1
déclarer qc [deklaʀe] etw. erklären; ankündigen ⟨**IIIM3A**, 4⟩
une **découverte** [yndekuvɛʀt] eine Entdeckung **III1B**, 1
découvrir qc [dekuvʀiʀ] etw. entdecken **III3DE**
décrire qn/qc [dekʀiʀ] jdn./etw. beschreiben **II1B**, 7
défavorisé/défavorisée [defavɔʀize] benachteiligt ⟨**IIIM2DE**⟩
un **défilé** [ɛ̃defile] ein Umzug, eine Parade **I6B**, 1
un **degré** [ɛ̃dəgʀe] ein Grad **I7B**, 2
dehors [dəɔʀ] draußen, im Freien; *(hier)* Raus mit euch! **III1A**, 0
déjà [deʒa] schon **I5A**, 3
délicieux/délicieuse [delisjø/delisjøz] köstlich **III3A**, 4
demain [dəmɛ̃] morgen **I3A**, 3
demander (qc) à qn [dəmɑ̃de] jdn. (nach etw.) fragen; jdn. (um etw.) bitten **I6B**, 2
déménager [demenaʒe] umziehen **III1DE**
un **demi-frère** [ɛ̃d(ə)mifʀɛʀ] ein Halbbruder ⟨**I3P**⟩
une **demi-sœur** [ynd(ə)misœʀ] eine Halbschwester ⟨**I3P**⟩
demi/demie [dəmi] halb **I4A**, 1
dénoncer qn [denɔ̃se] jdn. verraten **III1C**, 1

le **départ** [ledepaʀ] die Abfahrt, der Aufbruch **II5A**

un **département** [ẽdepaʀtəmã] ein Departement *(französischer Verwaltungsbezirk)* **III0**

les départements et régions d'outre-mer *(m., pl.)* [ledepaʀtəmãeʀeʒjõdutʀəmɛʀ] die Überseedepartements/Überseeregionen **III4DE, 3**

se **dépêcher** [sədepeʃe] sich beeilen **III2A, 1**

depuis [dəpɥi] seit **II2A, 1**

dernier/dernière [dɛʀnje/dɛʀnjɛʀ] letzter/letzte/letztes **I6A, 4**

se **dérouler** [sədeʀule] sich abspielen **III1DE**

derrière [dɛʀjɛʀ] hinter **I3A, 2**

descendre [desãdʀ] hinuntergehen; aussteigen **II2B, 2**

un **désert** [ẽdezeʀ] eine Wüste **III4B, 2**

un **désir** [ẽdeziʀ] ein Wunsch ⟨**IIIM3B, 3**⟩

désirer qc [deziʀe] etw. wünschen **I7D, 2**

(je suis) **désolé/désolée** [dezɔle] es tut mir leid **I7D, 2**

un **dessert** [ẽdesɛʀ] ein Nachtisch **II4A, 1**

un **dessin** [ẽdesẽ] eine Zeichnung **II2B, 2**

un dessin animé [ẽdesẽanime] ein Zeichentrickfilm ⟨**II6D**⟩

un **dessinateur**/une **dessinatrice** [ẽdesinatœʀ/yndesinatʀis] ein Zeichner/eine Zeichnerin **II2B, 2**

dessiner qc [desine] etw. zeichnen **III1A, 3**

dessus [d(ə)sy] darauf **II5B, 1**

détester qn/qc [detɛste] jdn./etw. verabscheuen **II2B, 2**

en deux mille [ãdømil] im Jahr 2000 **II1B, 2**

devant [dəvã] vor *(örtlich)* **I2B, 2**

un **développeur**/ une **développeuse** [ẽdevlɔpœʀ/yndevlɔpøz] ein Entwickler (von Software) ⟨**IIIM3B, 3**⟩

devenir qc [dəvəniʀ] jd./etw. werden **III1B, 1**

une **devinette** [yndəvinɛt] ein Rätsel **II1B, 7**

devoir faire qc [dəvwaʀfɛʀ] etw. tun müssen **II6C**

les **devoirs** *(m., pl.)* [ledəvwaʀ] die (Haus-)Aufgaben **I4B, 4**

un **diabolo menthe** [ẽdjabɔlomãt] ein Diabolo Menthe **I5C, 1**

un **diaporama** [ẽdjapɔʀama] eine Diashow **III3A**

un **dictionnaire** [ẽdiksjɔnɛʀ] ein Wörterbuch **III3A, 4**

une **différence** [yndifeʀãs] ein Unterschied **III1DE**

différent/différente [difeʀã/difeʀãt] anderer, andere **I6B**; anders **I6C**

difficile/difficile [difisil] schwierig **II4DE**

une **diffusion** [yndifyzjõ] eine Verbreitung; Ausstrahlung ⟨**IIIM2A, 3**⟩

dimanche *(m.)* [dimãʃ] Sonntag, am Sonntag **I4**

dîner [dine] zu Abend essen **II4A, 1**

dingue/dingue *(fam.)* [dẽg] bekloppt, irre *(ugs.)* **III3A, 4**

un **diplomate**/une **diplomate** [ẽdiplɔmat/yndiplɔmat] ein Diplomat, eine Diplomatin ⟨**IIIM2B, 2**⟩

dire qc (à qn) [diʀ] (jdm.) etw. sagen **II5A, 6**

il dit/elle dit [ildi/ɛldi] er sagt/sie sagt **I2A, 3**

Ça ne me dit rien! [sanəmədiʀjẽ] Das sagt mir nichts./Ich habe keine Lust darauf. **II3A, 2**

dirigé(e) par [diʀiʒe] geleitet von ⟨**IIIM3B, 3**⟩

une **discrimination** [yndiskʀiminasjõ] eine Diskriminierung, ungerechte Behandlung ⟨**IIIM2B, 1**⟩

une **discussion** [yndiskysjõ] eine Diskussion, eine Unterhaltung, ein Gespräch **II2A, 1**

discuter (de qc) [diskyte] (über etw.) diskutieren, sich (über etw.) unterhalten **I4A, 3**

disparaître [dispaʀɛtʀ] verschwinden **III1A, 3**

une **dispute** [yndispyt] ein Streit **II3B, 1**

se **disputer** avec qn [sədispyte] sich mit jdm. streiten **III2A, 2**

distribuer qc [distʀibɥe] etw. verteilen ⟨**IIIM3A, 3**⟩

le **divorce** [lədivɔʀs] die Scheidung **II2B, 2**

un **DJ** [ẽdidʒe] ein DJ ⟨**II6D**⟩

un **document** [ẽdɔkymã] ein Dokument ⟨**IIIM3B, 3**⟩

un **doigt** [ẽdwa] ein Finger **II4A, 2**

dommage! [dɔmaʒ] schade **I3A, 3**

donc [dõk] also **III1C, 1**

donner la main à qn [dɔnelamẽ] jdm. die Hand geben **I6B, 1**

donner qc à qn [dɔne] jdm. etw. geben **I6B, 1**

donner sur qc [dɔnesyʀ] zu etw. hin liegen, gehen **II5A, 6**

dormir [dɔʀmiʀ] schlafen **II6A**

le **dos** [lədo] der Rücken **II5B, 1**

une **douche** [ynduʃ] eine Dusche **III3B, 3**

doux/douce [du/dus] süß; sanft; *hier:* schön **II3A, 1**

un **drapeau** [ẽdʀapo] eine Fahne, eine Flagge **II5B, 1**; **II3P**

le **droit** [lədʀwa] das Recht **II6A**

avoir le droit de faire qc [avwaʀlədʀwa] das Recht haben, etw. zu tun; etw. tun dürfen **II6A**

à **droite** [adʀwat] (nach) rechts **I5B, 1**

drôle/drôle [dʀol] lustig **II1A, 1**

drôlement *(fam.)* [dʀolmã] ganz schön **I5C, 1**

une **dune** [yndyn] eine Düne **II5DE**

dur/dure [dyʀ] hart; schwierig **III2A, 2**

durer [dyʀe] ⟨**IIIM3DE**⟩

un **DVD**/des **DVD** [ẽdevede/dedevede] eine DVD/DVDs **I3A, 1**

dynamique/dynamique [dinamik] dynamisch; *(hier:)* lebhaft **III4A, 1**

E

l'**eau** *(f.)* [lo] das Wasser **I5C, 1**

une eau minérale [ynomineʀal] ein Mineralwasser **I5C, 1**

un **échange** [ẽneʃãʒ] ein (Aus-)Tausch **III3DE**

un échange scolaire [ẽneʃãʒskɔlɛʀ] ein Schüleraustausch **III3DE**

éclater [eklate] platzen, explodieren ⟨**III1C, 1**⟩

éclater de rire [eklatedəʀiʀ] in Gelächter ausbrechen **III1C, 1**

une **école** [ynekɔl] eine Schule **I2A, 3**

une école de musique [ynekɔldəmyzik] eine Musikschule ⟨**I5P**⟩

une **école primaire** [ynekɔlpʀimɛʀ] eine Grundschule ⟨**III4C, 1**⟩

écologique [ekɔlɔʒik] ökologisch, umweltfreundlich **I7C, 2**

l'**économie** *(f.)* [lekɔnɔmi] die Wirtschaft ⟨**III4C, 2**⟩

écouter qn/qc [ekute] jdm. zuhören, etw. anhören **I2A, 2**

s'**écrier** [sekʀie] überrascht (aus-)rufen **III3B, 3**

écrire qc à qn [ekʀiʀ] jdm. etw. schreiben **I7B, 1**

un **écrivain**/une **femme écrivain** [ẽnekʀivẽ/ynfamekʀivẽ] ein Schriftsteller/eine Schriftstellerin ⟨**IIIM2B, 2**⟩

une **édition** [ynedisjõ] eine Ausgabe **II6DE**; eine Veröffentlichung **II7B, 2**

l'**éducation musicale** *(f.)* [ledykasjõmyzikal] Musik ⟨**I4P**⟩

égal/égale/égaux/égales [egal/ego/egal] gleich ⟨**IIIM2B, 1**⟩

une **église** [yneɡliz] eine Kirche **III3A, 1**

un **égout** [ẽneɡu] ein Abwasserkanal **II2DE**

un **élevage** [ẽnelvaʒ] eine (Auf)Zucht **I7B, 3**

un **élève**/une **élève** [ẽnelɛv/ynelɛv] ein Schüler/eine Schülerin **I4DE**

embrasser qn [ãbʀase] jdn. küssen, jdn. umarmen **II0DE**

une **émission** [ynemisjõ] eine Fernsehsendung ⟨**IIIM3A, 4**⟩; ⟨**IIIM2A, 1**⟩

l'**emploi** *(m.)* **du temps** [lãplwadytã] der Stundenplan **I4B, 2**

un **employé**/une **employée** [ẽnãplwaje/ynãplwaje] ein Angestellter/eine Angestellte ⟨**IIIM3B, 3**⟩

emporter qc [ãpɔʀte] etw. mitnehmen, wegtragen **II5B, 1**

en [ã] von dort **III4A, 1**

en [ã] *(verschiedene Bedeutungen)* **I6B, 1**

en 4e [ãkatʀijɛm] in der vierten Klasse **II1DE**

en Allemagne [ãnalmaɲ] in Deutschland **I6B, 1**

en deux mille [ãdømil] im Jahr 2000 **II1B, 2**

en France [ãfʀãs] in Frankreich **I3A, 3**

encore [ãkɔʀ] noch **I3B, 1**

encourager qn [ãkuʀaʒe] jdn. ermutigen **III1A, 3**

une **endive** [ynãdiv] eine Endivie **II4A, 1**

un **endroit** [ẽnãdʀwa] ein Ort, eine Stelle **I7DE**

énerver qn [eneʀve] jdn. aufregen, jdn. nerven **II1A, 6**

Ça m'énerve! [samenɛʀv] Das regt mich auf! **II1A, 6**

un **enfant** [ẽnãfã] ein Kind **I3A, 9**

enfin [ãfẽ] endlich **I6A, 4**

un **enfoiré**/une **enfoirée** *(expression vulgaire)* [ɛ̃nɑ̃fwaʀe/ynɑ̃fwaʀe] ein Arschloch *(vulgärer Ausdruck)* ⟨IIIM2DE⟩

un **engagement** [ɛ̃nɑ̃gaʒmɑ̃] ein Engagement; ein Einsatz ⟨IIIM2A, 3⟩

s'engager pour qc [sɑ̃gaʒe] sich für etwas einsetzen ⟨IIIM2DE⟩

ennuyeux/**ennuyeuse** [ɑ̃nɥijø/ɑ̃nɥijøz] langweilig III3B, 3; II8P

énormément [enɔʀmemɑ̃] sehr (viel) ⟨IIIM3B, 3⟩

en plus [ɑ̃plys] dazu, zusätzlich I2A, 3

ensemble [ɑ̃sɑ̃bl] gemeinsam, zusammen I3A, 1

ensuite [ɑ̃sɥit] dann, danach ⟨I5B, 3⟩

s'entendre [sɑ̃tɑ̃dʀə] sich verstehen III3A, 4 entendre qn/qc [ɑ̃tɑ̃dʀ] jdn./etw. hören II2B, 2

entier/**entière** [ɑ̃tje/ɑ̃tjɛʀ] ganz, völlig III4B, 1

entre [ɑ̃tʀ] zwischen I6B, 1 entre autres [ɑ̃tʀotʀə] unter anderem ⟨IIIM2A, 3⟩

une **entrée** [ynɑ̃tʀe] *hier:* eine Vorspeise II4A, 1; ein Eingang I5A, 1

une **entreprise** [ynɑ̃tʀəpʀiz] ein Betrieb, eine Firma, ein Unternehmen III2DE

entrer [ɑ̃tʀe] eintreten, hereinkommen I2A, 2

avoir envie de faire qc [avwaʀɑ̃vi] Lust haben, etwas zu tun I3B, 1

environ [ɑ̃viʀɔ̃] ungefähr, etwa III3A, 1

envoyer qc à qn [ɑ̃vwaje] jdm. etw. schicken II5A, 1

une **épaule** [ynepol] eine Schulter III1A, 3

une **époque** [ynepɔk] eine Epoche, eine Zeit III4B, 1

l'**EPS** (Education physique et sportive) *(f.)* [lepeɛs] Sport *(Schulfach)* II1A, 1

l'**E.P.S.** (Education physique et sportive) *(f.)* [lepeɛs] Sport ⟨I4⟩

l'**équilibre** *(m.)* [lekilibʀ] das Gleichgewicht II7A, 1

une **équipe** [ynekip] eine Mannschaft, ein Team II6DE

l'**équitation** *(f.)* [lekitasjɔ̃] Reiten I5

une **erreur** [yneʀœʀ] ein Irrtum II5A, 3

l'**escalade** [lɛskalad] das Klettern ⟨IIIM1, 1⟩

un **escalier** [ɛ̃nɛskalje] eine Treppe II2DE

l'**escrime** *(f.)* [lɛskʀim] das Fechten II7B, 3

l'**espagnol** *(m.)* [lɛspaɲɔl] Spanisch II1A, 1

espérer [ɛspeʀe] hoffen II4B, 2

essayer qc [eseje] etw. versuchen, ausprobieren; anprobieren II5B, 1

l'**est** *(m.)* [lɛst] der Osten III0

est-ce que [ɛskə] *Frageformel* I5B, 3

et [e] und I1A, 1

une **étagère** [ynetaʒɛʀ] ein Regal I3A, 2

un **Etat** [ɛ̃neta] ein Staat III4DE, 1

l'**été** *(m.)* [lete] der Sommer II5B, 4

éteindre qc [etɛ̃dʀ] etw. ausschalten ⟨IIIM3A, 4⟩

une **étoile** [ynetwal] ein Stern II8DE

étrange/**étrange** [etʀɑ̃ʒ] seltsam, merkwürdig III1B, 1

à l'étranger [aletʀɑ̃ʒe] im Ausland ⟨IIIM3DE⟩

être [ɛtʀ] sein I2B, 2
être en colère [ɛtʀɑ̃kɔlɛʀ] wütend sein II1A, 1
être en retard [ɛtʀɑ̃ʀətaʀ] zu spät kommen I4DE
être en train de faire qc [ɛtʀɑ̃tʀɛ̃dəfɛʀ] gerade etw. tun III2A, 2
être fort(e) en [ɛtʀəfɔʀɑ̃] gut sein in etw. III2B, 9
Il/Elle est à qui? [iletaki/ɛletaki] Wem gehört er/sie/es? I4A, 3

les **études** *(f.) (pl.)* [lezetyd] das Studium III4B, 1
faire ses études [fɛʀsezetyd] studieren III4B, 1

euh ... [ø] äh I2A, 3

un **euro**/des **euros** [ɛ̃nøʀo/dezøʀo] ein Euro/Euros I5C, 1

européen/**européenne** [øʀɔpeɛ̃/øʀɔpeɛn] europäisch II4DE, 3

un **évènement** [ɛ̃nevɛnmɑ̃] ein Ereignis III1DE

éviter qc [evite] etw. vermeiden III3A, 4

Excusez-moi. [ɛkskyzemwa] Entschuldigen Sie./Entschuldigung! I4A, 3

un **exemple** [ɛ̃nɛgzɑ̃pl] ein Beispiel I7D, 1
par exemple [paʀɛgzɑ̃pl] zum Beispiel I7D, 1

un **exercice** [ɛ̃nɛgzɛʀsis] eine Übung I4B, 4

exister [ɛgziste] existieren/geben ⟨IIIM1C⟩

expliquer qc (à qn) [ɛksplike] (jdm.) etw. erklären II2B, 2

une **exploitation** [ynɛksplwatasjɔ̃] Nutzung, Abbau ⟨III4D, 1⟩

un **exposé** [ɛ̃nɛkspoze] ein Referat II3A, 2

une **exposition** [ynɛkspozisjɔ̃] eine Ausstellung I7DE

F

fabriquer qc [fabʀike] etw. herstellen III2DE

facile [fasil] leicht II7A, 1

un **facteur**/une **factrice** [ɛ̃faktœʀ/ynfaktʀis] ein Briefträger, eine Briefträgerin II6C

la **faim** [lafɛ̃] der Hunger I3B, 1

faire qc [fɛʀ] etw. machen I4B, 4
Il fait beau. [ilfɛbo] Es ist schönes Wetter./Das Wetter ist schön. I7B, 1
Il fait chaud. [ilfɛʃo] Es ist warm/heiß. I7B, 1
faire la fête [fɛʀlafɛt] feiern I6DE
faire sa toilette [fɛʀsatwalɛt] sich waschen I5A, 3
Il fait froid. [ilfɛfʀwa] Es ist kalt. I7B, 2
faire la cuisine [fɛʀlakɥizin] kochen, Essen zubereiten II4DE
faire la queue [fɛʀlakø] Schlange stehen III3B, 3
faire le point sur qc [fɛʀləpwɛ̃] einen zusammenfassenden Überblick über etw. geben III4A, 4
faire les courses *(f.) (pl.)* [fɛʀlekuʀs] einkaufen II4DE
faire mal [fɛʀmal] weh tun I5B, 3
Il fait mauvais. [ilfɛmɔvɛ] Es ist schlechtes Wetter. I7B, 2

faire partie de [fɛʀpaʀti] gehören zu, ein Teil sein von III4DE

faire ses études [fɛʀsezetyd] studieren III4B, 1

Ne t'en fais pas. *(fam.)* [nətɑ̃fɛpa] Mach dir nichts draus. II7A, 4

Que fait Léo? [kəfɛleo] Was macht Léo? I2DE

faire le lit [fɛʀləli] das Bett machen I6A, 2

un **fait** [ɛ̃fɛ] eine Tatsache III1B, 7

il faut faire qc [ilfofɛʀ] man muss etw. tun II4A, 2

familier/**familière** [familje/familjɛʀ] vertraut; geläufig; *(hier)* umgangssprachlich III3A, 7

une **famille** [ynfamij] eine Familie I3A, 8

fantastique [fɑ̃tastik] fantastisch, toll I1B, 1

la **farine** [lafaʀin] das Mehl II4DE

fasciner [fasine] faszinieren, fesseln III2B, 1

le **fastfood** [ləfastfud] Fastfood ⟨IIIM3A, 3⟩

fatigué/**fatiguée** [fatige] müde I7C, 1

il faut qc [ilfo] man braucht etw. II4A, 1

une **faute** [ynfot] ein Fehler III3A, 4

féliciter qn [felisite] jdn. beglückwünschen, jdm. gratulieren II3B, 4

une **femme** [ynfam] eine Frau I1B, 7

une **fenêtre** [ynfənɛtʀ] ein Fenster II5A, 6

une **ferme** [ynfɛʀm] ein Bauernhof II7B, 3

fermer qc [fɛʀme] etw. schließen II2A, 1

un **festival** [ɛ̃festival] ein Festival II6DE

une **fête** [ynfɛt] eine Party II7A, 1; ein Fest I6DE
la fête des mères [lafɛtdemɛʀ] Muttertag ⟨I3P⟩
la fête du travail [lafɛtdytʀavaj] Tag der Arbeit (1. Mai) ⟨I3P⟩
une fête nationale [ynfɛtnasjɔnal] ein Nationalfeiertag ⟨I3P⟩; I6DE

faire la fête [fɛʀlafɛt] feiern I6DE

fêter [fɛte] feiern I6A, 2

le **feu** [ləfø] die Ampel I5B, 2

un **feu d'artifice** [ɛ̃fødaʀtifis] ein Feuerwerk I6DE

une **feuille** [ynfœj] ein Blatt ⟨I2P⟩

février *(m.)* [fevʀije] Februar I3B, 7

une **fiche** [ynfiʃ] Blatt (Papier); *hier:* ein Steckbrief I6B

une **figure** [ynfigyʀ] eine Figur *(im Sport)* II7A, 1

une **fille** [ynfij] ein Mädchen, eine Tochter I1B, 1

un **film** [ɛ̃film] ein Film I5A, 3
un film d'horreur [ɛ̃filmdɔʀœʀ] ein Horrorfilm ⟨II6D⟩
un film policier [ɛ̃filmpɔlisje] ein Kriminalfilm, ein Krimi ⟨II6D⟩

un **fils** [ɛ̃fis] ein Sohn I3A, 9

la **fin** [lafɛ̃] das E̶n̶d̶e̶, der Schluss I4B, 5

finalement [finalmɑ̃] schließlich, zum Schluss III2B, 1

finir [finiʀ] etw. beenden II7A, 1

une **fleur** [ynflœʀ] eine Blume I6B, 6

un **fleuve** [ɛ̃flœv] ein Fluss, ein Strom III0

la **FNAC** [lafnak] die FNAC I3A, 1

une **fois** [ynfwa] einmal II2DE
chaque fois que [ʃakfwakə] jedesmal wenn III1C, 1

au fond de qc [ofõdə] hinten in, unten in **IIIA,** 3

fonder qc [fõde] etw. gründen **III2DE**

une **fondue savoyarde** [ynfõdysavwajard] ein Käsefondue **III0**

le **foot(ball)** [ləfut(bɔl)] der Fußball (Sportart) **I2B,** 7

un **footballeur**/une **footballeuse** [ɛ̃futbolœr/ynfutboløz] ein Fußballspieler/eine Fußballspielerin ⟨**IIIM3B,** 2⟩

une **forêt** [ynfɔrɛ] ein Wald **IIIA,** 4

une **formation** [ynfɔrmasjõ] eine Ausbildung **III2DE**

la **forme** [lafɔrm] die Form **IIA,** 3

se **former** [səfɔrme] sich bilden, entstehen ⟨**IIIM1A,** 1⟩

former qc [fɔrme] etw. formen, bilden ⟨**III4D,** 2⟩

fort/**forte** [fɔr/fɔrt] stark **III2B,** 9

être fort(e) en [ɛtrəfɔrɑ̃] gut sein in etw. **III2B,** 9

fort en qc [fɔr] gut in etw. **I0,** 4; stark in etw. **I5C,** 1

fou/**fol**/**folle** [fu/fɔl] verrückt **II4DE**

la **foudre** [lafudr] der Blitz **III3B,** 3

le coup de foudre [ləkudfudr] Liebe auf den ersten Blick (wörtl. der Blitzschlag) **III3B,** 3

fouiller [fuje] wühlen; suchen ⟨**IIIM3A,** 4⟩

une **fourchette** [ynfurʃɛt] eine Gabel **II4B,** 1

Je m'en fous. (fam.) [ʒəmɑ̃fu] Das ist mir total egal. **I6B,** 1

une **fraise** [ynfrɛz] eine Erdbeere ⟨**II4P**⟩

un **Français**/une **Française** [ɛ̃frɑ̃sɛ/ynfrɑ̃sɛz] ein Franzose/eine Französin **III4DE,** 3

en **France** [ɑ̃frɑ̃s] in Frankreich **I3A,** 3

franco-allemand/**franco-allemande** [frɑ̃koalmɑ̃/frɑ̃koalmɑ̃d] deutsch-französisch ⟨**IIIM2A,** 1⟩

francophone/**francophone** [frɑ̃kɔfɔn/frɑ̃kɔfɔn] französischsprachig **III4DE**

la **francophonie** [lafrɑ̃kɔfɔni] die Frankofonie **III4DE**

frapper [frape] klopfen; schlagen **III1B,** 5

un **frère** [ɛ̃frɛr] ein Bruder **I2B,** 2

un **frigo** (fam.) [ɛ̃frigo] ein Kühlschrank **II4A,** 1

les **fringues** (f.) (fam.) [lefrɛ̃g] die Klamotten (ugs.) **III2A,** 2; die Klamotten ⟨**I6P**⟩

froid/**froide** [frwa/frwad] kalt **I7B,** 2

Il fait froid. [ilfɛfrwa] Es ist kalt. **I7B,** 2

le **fromage** [ləfrɔmaʒ] der Käse **II4B,** 2

une **frontière** [ynfrõtjɛr] eine Grenze **III0**

un **fruit** [ɛ̃frɥi] eine Frucht **II4DE**

G

un **gagnant**/une **gagnante** [ɛ̃gaɲɑ̃/yngaɲɑ̃t] ein Gewinner/eine Gewinnerin ⟨**IIIM1DE**⟩

gagner (qc) [gaɲe] (etw.) gewinnen **I5B,** 3

gagner sa vie [gaɲesavi] seinen Lebensunterhalt verdienen **III4B,** 2

Quelle galère! [kɛlgalɛr] Echt ätzend! (ugs.) **III2A,** 5

une **galette** [yngalɛt] (hier) ein Keks ⟨**IIIM1B**⟩

un **garçon** [ɛ̃garsõ] ein Junge **I1B,** 1

garder qc [garde] etw. behalten **III1B,** 2

une **gare** [yngar] ein Bahnhof **I6A,** 4

un **gâteau**/des **gâteaux** [ɛ̃gato/degato] ein Kuchen/Kuchen **I3A,** 3

gâter qn [gate] jdn. verwöhnen **III0**

à gauche [agoʃ] (nach) links **I5B,** 1

une **gaufre** [yngofr] eine Waffel **I5C,** 1

un **gecko** [ɛ̃geko] ein Gecko **I1P**

gênant/**gênante** [ʒenɑ̃/ʒenɑ̃t] peinlich, lästig **III3A,** 7

gêné/**gênée** [ʒene] verlegen **III3A,** 4

génial/**géniale** [ʒenjal] super, genial **I6B,** 6

un **genre** [ɛ̃ʒɑ̃r] eine Art ⟨**IIIM3A,** 4⟩

les **gens** (m., pl.) [leʒɑ̃] die Leute **I6DE**

gentil/**gentille** [ʒɑ̃ti/ʒɑ̃tij] nett **III3A,** 4

la **géographie** [laʒeɔgrafi] die Geographie, die Erdkunde **II3A,** 2

une **gestion** [ynʒɛstjõ] eine Geschaftsführung ⟨**IIIM3B,** 3⟩

un **gîte** [ɛ̃ʒit] ein Ferienhaus **II5DE**

une **glace** [ynglas] ein Eis **II5B,** 1

un **glacier** [ɛ̃glasje] ein Eisverkäufer; eine Eisdiele ⟨**I5P**⟩

une **gomme** [yngɔm] ein Radiergummi **I2A,** 2

goûter qc [gute] etw. probieren **II4B,** 2

grâce à qn/qc [gras] durch jdn./etw. **III4B,** 1

un **gramme** [ɛ̃gram] ein Gramm **II4A,** 5

grand/**grande** [grɑ̃/grɑ̃d] groß **I6DE**

un grand magasin [ɛ̃grɑ̃magazɛ̃] ein Kaufhaus ⟨**I5**⟩

les grands-parents [legrɑ̃parɑ̃] die Großeltern **I3A,** 9

une **grand-mère** [yngrɑ̃mɛr] eine Großmutter **I2A,** 3

un grand-père [ɛ̃grɑ̃pɛr] ein Großvater **I3A,** 9

un grand huit [ɛ̃grɑ̃ɥit] eine Achterbahn **I7E,** 1

grandir [grɑ̃dir] wachsen; hier: aufwachsen **II6B**

un **graphiste**/une **graphiste** [ɛ̃grafist/yngrafist] ein Grafiker/eine Grafikerin ⟨**IIIM3B,** 3⟩

un **gratin dauphinois** [ɛ̃gratɛ̃dofinwa] ein Kartoffelgratin **III0**

gratuit/**gratuite** [gratɥi/gratɥit] kostenlos **II4A,** 2; gratis **II7B,** 3

grave/**grave** [grav/grav] schlimm **II4B,** 2

une **grille** [yngrij] eine Gittertür; ein Drahtzaun **II2A,** 1

gris/**grise** [gri/griz] grau **I6B,** 6

gros/**grosse** [gro/gros] dick (Personen); groß, schwer (Sachen, Tiere) **III3A,** 4

une **grotte** [yngrɔt] eine Höhle ⟨**IIIM1C,** 4⟩

un **groupe** [ɛ̃grup] eine Gruppe **II2A,** 1

une **guerre** [lagɛr] der Krieg ⟨**IIIM3A,** 4⟩

un **guide**/une **guide** [ɛ̃gid/yngid] ein Führer/eine Führerin **II2A,** 1

une **guitare** [yngitar] eine Gitarre **I6B,** 1; **I5A,** 5

un **gymnase** [ɛ̃ʒimnaz] eine Turnhalle **I4B,** 3

la **gymnastique** [laʒimnastik] das Turnen, die Gymnastik **I2B,** 7

H

s' **habiller** [sabije] sich anziehen, sich kleiden **III2A,** 1

un **habitant**/une **habitante** [ɛ̃nabitɑ̃/ynabitɑ̃t] ein Einwohner/eine Einwohnerin **III0**

habiter [abite] wohnen **I2B,** 2

une **habitude** [ynabityd] eine Gewohnheit **IIIA,** 3

d'habitude [dabityd] gewöhnlich, normalerweise **IIIA,** 3

haïtien/**haïtienne** [aisjɛ̃/aisjɛn] aus Haiti **II6B**

un **hamster** [ɛ̃amstɛr] ein Hamster **I1P**

le **hand-ball** [ləɑ̃dbal] Handball **I5**

haut/**haute** [o/ot] hoch **III0**

hein? (fam.) [ɛ̃] was? äh? (ugs.) **I5DE**

l' **herbe** (f.) [lɛrb] das Gras **II7B,** 3

l' **hésitation** (f.) [lezitasjõ] das Zögern **III3A,** 1

hésiter à faire qc [ezite] zögern, etw. zu tun **III1B,** 5

une **heure** [ynœr] eine Stunde **I4A,** 1; **I4A,** 1

à quelle heure [akelœr] um wie viel Uhr **I4A,** 2

une heure de vie [ynœdəvi] eine Klassenlehrerstunde (in der Schule) **II8DE**

huit heures et quart [ɥitœrekar] Viertel nach acht **I4A,** 1

sept heures [sɛtœr] sieben Uhr **I4A,** 1

sept heures et demie [sɛtœredəmi] halb acht **I4A,** 1

six heures moins le quart [sizœrmwɛ̃lkar] Viertel vor sechs **I4A,** 1

heureux/**heureuse** [ørø/ørøz] glücklich **II2B,** 1

un **hexagone** [ɛ̃negzagon] ein Sechseck ⟨**IIIM1DE**⟩

hier [jɛr] gestern **I6A,** 2

hi, hi, hi [iii] ha, ha, ha **I2B,** 2

une **histoire** [ynistwar] eine Geschichte **I3A,** 1

l' **histoire-géo** (f.) [listwarʒeɔ] Geschichte und Erdkunde ⟨**I4P**⟩

l' **hiver** (m.) [livɛr] der Winter **II5B,** 4

un **homme** [ɛ̃nɔm] ein Mann **I1B,** 7

une **honte** [ynõt] eine Schande **III3A,** 7

J'ai la honte! (fam.) [ʒelɑ̃t] Peinlich!, So eine Blamage! (ugs.) **III3A,** 7

un **hôpital** [ɛ̃nɔpital] ein Krankenhaus **III2A,** 2

l' **horreur** (f.) [lɔrœr] der Schrecken ⟨**II6D**⟩

un **Hôtel de ville** [ɛ̃notɛldəvil] ein Rathaus **III3A,** 1

l' **huile** (f.) [lɥil] das Öl **II4A,** 1

humanitaire [ymanitɛr] humanitär, menschenfreundlich **III2B,** 1

un **humoriste**/une **humoriste** [ɛ̃nymɔrist/ynymɔrist] ein Humorist/eine Humoristin; ein Komiker/eine Komikerin ⟨**IIIM2A,** 3⟩

l' **humour** (m.) [lymur] der Humor ⟨**IIIM2A,** 3⟩; ⟨**II6D**⟩

I

ici [isi] hier, hierher **I1B,** 1

une **idée** [ynide] eine Idee **I3A,** 1

une **île** [ynil] eine Insel **III4DE**
il y a deux semaines [ilja] (jetzt) vor zwei Wochen **III1B**, 7
il y a [ilja] es gibt, es ist, es sind **I3A**, 1
une **image** [ynimaʒ] ein Bild ⟨**II6D**⟩
imaginer qn/qc [imaʒine] sich jdn./etw. vorstellen **II0DE**
un **immigré**/ une **immigrée** [ɛ̃nimigʀe/ynimigʀe] ein Einwanderer/eine Einwanderin ⟨**IIIM2B**, 2⟩
important/**importante** [ɛ̃pɔʀtɑ̃/ɛ̃pɔʀtɑ̃t] wichtig **II6A**; **II6B**
impossible/**impossible** [ɛ̃pɔsibl] unmöglich ⟨**IIIM2A**, 3⟩
une **impression** [ynɛ̃pʀesjɔ̃] ein Eindruck **III1A**, 3
avoir l'impression que [avwaʀlɛ̃pʀesjɔ̃] den Eindruck haben, dass **III1A**, 3
impressionnant/**impressionnante** [ɛ̃pʀesjɔnɑ̃/ɛ̃pʀesjɔnɑ̃t] eindrucksvoll, beeindruckend **III4A**, 1
imprudent/**imprudente** [ɛ̃pʀydɑ̃/ɛ̃pʀydɑ̃t] unvorsichtig ⟨**IIIM1B**⟩
inattendu/**inattendue** [inatɑ̃dy] unerwartet ⟨**IIIM2A**, 1⟩
incroyable [ɛ̃kʀwajabl] unglaublich **III2B**, 1
indépendant/**indépendante** [ɛ̃depɑ̃dɑ̃/ɛ̃depɑ̃dɑ̃t] unabhängig **III4DE**, 3
une **indignation** [ynɛ̃diɲasjɔ̃] eine Empörung ⟨**IIIM2B**, 2⟩
s' **indigner** de qc [sɛ̃diɲe] sich empören über etwas ⟨**IIIM2B**, 2⟩
un **individu** [ɛ̃nɛ̃dividy] ein Individuum, eine einzelne Person ⟨**III4D**, 1⟩
l'**industrie** (f.) [lɛ̃dystʀi] die Industrie **III2B**, 9
une **infirmerie** [ynɛ̃fiʀməʀi] eine Krankenstation **I4DE**
un **infirmier**/une **infirmière** [ɛ̃nɛ̃fiʀmje/ynɛ̃fiʀmjɛʀ] ein Krankenpfleger/eine Krankenpflegerin **III2DE**
une **information** [ynɛ̃fɔʀmasjɔ̃] eine Information **II3B**, 1
informer qn sur qc [ɛ̃fɔʀme] jdn. über etw. informieren **III2A**, 2
s'informer sur qc [sɛ̃fɔʀme] sich über etw. informieren **III2A**, 2
un **ingénieur**/une **femme ingénieur** [ɛ̃nɛ̃ʒenjœʀ/ynfamɛ̃ʒenjœʀ] ein Ingenieur/eine Ingenieurin **III2DE**
inoubliable/**inoubliable** [inubliable] unvergesslich ⟨**IIIM2A**, 3⟩
inquiet/**inquiète** [ɛ̃kjɛ/ɛ̃kjɛt] unruhig, beunruhigt **III2B**, 1
un **instrument** [ɛ̃nɛ̃stʀymɑ̃] ein Instrument **II6B**
insupportable/**insupportable** [ɛ̃sypɔʀtabl] unerträglich ⟨**IIIM3A**, 4⟩
intéressant/**intéressante** [ɛ̃teʀesɑ̃/ɛ̃teʀesɑ̃t] interessant **II6A**, 4
le plus intéressant [leplyzɛ̃teʀesɑ̃] das interessanteste **III3B**, 2
s' **intéresser** à qc [sɛ̃teʀese] sich für etw. interessieren **III2B**, 1
Internet (m.) [ɛ̃tɛʀnɛt] das Internet **I7E**, 1
sur Internet [syʀɛ̃tɛʀnɛt] im Internet **I7E**, 1

une **interrogation** [ynɛ̃teʀɔgasjɔ̃] eine Klassenarbeit **I4B**, 4
une **interview** [ynɛ̃tɛʀvju] ein Interview **I5B**, 1
inventer qc [ɛ̃vɑ̃te] etw. erfinden **I7D**, 1
l'**inverse** (m.) [lɛvɛʀs] das Gegenteil, das Umgekehrte **III1B**, 1
une **invitation** [ynɛ̃vitasjɔ̃] eine Einladung **II6A**
un **invité**/une **invitée** [ɛ̃nɛ̃vite/ynɛ̃vite] ein Gast **II4B**, 2
inviter qn [ɛ̃vite] jdn. einladen **I3A**, 3

J

la **jalousie** [laʒaluzi] die Eifersucht **I6B**, 6
jaloux/**jalouse** [ʒalu/ʒaluz] eifersüchtig **I6B**, 1
la **jambe** [laʒɑ̃b] das Bein **II5B**, 1
janvier (m.) [ʒɑ̃vje] Januar **I3B**, 7
un **jardin** [ɛ̃ʒaʀdɛ̃] ein Garten **II5A**, 6
un **jardinier**/une **jardinière** [ɛ̃ʒaʀdinje/ynʒaʀdinjɛʀ] ein Gärtner/eine Gärtnerin **III2B**, 4
jaune [ʒon] gelb **I6A**, 4
un **jean** [ɛ̃dʒin] eine Jeans **I6A**, 4
un **jet-ski** [ɛ̃dʒɛtski] ein Jet-Ski ⟨**II5P**⟩
un **jeu**/des **jeux** [ɛ̃ʒø/deʒø] ein Spiel/Spiele **I3B**, 1
un jeu vidéo/des jeux vidéo [ɛ̃ʒøvideo/deʒøvideo] ein Computerspiel/Computerspiele **I3B**, 1
jeudi (m.) [ʒødi] Donnerstag, am Donnerstag **I4**
un **jeune**/une **jeune** [ɛ̃ʒœn/ynʒœn] ein Jugendlicher, eine Jugendliche **II6A**
la **joie** [laʒwa] die Freude **II6B**
joindre qc [ʒwɛ̃dʀ] etw. zusammenfügen; (hier) etw. beifügen ⟨**IIIM3DE**⟩
jolie [ʒɔli] hübsch **I6A**, 4
jongler [ʒɔ̃gle] jonglieren **II7A**, 1
jouer [ʒwe] spielen **I5A**, 3; **I4DE**
un **jouet** [ɛ̃ʒwɛ] ein Spielzeug **I6B**, 1
le **jour** [ləʒuʀ] der Tag **I6A**, 4
par jour [paʀʒuʀ] pro Tag/täglich **I7C**, 1
un **journal** [ɛ̃ʒuʀnal] eine Zeitung **I2DE**
une **journée** [ynʒuʀne] ein Tag **I4A**, 1
Bonne journée! [bɔnʒuʀne] Einen schönen Tag! **I5C**, 1
une **journée d'orientation** [ynʒuʀnedɔʀjɑ̃tasjɔ̃] ein Berufsberatungstag **III2A**, 2
le **judo** [ləʒydo] das Judo **I2B**, 2
aller au judo [aleoʒydo] zum Judo gehen **I5A**, 3
juillet (m.) [ʒɥijɛ] Juli **I3B**, 7
le **14 juillet** [ləkatɔʀzʒɥijɛ] der 14. Juli (französischer Nationalfeiertag) ⟨**I3P**⟩
juin (m.) [ʒɥɛ̃] Juni **I3B**, 7
une **jupe** [ynʒyp] ein Rock **I6B**, 8
jurer [ʒyʀe] schwören **II1B**, 2
le **jury** [ləʒyʀi] die Jury ⟨**IIIM1DE**⟩
un **jus** [ɛ̃ʒy] ein Saft **I5C**, 1
un jus de pomme [ʒydpɔm] ein Apfelsaft **I5C**, 1
jusqu'à . . . [ʒyska] bis **I5B**, 2
jusque [ʒysk] bis **III3A**, 4

juste [ʒyst] hier: Punkt, genau, pünktlich **I5A**, 3
justifier qc [ʒystifje] etw. rechtfertigen, begründen ⟨**IIIM2B**, 2⟩

K

le **karaté** [ləkaʀate] Karate **II8DE**
une **kasbah** [ynkasba] Festung, befestigte Stadtanlage (in nordafrikanischen Ländern) **III4B**, 2
un **kayak** [ɛ̃kajak] Kajak ⟨**II5P**⟩
kiffer qn/qc (fam.) [kife] voll auf jdn./etw. abfahren, voll auf jdn./etw. stehen (ugs.) **II8A**
un **kilo** [ɛ̃kilo] ein Kilo **II4A**, 2
un **kilomètre** [ɛ̃kilɔmɛtʀ] ein Kilometer **I7C**, 1
un **kiosque** [ɛ̃kjɔsk] ein Kiosk ⟨**I5P**⟩
le **kitsch** [ləkitʃ] der Kitsch ⟨**IIIM1B**⟩

L

là [la] da, dort **I2A**, 3
là-bas [laba] dort(hin), da(hin) **II1A**, 1
un **lac** [ɛ̃lak] ein See **III4A**, 1
laisser qc [lese] etw. (zurück)lassen **II5A**, 3
le **lait** [ləlɛ] die Milch **II4DE**
lancer qc [lɑ̃se] etw. werfen **II5B**, 1
une **langue** [ynlɑ̃g] eine Sprache **III2B**, 9
la deuxième langue [ladøzjɛmlɑ̃g] die 2. Fremdsprache **III1A**, 1
une langue maternelle [ynlɑ̃gmatɛʀnɛl] eine Muttersprache **III4DE**
une langue officielle [ynlɑ̃gɔfisjɛl] eine Amtssprache **III4A**, 1
un **lapin** [ɛ̃lapɛ̃] ein Kaninchen **I1P**
une **larme** [ynlaʀm] eine Träne **III1A**, 3
laver qn/qc [lave] jdn./etw. waschen **III2A**, 1
se **laver** [səlave] sich waschen **III2A**, 1
la **voile** [lavwal] Segeln ⟨**II5B**⟩
une **leçon** [ynləsɔ̃] eine Lektion **II3DE**
un **lecteur**/une **lectrice** [ɛ̃lɛktœʀ/ynlɛktʀis] ein Leser/eine Leserin ⟨**IIIM1DE**⟩
la **lecture** [lalɛktyʀ] Lesen ⟨**I2P**⟩
une **légende** [ynleʒɑ̃d] eine Legende, eine Sage **III0**
des **légumes** (m.) [delegym] Gemüse **II4DE**
le **lendemain** [ləlɑ̃dmɛ̃] am folgenden Tag **III1B**, 1
une **lettre** [ynlɛtʀ] ein Brief **II6C**
lever qc [ləve] etw. heben **III2A**, 1
se **lever** [səlave] aufstehen; sich erheben **III2A**, 1
une **librairie** [ynlibʀɛʀi] eine Buchhandlung **I2DE**
une **librairie-papeterie** [ynlibʀɛʀipapetʀi] ein Buch- und Schreibwarengeschäft **I2DE**
libre/**libre** [libʀ] frei ⟨**IIIM2A**, 1⟩; ⟨**III4D**, 1⟩
un **lieu** [ɛ̃ljø] ein Ort ⟨**II6D**⟩
avoir lieu [avwaʀljø] stattfinden ⟨**II6D**⟩
en ligne [ɑ̃liɲ] online **II2A**, 1
lire qc (à qn) [liʀ] etw. lesen, jdm. etw. vorlesen **I7B**, 3
une **liste** [ynlist] eine Liste **I7E**, 1
un **lit** [ɛ̃li] ein Bett **I4A**, 1
faire le lit [fɛʀləli] das Bett machen **I6A**, 2

un **litre** [ɛ̃litʀ] ein Liter **II4A,** 2
un **livre** [ɛ̃livʀ] ein Buch **I2A,** 1
un **logiciel** [ɛ̃lɔʒisjɛl] eine Software, ein Computerprogramm 〈**IIIM3B,** 3〉
un **logo** [ɛ̃logo] ein Logo, ein Markenzeichen 〈**IIIM3B,** 3〉
loin [lwɛ̃] weit (Adv.) **I5A,** 1
un **loisir** [ɛ̃lwaziʀ] eine Freizeitbeschäftigung/ein Hobby les loisirs (m.) = die Freizeit 〈**IIID,** 1〉
long/longue [lɔ̃/lɔ̃g] lang **I6A,** 4
long de/longue de 1 km [lɔ̃də/lɔ̃gdə] 1 km lang 〈**IIIM1C**〉
longtemps [lɔ̃tɑ̃] lange (Adv.) **II3B,** 1
lorsque [lɔʀskə] wenn, als **III1A,** 3
la **lumière** [lalymjɛʀ] das Licht 〈**IIIM3A,** 4〉
lundi (m.) [lɛ̃di] Montag, am Montag **I4A,** 3
la **lune** [lalyn] der Mond **II8DE**
être dans la lune (fam.) zerstreut sein, nicht bei der Sache sein **II4A,** 1
un **lycée** [ɛ̃lise] ein Gymnasium/Lycée **III2DE**

M

madame [madam] Frau … 〈**I0,** 2〉
mademoiselle [madmwazɛl] Fräulein … 〈**I0,** 2〉
un **magasin** [ɛ̃magazɛ̃] ein Geschäft, ein Laden **I2DE**
un **magazine** [ɛ̃magazin] eine Zeitschrift 〈**IIIM2A,** 1〉; **I2DE**
magnifique/magnifique [maɲifik] wunderbar, wunderschön **II3A,** 1
mai (m.) [mɛ] Mai **I3B,** 7
la **main** [lamɛ̃] die Hand **I4A,** 3
maintenant [mɛ̃tnɑ̃] jetzt **I3A,** 3
mais [mɛ] aber **I1B,** 1
une **maison** [ynmɛzɔ̃] ein Haus **I2A,** 3
à la maison [alamɛzɔ̃] zu Hause, nach Hause **I4A,** 1
la Maison de la Presse [lamɛzɔ̃dəlapʀɛs] Name einer Buchhandlung/eines Schreibwarengeschäfts **I2DE**
une **maison d'édition** [ynmɛzɔ̃dedsjɔ̃] ein Verlag 〈**IIIM3DE**〉
une **maison des jeunes** [ynmɛzɔ̃deʒœn] ein Jugendzentrum 〈**I5P**〉
mal (adv.) [mal] schlecht (Adv.) **I1B,** 7
avoir mal [avwaʀmal] Schmerzen haben **I5B,** 3
faire mal [fɛʀmal] weh tun **I5B,** 3
malade/malade [malad] krank **III1B,** 5
une **maladie** [ynmaladi] eine Krankheit **II3A,** 1
malheureux/malheureuse [malœʀø/malœʀøz] unglücklich **II2B,** 1
maman (f.) [mamɑ̃] Mama, Mutti **I3A,** 3
mamie [mami] Oma, Omi **I7B,** 4; Omi **I2A,** 3
manger qc [mɑ̃ʒe] etwas essen **I3B,** 1
un **manque** [ɛ̃mɑ̃k] ein Mangel 〈**IIIC,** 1〉
manquer [mɑ̃ke] fehlen **III1C,** 1
un **marché** [ɛ̃maʀʃe] ein Markt **I7D,** 1
un marché aux puces [ɛ̃maʀʃeopys] ein Flohmarkt **I7D,** 1

marcher sur qc [maʀʃe] auf etw. treten **II0DE**
mardi (m.) [maʀdi] Dienstag, am Dienstag **I4**
la **marée** [lamaʀe] die Gezeiten (pl.) 〈**IIIM1B**〉
la marée haute [lamaʀeot] eine Flut 〈**IIIM1B**〉
la marée basse [lamaʀebas] die Ebbe 〈**IIIM1B**〉
le **mari** [ləmaʀi] der Ehemann **III2A,** 1
le **mariage** [ləmaʀjaʒ] die Hochzeit 〈**I3DE**〉
marocain/marocaine [maʀɔkɛ̃/maʀɔkɛn] marokkanisch **III4DE,** 4
en avoir marre de qn/qc (fam.) [ɑ̃navwaʀmaʀ] von etw. die Nase voll haben (ugs.) **II2A,** 1
mars (m.) [maʀs] März **I3B,** 7
un **marteau** [ɛ̃maʀto] ein Hammer 〈**IIIM3B,** 1〉
maternel/maternelle [matɛʀnɛl] mütterlich, mütterlicherseits **III4DE**
les **mathématiques** (f.) [lematematik] Mathematik 〈**I4**〉
le **matin** [ləmatɛ̃] der Morgen **I5A,** 3
mauvais/mauvaise [movɛ/mmovɛz] schlecht **I6B,** 1
Il fait mauvais. [ilfɛmovɛ] Es ist schlechtes Wetter. **I7B,** 2
un **maximum** [ɛ̃maksimɔm] ein Maximum 〈**II6D**〉
au maximum [omaksimɔm] höchstens 〈**II6D**〉
un **mécanicien**/une **mécanicienne** [ɛ̃mekanisjɛ̃/ynmekanisjɛn] ein Mechaniker/eine Mechanikerin **III2B,** 4
un **médecin**/une **femme médecin** [ɛ̃medsɛ̃/ynfammedsɛ̃] ein Arzt/eine Ärztin **II2B,** 1
la **médecine** [lamedsin] die Medizin **III4B,** 1
les **médias** (m., pl.) [lemedja] die Medien **II6DE**
médiatique/médiatique [medjatik] medienwirksam; Medien- 〈**IIIM2DE**〉
médical/médicale [medikal] medizinisch **III2DE**
un **médicament** [ɛ̃medikamɑ̃] ein Arzneimittel, ein Medikament **III2B,** 7; ein Medikament **III1C,** 1
une **médina** [ynmedina] (Altstadt in nordafrikanischen Städten) **III4B,** 1
le **meilleur**/la **meilleure** [ləmɛjœʀ/lamɛjœʀ] der beste/die beste/das beste **III1A,** 3
le meilleur moment [ləmɛjœʀmomɑ̃] der beste Moment **III3B,** 3
une **mélodie** [ynmelɔdi] eine Melodie **II6B**
un **melon** [ɛ̃məlɔ̃] eine Melone 〈**II4P**〉
même [mɛm] sogar **I5B,** 3
mentir [mɑ̃tiʀ] lügen **III1B,** 5
un **menu** [ɛ̃məny] ein Menü **II4B,** 7
la **mer** [lamɛʀ] das Meer **II0DE**
merci [mɛʀsi] danke **I0,** 4
Merci beaucoup! [mɛʀsiboku] Vielen Dank! **I5B,** 2
mercredi (m.) [mɛʀkʀədi] Mittwoch, am Mittwoch **I4**
une **mère** [ynmɛʀ] eine Mutter **I3A,** 9

un **message** [ɛ̃mɛsaʒ] eine Mitteilung, eine Nachricht **II3DE**
la **météo** [lameteo] die Wettervorhersage **III3A,** 9
un **métier** [ɛ̃metje] ein Beruf **II6B**
un **mètre** [ɛ̃mɛtʀ] ein Meter **III3B,** 3
le **métro** [ləmetʀo] die Metro, die U-Bahn **I7A,** 1; **I7B,** 1
une **métropole** [ynmetʀopol] eine Metropole; (hier) Frankreich als Mutterland **III4DE**
mettre qc [mɛtʀ] etw. setzen, stellen, legen; etw. anziehen **I5A,** 1
se mettre à faire qc [s(ə)mɛtʀ] anfangen, etw. zu tun **III3B,** 3
mettre la table [mɛtʀlatabl] den Tisch decken **II4B,** 1
mettre qn au monde [mɛtʀomɔ̃d] jdn. auf die Welt bringen, in die Welt setzen 〈**IIIM3A,** 4〉
midi [midi] zwölf Uhr (mittags) **I4A,** 1
le **Midi** [ləmidi] Südfrankreich **III1DE**
le **miel** [ləmjɛl] der Honig **III0**
mignon/mignonne [miɲɔ̃/miɲɔn] süß, niedlich **III3A,** 1
le **milieu** [ləmiljø] das Milieu, das Umfeld 〈**IIIM2A,** 3〉
mille [mil] tausend **II1B,** 2
deux mille [dømil] zweitausend **II1B,** 2
des **milliers** (m.) [demilje] Tausende **II2A,** 1
un **million** [ɛ̃miljɔ̃] eine Million **I7C,** 1
minuit (m.) [minɥi] Mitternacht, 12 Uhr nachts **I5A,** 3
une **minute** [ynminyt] eine Minute **I4A,** 3
à mi-temps [amitɑ̃] halbtags **II1A,** 1
un **MMS** [ɛ̃mɛmɛs] eine MMS (eine Bildnachricht) **II5A,** 3
mobiliser qn [mɔbilize] jdn. mobilisieren (jdn. dazu bewegen sich einzusetzen) 〈**IIIM2A,** 1〉
la **mode** [lamɔd] die Mode **II6C**
à la mode [alamɔd] modern, „in" **II6C**
moderne [mɔdɛʀn] modern **I7DE**
moi [mwa] ich 〈**I0,** 2〉
moins [mwɛ̃] weniger **III3B,** 1
moins … que [mwɛ̃kə] weniger als **II7A,** 1
moins pratique que [mwɛ̃pʀatikkə] weniger praktisch als **III3B,** 1
moins bien [mwɛ̃bjɛ̃] weniger gut **III4B,** 1
un **mois** [ɛ̃mwa] ein Monat **I3B,** 7
une **moitié** [ynmwatje] eine Hälfte **III1C,** 1
un **moment** [ɛ̃mɔmɑ̃] ein Moment **II2A,** 1
à ce moment-là [asəmɔmɑ̃la] in diesem Augenblick **II2A,** 1
un **monastère** [ɛ̃mɔnastɛʀ] ein Kloster **III0**
le **monde** [ləmɔ̃d] die Welt **I0,** 6
un **moniteur**/une **monitrice** [ɛ̃mɔnitœʀ/ynmɔnitʀis] ein Animateur/eine Animateurin **II0DE**
monsieur [məsjø] ein Herr, ein Mann 〈**I0,** 2〉
un monsieur [ɛ̃məsjø] ein Herr, ein Mann **I1B,** 4
une **montagne** [ynmɔ̃taɲ] ein Gebirge **III4B,** 2; ein Berg, ein Gebirge **II0DE**

monter [mɔ̃te] hinaufgehen; einsteigen **II2B**, 2

une **montre** [ynmɔ̃tʀ] eine Armbanduhr **II7A**, 1

montrer qc à qn [mɔ̃tʀe] jdm. etw. zeigen **I6B**, 1

un **monument** [ɛ̃mɔnymɑ̃] ein Denkmal, ein Monument **III3A**, 1

la **mort** [lamɔʀ] der Tod **II2DE**

mort/morte [mɔʀ/mɔʀt] tot **II8DE**

un **mot** [ɛ̃mo] ein Wort **I4B**, 3

mou/mol/molle [mu/mɔl] weich **II7A**, 1

une **mouche** [ynmuʃ] eine Fliege **III1B**, 5

une **moule** [ynmul] eine Miesmuschel **II4A**, 1

mourir [muʀiʀ] sterben **III4B**, 1

une **mousse au chocolat** [ynmusoʃɔkɔla] eine Mousse au chocolat *(süße Nachspeise)* **II4A**, 1

le **Moyen Age** [ləmwajɛnaʒ] das Mittelalter **III4B**, 1

un **moyen de transport** [ɛ̃mwajɛ̃dətʀɑ̃spɔʀ] ein Verkehrsmittel **I7C**, 2

la **moyenne** [lamwajɛn] der Durchschnitt *(10 von 20 Punkten im Zeugnis)* **II3A**, 2

multiculturel/multiculturelle [myltikyltyʀɛl] multikulturell ⟨**IIIM1C**⟩

un **musée** [ɛ̃myze] ein Museum **I7DE**

un **musicien/**une **musicienne** [ɛ̃myzisjɛ̃/ynmyzisjɛn] ein Musiker/eine Musikerin **III2B**, 4

la **musique** [lamyzik] die Musik **I2B**, 2

la musique pop [lamyzikpɔp] die Popmusik **II6B**

un **mystère** [ɛ̃mistɛʀ] ein (rätselhaftes) Geheimnis ⟨**IIIM1B**⟩

le **mystère** [ləmistɛʀ] das Geheimnis; das Wunder **II2DE**

mystérieux/mystérieuse [misteʀjø/misteʀjøz] geheimnisvoll; seltsam **II2DE**

N

nager [naʒe] schwimmen **II0DE**

la **naissance** [lanɛsɑ̃s] die Geburt **II6B**

être **né(e)** [ɛtʀəne] geboren werden/sein **II1B**, 2

une **nappe** [ynnap] eine Tischdecke **II4B**, 1

la **natation** [lanatasjɔ̃] das Schwimmen **I2**; **I5A**, 5

national/nationale [nasjɔnal] national, staatlich; *(hier:)* landesweit ⟨**IIIM2A**, 1⟩

la **nature** [lanatyʀ] die Natur **III2B**, 9

la **neige** [lanɛʒ] der Schnee **III3A**, 9

neiger [neʒe] schneien **I7B**, 2

ne … jamais [nə … ʒamɛ] nie, niemals **II4B**, 2

le **néoprène** [neopʀɛn] das Neopren **II5B**, 1

ne … pas non plus [nə … panɔ̃ply] auch nicht **I4A**, 3

ne … pas [nə … pa] nicht **I4A**, 3

ne … pas encore [nə … pazɑ̃kɔʀ] noch nicht **II4B**, 2

ne … personne [nəpɛʀsɔn] niemand **II8A**

ne … plus de [nə … plydə] kein/keine mehr **I7D**, 1

ne … plus [nə … ply] nicht mehr ⟨**I7D**, 1⟩

ne … que [nə … kə] nur **II3B**, 1

ne … rien [nə … ʀjɛ̃] nichts **I7E**, 1

le **nez** [ləne] die Nase ⟨**III3A**, 4⟩

le **nickel** [lənikɛl] ⟨**III4D**, 1⟩

N'importe quoi! [nɛ̃pɔʀtəkwa] Quatsch! **II8A**

un **niveau** [ɛ̃nivo] ein Niveau, eine Stufe **III3A**, 7

Noël *(m.)* [nɔɛl] Weihnachten ⟨**I3DE**⟩

noir/noire [nwaʀ] schwarz **I6B**, 6

un **nom** [ɛ̃nɔ̃] ein Name **II1DE**

un **nombre** [ɛ̃nɔ̃bʀ] eine Zahl **III4DE**

non [nɔ̃] nein **I1A**, 1

le **nord** [lənɔʀ] der Norden **III0**

normal/normale [nɔʀmal/nɔʀmal] normal **II5A**, 3

normalement [nɔʀmalmɑ̃] normalerweise **III2B**, 7

une **note** [ynnɔt] eine Note **II3A**, 2

noter qc [nɔte] etw. aufschreiben **II3DE**

le **nougat** der Nugat *(Süßigkeit aus Mandeln und Honig)* **III0**

un **nouveau/**une **nouvelle** [ɛ̃nuvo/ynnuvɛl] ein Neuer, eine Neue **II1B**, 2

nouveau/nouvel/nouvelle [nuvo/nuvɛl/nuvɛl] neu **II6DE**

le **Nouvel An** [lənuvɛlɑ̃] Neujahr ⟨**I3DE**⟩

novembre *(m.)* [nɔvɑ̃bʀ] November **I3B**, 7

un **nuage** [ɛ̃nɥaʒ] eine Wolke **III3A**, 9

la **nuit** [lanɥi] die Nacht **I5A**, 1

nul/nulle [nyl] blöd **I5B**, 3

C'est trop nul! *(fam.)* [sɛtʀonyl] Das ist zu blöd! *(ugs.)* **I5B**, 3

numérique/numérique [nymeʀik] digital ⟨**IIIM3B**, 3⟩; ⟨**IIIM1DE**⟩

O

un **objectif** [ɛ̃nɔbʒɛktif] ein Ziel ⟨**IIIM3A**, 1⟩

un **objet** [ɛ̃nɔbʒɛ] ein Gegenstand **III1DE**

obligatoire/obligatoire [ɔbligatwaʀ] Pflicht-; obligatorisch ⟨**IIIM3DE**⟩

une **observation** [ynɔpsɛʀvasjɔ̃] eine Beobachtung ⟨**IIIM3DE**⟩

occidental/occidentale/occidentaux/occidentales [ɔksidɑ̃tal/ɔksidɑ̃to] abendländisch, westlich ⟨**III4D**, 1⟩

occupé/occupée [ɔkype] beschäftigt; besetzt **III2DE**

occuper [ɔkype] beschäftigen; besetzen **III2DE**

s'occuper de qn/qc [sɔkype] sich mit jdm./etw. beschäftigen; sich um jdn./etw. kümmern **III2A**, 1

octobre *(m.)* [ɔktɔbʀ] Oktober **I3B**, 7

un **œil/**des **yeux** [ɛ̃nœj/dezjø] ein Auge/Augen **II1B**, 7

un **œuf/**des **œufs** [ɛ̃nœf/dezø] ein Ei/Eier **II4DE**

officiel/officielle [ɔfisjɛl] offiziell, amtlich **III4A**, 1

offrir qc à qn [ɔfʀiʀ] jdm. etw. anbieten/schenken **II8DE**

Oh! [o] Oh! **I1A**, 1

une **olive** [ynɔliv] eine Olive **II4A**, 1

une **ombre** [ynɔ̃bʀ] ein Schatten **III3B**, 3

un **oncle** [ɛ̃nɔ̃kl] ein Onkel **I3A**, 9

l'**optimisme** *(m.)* [lɔptimism] der Optimismus ⟨**III4C**⟩

un **ordinateur** [ɛ̃nɔʀdinatœʀ] ein Computer **I2A**

organiser qc [ɔʀganize] etw. organisieren **III3A**, 2

l'**orientation** *(f.)* [lɔʀjɑ̃tasjɔ̃] die Orientierung **III2A**, 2

original/originale [ɔʀiʒinal] originell ⟨**II6D**⟩

original/originale/originaux/originales [ɔʀiʒinal/ɔʀiʒino] originell, besonders, eigenartig ⟨**IIIM3B**, 1⟩

l'**origine** *(f.)* [lɔʀiʒin] Ursprung **III0**

oser faire qc [oze] wagen, sich trauen etwas zu tun **III3A**, 4

ou [u] oder **I3A**, 1; **I2DE**

ou bien [ubjɛ̃] oder aber ⟨**IIIM1B**⟩

où [u] wo; wohin **I2B**, 2

où [u] wo *(Relativpronomen)* **II1B**, 1

oublié/oubliée [ublije] vergessen *(Adj.)* **II2DE**

oublier qc [ublije] etw. vergessen **I6A**, 4

l'**ouest** *(m.)* [lwɛst] der Westen **III0**

Ouf! [uf] Uff! **I6A**, 4

oui [wi] ja **I1A**, 1

outre-mer [utʀəmɛʀ] Übersee- ⟨**IIIM1DE**⟩

ouvrir qc [uvʀiʀ] etw. öffnen **II2B**, 2

P

une **page** [ynpaʒ] eine Seite **II2B**, 2

le **pain** [ləpɛ̃] das Brot **I7C**, 2

un **palais** [ɛ̃palɛ] ein Palast ⟨**IIIM3B**, 1⟩

pâle/pâle [pal] bleich **III1C**, 1

un **panneau** [ɛ̃pano] ein Schild, Hinweisschild ⟨**IIIM1B**⟩

un **pantalon** [ɛ̃pɑ̃talɔ̃] eine Hose **I6B**, 8

papa [papa] Papa **I1A**, 1

papi/papy *(fam.)* [papi] Opa; Opi **I7A**, 1

le **papier** [ləpapje] das Papier **II1B**, 2

Pâques *(f.)* [pak] Ostern ⟨**I3P**⟩

par cœur [paʀkœʀ] auswendig ⟨**IIIM3A**⟩; ⟨**IIIM2A**, 3⟩

le **parachutisme** [ləpaʀaʃytism] das Fallschirmspringen **II7DE**

un **paradis** [ɛ̃paʀadi] ein Paradies ⟨**IIIM1DE**⟩

un **parc** [ɛ̃paʀk] ein Park **I5DE**

un parc d'attractions [ɛ̃paʀkdatʀaksjɔ̃] ein Freizeitpark/ein Erlebnispark **I7E**, 1

parce que [paʀskə] weil **I5B**, 3

Pardon. [paʀdɔ̃] Entschuldigung. **I1A**, 1

pardonner qc à qn [paʀdɔne] jdm. etw. verzeihen **III1C**, 2

les **parents** *(m.)* [lepaʀɑ̃] die Eltern **I3A**, 9

par exemple [paʀɛgzɑ̃pl] zum Beispiel **I7D**, 1

parfois [paʀfwa] manchmal **II6A**

un **Parisien/**une **Parisienne** [ɛ̃paʀizjɛ̃/ynpaʀizjɛn] ein Pariser/eine Pariserin **I7C**, 1

par jour [paʀʒuʀ] pro Tag/täglich **I7C**, 1

un **parkour** [ɛ̃paʀkuʀ] ein Parkour *(Sportart)* **II7A**, 1

parler à qn [paʀle] mit jdm. sprechen **I6B**, 1

parler [paʀle] sprechen **I2DE**

parmi [paʀmi] unter **III1B**, 1

participer à qc [paʀtisipe] an etw. teilnehmen **II3A**, 2

faire partie de [fɛʀpaʀti] gehören zu, ein Teil sein von **III4DE**

partir [paʀtiʀ] weggehen; abfahren **II6A**

partout [paʀtu] überall **II8DE**

un **pas** [ɛpa] ein Schritt **III1C**, 1

un **passage** [ɛpasaʒ] eine Passage **III1A**, 3

passer qc [pase] etw. verbringen **I5A**, 1; jdm. etw. reichen, jdm. etw. (weiter)geben **II4B**, 6

se passer [səpase] spielen (Kino, Fernsehen) ⟨**II6D**⟩

passionnant/**passionnante** [pasjɔnɑ̃/pasjɔnɑ̃t] spannend, fesselnd **III2B**, 1

patati patata (fam.) [patatipatata] blablabla **I6A**, 4

une **pâte** [ynpat] ein Teig, eine Masse **III0**

une **pause** [ynpoz] eine Pause **II5A**, 3

marquer une pause [maʀkeynpoz] eine Pause (beim Sprechen) machen; innehalten **III1A**, 3

pauvre/**pauvre** [povʀ] arm **II3A**, 2

payer qc [peje] etw. bezahlen **II4A**, 2

un **pays** [ɛpei] ein Land **II3A**, 2

un **paysage** [ɛpeizaʒ] eine Landschaft **III2B**, 1

le **péage** [ləpeaʒ] die Mautstelle; die Maut **II5A**, 3

une **pêche** [ynpɛʃ] ein Pfirsich ⟨**II4P**⟩

un **pédalo** [ɛpedalo] ein Tretboot ⟨**II5P**⟩

la **peinture** [lapɛ̃tyʀ] die Malerei; (hier) die Felszeichnung ⟨**IIIM1C**, 4⟩

pendant [pɑ̃dɑ̃] während **I6A**, 4

pendant que (Konjunktion) [pɑ̃dɑ̃kə] während **III1C**, 1

pendant que [pɑ̃dɑ̃kə] während ⟨**II2P**⟩

penser [pɑ̃se] denken **I6A**, 4

Qu'est-ce que tu en penses? Wie denkst du darüber?/Was hältst du davon? **II2A**, 3

la **Pentecôte** [lapɑ̃tkot] Pfingsten ⟨**I3DE**⟩

perdre qc [pɛʀdʀ] etw. verlieren **II2B**, 2

un **père** [ɛpɛʀ] ein Vater **I3A**, 9

une **(salle de) permanence** [yn(sald)əpɛʀmanɑ̃s] Raum, in dem Schülerinnen und Schüler bei Freistunden beaufsichtigt arbeiten können **II3DE**

permettre à qn de faire qc [pɛʀmɛtʀ] jdm. erlauben, etw. zu tun; jdm. etw. ermöglichen **II3A**, 9

un **perroquet** [ɛpeʀɔkɛ] ein Papagei **I1P**

une **perruche** [ynpeʀyʃ] ein Wellensittich **I1P**

une **personne** [ynpɛʀsɔn] eine Person **I6A**, 1

ne … personne [nəpɛʀsɔn] niemand **II8A**

petit/**petite** [pəti/pətit] klein **I6A**, 4

un petit copain/une petite copine [ɛpətikɔpɛ̃/ynpətitkɔpin] ein fester Freund/eine feste Freundin **II3A**, 4

le **petit-déjeuner** [ləp(ə)tideʒœne] das Frühstück **II4A**, 1

peu de [pødə] wenig(e) **I7D**, 2

peu après [pøapʀɛ] kurz darauf ⟨**II2P**⟩

avoir peur [avwaʀpœʀ] Angst haben **I6A**, 4

peut-être [pøtɛtʀ] vielleicht **I6A**, 4

un **phare** [ɛfaʀ] ein Leuchtturm **II5A**, 1

une **pharmacie** [ynfaʀmasi] eine Apotheke **III2B**, 7

la **philosophie** [lafilɔzɔfi] die Philosophie **III4B**, 1

une **photo** [ynfɔto] ein Foto **I5DE**

un **piano** [ɛpjano] ein Klavier, ein Piano **II6B**

un **pickpocket** [ɛpikpɔkɛt] ein Taschendieb **III1B**, 5

une **pièce** [ynpjɛs] ein Zimmer **I5A**, 3

une pièce (de théâtre) [ynpjɛs] ein (Theater-)Stück ⟨**III4D**, 1⟩

un **pied** [ɛpje] ein Fuß **I4DE**

à pied [apje] zu Fuß **I5A**, 1

Le pied! (fam.) [ləpje] Geil! (ugs.) **II8DE**

une **pierre** [ynpjɛʀ] ein Stein **II2DE**

Pile ou face? [pilufas] Kopf oder Zahl? **I5A**, 6

un **pilote**/une **pilote** [ɛpilɔt/ynpilɔt] ein Pilot/eine Pilotin **III2B**, 1

un **pion** [ɛpjɔ̃] eine Aufsichtsperson **II3DE**

piquer qc (fam.) [pike] klauen (ugs.) **I2B**, 7

une **piscine** [ynpisin] ein Schwimmbad **I5B**, 2

une **pistache** [ynpistaʃ] eine Pistazie **III0**

une **piste** [ynpist] eine Piste, ein Pfad; hier: eine Bahn **II3B**, 1

un **placard** [ɛplakaʀ] ein Schrank, Wandschrank ⟨**IIIM3A**, 4⟩

une **place** [ynplas] ein Platz **I4A**, 3

une **plage** [ynplaʒ] ein Strand **II0DE**

se plaindre [səplɛ̃dʀ] sich beschweren, beklagen ⟨**IIIM3A**, 4⟩

plaire à qn [plɛʀ] jdm. gefallen **II5A**, 3; **II0DE**

s'il vous plaît! [silvuplɛ] bitte./bitte schön. ⟨**I0**, 1⟩

s'il te plaît [siltəplɛ] Bitte (wenn man jemanden duzt) **I3A**, 3

un **plan** [ɛplɑ̃] ein Plan; (hier) eine (Kamera-)Einstellung **III4B**, 1

l'arrière-plan (m.) [laʀjɛʀplɑ̃] der Hintergrund (Bild, Foto, Film) **III4B**, 2

le premier plan [ləpʀəmjeplɑ̃] der Vordergrund (Bild, Foto, Film) **III4B**, 2

la **planche à voile** [laplɑ̃ʃavwal] das Windsurfen ⟨**II5P**⟩

une **plante** [ynplɑ̃t] eine Pflanze **III4B**, 1

un **plat** [ɛpla] ein Gericht, ein Gang (beim Essen) **II4DE**

le plat préféré [ləplapʀefere] das Lieblingsessen **II4B**, 6

le plat principal [ləplapʀɛ̃sipal] das Hauptgericht **II4A**, 1

plein/**pleine** (de qc) [plɛ̃/plɛn] voll (mit etw.) **II7B**, 3

plein de … [plɛ̃də] viel/viele; jede Menge ⟨**IIIM1B**⟩

pleurer [plœʀe] weinen ⟨**IIIM3A**, 4⟩

pleuvoir [pløvwaʀ] regnen **I7B**, 2

Il pleut. [ilplø] Es regnet. **I7B**, 2

la **plongée** [laplɔ̃ʒe] das Tauchen ⟨**II5P**⟩

plonger [plɔ̃ʒe] tauchen **II0DE**

la **pluie** [laplɥi] der Regen **III3A**, 4

plus … que [plykə] mehr … als **II7A**, 1

plus pratique que [plypʀatikkə] praktischer als **III3B**, 1

plusieurs (inv.) [plyzjœʀ] mehrere **II3B**, 1

plutôt [plyto] eher; vielmehr; ziemlich **II3A**, 2

un **pneu** [ɛpnø] ein Reifen ⟨**IIIM1A**, 1⟩

une **poche** [ynpɔʃ] eine Tasche **I7D**, 1

un **poème** [ɛpɔɛm] ein Gedicht **I6B**, 11

un **point** [ɛpwɛ̃] ein Punkt ⟨**III4A**, 1⟩

faire le point sur qc [fɛʀləpwɛ̃] einen zusammenfassenden Überblick über etw. geben **III4A**, 1

un point d'eau [ɛpwɛ̃do] eine Wasserstelle; (hier) eine Zapfstelle für Trinkwasser ⟨**III1C**, 1⟩

une **poire** [ynpwaʀ] eine Birne ⟨**II4P**⟩

un **poison** [ɛpwazɔ̃] ein Gift **III3A**, 4

un **poisson** [ɛpwasɔ̃] ein Fisch **III3A**, 4; ⟨**I1P**⟩

un poisson rouge [ɛpwasɔ̃ʀuʒ] ein Goldfisch ⟨**I1P**⟩

poli/**polie** [pɔli] höflich **III3A**, 4

polluer qc [pɔlɥe] etw. verschmutzen ⟨**III4D**, 1⟩

une **pomme** [ynpɔm] ein Apfel **I5C**, 1

une **pomme de terre** [ynpɔmdətɛʀ] eine Kartoffel **II4DE**

un **pont** [ɛpɔ̃] eine Brücke **III3A**, 1

le **porc** [ləpɔʀ] das Schweinefleisch **II4A**, 2

un **port** [ɛpɔʀ] ein Hafen ⟨**IIIM1C**⟩

un **portable** [ɛpɔʀtabl] ein Handy **I5C**, 1

porter qc [pɔʀte] etw. tragen **I2A**, 2

poser qc [poze] etw. setzen/stellen/legen **II4B**, 1

possible/**possible** [pɔsibl/pɔsibl] möglich **II1A**, 6

la **poste** [lapɔst] die Post **I5B**, 2

pour [puʀ] für **I2A**, 3

pour faire qc [puʀfɛʀ] um etwas zu tun **I5B**, 2

un **pour cent** (inv.) [ɛpuʀsɑ̃] ein Prozent **III2B**, 1

pourquoi [puʀkwa] warum **I5B**, 3

c'est pourquoi [sɛpuʀkwa] deshalb **II6A**; **II6B**

pourtant [puʀtɑ̃] dennoch, trotzdem **III2A**, 2

pousser qc [puse] etw. antreiben, anstoßen **II3A**, 2

pouvoir [puvwaʀ] **I5B**, 2

on pourrait [ɔ̃puʀɛ] man könnte **III2A**, 2

tu pourrais [typuʀɛ] du könntest **III2B**, 1

on peut [ɔ̃pø] man kann ⟨**I7D**, 1⟩

pratique [pʀatik] praktisch ⟨**I7D**, 1⟩

préférer qc [pʀefere] etw. vorziehen, lieber mögen **II0DE**; **II4B**, 2

le **premier** [ləpʀəmje] der erste/die erste/das erste **I3B**, 7

le premier plan [ləpʀəmjeplɑ̃] der Vordergrund (Bild, Foto, Film) **III4B**, 2

prendre qc [pʀɑ̃dʀ] etwas nehmen; hier: essen **I5C**, 1

prendre une décision [pʀɑ̃dʀynedesizjɔ̃] eine Entscheidung treffen **III2B**, 1

un **prénom** [ɛpʀenɔ̃] ein Vorname **I6B**

préparer qc [pʀepare] etw. vorbereiten **I3A**, 3

de près [dəpʀɛ] aus der Nähe, von Nahem **III1C**, 1

près de qn/qc [pʀɛdə] nahe bei jdm./etw. **III3A**, 1

présent/présente [pʀezɑ̃/pʀezɑ̃t] vorhanden, anwesend **III4DE**, 1

un **présentateur**/une **présentatrice** [ɛ̃pʀezɑ̃tatœʀ/ynpʀezɑ̃tatʀis] ein Nachrichtensprecher/eine Nachrichtensprecherin; ein Moderator/eine Moderatorin **II2B**, 1

présenter qn [pʀezɑ̃te] jdn. vorstellen **II1B**, 7

un **président**/une **présidente** [ɛ̃pʀezidɑ̃/ynpʀezidɑ̃t] ein Präsident/eine Präsidentin ⟨**IIIM3B**, 1⟩

presque [pʀɛsk] fast, beinahe **II0DE**

la **presse** [lapʀɛs] die Presse ⟨**IIIM2A**, 1⟩

prêt/prête [pʀɛ/pʀɛt] fertig, bereit **III2A**, 2

un **principal**/une **principale** [ɛ̃pʀɛ̃sipal/ynpʀɛ̃sipal] ein Schulleiter/eine Schulleiterin (im „Collège") **III1A**, 3

principal/principale [pʀɛ̃sipal] Haupt- **III0**

un **principe** [ɛ̃pʀɛ̃sip] ein Prinzip, ein Grundsatz ⟨**IIIM3A**, 4⟩

le **printemps** [ləpʀɛ̃tɑ̃] der Frühling **II5DE**

privé/privée [pʀive] privat ⟨**IIIM2A**, 1⟩

un **prix** [ɛ̃pʀi] ein Preis **II6C**

un **problème** [ɛ̃pʀɔblɛm] ein Problem **I6A**, 2
pas de problème [padəpʀɔblɛm] Kein Problem **I7D**, 1
plus de problème [plydəpʀɔblɛm] kein Problem mehr **I7D**, 1

prochain/prochaine [pʀɔʃɛ̃/pʀɔʃɛn] nächster/nächste/nächstes **II3B**, 4

un **producteur**/une **productrice** [ɛ̃pʀɔdyktœʀ/ynpʀɔdyktʀis] ein Produzent/eine Produzentin ⟨**III4C**, 1⟩

une **production** [ynpʀɔdyksjɔ̃] eine Produktion ⟨**IIIM1A**, 1⟩

un **professeur**/une **professeure** [ɛ̃/ynpʀɔfesœʀ] ein Lehrer/eine Lehrerin **I4A**, 3
le professeur principal [ləpʀɔfesœʀpʀɛ̃sipal] der Klassenlehrer **II1DE**

professionnel/professionnelle [pʀɔfesjɔnɛl] beruflich; Berufs- ⟨**IIIM3A**, 1⟩

au **profit** de [opʀɔfidə] zugunsten von ⟨**IIIM2DE**⟩

profiter de qc [pʀɔfite] etw. nutzen ⟨**IIIM3A**, 4⟩

un **programme** [ɛ̃pʀɔgʀam] ein Programm **III3A**, 4

un **progrès** [ɛ̃pʀɔgʀɛ] ein Fortschritt **III4B**, 1

un **projet** [ɛ̃pʀɔʒɛ] ein Projekt **II6C**; **I4B**, 1

une **promenade** [ynpʀɔmənad] ein Spaziergang **III3A**, 1

se **promener** [səpʀɔmne] spazieren gehen ⟨**IIIM1B**⟩

promettre qc à qn [pʀɔmɛtʀ] jdm. etw. versprechen ⟨**IIIM3A**, 4⟩

à **propos** de qc [apʀɔpodə] apropos, etw. betreffend, bezüglich einer Sache **II2A**, 1

proposer de faire qc [pʀɔpoze] vorschlagen, etw. zu tun **II3A**, 2

un **propriétaire**/une **propriétaire** [ɛ̃pʀɔpʀijeteʀ/ynpʀɔpʀijeteʀ] ein Eigentümer/eine Eigentümerin **II1B**, 1

un **proverbe** [ɛ̃pʀɔvɛʀb] ein Sprichwort ⟨**IIIM3B**, 1⟩

une **province** [ynpʀɔvɛ̃s] eine Provinz **III1DE**

prudent/prudente [pʀydɑ̃/pʀydɑ̃t] vorsichtig ⟨**IIIM1B**⟩

le **public** [ləpyblik] das Publikum/die Öffentlichkeit ⟨**IIIM2A**, 3⟩

public/publique [pyblik] öffentlich ⟨**IIIM2A**, 1⟩

ma **puce** (fam.) [mapys] meine Kleine (wörtl.: mein Floh) **I5A**, 1

puis [pɥi] dann **I3B**, 1

un **pull** [ɛ̃pyl] ein Pullover **I6B**, 8

une **pyramide** [ynpiʀamid] eine Pyramide **I7DE**

Q

un **quai** [ɛ̃ke] ein Bahnsteig **I6A**, 4

quand [kɑ̃] wann **I3B**, 7

quand [kɑ̃] wenn, als (zeitlich) **II1B**, 2

quand même [kɑ̃mɛm] trotzdem; doch **II4A**, 2

un **quart** [ɛ̃kaʀ] ein Viertel **I4A**, 1

un **quartier** [ɛ̃kaʀtje] ein Stadtviertel **I5DE**

la **quatrième** [lakatʀijɛm] die Acht/achte Klasse (in Deutschland) **II1DE**

que [kə] dass (Konjunktion) **II2A**, 3

un **Québécois**/une **Québécoise** [ɛ̃kebekwa/ynkebekwaz] ein Quebecer/eine Quebecerin **III4A**, 1

québécois/québécoise [kebekwa/kebekwaz] aus Quebec **III4DE**, 4

Quel temps fait-il? [kɛltɑ̃fɛtil] Wie ist das Wetter? **I7B**, 2

quel/quelle/quels/quelles [kɛl/kɛl/kɛl/kɛl] welcher/welche/welches (Fragebegleiter) **II1A**, 1

quelque chose [kɛlkəʃoz] etwas **I4B**, 4

quelques (pl.) [kɛlk(ə)] einige **II3B**, 1

quelqu'un [kɛlkɛ̃] jemand **II2B**, 2

Qu'est-ce que … ? [kəskə] Was … ? **I2B**, 2

Qu'est-ce que c'est? [kəskəsɛ] Was ist das? **I2DE**

qu'est-ce qui … ? [kɛski] was … ? (Fragepronomen, Subjekt ist eine Sache) ⟨**IIIM1B**⟩

Qu'est-ce qu'il y a? [kɛskilja] Was gibt es? **I3A**, 1

une **question** [ynkɛstjɔ̃] eine Frage **I5B**, 3

une **queue** [ynkø] eine Warteschlange; ein Schwanz **III3B**, 3
faire la queue [fɛʀlakø] Schlange stehen **III3B**, 3

qui [ki] der/die/das (Relativpronomen) **II1B**, 1

qui (Fragepronomen) [ki] wer **II1B**, 1
C'est à qui? [sɛtaki] Wer ist an der Reihe? **II4A**, 2
Qui est-ce? [kiɛs] Wer ist das? ⟨**I0**, 3⟩
qui est-ce qui … ? [kiɛski] wer … ? (Fragepronomen, Subjekt ist eine Person) ⟨**IIIM1B**⟩

qui est-ce que … ? [kiɛskə] wen …? ⟨**IIIM1B**⟩

quitter qc [kite] etw. verlassen **I5A**, 3

Quoi? [kwa] Was? **I5A**, 1

quotidien/quotidienne [kɔtidjɛ̃/kɔtidjɛn] täglich ⟨**II6D**⟩

un **quotidien** [ɛ̃kɔtidjɛ̃] eine Tageszeitung ⟨**IIIM2A**, 1⟩

quotidien/quotidienne [kɔtidjɛ̃/kɔtidjɛn] täglich ⟨**III4C**, 1⟩

R

raconter qc [ʀakɔ̃te] etw. erzählen **I4A**, 3

la **radio** [laʀadjo] das Radio, der Radiosender **I7DE**

la **raison** [laʀezɔ̃] die Vernunft ⟨**IIIM3A**, 4⟩
une raison [ynʀezɔ̃] ein Grund **II7B**, 8
avoir raison [avwaʀʀezɔ̃] recht haben **I4B**, 4

ramasser qc [ʀamase] etw. aufheben, etw. einsammeln ⟨**IIIM1B**⟩

une **randonnée** [ynʀɑ̃dɔne] eine Wanderung **III4A**, 1

ranger qc [ʀɑ̃ʒe] etw. aufräumen **I3A**, 3

le **rap** [ləʀap] der Rap (Musikstil) **I2B**, 7

se **rappeler** qc [səʀapəle] sich an etw. erinnern ⟨**IIIM3A**, 4⟩

rappeler qn [ʀaple] jdn. wieder anrufen **II2B**, 1

un **rapport** [ɛ̃ʀapɔʀ] ein Bericht ⟨**IIIM3DE**⟩

rapporter qc [ʀapɔʀte] etw. zurückbringen, von einem anderen Ort mitbringen **III4A**, 1

rare/rare [ʀaʀ] selten ⟨**III4D**, 1⟩

un **rat** [ɛ̃ʀa] eine Ratte **I1P**

rater qc (fam.) [ʀate] etw. verpassen; verpfuschen, nicht schaffen **III2A**, 1

réaliser qc [ʀealize] etw. realisieren; etw. ausführen ⟨**IIIM3B**, 3⟩

la **réalité** [laʀealite] die Wirklichkeit **II6A**; **II6C**

recevoir qc [ʀəsəvwaʀ] etw. empfangen, etw. bekommen **II4A**, 1; **II6C**

une **recherche** [ynʀəʃɛʀʃ] eine (Nach-)Forschung; eine Suche **III2DE**

la **récréation** [laʀekʀeasjɔ̃] die Pause **I4A**, 3

un **rédacteur**/une **rédactrice** [ɛ̃ʀedaktœʀ/ynʀedaktʀis] ein Redakteur, eine Redakteurin **II6DE**

réfléchir [ʀefleʃiʀ] nachdenken, überlegen **II7A**, 7

un **réflexe** [ɛ̃ʀeflɛks] ein Reflex ⟨**III1C**, 1⟩

le **refrain** [ləʀəfʀɛ̃] der Refrain ⟨**II6D**⟩; **II8A**

un **regard** [ɛ̃ʀ(ə)gaʀ] ein Blick **III1DE**

regarder qc [ʀəgaʀde] etwas ansehen, etwas betrachten **I2DE**

une **région** [ynʀeʒjɔ̃] eine Region, eine Gegend **II5B**, 1

regretter qc [ʀəgʀete] etw. bedauern **I3A**, 3

une **reine** [ynʀɛn] eine Königin **I6A**, 4

remarquer qn/qc [ʀ(ə)maʀke] jdn./etw. bemerken **III3B**, 3

un **remboursement** [ɛ̃ʀɑ̃buʀsmɑ̃] eine Rückzahlung; Rückerstattung **III2B**, 7

un **remerciement** [ɛ̃ʀəmɛʀsimɑ̃] eine Danksagung ⟨**IIIM3B**, 3⟩

remercier qn [ʀəmɛʀsje] jdm. danken ⟨**IIIM3A**, 4⟩

remplacer qc [ʀɑ̃plase] etw. ersetzen ⟨**III4C**, 1⟩

rencontrer qn [ʀɑ̃kɔ̃tʀe] jdn. treffen, jdm. begegnen **I6B**, 1 un **rendez-vous** [ɛ̃Rɑ̃devu] eine Verabredung/ein Treffen ⟨IIIM2A, 3⟩; eine Verabredung **I6B**, 1

rendre qc à qn [Rɑ̃dR] jdm. etw. zurückgeben **III1A**, 3
rendre qn dingue [Rɑ̃dRədɛ̃g] jdn. irre machen **III3A**, 4

renforcer qc [Rɑ̃foRse] etw. verstärken ⟨IIIM3B, 3⟩

la **rentrée** [laRɑ̃tRe] der Schul(jahres)beginn **II1DE**

rentrer [Rɑ̃tRe] zurückkommen, nach Hause gehen **II1A**, 1; **I4A**, 1

un **repas** [ɛ̃Rəpa] ein Essen; eine Mahlzeit **I5A**, 3

répondre à qn/à qc [Repɔ̃dR] jdm./auf etw. antworten **II2B**, 2

un **reportage** [ɛ̃RəpoRtaʒ] eine Reportage **I7DE**

se reposer [səRəpoze] sich ausruhen **III2A**, 2

reprendre de qc [RəpRɑ̃dR] hier: etw. noch einmal nehmen, von etw. noch mehr nehmen **II4B**, 6

le **RER** [ləɛRəɛR] der RER (S-Bahnartiges Verkehrsnetz in Paris und Umgebung) **I7C**, 2

la **responsabilité** [laRɛspɔ̃sabilite] die Verantwortung ⟨IIIM3A, 3⟩

ressembler à qn/qc [Rəsɑ̃ble] jdm./etw. ähnlich sein **II1B**, 2

un **restaurant** [ɛ̃RɛstɔRɑ̃] ein Restaurant **I7B**, 1

rester [Rɛste] bleiben **I6A**, 2

un **résultat** [ɛ̃Rezylta] ein Ergebnis **II1B**, 2

résumer qc [Rezyme] etw. zusammenfassen **II6C**

être en retard [ɛtRɑ̃Rətar] zu spät kommen **I4DE**

être de retour [ɛtRədəRətur] zurück sein **III2B**, 1

retravailler qc [Rətravaje] etw. be-/überarbeiten **II8DE**

retrouver qn/qc [Rətruve] jdn. treffen; etw. wiederfinden **I4A**, 3

réussir à faire qc [Reysir] gelingen etw. zu tun, etw. fertigbringen **II7A**, 1

un **rêve** [ɛ̃Rɛv] ein Traum **II6B**

un **réveil** [ɛ̃Revej] ein Wecker **III2A**, 1

se réveiller [səReveje] aufwachen **III2A**, 1

revenir [RəvəniR] zurückkommen **II3B**, 4

rêver [Rɛve] träumen **I4B**, 4

Au revoir! [ɔRvwaR] Auf Wiedersehen! ⟨I0, 2⟩

une **revue** [ynRəvy] eine Zeitschrift ⟨IIIM1DE⟩

riche/**riche** [Riʃ] reich **III4DE**, 3

la **richesse** [laRiʃɛs] der Reichtum **III4DE**, 3

De rien. [dəRjɛ̃] Keine Ursache. **II7A**, 4

rigoler (fam.) [Rigɔle] lachen **II4B**, 2

un **rince-doigts** [ɛ̃Rɛ̃sdwa] eine Wasserschale (zum Reinigen der Finger beim Essen) **II4A**, 2

rire [RiR] lachen **II8A**
éclater de rire [eklatedəRiR] in Gelächter ausbrechen **III1C**, 1

une **rivière** [ynRivjɛR] ein Fluss ⟨III4D, 2⟩; ⟨III4C, 2⟩

une **robe** [ynRɔb] ein Kleid **I6A**, 4

un **rocher** [ɛ̃Rɔʃe] ein Fels/Felsen ⟨IIIM1B⟩

le **rock** [ləRɔk] der Rock, die Rockmusik **I2B**, 7

un **roi** [ɛ̃Rwa] ein König **III3B**, 2

un **rôle** [ɛ̃Rol] eine Rolle **III4DE**, 3

le **roller** [ləRɔlœR] das Inlinerfahren **I5DE**
le roller [ləRɔlœR] der Rollerskate, der Inliner ⟨I2P⟩

un **roman** [ɛ̃Rɔmɑ̃] ein Roman **III1A**, 3

romantique/**romantique** [Rɔmɑ̃tik] romantisch **III4A**, 1

le **roquefort** [ləRɔkfɔR] der Roquefort (franz. Käsesorte) **II4A**, 1

rouge [Ruʒ] rot **I6A**, 4

rouler [Rule] fahren **III3B**, 3

une **route** [ynRut] eine (Land-)Straße **III1A**, 3

roux/**rousse** [Ru/Rus] rothaarig **II1B**, 7

une **rue** [ynRy] eine Straße **I2A**, 3

le **rugby** [ləRygbi] das Rugby (Ballspiel) **I2B**, 2

le **rythme** [ləRitm] der Rhythmus **II6B**

S

le **sable** [ləsabl] der Sand **II5B**, 1

un **sac** [ɛ̃sak] eine Tasche **I4B**, 4
un sac à dos [ɛ̃sakado] ein Rucksack ⟨I2A, 3⟩

une **saison** [ynsɛzɔ̃] eine Jahreszeit **II5B**, 1

une **salade** [ynsalad] ein Salat **II4DE**

une **salle à manger** [ynsalamɑ̃ʒe] ein Esszimmer ⟨I5A, 3⟩

une **salle de bains** [ynsaldəbɛ̃] ein Badezimmer **I5A**, 3

une **salle de cours** [ynsaldəkur] ein Klassenraum **I4A**, 3

une **salle de séjour** [ynsaldəseʒur] ein Wohnzimmer **I5A**, 3

un **salon** [ɛ̃salɔ̃] ein Wohnzimmer **I5A**, 3

saluer qn [salɥe] jemanden begrüßen **I5B**, 3

Salut! (fam.) [saly] Hallo!/Tschüss! ⟨I0, 2⟩

samedi (m.) [samdi] Samstag, am Samstag **I4**
le samedi [ləsamdi] samstags **I5A**, 3

un **sandwich** [ɛ̃sɑ̃dwi(t)ʃ] ein Sandwich **II5A**, 3

sans [sɑ̃] ohne **II2B**, 2
sans faire qc [sɑ̃fɛR] ohne etwas zu tun **II2B**, 2

un/une **sans-papiers** [ɛ̃/ynsɑ̃papje] eine Person ohne Papiere/ein Illegaler ⟨IIIM2B, 2⟩

un **saucisson** [ɛ̃sosisɔ̃] eine Wurstsorte, z. B. Salami **II4A**, 1

le **saut à l'élastique** [ləsoalelastik] das Bungee-Jumping **II7DE**

sauter [sote] springen **II7B**, 1

un **savant**/une **savante** [ɛ̃savɑ̃/ynsavɑ̃t] ein Gelehrter/eine Gelehrte **III4B**, 1

Je ne sais pas. [ʒənəsepa] Ich weiß nicht. **I4A**, 3
tu sais [tyse] wissen **I7C**, 1
savoir [savwaR] wissen **II1A**, 1

un **saxophone** [ɛ̃saksɔfɔn] ein Saxophon **II6B**

une **scène** [ynsɛn] eine Szene; (hier) eine Bühne ⟨IIIM2A, 3⟩

une **science** [ynsjɑ̃s] eine Wissenschaft **III4B**, 1

un **scientifique**/une **scientifique** [ɛ̃sjɑ̃tifik/ynsjɑ̃tifik] ein Wissenschaftler/eine Wissenschaftlerin **III2DE**

scolaire/**scolaire** [skɔlɛR] schulisch, Schul- **III3DE**

une **seconde** [ynsəgɔ̃d] eine Sekunde **III1B**, 1

un **secret** [ɛ̃səkRɛ] ein Geheimnis **III3B**, 3; **II2A**, 1
en secret [ɑ̃səkRɛ] im Geheimen **III3B**, 3

un **séjour** [ɛ̃seʒuR] ein Aufenthalt **III2DE**

une **semaine** [ynsəmɛn] eine Woche **I5A**, 1
une semaine banalisée [ynsəmɛnbanalize] eine Projektwoche **II8DE**

sentir qc [sɑ̃tiR] etw. fühlen, spüren; etw. riechen **III1A**, 3
se sentir [səsɑ̃tiR] sich fühlen **III2A**, 2

septembre (m.) [sɛptɑ̃bR] September **I3B**, 7

une **série télévisée** [ynseRitelevize] eine Fernsehserie ⟨II6D⟩

sérieux/**sérieuse** [seRjø/seRjøz] ernst(haft), seriös **II7A**, 1

un **serpent** [ɛ̃sɛRpɑ̃] eine Schlange ⟨I1P⟩

une **serviette** [ynsɛRvjɛt] eine Serviette **II4B**, 1

se servir de qc [səsɛRviR] etw. benutzen, sich einer Sache bedienen ⟨IIIM3A, 4⟩

un **sésame** [ɛ̃sezam] (hier) eine Zauberformel ⟨IIIM3DE⟩

seul/**seule** [sœl] einzig **III2B**, 1
seul/seule [sœl/sœl] allein **II2B**, 2

seulement [sœlmɑ̃] nur **II7B**, 3

sévère [sevɛR] streng **II1A**, 4

un **short** [ɛ̃ʃɔRt] Shorts ⟨I6P⟩

si [si] doch **I4B**, 4

si [si] ob **II5A**, 6

un **siècle** [ɛ̃sjɛkl] ein Jahrhundert **III4DE**, 3

le **silence** [ləsilɑ̃s] die Ruhe, die Stille **II4B**, 2

simple/**simple** [sɛ̃pl] einfach **II6C**

sinon [sinɔ̃] ansonsten **I6B**, 2

un **site** [ɛ̃sit] eine Website **III3DE**

situé/**située** [sitɥe] gelegen **III0**

la **sixième** [lasizjɛm] die Sechs, die sechste Klasse **II1DE**

le **ski** [ləski] Ski fahren ⟨IIIM1A, 1⟩; **I5**

un **skimboard** [ɛ̃skimbɔRd] ein Skimboard (ähnelt einem kleinen Surfbrett) **II5A**, 1

un **SMS** [ɛ̃ɛsɛmɛs] eine SMS **I5C**, 1

la **société** [lasosjete] die Gesellschaft ⟨IIIM2A, 1⟩

une **sœur** [ynsœR] eine Schwester **I2B**, 2

la **soif** [laswaf] der Durst **I5C**, 1
avoir soif [avwaRswaf] Durst haben **I5C**, 1

le **soir** [ləswaR] der Abend **I5A**, 1
ce soir [səswaR] heute Abend **I5A**, 1

une **soirée** [ynswaRe] ein Abend **III2A**, 1

le **soleil** [ləsolɛj] die Sonne **I7B**, 1
un coup de soleil [ɛ̃kudəsolɛj] ein Sonnenbrand **III3B**, 3

une **solution** [ynsolysjɔ̃] eine Lösung **II7A**, 1

sombre/**sombre** [sɔ̃bR] dunkel **II2A**, 1

un **sondage** [ɛ̃sɔ̃daʒ] eine Umfrage ⟨IIIM3A, 1⟩

sonner [sɔne] klingeln II7A, 1

une **sortie** [ynsɔʀti] *(hier)* ein Ausflug III3A, 1; ein Ausgang II2A, 1

sortir qc [sɔʀtiʀ] etw. herausbringen III4A, 1
sortir [sɔʀtiʀ] hinausgehen, weggehen; *hier:* ausgehen II6A

soudain [sudɛ̃] plötzlich; auf einmal III3B, 3

souffler qc [sufle] etwas ausblasen I3B, 1

un **souk** [ɛ̃suk] ein Souk *(ein arabischer Markt)* III4B, 1

un **soupçon** [ɛ̃supsɔ̃] ein Verdacht III1DE

soupçonner qn de qc [supsɔne] jdn. einer Sache verdächtigen III1C, 1

soupirer [supiʀe] seufzen III2A, 2

une **source** [ynsuʀs] eine Quelle III0

le **sourire** [ləsuʀiʀ] das Lächeln III1A, 3

sourire [suʀiʀ] lächeln ⟨II6D⟩

une **souris** [ynsuʀi] eine Maus II2B, 5; I1P

sous [su] unter I3A, 2

un **sous-marin** [ɛ̃sumaʀɛ̃] ein Unterseeboot II0DE

un **souterrain** [ɛ̃suteʀɛ̃] ein unterirdischer Gang/Raum II2DE

un **souvenir** [ɛ̃suvniʀ] eine Erinnerung, ein Andenken I7B, 1

souvent [suvɑ̃] oft II2A, 1

spécial/spéciale [spesjal] speziell, Spezial-, Sonder- II6DE

une **spécialité** [ynspesjalite] eine Spezialität; eine Besonderheit III0

spécifique/spécifique [spesifik] spezifisch ⟨IIIM3B, 3⟩

un **spectacle** [ɛ̃spɛktakl] Vorstellung, Darbietung I7DE

un **spectateur**/une **spectatrice** [ɛ̃spɛktatœʀ/ynspɛktatʀis] ein Zuschauer/eine Zuschauerin ⟨IIIM2A, 3⟩

le **sport** [ləspɔʀ] der Sport I2B, 2

un **sportif**/une **sportive** [ɛ̃spɔʀtif/ynspɔʀtiv] ein Sportler/eine Sportlerin II3B, 1

un **stage** [ɛ̃staʒ] ein Praktikum III2B, 1

un **stand** [ɛ̃stɑ̃d] ein Stand, eine Bude I5DE

un **standard** [ɛ̃stɑ̃daʀ] ein Standard, ein Normalmaß III3A, 7

une **star** [ynstaʀ] ein Star II1B, 2

une **station** [ynstasjɔ̃] eine Station, eine Haltestelle I7A, 1
une station thermale [ynstasjɔ̃tɛʀmal] ein (Bade-)Kurort ⟨IIIM1A, 1⟩

une **statue** [ynstaty] eine Statue III3B, 3

une **statuette** [ynstatyɛt] eine Figur, eine Statuette III1A, 3

un **steak-frites** [ɛ̃stɛkfʀit] ein Steak mit Pommes frites II4A, 1

le **strass** [ləstʀas] der Strass *(Glitzerperlen etc.)* I6A, 4

stressé/stressée [stʀese] gestresst III2A, 2

un **style** [ɛ̃stil] ein Stil II6DE

un **stylo** [ɛ̃stilo] ein Füller, ein Kuli I2A, 1

le **succès** [ləsyksɛ] der Erfolg II3B, 4

le **sucre** [ləsykʀ] der Zucker II4DE

sucré/sucrée [sykʀe] süß *(Geschmack)* III3A, 4

le **sud** [ləsyd] der Süden III0

le **Sud-Ouest** [ləsydwɛst] der Südwesten II5DE

un **sujet** [ɛ̃syʒɛ] ein Thema II6DE

super *(inv.)* [sypɛʀ] super, toll I0, 4

une **supérette** [ynsypeʀɛt] ein kleinerer Supermarkt II4A, 2

la **superficie** [lasypɛʀfisi] die Fläche; eine Oberfläche III0

un **supermarché** [ɛ̃sypɛʀmaʀʃe] ein Supermarkt II4DE; ⟨I5⟩

sûr/sûre [syʀ/syʀ] sicher II4B, 2

sur [syʀ] auf, über I3A, 2

sûrement [syʀmɑ̃] sicher, sicherlich *(Adv.)* III3A, 4

le **surf** [ləsœʀf] das Surfen, das Wellenreiten II5A, 1; das Surfen I5P

surfer [sœʀfe] surfen; *hier:* im Internet surfen II6A

une **surprise** [ynsyʀpʀiz] eine Überraschung I3B, 1
Quelle surprise! [kɛlsyʀpʀiz] Was für eine Überraschung! I7A, 1

surtout [syʀtu] vor allem I6B, 1

un **surveillant**/une **surveillante** [ɛ̃syʀvejɑ̃/ysyʀvejɑ̃t] eine Aufsichtsperson II3DE

les **S.V.T.** (Sciences de la vie et de la terre) *(f.)* [lɛɛsvete] Biologie ⟨I4P⟩

un **sweat-shirt** [ɛ̃swɛtʃœʀt] ein Sweatshirt I6B, 2

sympa [sɛ̃pa] nett, sympathisch I2B, 2

le **système «D»** *(fam.)* [ləsistɛmde] ein Kniff, ein Trick *(die Kunst, sich zu helfen zu wissen)* ⟨III4C, 1⟩

T

une **table** [yntabl] ein Tisch I5A, 3
mettre la table [mɛtʀlatabl] den Tisch decken II4B, 1

un **tableau**/des **tableaux** [ɛ̃tablo] eine Tafel II3DE
un tableau interactif [ɛ̃tabloɛ̃tɛʀaktif] interaktive Tafel II3DE

le **talent** [lətalɑ̃] das Talent, die Begabung ⟨IIIM1DE⟩

une **tante** [yntɑ̃t] eine Tante I3A, 9

tant pis [tɑ̃pi] macht nichts III3A, 1

taper qc [tape] etw. tippen II1B, 2

tard [taʀ] spät I5A, 3

une **tasse** [yntas] eine Tasse II4B, 6

un **taxi** [ɛ̃taksi] ein Taxi I5A, 1

la **technique** [latɛknik] die Technik III2B, 9

technique/technique [tɛknik] technisch ⟨IIIM3B, 3⟩

la **techno** [latɛkno] Techno *(Musikstil)* I2B, 7

la **technologie** [latɛknɔlɔʒi] Technik ⟨I4P⟩

un **téléphone** [ɛ̃telefɔn] ein Telefon I3A, 3

téléphoner à qn [telefɔne] mit jdm. telefonieren, jemanden anrufen I5B, 1

la **télévision** [latelevizjɔ̃] das Fernsehen ⟨I2P⟩; I4A, 1

tellement [tɛlmɑ̃] so viel, dermaßen III3B, 3

la **température** [latɑ̃peʀatyʀ] die Temperatur III0

le **temps** [lətɑ̃] die Zeit I4B, 1; das Wetter I7B, 2
à temps [atɑ̃] rechtzeitig III3B, 3
avoir le temps de faire qc [avwaʀlətɑ̃] Zeit haben, etw. zu tun II4B, 2
Quel temps fait-il? [kɛltɑ̃fɛtil] Wie ist das Wetter? I7B, 2

tenir qc [təniʀ] etw. halten ⟨IIIM3B, 3⟩
tenir à faire qc Wert darauf legen, etw. zu tun ⟨IIIM3B, 3⟩
tenir qn au courant de qc [təniʀokuʀɑ̃] jdn. über etw. auf dem Laufenden halten; jdm. Bescheid geben ⟨IIIM3B, 6⟩

le **tennis** [lətɛnis] Tennis ⟨I5A, 6⟩

terminer qc [tɛʀmine] etw. beenden, etw. fertigstellen III2A, 2

un **terrain de foot** [ɛ̃tɛʀɛ̃dəfut] ein Fußballplatz ⟨I5A, 6⟩

la **terre** [latɛʀ] die Erde ⟨IIIM1A, 1⟩; II0DE

un **territoire** [ɛ̃teʀitwaʀ] ein Gebiet, Territorium III4DE, 3

tester qc [tɛste] etw. testen ⟨IIIM3B, 3⟩

la **tête** [latɛt] der Kopf II1A, 4

le **TGV** [ləteʒeve] der TGV I6A, 1

le **théâtre** [ləteatʀ] das Theater I5A, 5

un **thème** [ɛ̃tɛm] ein Thema ⟨IIIM2B, 2⟩

le **thon** [lətɔ̃] der Thunfisch II4A, 1

le **thym** [lətɛ̃] der Thymian II4A, 2

un **ticket** [ɛ̃tikɛ] ein Fahrschein, eine Fahrkarte I7C, 2

Tiens! [tjɛ̃] Sieh mal!/Schau mal! I2A, 3

timide/timide [timid/timid] schüchtern II1B, 2

le **tirage au sort** [lətiʀaʒosɔʀ] die Verlosung II7B, 3

un **titre** [ɛ̃titʀ] ein Titel II8A

toi [twa] du ⟨I0, 2⟩

la **toilette** [latwalɛt] die Körperpflege I5A, 1
les toilettes [letwalɛt] die Toilette I4A, 1

un **toit** [ɛ̃twa] ein Dach III3B, 3

une **tomate** [yntɔmat] eine Tomate II4DE

tomber [tɔ̃be] fallen I5B, 3

une **tombola** [yntɔ̃bɔla] eine Tombola I6B, 2

un **top modèle** [ɛ̃tɔpmɔdɛl] ein Topmodel ⟨IIIM3B, 2⟩

une **tortue** [yntɔʀty] eine Schildkröte ⟨I1P⟩

tôt *(adv.)* [to] früh *(Adv.)* I7C, 1

toucher qn/qc [tuʃe] jdn./etw. berühren, jdn./etw. anfassen III1A, 3

toujours [tuʒuʀ] immer I3A, 3

un **tour** [ɛ̃tuʀ] eine Tour, ein Rundgang I5A, 3

une **tour** [yntuʀ] ein Turm I6DE

un **touriste**/une **touriste** [ɛ̃tuʀist/yntuʀist] ein Tourist/eine Touristin I7DE

touristique/touristique [tuʀistik] touristisch ⟨IIIM1B⟩

une **tournée** [yntuʀne] eine Tournee III4A, 1

tourner [tuʀne] drehen, abbiegen I5B, 1

tous …/**toutes** … [tu/tut] alle II7B, 3

tout/toute [tu/tut] ganz II7B, 3; ganz *(+ Nomen)* I6A, 4

tout [tu] alles II0DE

tout à coup [tutaku] plötzlich II1B, 2

tout d'abord [tudabɔʀ] zuallererst ⟨II2P⟩

tout de suite [tudsɥit] sofort **II5B**, 1
tout droit [tudʀwa] geradeaus **I5B**, 1
tout le monde [tulmõd] alle, jeder **I5DE**
une **traduction** [yntradyksjõ] eine Übersetzung **III4B**, 1
un **train** [ε̃tʀε̃] ein Zug **I3A**, 3
être en train de faire qc [εtʀα̃tʀε̃dəfεʀ] gerade etw. tun **III2A**, 2
en train [α̃tʀε̃] mit dem Zug **I7C**, 3
un **traitement** [ε̃tʀεtmα̃] eine Behandlung ⟨**IIIM2B**, 2⟩
traiter de qc [tʀete] sich mit etwas befassen; etwas behandeln ⟨**IIIM2A**, 1⟩
un **trampoline** [ε̃tʀα̃pɔlin] ein Trampolin **II7A**, 1
les **transports en commun** (m./pl.) [letʀα̃spɔʀtα̃kɔmε̃] die öffentlichen Verkehrsmittel **I7C**, 1
un **travail**/des **travaux** [ε̃tʀavaj/detʀavo] eine Arbeit/Arbeiten **III2DE**
la fête du travail [lafεtdytʀavaj] Tag der Arbeit (1. Mai) ⟨**I3P**⟩
travailler [tʀavaje] arbeiten **I2A**, 2
traverser qc [tʀavεʀse] etw. überqueren **I5B**, 1
très [tʀε] sehr **I6A**, 4
triste/**triste** [tʀist/tʀist] traurig **I6A**, 4
la **troisième** [latʀwazjεm] die Dritte, die dritte Klasse **II1DE**
trop [tʀo] zu viel, zu sehr **I5B**, 3
C'est trop nul! (fam.) [sεtʀonyl] Das ist zu blöd! (ugs.) **I5B**, 3
une **trousse** [yntʀus] ein Federmäppchen ⟨**I2P**⟩
trouver qn/qc [tʀuve] jdm./etw. finden **I2A**, 2
trouver que [tʀuve] finden, dass **II2A**, 3
un **truc** (fam.) [ε̃tʀyk] ein Ding, eine Sache **I2A**, 1
un **t-shirt** [ε̃tiʃœʀt] ein T-Shirt **I2B**, 2
un **tunnel** [ε̃tynεl] ein Tunnel **III4A**, 1
un **tuteur**/une **tutrice** [ε̃tytœʀ/yntytʀis] ein Mentor/eine Mentorin ⟨**IIIM3B**, 3⟩
tu veux dire [tyvødiʀ] du willst sagen, du meinst **II1A**, 1
typique/**typique** [tipik] typisch **II4A**, 1; ⟨**IIIM1A**, 1⟩

U

une **université** [ynynivεʀsite] eine Universität ⟨**IIIM3B**, 5⟩
une **usine** [ynyzin] eine Fabrik ⟨**IIIM1A**, 1⟩
un **utilisateur**/une **utilisatrice** [ε̃nytilizatœʀ/ynytilizatʀis] ein Nutzer/eine Nutzerin ⟨**IIIM3B**, 3⟩
utiliser qc [ytilize] etw. benutzen; etw. nutzen **II6DE**

V

les **vacances** (f., pl.) [levakα̃s] der Urlaub, die Ferien **I6A**, 4; die Ferien **I2A**, 3
un **vaccin** [ε̃vaksε̃] ein Impfstoff; eine Impfung **III2DE**
une **vache** [ynvaʃ] eine Kuh **III3B**, 3

vache (fam.) [vaʃ] fies; gemein (ugs.) **III3B**, 3
une **vague** [ynvag] eine Welle **II5B**, 1
la **vaisselle** [lavεsεl] das Geschirr **III2A**, 5
faire la vaisselle [fεʀlavεsεl] Geschirr spülen, den Abwasch machen **III2A**, 5
la **valeur** [lavalœʀ] der Wert **I7D**, 1
une **valise** [ynvaliz] ein Koffer **II5A**, 1
un **vantard**/une **vantarde** [ε̃vα̃taʀ/ynvα̃taʀd] ein Prahler, ein Protzer **II7A**, 1
Vas-y! [vazi] Los!/Mach schon!/Auf geht's! **II3B**, 1
le **vélib** [ləvelib] Bezeichnung für bezahlbaren Fahrradverleih in Großstädten **I7A**, 1
un **vélo** [ε̃velo] ein Fahrrad **I2B**, 7
à vélo [avelo] mit dem Fahrrad **I7A**, 1
les **vendanges** (f.) [levα̃dα̃ʒ] die Weinlese ⟨**IIIM3A**, 3⟩
un **vendeur**/une **vendeuse** [ε̃vα̃dœʀ/ynvα̃døz] ein Verkäufer/eine Verkäuferin **I5C**, 1
vendredi (m.) [vα̃dʀədi] Freitag, am Freitag **I4**
venir [vəniʀ] kommen **II3B**, 1
venir de faire qc [vəniʀdəfεʀ] gerade etw. getan haben **III2A**, 2
le **vent** [ləvα̃] der Wind **I7B**, 1
le **ventre** [ləvα̃tʀ] der Bauch **III3A**, 4
la **vérité** [laveʀite] die Wahrheit **III1B**, 1
un **verre** [ε̃vεʀ] ein Glas **II4B**, 1
vers [vεʀ] gegen, in Richtung **III1C**, 1
vert/**verte** [vεʀ/vεʀt] grün **I6A**, 4
une **veste** [ynvεst] eine Jacke **I6B**, 8
un **vêtement** [ε̃vεtmα̃] ein Kleidungsstück **I6B**, 8
un **vétérinaire**/une **vétérinaire** [ε̃veteʀinεʀ/ynveteʀinεʀ] ein Tierarzt/eine Tierärztin **III2B**, 4
la **viande** [lavjα̃d] das Fleisch **II4DE**
vider qc [vide] etw. leeren **III2A**, 5
la **vie** [lavi] das Leben **II0DE**
se compliquer la vie [səkõplikelavi] sich das Leben (unnötig) schwer machen **II3A**, 1
gagner sa vie [gaɲesavi] seinen Lebensunterhalt verdienen **II4B**, 1
Viens! [vjε̃] Komm! (Aufforderung) **I1A**, 1
vieux/**vieil**/**vieille** [vjø, vjεj, vjεj] alt **I6B**
un **village** [ε̃vilaʒ] ein Dorf **II0DE**
une **ville** [ynvil] eine Stadt **II0DE**
la vieille ville [lavjεjvil] die Altstadt **II0DE**
un **violon** [ε̃vjɔlõ] die Violine **I6B**
une **visite** [ynvizit] eine Besichtigung **II2DE**; ein Besuch **I7DE**
visiter qc [vizite] etwas besichtigen **I7DE**
un **visiteur**/une **visiteuse** [ε̃vizitœʀ/ynvizitøz] ein Besucher/eine Besucherin ⟨**IIIM1B**⟩
le **visuel** [visɥεl] der visuelle Aspekt, die „Optik" ⟨**IIIM3B**, 3⟩
vite [vit] schnell (Adv.) **I1A**, 1
vivre [vivʀ] leben **III4B**, 1
Vive … ! [viv] Es lebe … ! **II1DE**
Voici … [vwasi] Hier ist … /Hier sind … **II5DE**
Voilà … [vwala] Da ist … /Da sind … ⟨**I0**, 3⟩
la **voile** [lavwal] ein Segel; das Segeln **II5P**
un **voilier** [ε̃vwalje] ein Segelboot **II0DE**

voir qc [vwaʀ] etw. sehen **II2A**, 1
un **voisin**/une **voisine** [ε̃vwazε̃/ynvwazin] ein Nachbar/eine Nachbarin **I7B**, 3
une **voiture** [ynvwatyʀ] ein Auto **I5A**, 1
en voiture [α̃vwatyʀ] Auto **I5A**, 1
la **voix** [lavwa] die Stimme **I16B**
un **vol** [ε̃vɔl] (hier) ein Diebstahl, ein Raub **III1C**, 1
un **volcan** [ε̃vɔlkα̃] ein Vulkan ⟨**IIIM1A**, 1⟩; **II0DE**
voler [vole] fliegen **II4B**, 2
voler qc [vole] etw. stehlen **III1A**, 3
un **voleur**/une **voleuse** [ε̃vɔlœʀ/ynvɔløz] ein Dieb/eine Diebin **III1A**, 3
le **volley(ball)** [ləvɔlεbal] Volleyball **I5**
vouloir [vulwaʀ] wollen **II3A**, 2
je veux [ʒəvø] ich will, ich möchte **I6B**, 1
je voudrais [ʒəvudʀε] ich möchte **I5C**, 1
Je veux bien. [ʒəvøbjε̃] (Ich möchte) gerne! **II3A**, 2
Si tu veux. [sityvø] Wenn du willst. **II3A**, 8
vouloir dire [vulwaʀdiʀ] bedeuten, heißen, meinen ⟨**IIIM4D**, 1⟩
un **voyage** [ε̃vwajaʒ] eine Reise **II0DE**
voyager [vwajaʒe] reisen **III2B**, 9
vrai/**vraie** [vʀε] wahr; richtig, echt **I7E**, 1
vraiment [vʀεmα̃] wirklich **I5B**, 3
le **VTT** [ləvetete] das Mountainbike ⟨**I2P**⟩
la **vue** [lavy] die Aussicht **I7B**, 1

W

les **W.-C .** [levese] die Toilette **I5**
un **week-end** [ε̃wikεnd] ein Wochenende **III2B**, 1

Y

y [i] dort, dorthin **III4A**, 1
le **yaourt** [ləjauʀt] der Joghurt **II4DE**

Z

zarbi (fam.) [zaʀbi] merkwürdig **II8A**
Zut! (fam.) [zyt] Mist!, Verdammt! **I2A**, 3

Liste des mots

Prénoms masculins

Amin [amin] ⟨III4C, 1⟩
Anaïs [anais] II5A, 4
Antoine [ɑ̃twan] I0, 1
Arii [aʀi] ⟨III4D, 1⟩
Arthur [aʀtyʀ] II6A
Charles [ʃaʀl] I0, 1
Clément [klemɑ̃] I0, 1
Corentin [kɔʀɑ̃tɛ̃] III2B, 1
Damien [damjɛ̃] I5B, 3
Gabriel [gabʀiɛl] I5A, 3; I0, 1
Gaspard [gaspaʀ] I0, 1
Gérald [ʒeʀald] II6B
Grégoire [gʀegwaʀ] II4DE
Jérôme [ʒeʀom] I2B, 2
Julien [ʒyljɛ̃] II1A, 1
Justin [ʒystɛ̃] I0, 1
Lars [laʀs] II4A, 1
Léo [leo] I0, 1
Lionel [ljɔnɛl] ⟨II6D⟩
Louis [lwi] I0, 1
Mathieu [matjø] III3A, 3
Maurice [mɔʀis] I0, 1
Mehdi [medi] I3DE, 3
Moussa [musa] ⟨III4C, 1⟩
Paul [pɔl] I0, 1
Pierre [pjɛʀ] I0, 1
Romain [ʀɔmɛ̃] I0, 1
Sacha [saʃa] III3A, 2
Thomas [tɔma] I0, 1
Valentin [valɑ̃tɛ̃] I0, 1
Vladimir [vladimiʀ] II2B, 2

Prénoms féminins

Alex(andra) [alɛks] I2A, 3
Anne [an] I0, 1
Béatrice [beatʀis] I0, 1
Camille [kamij] II6A
Carla [kaʀla] II4DE
Clara [klaʀa] I5A, 3
Coralie [kɔʀali] II6DE; II6
Delphine [dɛlfin] I6A, 2
Elise [eliz] I0, 1
Fleur [flœʀ] I0, 1
Gabrielle [gabʀiɛl] I0, 1
Joséphine [ʒozefin] I0, 1
Julie [ʒyli] III3A, 2
Léa [lea] I0, 1
Lilou [lilu] I0, 1; I6A, 2
Louise [lwiz] I0, 1
Lucie [lysi] I0, 1
Manon [manɔ̃] I0, 1
Marie [maʀi] II1A, 1; I0, 1
Nawal [naual] III4B, 1
Sarah [saʀa] I0, 1
Vanessa [vanɛsa] II6B
Zoé [zɔe] I0, 1

Noms de famille

Aldon [aldɔ̃] II1A, 1
Azemour [azəmuʀ] III2DE
Bardin [baʀdɛ̃] II1DE
Brunet [bʀyne] III2B, 1
Chabane [ʃaban] I5A, 3
Hugot [ygo] III3A, 3
Latière [latjɛʀ] I2A, 3
Lebreton [ləbʀətɔ̃] II1A, 1
Mangin [mɑ̃ʒɛ̃] I4A, 3
Martin [maʀtɛ̃] III4A, 1
Pirou [piʀu] I3A, 3
Racine [ʀasin] I4A, 1
Rousselet [ʀuslɛ] II1A, 1

Noms de villes

Agdz [agdz] III4B, 2
Angoulême [ɑ̃gulɛm] II6C
Annecy [ansi] III0
Arcachon [aʀkaʃɔ̃] II5DE
Batignolles [batiɲɔl] I5DE
Bni Zoli [bnidzɔli] III4B, 1
Brest [bʀɛst] I1B, 6
Bruxelles [bʀysɛl] II0DE
Casablanca [kazablɑ̃ka] III4B, 1
Chambéry [ʃɑ̃beʀi] III0
Chambord [ʃɑ̃bɔʀ] III3B, 2
Chenonceaux [ʃənɔ̃so] III3B, 2
Clermont-Ferrand [klɛʀmɔ̃feʀɑ̃] ⟨IIIM1A, 1⟩
Clichy [kliʃi] I5DE
Cologne [kɔlɔɲə] I3A, 3
Dunkerque [dɛ̃kɛʀk] I7A, 1
Genève [ʒənɛv] II0DE
Houndé [unde] ⟨III4C, 1⟩
Knokke le Zoute [knɔkləzut] II0DE
Lausanne [lozan] II0DE
Le Guéliz [ləgelis] III4B, 2
Marrakech [maʀakeʃ] III4B, 1
Marseille [maʀsɛj] ⟨IIIM1DE⟩
Montélimar [mɔ̃telimaʀ] III0
Montréal [mɔ̃ʀeal] III4A, 1
le Mont-Saint-Michel [ləmɔ̃sɛ̃miʃɛl] ⟨IIIM1DE⟩
Nice [nis] I1B, 6
Nouméa [numea] ⟨III4D, 1⟩
Ouagadougou [wagadugu] ⟨III4C, 1⟩
Paris [paʀi] I1DE
Privas [pʀiva] III0
Rabat [ʀaba] III4B, 1
Saint-Malo [sɛ̃malo] II0DE
Saumur [sɔmyʀ] III3A, 4
Strasbourg [strasbuʀ] I1B, 6
Tamegroute [tamgrut] III4B, 1
Toulouse [tuluz] I1B, 6
Tours [tuʀ] III3DE
Valence [valɑ̃s] III0
Villandry [vilɑ̃dʀi] III3A, 1
Vincennes [vɛ̃sɛn] II7A, 1

Noms géographiques

l'Afrique (f.) [lafʀik] II1B, 1
l'Afrique noire (f.) [lafʀiknwaʀ] III4DE, 3
l'Algérie (f.) [lalʒeʀi] III4DE, 3
l'Allemagne (f.) [lalmaɲ] I3A, 3
l'Angleterre (f.) [lɑ̃glətɛʀ] I6A, 4
les Antilles (f., pl.) [lezɑ̃tij] III4DE
l'Ardèche (f.) [laʀdɛʃ] III0
l'Auvergne (f.) [lovɛʀɲ] II0DE
la Belgique [labɛlʒik] II6C
la Bretagne [labʀətaɲ] II0DE
le Burkina Faso [ləbyʀkinafaso] III4DE, 1
le Canada [ləkanada] II6C
le Cher [ləʃeʀ] III3A, 4
la Côte d'Ivoire [lakotdivwaʀ] III1A, 3
la Drôme [ladʀom] III0
l'Europe (f.) [løʀɔp] III0
la France [lafʀɑ̃s] I3A, 3
la grotte Cosquer [lagʀɔtkɔskeʀ] ⟨IIIM1C, 4⟩
Haïti [aiti] III2B, 1
le Haut Atlas [ləoatlas] III4B, 2
la Haute-Savoie [laotsawva] III0
l'Hexagone (m.) [lɛgzagɔn] ⟨IIIM1DE⟩
l'Italie (f.) [litali] III0
la Loire [lalwaʀ] III0
le Maroc [ləmaʀɔk] III4DE, 1
la Martinique [lamaʀtinik] III4DE
le Massif central [ləmasifsɑ̃tʀal] ⟨IIIM1A, 1⟩
la Méditerranée [lamediteʀane] ⟨IIIM1C⟩
le mont Blanc [ləmɔ̃blɑ̃] III0
le mont Gerbier de Jonc [ləmɔ̃ʒɛʀbjedəʒɔ̃] III0
la Normandie [lanɔʀmɑ̃di] II5DE
la Nouvelle-Calédonie [lanuvɛlkaledoni] III4DE, 1
le Portugal [ləpɔʀtygal] III4DE, 3
la Provence [lapʀovɑ̃s] III0
le puy de Dôme [ləpɥidədom] ⟨IIIM1A, 1⟩
le Québec [ləkebɛk] III4DE, 1
le Rhône [ləʀon] III0
Rhône-Alpes [ʀonalp] III0
le Saint-Laurent [ləsɛ̃lɔʀɑ̃] III4A, 1
la Saône [lason] III0
la Savoie [lasawva] III0
la Seine [lasɛn] III3B, 3
la Suisse [lasɥis] III0
la Touraine [latuʀɛn] III3A, 10
la Tunisie [latynizi] III4DE, 3

Noms divers

Arte [aʀte] ⟨IIIM2A, 1⟩
l'Atomium (m.) [latomjɔm] II0DE
le Cadre Noir [ləkadʀənwaʀ] III3A, 1
Canal + [kanalplys] ⟨IIIM2A, 1⟩
la Canebière [lakanbjɛʀ] ⟨IIIM1C⟩
le centre culturel Tjibaou
    [ləsɑ̃tʀkyltyʀɛltʃibau] ⟨III4D, 1⟩
le Centre Pompidou [ləsɑ̃tʀ(ə)pɔ̃pidu] I7DE
le château d'If [ləʃatodif] ⟨IIIM1C⟩
le Cirque du Soleil [ləsiʀkdysɔlɛj] III4A, 1
l'hôpital Cochin [kɔʃɛ̃] III2A, 2
la dune du Pilat [ladyndypila] II5DE
Félix (m.) [feliks] III4A, 1

le **FESPACO** *(Festival panafricain du cinéma et de la télévision de Ouagadougou)* [ləfɛspako] ⟨III4C, 1⟩
France-Inter [fʀɑ̃sɛtɛʀ] ⟨IIIM2A, 1⟩
France 2 [fʀɑ̃sdø] ⟨IIIM2A, 1⟩
les **FrancoFolies** *(f.) de Montréal* [lefʀɑ̃kofɔli] **III4A, 1**
la **gare de l'Est** [lagaʀdəlɛst] **I7C, 2**
la **gare du Nord** [lagaʀdynɔʀ] **I7A, 1**
Géo Ado [ʒeoado] ⟨IIIM1DE⟩
l'**Institut du monde arabe** [lɛ̃stitydymɔ̃daʀab] **I7DE**
l'**Institut Pasteur** *(m.)* [ɛ̃stitypastœʀ] **III2DE**
Interclub 17 [ɛ̃tɛʀklœbdisɛt] **I5DE**
le **jardin Majorelle** [ləʒaʀdɛ̃maʒɔʀɛl] **III4B, 1**
Jésus-Christ [ʒezykʀi] ⟨IIIM1C⟩
les **Jeux olympiques** *(m.)* [leʒøzɔlɛ̃pik] **III0**
le **lac Léman** [ləlaklemɑ̃] **II0DE**
La Défense [ladefɑ̃s] **I7DE**
La Joconde [laʒɔkɔ̃d] **I7B, 4**
Le Figaro [ləfigaʀo] ⟨IIIM2A, 1⟩
Le Monde [ləmɔ̃d] ⟨IIIM2A, 1⟩
Le Nouvel Observateur [lənuvɛlɔpsɛʀvatœʀ] ⟨IIIM2A, 1⟩
le **parc des Batignolles** [ləpaʀkdebatiɲɔl] **I5C, 1**
L'Equipe [lekip] ⟨IIIM2A, 1⟩
les **Enfoirés** [lezɑ̃fwaʀe] ⟨IIIM2DE⟩
le **Thalys** [lətalis] **I7A, 1**
le **Louvre** [ləluvʀ] **I7DE**
Malabar [malabaʀ] **I1A, 1**
Malou [malu] **I2A, 3**
le **Manneken-Pis** [ləmanɛkənpis] **II0DE**
Médecins du Monde [medsɛ̃dymɔ̃d] **III2B, 1**
Michelin [miʃlɛ̃] ⟨IIIM1A, 1⟩
Moustique [mustik] **I1A, 1**
le **MuCEM** *(le Musée des Civilisations de l'Europe et la Méditerranée)* [ləmysɛm] ⟨IIIM1DE⟩
le **Musée olympique** [ləmyzeɔlɛ̃pik] **II0DE**
Nautibus [notibys] **II0DE**
NRJ [enɛʀʒi] ⟨IIIM2A, 1⟩
l' **Office franco-allemand pour la jeunesse** *(m.)* [lɔfisfʀɑ̃koalmɑ̃puʀlaʒœnɛs] **III3DE**
place de la Bastille [laplasdəlabastij] **I6B, 1**
Radio Méga [ʀadjomega] ⟨IIIM2A, 1⟩
Renault [ʀəno] **III2DE**
la **rue Nollet** [laʀynɔlɛ] **I2B, 2**
la **rue Truffaut** [laʀytʀyfo] **I2B, 2**
Saint-Gatien [sɛ̃gasjɛ̃] **III3A, 1**
Saint Martin de Tours [sɛ̃maʀtɛ̃dətuʀ] **III3A, 1**
les **Schtroumpfs** [leʃtʀumf] **II6C**
Science et Vie Junior [sjɑ̃seviʒynjɔʀ] ⟨IIIM2A, 1⟩
TF1 [teɛfɛ̃] ⟨IIIM2A, 1⟩
la **tour Eiffel** [latuʀɛfɛl] **I6DE**
les **Victoires de la musique** *(f.)* [viktwaʀdəlamyzik] **III4A, 1**
Vulcania [vylkanja] ⟨IIIM1A, 1⟩; **II0DE**

Noms de personnes connues

Benzéma, Karim [bɛ̃zema] ⟨IIIM2A, 3⟩
Camélia Jordana [kameljaʒɔʀdana] **II8A**
Charlemagne [ʃaʀləmaɲ] **III3A, 1**
Christophe Maé [kʀistɔfmae] **II6B**
Cœur de pirate [kœʀdəpiʀat] **III4A, 1**
Coluche [kɔlyʃ] ⟨IIIM2A, 3⟩
Gustave Eiffel [gystavɛfɛl] **I7A, 1**
Goldman, Jean-Jacques [gɔldman] ⟨IIIM2A, 3⟩
Hessel, Stéphane [esɛl] ⟨IIIM2B, 2⟩
Honoré de Balzac [ɔnɔʀedəbalzak] **I4DE**
Kad Merad [kadmeʀad] **I5A, 3**
Louis XIV [lwikatɔʀz] **III3B, 2**
Martin Luther King [maʀtɛ̃lyteʀkiŋ] **I5DE**
Pasteur, Louis [pastœʀ] **III2DE**
Poulenc, Francis [pulɛ̃kfʀɑ̃sis] **III3DE**
Renault, Louis [ʀəno] **III2DE**
Ribéry, Franck [ʀibeʀi] ⟨IIIM2A, 3⟩
Roméo et Juliette [ʀɔmeoeʒyljɛt] **II8A**
Souchon, Alain [suʃɔ̃] ⟨IIIM2A, 3⟩
Zaz [zaz] **II6B**

Wortliste

A

abbiegen tourner **I5B**, 1
ein Abend (*im Verlauf*) une soirée **III2A**, 1
  der Abend le soir **I5A**, 1
  heute Abend ce soir **I5A**, 1
abendländisch, westlich occidental/occidentale/occidentaux/occidentales
  ⟨**III4D**, 1⟩
ein Abenteuer une aventure **III2B**, 1
aber mais **I1B**, 1
abfahren partir **II6A**
die Abfahrt le départ **II5A**
etw. (ab)holen aller chercher qc **II4A**, 2
das Abitur le baccalauréat **III4B**, 1
absolut, unbedingt (*Adv.*) absolument (*adv.*)
  ⟨**III1C**⟩
sich abspielen se dérouler **III1DE**
absurd, unsinnig absurde/absurde
  ⟨**III3B**, 1⟩
eine Abtei une abbaye ⟨**III1B**⟩
den Abwasch machen faire la vaisselle
  III2A, 5
ein Abwasserkanal un égout **II2DE**
Ach. Bof! (*fam.*) **I1B**, 7
acht huit ⟨**I0**, 6⟩
eine Achterbahn un grand huit **I7E**, 1
Achtung! Attention! **I1A**, 1
der Ackerbau l'agriculture (*f.*) **II2B**, 9
afrikanisch africain/africaine **III1A**, 3
äh? hein? (*fam.*) **I5DE**
jdm./etw. ähnlich sein ressembler à qn/qc
  I1B, 2
jdn./etw. akzeptieren, annehmen accepter
  qn/qc **III1DE**
ein Album un album **II5A**, 3
alle tous /toutes **II7B**, 3
alle tout le monde **I5DE**
allein seul/seule **II2B**, 2
alles tout **II0DE**
als comme **I5A**, 6
als, wenn lorsque **III1A**, 3
  als quand **I1B**, 2
also donc **III1C**, 1
alt vieux/vieil/vieille **II6B**
  Wie alt bist du? Tu as quel âge? **I3B**, 9
das Alter l'âge (*m.*) **I3B**, 9
die Altstadt la vieille ville **II0DE**
am folgenden Tag le lendemain **III1B**, 1
die Ampel le feu **I5B**, 2
eine Amtssprache une langue officielle
  III4A, 1
eine Analyse une analyse **III2DE**
eine Ananas un ananas ⟨**II4P**⟩
etw. anbauen cultiver qc ⟨**III4C**, 1⟩
jdm. etw. anbieten offrirqc à qn **II8DE**
ein Andenken un souvenir **I7B**, 1
die anderen les autres **I4B**, 2
anderer, andere différent/différente **II6B**
anderer/andere/anderes autre/autre **I6B**, 1
es ist mal etwas anderes (**als ...**) ça
  change (de qc) **I6B**, 6
ändern changer **I6B**, 6
anders différent/différente **II6C**
anfangen, etw. zu tun se mettre à faire qc
  III3B, 3

anfangen commencer **I4A**, 1
jdn./etw. anfassen toucher qn/qc **III1A**, 3
eine Angelegenheit une affaire **I3A**, 3
ein Angestellter/eine Angestellte un
  employé/une employée ⟨**IIIM3B**, 3⟩
Angst haben avoir peur **I6A**, 4
etw. anhalten arrêter qc **II3B**, 1
jdm. zuhören, etw. anhören écouter qn/qc
  I2A, 2
ein Animateur/eine Animateurin un
  moniteur/une monitrice **II0DE**
jdn. anklagen accuser qn **III1C**, 2
(an)kommen arriver **I2DE**
die Ankunft l'arrivée (*f.*) **I6A**, 2
jdn./etw. annehmen, akzeptieren accepter
  qn/qc **III1DE**
ein Anorak un anorak **I6B**, 8
etw. anpassen, adaptieren adapter qc
  ⟨**IIIM3B**, 3⟩
etw. anprobieren essayer qc **II5B**, 1
jdn. wieder/noch einmal anrufen rappeler
  qn **II2B**, 8
  anrufen téléphoner à qn **II5B**, 1
  jdn. (an)rufen appeler qn **II2B**, 2
etw. anschalten allumer qc ⟨**IIIM3A**, 4⟩
etw. ansehen regarder qc **I2DE**
eine Ansichtskarte une carte postale **I7B**, 1
ansonsten sinon **I6B**, 1
etw. anstoßen pousser qc **II3A**, 1
antik, altertümlich antique/antique **III0**
etw. antreiben pousser qc **II3A**, 1
etw. anwenden appliquer qc ⟨**IIIM3A**, 4⟩
anwesend, vorhanden présent/présente
  III4DE, 1
eine Anzeige, eine Annonce une annonce
  II7B, 9
sich anziehen s'habiller **III2A**, 1
  etw. setzen, stellen, legen; etw. anziehen
  mettre qc **I5A**, 1
etw. anzünden allumer qc ⟨**IIIM3A**, 4⟩
ein Aperitif un apéritif **II4A**, 2
ein Apfel une pomme **I5C**, 1
ein Apfelsaft un jus de pomme **I5C**, 1
eine Apotheke une pharmacie **III2B**, 7
der Applaus l'applaudissement (*m.*) **II3B**, 1
eine Aprikose un abricot ⟨**II4B**⟩
April avril (*m.*) **I3B**, 7
apropos à propos de qc **II2A**, 1
ein Aquarium un aquarium **II0DE**
das Arabische l'arabe (*m.*) **III4DE**, 3
eine Arbeit un travail/des travaux **III2DE**
ein Arbeitszimmer un bureau **I3A**, 3
ein Archipel, eine Inselgruppe un archipel
  ⟨**III4D**, 1⟩
ein Architekt/eine Architektin un
  architecte/une architecte **III2B**, 4
arm pauvre/pauvre **II3A**, 2
ein Arm un bras **I2A**, 1
eine Armbanduhr une montre **II7A**, 1
eine Art un genre ⟨**IIIM3A**, 4⟩
ein Artikel un article **II3B**, 4
ein Arzneimittel, ein Medikament un
  médicament **III2B**, 7
ein Arzt/eine Ärztin un médecin/une
  femme médecin **III2B**, 1

ein Assistent/eine Assistentin un assistant/une assistante **I7DE**
die Astronomie l'astronomie (*f.*) **II8DE**
eine Atmosphäre une ambiance **III2B**, 1
Ätzend! (*ugs.*) Quelle galère! **III2A**, 5
eine Aubergine une aubergine ⟨**II4P**⟩
auch aussi **I1B**, 1
auf sur **I3A**, 2
  auf, über sur **I3A**, 2
  auf der Straße dans la rue **I2A**, 3
  auf Deutsch en allemand **I3A**, 3
der Aufbau, das Bauen une construction
  III3B, 2
der Aufbruch le départ **II5A**
auf diese Weise comme ça **I4B**, 4
jdn. auf die Welt bringen mettre qn au
  monde **III3A**, 4)
ein Aufenthalt un séjour **III3DE**
etw. aufgeben abandonner qc **II6B**
etw. aufheben ramasser qc ⟨**IIIM1B**⟩;
  ⟨**IIIM1B**⟩
mit etw. aufhören arrêter qc **II3B**, 1
jdn. aufnehmen, empfangen accueillir qn
  ⟨**IIIM3B**, 3⟩
etw. aufräumen ranger qc **I3A**, 3
jdn. aufregen énerver qn **II1A**, 6;
  Ça m'énerve! **II1A**, 6
etw. aufschreiben noter qc **II3DE**
eine Aufsichtsperson un surveillant/une
  surveillante **II3DE**
aufstehen; sich erheben se lever **III2A**, 1
aufwachen se réveiller **III2A**, 1
ein Auge/Augen un œil/des yeux **I1B**, 7
in diesem Augenblick à ce moment-là
  II2A, 1; **II2A**, 1
August août (*m.*) **I3B**, 7
aus de/d' **I1B**, 1; **I1B**, 1
eine Ausbildung une formation **III2DE**
ausblasen souffler qc **I3B**, 1
ein Ausflug une sortie **III3A**, 1
etw. ausführen; realisieren réaliser qc
  ⟨**IIIM3B**, 3⟩
eine Ausgabe une édition **II6DE**
ein Ausgang une sortie **II2A**, 1
ausgehen sortir **II6A**; **II8A**; **II6A**
im Ausland à l'étranger ⟨**IIIM3DE**⟩
etw. ausprobieren essayer qc **II5B**, 1
sich ausruhen se reposer **III2A**, 2
etw. ausschalten éteindre qc ⟨**IIIM3A**, 4⟩
aussehen avoir l'air **II1A**, 1
die Aussicht la vue **I7B**, 1
eine Aussprachestunde (*in der Schule*) une
  heure de vie **II8DE**
aussteigen descendre **II2B**, 2
eine Ausstellung une exposition **I7DE**
etw. aussuchen choisir qc **II7A**, 1
ein Austausch un échange **III3DE**
ein Austauschpartner/eine Austauschpartnerin un correspondant/une correspondante **III3DE**
eine Auswahl un choix ⟨**IIIM3A**, 1⟩
auswendig par cœur ⟨**IIIM3A**⟩; ⟨**IIIM2A**, 3⟩
ein Auto une voiture **I5A**, 1
eine Autobahn une autoroute **I5A**, 3
eine Avokado un avocat ⟨**II4P**⟩

B

ein **Baby**, ein **Säugling** un bébé ⟨IIIM3A, 4⟩
das **Babysitting** le baby-sitting ⟨IIIM3A, 3⟩
ein **Bäcker**/eine **Bäckerin** un boulanger/une boulangère ⟨IIIM3B, 3⟩
eine **Bäckerei** une boulangerie I5B, 1
das **Bad**, das **Badezimmer** une salle de bains I5A, 2
eine **Bahn** une piste II3B, 1
ein **Bahnhof** une gare I6A, 4
ein **Bahnsteig** un quai I6A, 4
bald bientôt I3A, 1
ein **(kleiner) Ball** une balle II7A, 1
   ein Ball un ballon II5B, 1
eine **Banane** une banane ⟨II4P⟩
eine **Bande** une bande ⟨III4C, 1⟩
eine **Bank** *(zum Sitzen)* un banc III3B, 3
eine **Grundlage**, eine **Basis** une base III0
Basketball le basket(ball) I5
der **Bauch** le ventre III3A, 4
etw. **bauen**; **errichten** bâtir qc ⟨IIIM3B, 1⟩
das **Bauen**, der **Aufbau** une construction III3B, 2
ein **Bauernhof** une ferme II7B, 3
ein **Baum** un arbre II5A, 3
die **Baumwolle** le coton ⟨III4C, 1⟩
etw. **bearbeiten** retravailler qc II8DE
ein **Bedarf** un besoin ⟨IIIM3B, 3⟩
etw. **bedauern** regretter qc I3A, 3
bedeckt couvert/couverte III3A, 9
bedeuten, **heißen**, **meinen** vouloir dire ⟨III4D, 1⟩
etw. **beenden** arrêter qc II3B, 1; finir II7A, 1
etw. **beenden**, etw. **fertigstellen** terminer qc III2A, 2
sich mit etw. **befassen** traiter de qc ⟨IIIM2A, 1⟩
etw. **beifügen** joindre qc ⟨IIIM3DE⟩
etw. **befürchten** craindre qc ⟨IIIM3A, 4⟩
jdm. **begegnen** rencontrer qn I6B, 1
beginnen commencer I4A, 1
jdn. **beglückwünschen** féliciter qn II3B, 4
etw. **begründen**, **rechtfertigen** justifier qc ⟨IIIM2B, 2⟩
jdn. **begrüßen** saluer qn I5B, 3
etw. **behalten** garder qc III1B, 1
eine **Behandlung** un traitement ⟨IIIM2B, 2⟩
bei jdm. chez qn I4A, 1
der **Beifall** l'applaudissement *(m.)* II3B, 1
das **Bein** la jambe II5B, 1
beinahe presque II0DE
zum **Beispiel** par exemple I7D, 1
bekannt connu/connue II6B
sich **beklagen**, **beschweren** se plaindre ⟨IIIM3A, 4⟩
bekloppt *(ugs.)* dingue/dingue *(fam.)* III3A, 4
etw. **bekommen** recevoir qc II4A, 1; II6C
belgisch belge/belge II6C
jdn./etw. **bemerken** remarquer qn/qc III3B, 3
benachteiligt défavorisé/défavorisée ⟨IIIM2DE⟩
etw. **benutzen** se servir de qc ⟨IIIM3A, 4⟩; utiliser qc II6DE

eine **Beobachtung** une observation ⟨IIIM3DE⟩
ein **Berater für die berufliche Bildung** un conseiller d'orientation ⟨IIIM3DE⟩
bereit/**fertig** prêt/prête III2A, 2
ein **Berg** une montagne II0DE
ein **Bericht** un rapport ⟨IIIM3DE⟩
Bermudashorts un bermuda ⟨I6P⟩
ein **Beruf** un métier II6B
beruflich; **Berufs-** professionnel/professionnelle ⟨IIIM3A, 4⟩
ein **Berufsberatungstag** une journée d'orientation III2A, 2
berühmt célèbre/célèbre III3B, 2
jdn./etw. **berühren** toucher qn/qc III1A, 3
beschäftigen; **besetzen** occuper III2DE
   sich mit jdm./etw. beschäftigen s'occuper de qn/qc ⟨IIIM3A, 4⟩
beschäftigt; **besetzt** occupé/occupée III2DE
jdm. **Bescheid geben** tenir qn au courant de qc ⟨IIIM3B, 6⟩
beschließen, etw. zu tun décider de faire qc III3B, 3
jdn./etw. **beschreiben** décrire qn/qc II1B, 7
sich **beschweren**, **beklagen** se plaindre ⟨IIIM3A, 4⟩
etw. **besichtigen** visiter qc I7DE
eine **Besichtigung** une visite II2DE
eine **Besonderheit**; eine **Spezialität** une spécialité III0
der **beste**/die **beste**/das **beste** le meilleur/la meilleure III1A, 3
   der beste Moment le meilleur moment III3B, 3
ein **Besuch** une visite I7DE
ein **Besucher**/eine **Besucherin** un visiteur/une visiteuse ⟨IIIM1B⟩
etw. **betrachten** regarder qc I2DE
ein **Betrieb** une entreprise III2DE
ein **Bett** un lit I4A, 1
   das Bett machen faire le lit I6A, 2
   zu Bett gehen; sich hinlegen se coucher ⟨IIIM3A, 4⟩
beunruhigt inquiet/inquiète III2B, 1
sich **bewegen** bouger II7B, 1
eine **Bewerbung** une candidature ⟨IIIM3DE⟩
   ein Bewerbungsschreiben une lettre de candidature ⟨IIIM3DE⟩
etw. **bezahlen** payer qc II4A, 2
eine **Bibliothek**, eine **Bücherei** une bibliothèque III4B, 6
ein **Bild** une image ⟨II6D⟩
sich **bilden**, **entstehen** se former ⟨IIIM1A, 1⟩
ein **Biologe**/eine **Biologin** un biologiste/une biologiste II7B, 3
die **Biologie** la biologie ⟨IIIM3A, 1⟩
   Biologie les S.V.T. (Sciences de la vie et de la terre) *(f.)* ⟨I4P⟩
eine **Birne** une poire ⟨II4P⟩
bis jusque III3A, 4; jusqu'à … I5B, 2
bis gleich A tout à l'heure! I1
   Bis später! A plus! I5A, 1
bitte./**bitte schön.** s'il vous plaît! ⟨I0, 1⟩
   bitte *(wenn man jemanden duzt)* s'il te plaît I3A, 3

jdn. (nach etw.) **fragen**; jdn. (um etw.) **bitten** demander (qc) à qn I6B, 1
blablabla patati patata *(fam.)* I6A, 4
Blatt (Papier) une fiche II6B
   ein Blatt une feuille ⟨I2P⟩
blau bleu/bleue I6B, 6
bleiben rester I6A, 2
bleich pâle/pâle III1C, 1
ein **Bleistift** un crayon I2A, 1
ein **Blick** un regard III1DE
der **Blitz** la foudre III3B, 3
blöd nul I5B, 3
   blöd, dumm bête/bête II1B, 2
   Das ist zu blöd! *(ugs.)* C'est trop nul! *(fam.)* I5B, 3
ein **Blog** un blog I6A, 4
blond blond/blonde II1B, 7
ein **Blouson**, eine **Jacke** un blouson ⟨III1C, 1⟩
eine **Blume** une fleur I6B, 6
ein **Blumenkohl** un chou-fleur ⟨II4P⟩
ein **Bogen** une arche I7DE
ein **Boot** un bateau/des bateaux II5A, 1
eine **Boutique** une boutique I7B, 1
eine **Branche**; ein **Erwerbszweig** une branche ⟨IIIM3B, 6⟩
wir **brauchen etw.** il nous faut II7A, 1
   etw. brauchen avoir besoin de qc ⟨IIIM2A, 3⟩
man **braucht etw.** il faut qc II4A, 1
(kastanien)braun châtain *(inv.)* II1B, 7
ein **Brief** une lettre II6C
ein **Brieffreund**/eine **Brieffreundin** un correspondant/une correspondante III3DE
ein **Briefträger**, eine **Briefträgerin** un facteur/une factrice II6C
jdm. etw. **(mit)bringen** apporter qc à qn II6C
das **Brot** le pain I7C, 1
eine **Brücke** un pont III3A, 1
ein **Bruder** un frère I2B, 2
ein **Buch** un livre I2A, 1
eine **Bücherei** une bibliothèque ⟨I5P⟩
Buchhandlung la Maison de la Presse I2DE
eine **Bucht** une baie ⟨IIIM1B⟩
das **Bungee-Jumping** le saut à l'élastique II7DE
bunt, **farbig** coloré/colorée III4B, 1
ein **Büro** un bureau I3A, 3
ein **Bus** *(Reisebus)* un car III3DE
   ein Bus un bus I7C, 1
die **Butter** le beurre II4A, 2

C

ein **Café** un café I5B, 1
eine **CD**/**CDs** un CD/des CD I3A, 1
ein **Champignon** un champignon ⟨II4P⟩
ein **Champion** un champion/une championne I5B, 3
die **Chance** la chance II1A, 1
mit jdm. (im Internet) **chatten** chatter avec qn II2A, 1
ein **chauffeur** un chauffeur I5A, 1
Chips des chips *(m.)* ⟨I6P⟩
eine **Clique** une bande ⟨III4C, 1⟩
ein **„Collège"** un collège I4DE; I4DE

ein Comic une BD **I2DE**
ein Computer un ordinateur **I2A**
ein Computerprogramm un logiciel
⟨IIIM3B, 3⟩
ein Cousin/eine Cousine un cousin/une
cousine **I3A**, 9

D

da, weil comme ⟨IIIM2A, 3⟩
da(hin), dort(hin) là-bas **II1A**, 1
ein Dach un toit **III3B**, 3
dagegen, während alors que ⟨III4D, 1⟩
Da ist … /Da sind … Voilà … ⟨I0, 3⟩
eine Dame une dame **I1B**, 4
dämlich (ugs.) débile/débile (fam.) **III3A**, 4
danach, dann ensuite ⟨II2P⟩
danke merci **I0**, 4
 Vielen Dank! Merci beaucoup! **I5B**, 2
jdm. danken remercier qn ⟨IIIM3A, 4⟩
eine Danksagung un remerciement
⟨IIIM3B, 3⟩
dann puis **I3B**, 1
 dann, danach ensuite ⟨II2P⟩
darauf dessus **II5B**, 1
eine Darbietung un spectacle **I7DE**
Wie denkst du darüber? Qu'est-ce que tu en
penses? **II2A**, 3
das ça **I2B**, 2
dass (Konjunktion) que **II2A**, 3
das sind ce sont **I3A**, 3
Das wird schon wieder. Ça va s'arranger.
III1B, 5
dazu en plus **I2A**, 3
eine Decke (zum Zudecken) une couverture
III1DE
denken penser **I6A**, 4
 Wie denkst du darüber? Qu'est-ce que tu
en penses? **II2A**, 3
ein Denkmal un monument **III3A**, 1
denn car **II6C**
dennoch, trotzdem pourtant **III2A**, 2
ein Departement (französischer Verwaltungsbezirk) un département **III0**
dermaßen, so viel tellement **III3B**, 3
deshalb c'est pourquoi **II6A**; **II6B**
deutsch allemand ⟨I4⟩
Deutsch l'allemand (m.) **I4DE**
 auf Deutsch en allemand **I3A**, 3
deutsch-französisch franco-alle-
mand/franco-allemande ⟨IIIM2A, 1⟩
Dezember décembre (m.) **I3B**, 1
eine Diashow un diaporama **III3A**
dick (Personen) gros/grosse **III3A**, 4
ein Dieb/eine Diebin un voleur/une voleuse
III1A, 3
ein Diebstahl un vol **III1C**, 1
Dienstag, am Dienstag mardi (m.) **I4**
dieser/diese/dieses (Demonstrativbegleiter)
ce/cet/cette/ces **II1B**, 2
digital numérique/numérique ⟨IIIM3B, 3⟩;
⟨IIIM1DE⟩
ein Ding un truc (fam.) **I2A**, 1; une chose
⟨I7D, 1⟩
ein Diplomat/eine Diplomatin un diplo-
mate/une diplomate ⟨IIIM2B, 2⟩

**eine Diskriminierung, ungerechte Behand-
lung** une discrimination ⟨IIIM2B, 1⟩
eine Diskussion une discussion **II2A**, 1
(über etw.) diskutieren discuter (de qc)
I4A, 3
ein DJ un DJ ⟨II6D⟩
doch quand même **II4A**, 2
doch si **I4B**, 4
ein Dokument un document ⟨IIIM3B, 3⟩
Donnerstag, am Donnerstag jeudi (m.) **I4**
ein Dorf un village **II0DE**
dort, dorthin y **III4A**, 1
 dort(hin), da(hin) là-bas **II1A**, 1
 dort/da là **I2A**, 3
ein Drahtzaun une grille **II2A**, 1
draußen, im Freien dehors **III1A**, 3
drei trois ⟨I0, 6⟩
dritte/die dritte Klasse la troisième **II1DE**
du toi ⟨I0, 2⟩
dumm, blöd bête/bête **II1B**, 2
eine Düne une dune **II5DE**
dunkel sombre/sombre **II2A**, 1
durch jdn./etw. grâce à qn/qc **III4B**, 1
der Durchschnitt (10 von 20 Punkten im
Zeugnis) la moyenne **II3A**, 2
etw. tun dürfen avoir le droit de faire qc
II6A
Durst haben avoir soif **I5C**, 1
eine Dusche une douche **III3B**, 3
eine DVD/DVDs un DVD/des DVD **I3A**, 1
dynamisch; (hier) lebhaft dynamique/dyna-
mique **III4A**, 1

E

die Ebbe la marée basse ⟨IIIM1B⟩
eine Ecke un coin **II6DE**
der Ehemann le mari **III2A**, 1
eher plutôt **II3A**, 2
ehrenamtlich, unentgeltlich bénévole/béné-
vole ⟨IIIM2A, 3⟩
ein Ei/Eier un œuf/des œufs **II4DE**
die Eifersucht une jalousie **I6B**, 6
das Eiklar, Eiweiß un blanc d'œuf **III0**
ein Einband, ein Umschlag une couverture
III1DE
ein Eindruck une impression **III1A**, 3
 den Eindruck haben, dass avoir
 l'impression de **III1A**, 3
eindrucksvoll, beeindruckend impression-
nant/impressionnante **III4A**, 1
eine CD un album **II5A**, 3
ein Eigentümer/eine Eigentümerin un
propriétaire/une propriétaire **III1B**, 1
einfach simple/simple **II6C**
ein Eingang une entrée **I5A**, 1
einige quelques (pl.) **II3B**, 1
einkaufen faire les courses (f.) (pl.) **II4DE**
jdn. einladen inviter qn **I3A**, 3
eine Einladung une invitation **II6A**
einmal une fois **II2DE**
etw. einsammeln ramasser qc ⟨IIIM1B⟩
sich für etwas einsetzen s'engager pour qc
⟨IIIM2DE⟩
einsteigen monter **II2B**, 2
eintreten entrer **I2A**, 2

einverstanden d'accord **I2B**, 2
ein Einwanderer/eine Einwanderin un
immigré/une immigrée ⟨IIIM2B, 2⟩
ein Einwohner/eine Einwohnerin un
habitant/une habitante **III0**
einzig seul/seule ⟨IIIM2B, 1⟩
ein Eis une glace **II5B**, 1
ein Eisverkäufer; eine Eisdiele un glacier
⟨I5P⟩; ⟨I5P⟩
die Eltern les parents (m.) **I3A**, 9
eine E-Mail un courriel **I6B**, 6
jdn. empfangen, aufnehmen accueillir qn
⟨IIIM3B, 3⟩
 etw. empfangen recevoir qc **II4A**, 1; **II6C**
sich empören über etwas s'indigner de qc
⟨IIIM2B, 2⟩
eine Empörung une indignation ⟨IIIM2B, 2⟩
das Ende la fin **I4B**, 5; **I4B**, 5
eine Endivie une endive **II4A**, 1
 die Endivie la chicorée **II4B**, 2
endlich enfin **I6A**, 4
ein Engagement; ein Einsatz un engagement ⟨IIIM2A, 3⟩
englisch anglais/anglaise **III4DE**, 4
Englisch anglais ⟨I4⟩
etw. entdecken découvrir qc **III3DE**
eine Entdeckung une découverte **III1B**, 1
entscheiden, etw. zu tun décider de faire qc
III3B, 3
eine Entscheidung une décision **III2B**, 1
 eine Entscheidung treffen prendre une
 décision **II2B**, 2
Entschuldigen Sie./Entschuldigung!
Excusez-moi. **I4A**, 3
Entschuldigung. Pardon. **I1A**, 1
entstehen, sich bilden se former ⟨IIIM1A, 1⟩
ein Entwickler (von Software) un dévelop-
peur/une développeuse ⟨IIIM3B, 3⟩
eine Epoche, eine Zeit une époque **III4B**, 1
eine Erdbeere une fraise ⟨II4P⟩
die Erde la terre ⟨IIIM1A, 1⟩; **II0DE**
die Erdkunde la géographie **II3A**, 2
 Geschichte und Erdkunde l'histoire-géo(f.)
 ⟨I4P⟩
ein Ereignis un évènement **III1DE**
etw. erfinden inventer qc **I7D**, 1
der Erfolg le succès **II3B**, 4
ein Ergebnis un résultat **II1B**, 2
sich an etw. erinnern se rappeler qc
⟨IIIM3A, 4⟩
eine Erinnerung un souvenir **I7B**, 1
etw. erklären; ankündigen déclarer qc
⟨IIIM3A, 4⟩
 (jdm.) etw. erklären expliquer qc (à qn)
 II2B, 2
jdn. erlauben, etw. zu tun permettre à qn
de faire qc **III2B**, 9
eine Erlaubnis, Genehmigung une
autorisation **III1B**, 1
ein Erlebnispark un parc d'attractions **I7E**
jdm. ermöglichen, etw. zu tun permettre à
qn de faire qc **III2B**, 9
jdn. ermutigen encourager qn **III1A**, 3
ernst(haft) sérieux/sérieuse **II7A**, 1
etw. ersetzen remplacer qc ⟨III4C, 1⟩
der erste le premier **I3B**, 7

etw. erzählen raconter qc **I4A**, 3
etw. essen manger qc **I3B**, 1
  zu Abend essen dîner **II4A**, 1
Essen un repas **I5A**, 3
ein Esszimmer une salle à manger ⟨**I5A**, 3⟩
etwa environ **I4B**, 4
etwas quelque chose **I4B**, 4
europäisch européen/européenne **III4DE**, 3
existieren exister ⟨**IIIM1C**⟩

F

eine Fabrik une usine ⟨**IIIM1A**, 1⟩
fähig; kompetent compétent/compétente ⟨**IIIM3A**, 3⟩
eine Fahne un drapeau **II5B**, 1; **II3P**
fahren rouler **III3B**, 3; aller **I4A**, 3
ein Fahrer un chauffeur **I5A**, 1
ein Fahrschein, eine Fahrkarte un ticket **I7C**, 2
ein Fahrrad un vélo **I2B**, 7
mit dem Fahrrad à vélo **I7A**, 1
ein Fahrschein, eine Fahrkarte un ticket **I7C**, 2
fallen tomber **I5B**, 3
das Fallschirmspringen le parachutisme **II7DE**
eine Familie une famille **I3A**, 8
fantastisch fantastique **I1B**, 1
eine Farbe une couleur **I6B**, 6
  die Malerei; la peinture ⟨**IIIM1C**, 4⟩
farbig; bunt coloré/colorée **III4B**, 1
fast presque **II0DE**
Fastfood le fastfood ⟨**IIIM3A**, 3⟩
faszinieren fasciner **III2B**, 1
Februar février (m.) **I3B**, 7
das Fechten l'escrime (f.) **II7B**, 3
ein Federmäppchen une trousse ⟨**I2P**⟩
fehlen manquer **III1C**, 1
ein Fehler une faute **III3A**, 4
feiern fêter **I6A**, 4; faire la fête **I6DE**
ein Fels/Felsen un rocher ⟨**IIIM1B**⟩
ein Fenster une fenêtre **II5A**, 6
die Ferien les vacances (f., pl.) **I6A**, 4; **I2A**, 3; **I6A**, 4
ein Ferienhaus un gîte **II5DE**
ein Ferienlager une colo(nie de vacances) **II0DE**
das Fernsehen la télévision ⟨**I2P**⟩; **I4A**, 1
  ein Fernsehsender une chaîne de télévision ⟨**IIIM2A**, 1⟩
eine Fernsehsendung une émission ⟨**IIIM3A**, 4⟩; ⟨**IIIM2A**, 1⟩
eine Fernsehserie une série télévisée ⟨**II6D**⟩
fertig/bereit prêt/prête **III2A**, 2
fesselnd captivant/captivante **II8P**
ein Fest une fête **I6DE**
ein Feuerwerk un feu d'artifice **I6DE**
die Feundschaft l'amitié (f.) **I6A**, 4
fies; gemein (ugs.) vache (fam.) **III3B**, 3
eine Figur, eine Statuette une statuette **III1A**, 3
  eine Figur (im Sport) une figure **II7A**, 1
ein Film (Kino) un film **I5A**, 3
jdn./etw. finden trouver qn/qc **I2A**, 2
finden, dass trouver que **II2A**, 3

ein Finger un doigt **II4A**, 2
eine Firma une entreprise **III2DE**
ein Fisch un poisson **III3A**, 4; ⟨**I1P**⟩
die Fläche la superficie **III0**
eine Flagge un drapeau **II5B**, 1; **II3P**
eine Flasche une bouteille **II4A**, 2
das Fleisch la viande **II4DE**
eine Fliege une mouche **III1B**, 5
fliegen voler **II4B**, 2
ein Flohmarkt un marché aux puces **I7D**, 1
ein Flughafen un aéroport **I7C**, 2
ein Flugzeug un avion **I7C**, 3
ein Flur un couloir **II2DE**
ein Fluss, ein Strom un fleuve **III0**
  ein Fluss une rivière ⟨**III4D**, 2⟩; ⟨**III4C**, 2⟩
eine Flut la marée haute ⟨**IIIM1B**⟩
die Form la forme **II1A**, 3
etw. formen, bilden former qc ⟨**III4D**, 2⟩
eine (Nach-)Forschung une recherche **III2DE**
fortfahren, etw. zu tun continuer à faire qc **I6B**, 2
ein Fortschritt un progrès **III4B**, 1
ein Foto une photo **I5DE**
ein Fotoapparat un appareil photo ⟨**IIIM1DE**⟩
eine Frage une question **I5B**, 3
jdn. (nach etw.) fragen; jdn. (um etw.) bitten demander (qc) à qn **I6B**, 1
die Frankofonie la francophonie **III4DE**
in Frankreich en France **I3A**, 3
ein Franzose/eine Französin un Français/une Française **III4DE**, 3
auf Französisch en français ⟨**I0**, 1⟩
Französisch, das Französische le français **I0**, 6
französischsprachig francophone/francophone **III4DE**
eine Frau une dame **I1B**, 4; une femme **II1B**, 7
Frau . . . madame ⟨**I0**, 2⟩
Fräulein . . . mademoiselle ⟨**I0**, 2⟩
frei libre/libre ⟨**IIIM2A**, 1⟩; ⟨**III4D**, 1⟩
im Freien, draußen dehors **III1A**, 3
Freitag, am Freitag vendredi (m.) **I4**
die Freizeit les loisirs (m.) ⟨**III4D**, 1⟩
eine Freizeitbeschäftigung/ein Hobby un loisir ⟨**III4D**, 1⟩
eine Freizeitbeschäftigung une activité **I5DE**
ein Freizeitpark un parc d'attractions **I7E**, 1
die 2. Fremdsprache la deuxième langue **II1A**, 1
die Freude la joie **II6B**
ein Freund/eine Freundin un ami/une amie **I2A**, 3; un copain/une copine (fam.) **I1B**, 2
  ein fester Freund/eine feste Freundin un petit copain/une petite copine **III3A**, 4
ein Friseur/eine Friseurin un coiffeur/une coiffeuse **III2B**, 4
ein Frisör, eine Frisörin un coiffeur/une coiffeuse ⟨**I5**⟩
eine Frucht un fruit **II4DE**
früh (Adv.) tôt (adv.) **I7C**, 1
der Frühling le printemps **II5DE**
das Frühstück le petit-déjeuner **II4A**, 1
etw. fühlen, spüren sentir qc **III1A**, 3

  sich fühlen se sentir **III2A**, 2
ein Führer/eine Führerin un guide/une guide **II2A**, 1
ein Füller un stylo **I2A**, 1
fünf cinq ⟨**I0**, 6⟩
die Fünfte, die 5 A la cinquième **II1DE**
  die Fünfte, die Fünf A la 5{sup}e(A)/la cinquième (A) {/sup} **I4DE**
um die fünfzig une cinquantaine de ⟨**IIIM2A**, 3⟩
für pour **I2A**, 3
etw. fürchten, befürchten craindre qc ⟨**IIIM3A**, 4⟩
zu Fuß à pied **I5A**, 1
  ein Fuß un pied **I4DE**
ein Fußballplatz un terrain de foot ⟨**I5A**, 6⟩
ein Fußballspieler/eine Fußballspielerin un footballeur/une footballeuse ⟨**IIIM3B**, 2⟩

G

eine Gabel une fourchette **II4B**, 1
ein Gang un couloir **II2DE**
ganz, völlig entier/entière **III4B**, 1
ganz tout/toute **II7B**, 3; **I6A**, 4
ganz schön drôlement (fam.) **I5C**, 1
der Gare du Nord **I7A**, 1
ein Garten un jardin **II5A**, 6
ein Gärtner/eine Gärtnerin un jardinier/une jardinière **II2B**, 4
ein Gast un invité/une invitée **II4B**, 2
jdm. etw. (weiter)geben passer **II4B**, 6
  jdm. etw. geben donner qc à qn **I6B**, 1
ein Gebiet, Territorium un territoire **III4DE**, 3
ein Gebirge une montagne **III4B**, 2; **II0DE**
geboren werden/sein être né(e) **II1B**, 2
die Geburt la naissance **II1B**
ein Geburtstag un anniversaire **I3DE**
ein Gecko un gecko **I1P**
ein Gedicht un poème **I6B**, 11
gefährlich dangereux/dangereuse **II2B**, 1
jdm. gefallen plaire à qn **II5A**, 3; **II0DE**
gegen, in Richtung vers **III1C**, 1
  gegen contre **II4A**, 5
eine Gegend une région **II5B**, 1
ein Gegenstand un objet **III1DE**
das Gegenteil, das Umgekehrte l'inverse (m.) **III1B**, 1
  das Gegenteil (von) le contraire (de) **II3B**, 5
im Gegenteil au contraire **I6B**, 1
ein Geheimnis un secret **III3B**, 3
  ein (rätselhaftes) Geheimnis un mystère ⟨**IIIM1B**⟩
  ein Geheimnis un secret **II2A**, 1
  das Geheimnis le mystère **II2DE**
  im Geheimen en secret **III3B**, 3
geheimnisvoll mystérieux/mystérieuse **II2DE**
gehen aller **I4A**, 3
Los!/Auf geht's! Vas-y! **II3B**, 1; Allez-y! **II1A**, 3
gehören zu, ein Teil sein von faire partie de **III4DE**

Wem gehört er/sie/es? Il/Elle est à qui? **I4A**, 3

die Geige le violon **II6B**

Geil! *(ugs.)* Le pied! *(fam.)* **II8DE**

in Gelächter ausbrechen éclater de rire **III1C**, 1

gelb jaune/jaune **I6A**, 4

das Geld l'argent *(m.)* **II6B**

gelegen situé/située **III0**

ein Gelehrter/eine Gelehrte un savant/une savante **III4B**, 1

geleitet von dirigé par ⟨IIIM3B, 3⟩

gelingen etwas zu tun arriver à faire qc **III1B**, 1

gelingen etw. zu tun réussir à faire qc **II7A**, 1

gemein; fies *(ugs.)* vache *(fam.)* **III3B**, 3

eine Gemeinde, eine Kommune une commune ⟨IIIM1DE⟩

gemeinsam ensemble **I3A**, 1

Gemüse des légumes *(m.)* **II4DE**

genau juste **I5A**, 3

genauso … wie aussi … que **II7A**, 1

genauso praktisch wie aussi pratique que **III3B**, 1

genug, genügend (von) assez (de) **II7B**, 8

die Geographie la géographie **II3A**, 2

gerade etw. getan haben venir de faire qc **III2A**, 2

gerade etw. tun être en train de faire qc **III2A**, 2

geradeaus tout droit **I5B**, 1

das Geräusch le bruit **II2B**, 4

(Ich möchte) gerne! Je veux bien. **II3A**, 2

Geschafft! Ça y est! **II8DE**

ein Geschäft un magasin **I2DE**

eine Geschaftsführung une gestion ⟨IIIM3B, 3⟩

ein Geschenk un cadeau **I3A**, 1

eine Geschichte une histoire **I3A**, 1

Geschichte und Erdkunde l'histoire-géo *(f.)* ⟨I4P⟩

das Geschirr la vaisselle **III2A**, 5

Geschirr spülen faire la vaisselle **III2A**, 5

die Gesellschaft la société ⟨IIIM2A, 1⟩

Gespräch une discussion **II2A**, 1

gestern hier **I6A**, 2

gestresst stressé/stressée **III2A**, 2

ein Getränk une boisson **II4A**, 2

ein Getränkestand une buvette **II7B**, 3

(etw.) gewinnen gagner (qc) **I5B**, 3

ein Gewinner/eine Gewinnerin un gagnant/une gagnante ⟨IIIM1DE⟩

ein Gewitter un orage **I7B**, 2

eine Gewohnheit une habitude **III1A**, 3

ein Gift un poison **III3A**, 4

eine Gitarre une guitare **II6B**; **I5A**, 5

eine Gittertür une grille **II2A**, 1

ein Glas un verre **II4B**, 1

glauben croire **II8A**

gleich égal/égale/égaux/égales ⟨IIIM2B, 1⟩

das Gleichgewicht l'équilibre *(m.)* **II7A**, 1

das Glück la chance **II1A**, 1

glücklich heureux/heureuse **II2B**, 1

ein Goldfisch un poisson rouge ⟨I1P⟩

ein Grad un degré **I7B**, 2

ein Grafiker/eine Grafikerin un graphiste/une graphiste ⟨IIIM3B, 3⟩

ein Gramm un gramme **II4A**, 5

das Gras l'herbe *(f.)* **II7B**, 3

gratis gratuit/gratuite **II7B**, 3

jdm. gratulieren féliciter qn **II3B**, 4

grau gris/grise **I6B**, 6

eine Grenze une frontière **III0**

groß grand/grande **I6DE**

groß, schwer *(Sachen, Tiere)* gros/grosse **III3A**, 4

die Großeltern les grands-parents **I3A**, 9

eine Großmutter une grand-mère **I2A**, 3

ein Großvater un grand-père **I3A**, 9

grün vert/verte **I6A**, 4

ein Grund une raison **II7B**, 8

etw. gründen fonder qc **III2DE**

eine Grundlage une base **III0**

auf der Grundlage von; *(hier) aus* à base de qc **III0**

ein Grundsatz un principe ⟨IIIM3A, 4⟩

eine Grundschule une école primaire ⟨III4C, 1⟩

eine Gruppe un groupe **II2A**, 1

Liebe Grüße! Amitiés. **II0DE**

ein Gürtel une ceinture **I6A**, 4

gut bon/bonne **I6A**, 4

gut sein in etw. être fort(e) en **III2B**, 9

Es geht (mir) gut. Ça va bien. **I0**, 4

gut *(Adv.)* bien *(adv.)* **I0**, 4

gut in etw. fort en qc **I0**, 4

gut drauf sein avoir la pêche *(fam.)* **II8A**

ein Gymnasium un lycée **II2DE**

die Gymnastik la gymnastique **I2B**, 7

H

ein Haar/Haare un cheveu/des cheveux **II1B**, 7

haben avoir **I3B**, 1

ein Hafen un port ⟨IIIM1C⟩

aus Haiti haïtien/haïtienne **II6B**

halb acht sept heures et demie **I4A**, 1

ein Halbbruder un demi-frère ⟨I3P⟩

eine Halbschwester une demi-sœur ⟨I3P⟩

halbtags à mi-temps **II1A**, 1

eine Hälfte une moitié **III1C**, 1

zur Hälfte à moitié **III1C**, 1

Hallo! Coucou! **II0DE**; **I7B**, 4

Hallo!/Tschüss! Salut! *(fam.)* ⟨I0, 2⟩

Hallo? *(am Telefon)* Allô? **I3A**, 3

etw. halten tenir qc ⟨IIIM3B, 3⟩

eine Haltestelle une station **I7A**, 1

ein Hammer un marteau ⟨IIIM3B, 1⟩

Hamster un hamster **I1P**

die Hand la main **I4A**, 3

jdm. die Hand geben donner la main à qn **I6B**, 1

Handball le hand-ball **I5**

der Handel le commerce **III2B**, 9

ein Handy un portable **I5C**, 1

hart; schwierig dur/dure **III2A**, 2

Haupt- principal/principale **III0**

das Hauptgericht le plat principal **II4A**, 1

die Hauptstadt la capitale **I7DE**

ein Haus une maison **I2A**, 3

zu Hause, nach Hause à la maison **I4A**, 1

nach Hause gehen rentrer **II1A**, 1

die (Haus-)Aufgaben les devoirs *(m., pl.)* **I4B**, 4

ein Hausaufgabenheft un cahier de textes **II3DE**

etw. heben lever qc **III2A**, 1

ein Heft un cahier **I2A**

Es ist heiß. Il fait chaud. **I7B**, 1

heiß chaud/chaude **I5C**, 1

er/sie heißt il s'appelle ⟨I0, 3⟩

ich heiße je m'appelle ⟨I0, 2⟩

hell clair/claire **III1B**, 1

ein Hemd une chemise **I6B**, 8

etw. herausbringen sortir qc **III4A**, 1

herbeilaufen accourir ⟨IIIM3A, 4⟩

der Herbst l'automne *(m.)* **II5B**, 4

hereinkommen entrer **I2A**, 2

ein Herr monsieur ⟨I0, 2⟩; un monsieur **I1B**, 4

etw. herstellen fabriquer qc **III2DE**

ein Hersteller/eine Herstellerin un créateur/une créatrice ⟨IIIM3B, 3⟩

um jdn./etw. herum autour de qn/qc **III1C**, 1

herzlich chaleureusement ⟨IIIM3B, 3⟩

heute aujourd'hui **I3A**, 3

heute Abend ce soir **I5A**, 1

hier, hierher ici **I1B**, 1

eine Hilfe, eine Unterstützung une aide ⟨IIIM2A, 3⟩

der Himmel le ciel **I6B**, 6

hinaufgehen monter **II2B**, 2

hinausgehen sortir **II6A**

sich hinlegen; zu Bett gehen se coucher ⟨IIIM3A, 4⟩

hinten in, unten in au fond de qc **III1A**, 3

hinter derrière **I3A**, 2

der Hintergrund *(Bild, Foto, Film)* l'arrière-plan *(m.)* **III4B**, 2

hinuntergehen descendre **II2B**, 2

ein Hobby/eine Freizeitbeschäftigung un loisir ⟨III4D, 1⟩

hoch haut/haute **III0**

höchstens au maximum ⟨II6D⟩

die Hochzeit le mariage ⟨I3DE⟩

hoffen espérer **II4B**, 2

höflich poli/polie **III3A**, 4

eine Höhle une grotte ⟨IIIM1C, 4⟩

etw. (ab)holen aller chercher qc **II4A**, 2

der Honig le miel **III0**

jdn./etw. hören entendre qn/qc **II2B**, 2

ein Hörer un auditeur/une auditrice **I7E**, 1

ein Horrorfilm un film d'horreur ⟨II6D⟩

eine Hose un pantalon **I6B**, 8

humanitär, menschenfreundlich humanitaire **III2B**, 1

der Humor l'humour *(m.)* ⟨IIIM2A, 3⟩; ⟨II6D⟩

ein Humorist/eine Humoristin; ein Komiker/eine Komikerin un humoriste/une humoriste ⟨IIIM2A, 3⟩

ein Hund un chien **I1B**, 1

Hunger haben avoir faim **I3B**, 1

ein Hut un chapeau **I6A**, 4

eine Hütte une case ⟨III4C, 1⟩

I

ich moi ⟨I0, 2⟩

eine Idee une idée I3A, 1

ein Illegaler un/une sans-papiers ⟨IIIM2B, 2⟩

ein Impfstoff un vaccin III2DE

eine Impfung un vaccin III2DE

in dans I0, 6
  in Deutschland en Allemagne I6B, 1
  in (Paris) à (Paris) I2DE

ein Individuum, eine einzelne Person un individu ⟨III4D, 1⟩

die Industrie l'industrie (f.) III2B, 9

jdn. über etw. informieren informer qn sur qc III2A, 2
  sich über etw. informieren s'informer sur qc III2A, 2

ein Ingenieur/eine Ingenieurin un ingénieur/une femme ingénieur III2DE

eine Insel une île III4DE

ein Instrument un instrument II6B

eine interaktive Tafel un tableau interactif II3DE

interessant intéressant/intéressante I6A, 4
  das interessanteste le plus intéressant III3B, 2

interessieren s'intéresser à qc III2B, 1

das Internet Internet (m.) I7E, 1
  im Internet sur Internet I7E, 1

ein Interview une interview I5B, 3

irre (ugs.) dingue/dingue (fam.) III3A, 4
  jdn. irre machen rendre qn dingue III3A, 4

ein Irrtum une erreur II5A, 3

J

ja Oui I1A, 1

eine Jacke une veste I6B, 8
  eine Jacke, ein Blouson un blouson ⟨II1C, 1⟩

ein Jahr une année I3B, 7; un an I3B, 1
  im Jahr 2000 en deux mille II1B, 2

eine Jahreszeit une saison II5B, 1

ein Jahrhundert un siècle III4DE, 3

Januar janvier (m.) I3B, 7

eine Jeans un jean I6A, 4

jeder chaque II3DE

jeder tout le monde I5DE

jedesmal wenn chaque fois que III1C, 1

jemand quelqu'un II2B, 2

ein Jet-Ski un jet-ski ⟨II5P⟩

jetzt maintenant I3A, 3

ein Job (ugs.) un boulot (fam.) III2DE

der Joghurt le yaourt II4DE

jonglieren jongler II7A, 1

zum Judo gehen aller au judo I5A, 3
  das Judo le judo I2B, 2

ein Jugendlicher, eine Jugendliche un jeune/une jeune II6A

ein Jugendzentrum une maison des jeunes ⟨I5P⟩

Juli juillet (m.) I3B, 7

der 14. Juli (französischer Nationalfeiertag) le 14 juillet ⟨I3P⟩

ein Junge un garçon I1B, 1

Juni juin (m.) I3B, 7

die Jury le jury ⟨IIIM1DE⟩

K

der Kaffee le café II4B, 6

Kajak un kayak ⟨II5P⟩

kalt froid/froide I7B, 2
  Es ist kalt. Il fait froid. I7B, 2

ein Kampf un combat I5B, 3

kanadisch canadien/canadienne III4DE, 3

ein Kanarienvogel un canari ⟨I1P⟩

ein Kaninchen un lapin I1P

eine Kantine une cantine I4DE

ein Kanu un canoë III0

eine Kappe une casquette I6B, 1

Karate le karaté II8DE

eine Karotte une carotte II4A, 2

eine Karriere; eine Laufbahn une carrière ⟨IIIM3B, 2⟩

eine Karte une carte I3A, 10

eine Kartoffel une pomme de terre II4DE

ein Kartoffelgratin un gratin dauphinois III0

ein Karton un carton I2A, 3

der Käse le fromage II4B, 2

ein Käsefondue une fondue savoyarde III0

die Katakomben les catacombes (f.) II2DE

eine Katze un chat I1B, 1

etw. kaufen acheter qc II4DE

ein Kaufhaus un grand magasin ⟨I5⟩

kein/keine mehr ne … plus de I7D, 1

ein Keks (hier) une galette ⟨IIIM1B⟩

jdn./etw. kennen connaître qn/qc I1A, 1

eine Kerze une bougie I3A, 3

ein Kilometer un kilomètre I7C, 1

Kind un enfant I3A, 9

ein Kinderzimmer une chambre d'enfant I5

ein Kino un cinéma II1B, 2

ein Kiosk un kiosque ⟨I5P⟩

eine Kirche une église III3A, 1

der Kitsch le kitsch ⟨IIIM1B⟩

die Klamotten (ugs.) les fringues (f.) (fam.) III2A, 2

klar clair/claire III1B, 1

klasse chouette/chouette (fam.) II8DE

eine Klassenarbeit une interrogation I4B, 4

der Klassenlehrer le professeur principal II1DE

eine Klassenlehrerstunde une heure de vie II8DE

ein Klassenraum une salle de cours I4A, 3

klassisch classique I2B, 7

klauen (ugs.) piquer qc (fam.) I2B, 7

ein Klavier un piano II6B

ein Kleid une robe I6A, 4

sich kleiden s'habiller III2A, 1

ein Kleidungsstück un vêtement I6B, 8

klein petit/petite I6A, 4

klicken cliquer I4B, 4

ein Klima un climat III4A, 4

klingeln sonner II7A, 1

klopfen; schlagen frapper III1B, 5

ein Kloster un monastère III0

ein Kniff, ein Trick (die Kunst, sich zu helfen zu wissen) le système «D» (fam.) ⟨III4C, 1⟩

Knoblauch de l'ail (m.) ⟨II4P⟩

ein Koch/eine Köchin un cuisinier/une cuisinière III2B, 4

kochen faire la cuisine II4DE

ein Koffer une valise II5A, 1

Kohldampf haben (ugs.) avoir la dalle (fam.) III3A, 4

eine Kolonie une colonie III4DE, 3

eine Kombination une combinaison II5B, 1

komisch bizarre I1B, 1

Komm! (Aufforderung) Viens! I1A, 1

kommen venir II3B, 1
  (an)kommen arriver I2DE

mit jdm. kommunizieren communiquer avec qn III2B, 9

eine Komödie une comédie ⟨II6D⟩; ⟨III4C, 1⟩

kompetent; fähig compétent/compétente ⟨IIIM3A, 3⟩

kompliziert compliqué/compliquée ⟨IIIM3B, 3⟩; II3A

ein König un roi III3B, 2

eine Königin une reine I6A, 4

du könntest tu pourrais III2B, 1
  man könnte on pourrait III2A, 2
  man kann on peut ⟨I7D, 1⟩

der Kontakt le contact II6A

ein Kontinent un continent III4DE, 1

ein Kontrast un contraste III0

eine Kontrolle; eine Kontrollaufgabe un contrôle III1A, 3

sich auf etw. konzentrieren se concentrer sur qc III2A, 2

der Kopf la tête II1A, 1

Kopf oder Zahl? Pile ou face? II5A, 6

eine Kopie une copie I4B, 4

Körperpflege la toilette I5A, 3

etw. kosten coûter qc I5C, 1
  Wieviel kostet das? Ça coûte combien? I5C, 1
  Wie viel macht/kostet das? Ça fait combien? I5C, 1

kostenlos gratuit/gratuite II4A, 2

köstlich délicieux/délicieuse III3A, 4

eine Krabbe un crabe II0DE

krank malade/malade III1B, 5

ein Krankenhaus un hôpital III2A, 2

ein Krankenpfleger/eine Krankenpflegerin un infirmier/une infirmière III2DE

eine Krankenstation une infirmerie I4DE

eine Krankenversicherungskarte une carte vitale III2B, 7

eine Krankheit une maladie II3A, 1

ein Krater un cratère ⟨IIIM1A, 1⟩

Kreolisch le créole III4DE

eine Kreuzung un carrefour I5B, 1

der Krieg une guerre ⟨IIIM3A, 4⟩

ein Kriminalfilm, ein Krimi un film policier ⟨II6D⟩

eine Küche une cuisine I5A, 3

ein Kuchen/Kuchen un gâteau/des gâteaux I3A, 3

Kuckuck! Coucou! I7B, 4; II0DE

ein Kügelchen une boulette II1B, 2

eine Kuh une vache III3B, 3

ein Kühlschrank un frigo (fam.) II4A, 1

ein Kuli un stylo I2A, 1

ein Kult un culte ⟨IIIM1C⟩

eine Kultur une culture III4A, 4

Kultur- culturel/culturelle ⟨IIIM2A, 1⟩

sich um jdn./etw. kümmern s'occuper de qn/qc III2A, 1

Wortliste

ein Freund/eine Freundin un copain/une copine *(fam.)* **I1B**, 2
ein Kunde/eine Kundin un client/une cliente **I5C**, 1
Kunst les arts plastiques *(f.)* ⟨**I4P**⟩
die Kunst l'art *(m.)* **I7DE**
ein Künstler/eine Künstlerin un artiste/une artiste **IIIA4**, 1
ein (Bade-)Kurort une station thermale ⟨**IIIM1A**, 1⟩
kurz court/courte **I6DE**; **I6A**, 4
kurz darauf peu après ⟨**II2P**⟩
ein Kuss, ein Küsschen une bise *(fam.)* **I7B**, 4
ein Küsschen un bisou **I7B**, 1
jdn. küssen embrasser qn **II0DE**
eine Küste une côte **I5DE**

L

lächeln sourire ⟨**II6D**⟩
das Lächeln le sourire **III1A**, 3
lachen rire **II8A**; rigoler *(fam.)* **II4B**, 2
ein Laden un magasin **I2DE**; **I2DE**
ein Ladengeschäft une boutique **I7B**, 1
ein Land un pays **II3A**, 2
das Land la campagne **II7B**, 3
landesweit national/nationale ⟨**IIIM2A**, 1⟩
eine Landschaft un paysage **III2B**, 1
die Landwirtschaft l'agriculture *(f.)* **III2B**, 9
lang long/longue **I6A**, 4
1 km lang long de/longue de 1 km ⟨**IIIM1C**⟩
lange *(Adv.)* longtemps **II3B**, 1
langweilig ennuyeux/ennuyeuse **III3B**, 3; **II8P**
der Lärm le bruit **II2B**, 4
im Laufe (einer Sache) au cours de qc **III4DE**, 3
laufen/rennen courir **III1B**, 5
auf dem Laufenden halten tenir qn au courant de qc ⟨**IIIM3B**, 6⟩
leben vivre **III4B**, 1
Es lebe … ! Vive … ! **II1DE**
das Leben la vie **II0DE**
ein Lebenslauf un CV ⟨**IIIM3DE**⟩
seinen Lebensunterhalt verdienen gagner sa vie **III4B**, 1
etw. leeren vider qc **III2A**, 5
etw. setzen, stellen, legen; etw. anziehen mettre qc **I5A**, 1
etw. setzen/stellen/legen poser qc **II4B**, 1
eine Legende, eine Sage une légende **III0**
ein Lehrer/eine Lehrerin un professeur/une professeure **I4A**, 3
leicht facile **II7A**, 1
die Leichtathletik l'athlétisme *(m.)* **I5A**, 3
es tut mir leid (je suis) désolé/désolée **I7D**, 2
eine Leine une corde **II7A**, 1
eine Lektion une leçon **II3DE**
etw. lesen lire qc/qc à qn **I7B**, 3
Lesen la lecture ⟨**I2P**⟩
ein Leser/eine Leserin un lecteur/une lectrice ⟨**IIIM1DE**⟩

letzter/letzte/letztes dernier/dernière **I6A**, 4
ein Leuchtturm un phare **II5A**, 1
die Leute les gens *(m., pl.)* **I6DE**
das Licht la lumière ⟨**IIIM3A**, 4⟩
Lieber …/Liebe … Cher …/Chère … **I6B**, 6
die Liebe l'amour *(m.)* **II6B**
Liebe auf den ersten Blick le coup de foudre **III3B**, 3
jdn./etw. lieben, jdm./etw. mögen aimer qn/qc **I2B**, 2
ich würde lieber … j'aimerais mieux … **II3A**, 8
etw. lieber mögen préférer qc **II4B**, 2; **II0DE**
Liebeskummer le chagrin d'amour **II8A**
das Lieblingsessen le plat préféré **II4B**, 6
ein Lied une chanson ⟨**I0**, 4⟩
zu etw. hin liegen donner sur qc **II5A**, 6
(nach) links à gauche **I5B**, 1
eine Liste une liste **I7E**, 1
ein Liter un litre **II4A**, 2
ein Löffel une cuillère **II4B**, 1
ein Logo, ein Markenzeichen un logo ⟨**IIIM3B**, 3⟩
eine Lösung une solution **II7A**, 1
lügen mentir **III1B**, 5
Das sagt mir nichts./Ich habe keine Lust darauf. Ça ne me dit rien! **II3A**, 2
Lust haben, etw. zu tun avoir envie de faire qc **I3B**, 1
lustig drôle/drôle **II1A**, 1
ein Lycée un lycée **III2DE**

M

etw. machen faire qc **I4B**, 4
jdn. irre machen rendre qn dingue **III3A**, 4
Mach dir nichts draus. Ne t'en fais pas. *(fam.)* **II7A**, 4
Was macht Léo? Que fait Léo? **I2DE**
das Bett machen faire le lit **I6A**, 2
ein Mädchen une fille **I1B**, 1
Mahlzeit un repas **I5A**, 3
Mai mai *(m.)* **I3B**, 7
die Malerei; *(hier)* die Felszeichnung la peinture ⟨**IIIM1C**, 4⟩
manchmal parfois **II6A**
eine Mandel une amande **III0**
ein Mangel un manque ⟨**III4C**, 1⟩
ein Mann un homme **II1B**, 7; monsieur ⟨**I0**, 2⟩; un monsieur **I1B**, 4
eine Mannschaft une équipe **II6DE**
ein Märchen un conte ⟨**III4C**, 1⟩
ein Markt un marché **I7D**, 1
marokkanisch marocain/marocaine **III4DE**, 4
März mars *(m.)* **I3B**, 7
Mathematik les mathématiques *(f.)* ⟨**I4**⟩
eine Maus une souris **II2B**, 5; **I1P**
ein Maximum un maximum ⟨**II6D**⟩
ein Mechaniker/eine Mechanikerin un mécanicien/une mécanicienne **III2B**, 4
die Medien les médias *(m., pl.)* **II6DE**
medienwirksam; Medien- médiatique/médiatique ⟨**IIIM2DE**⟩

ein Medikament un médicament **III1C**, 1
die Medizin la médecine **III4B**, 1
medizinisch médical/médicale **III2DE**
das Meer la mer **II0DE**
ein Meereschweinchen un cochon d'Inde ⟨**I1P**⟩
das Mehl la farine **II4DE**
mehr … als plus … que **II7A**, 1
mehr plus de + *nom* **II7B**, 3
mehrere plusieurs *(inv.)* **II3B**, 1
du meinst, du willst sagen tu veux dire **II1A**, 1
Ich bin deiner Meinung. Je suis de ton avis. **II7B**, 8
eine Meinung un avis **II6A**
meiner Meinung nach à mon avis **II7B**, 8
ein Meister/eine Meisterin un champion/une championne **I5B**, 3
eine Melodie une mélodie **II6B**
eine Melone un melon ⟨**II4P**⟩
jede Menge; viel/viele plein de … ⟨**IIIM1B**⟩
ein Mentor/eine Mentorin un tuteur/une tutrice ⟨**IIIM3B**, 3⟩
merkwürdig zarbi *(fam.)* **II8A**; bizarre **I1B**, 1; curieux/curieuse **II2B**, 1
ein Messer un couteau **II4B**, 1
ein Meter un mètre **III3B**, 3
eine Metropole; *(hier)* Frankreich als Mutterland une métropole **III4DE**
Miesmuschel une moule **II4A**, 1
die Milch le lait **II4DE**
das Milieu, das Umfeld le milieu ⟨**IIIM2A**, 3⟩
eine Million un million **I7C**, 1
mindestens au moins **III0**
ein Mineralwasser une eau minérale **I5C**, 1
Mist! Zut! *(fam.)* **I2A**, 3
mit avec **I2DE**
jdm. etw. (mit)bringen apporter qc à qn **II6C**
etw. mitnehmen emporter qc **II5B**, 1
eine Mitte, ein Zentrum un centre ⟨**IIIM1A**, 1⟩
eine Mitteilung un message **II3DE**
das Mittelalter le Moyen Age **III4B**, 1
Mitternacht minuit *(m.)* **I5A**, 3
Mittwoch, am Mittwoch mercredi *(m.)* **I4**
eine MMS (eine Bildnachricht) un MMS **II5A**, 3
jemanden mobilisieren mobiliser qn ⟨**IIIM2A**, 1⟩
die Mode la mode **II6C**
ein Moderator/eine Moderatorin un présentateur/une présentatrice **III2B**, 1
modern moderne **I7DE**
modern, „in" à la mode **II6C**
ich möchte je voudrais **I5C**, 1
jdn./etw. sehr gern mögen adorer qn/qc **I7D**, 1
jdn./etw. lieben, jdn./etw. mögen aimer qn/qc **I2B**, 2
möglich possible/possible **II1A**, 6
eine Möhre une carotte **II4A**, 2
ein Moment un moment **II2A**, 1
ein Monat un mois **I3B**, 7
der Mond la lune **II8DE**
Montag, am Montag lundi *(m.)* **I4A**, 3

ein Monument un monument **III3A**, 1
morgen demain **I3A**, 3
der Morgen le matin **I5A**, 3
ein Motorboot un bateau à moteur ⟨II5P⟩
das Mountainbike le VTT ⟨I2P⟩
eine Mousse au chocolat (süße Nachspeise)
une mousse au chocolat **II4A**, 1
ein MP3-Player un baladeur mp3 **II5A**, 3
müde fatigué/fatiguée **I7C**, 1
eine Muschel un coquillage ⟨III1B⟩
ein Museum un musée **I7DE**
Musik l'éducation musicale (f.) ⟨I4P⟩
die Musik la musique **I2B**, 2
ein Musikalbum un album **II5A**, 3
ein Musiker/eine Musikerin un musi-
cien/une musicienne **III2B**, 4
eine Musikschule une école de musique
⟨I5P⟩
etw. tun müssen devoir faire qc **II6C**
man muss etw. tun il faut faire qc **II4A**, 2
der Mut le courage **II6DE**
mutig courageux/courageuse **II2DE**
eine Mutter une mère **I3A**, 9
mütterlich, mütterlicherseits mater-
nel/maternelle **III4DE**
eine Muttersprache une langue maternelle
III4DE
Muttertag la fête des mères ⟨I3P⟩

N

nach après **I4A**, 1
nach (Paris) à (Paris) **I2DE**
ein Nachbar/eine Nachbarin un voisin/une
voisine **II7B**, 3
nachdenken réfléchir **II7A**, 1
nach Hause gehen rentrer **I4A**, 1
der Nachmittag l'après-midi (m.f.) **I5A**, 6
eine Nachricht/eine Mitteilung un message
II3DE
**ein Nachrichtensprecher/eine Nachrichten-
sprecherin** un présentateur/une
présentatrice **III2B**, 1
nächster/nächste/nächstes prochain/pro-
chaine **II3B**, 4
die Nacht la nuit **I5A**, 1
ein Nachtisch un dessert **II4A**, 1
nahe bei jdm./etw. près de qn/qc **III3A**, 1
aus der Nähe, von Nahem de près **III1C**, 1
Na klar! bien sûr **I3A**, 1
ein Name un nom **I1DE**
die Nase le nez ⟨III3A, 4⟩
national national/nationale ⟨III2A, 1⟩
ein Nationalfeiertag une fête nationale
⟨I3P⟩; **I6DE**
die Natur la nature **III2B**, 9
neben jdm./etw. à côté de qn/qc **II1A**, 1
**etw. noch einmal nehmen, von etw. noch
mehr nehmen** reprendre de qc **II4B**, 6
etw. nehmen; etw. essen prendre qc **I5C**, 1
das Neopren le néoprène **II5B**, 1
nerven énerver qn **II1A**, 6; Das nervt mich.
Ça m'énerve! **II1A**, 6
nett gentil/gentille **III3A**, 4; sympa **I2B**, 2
neu nouveau/nouvel/nouvelle **II6DE**

ein Neuer, eine Neue un nouveau/une
nouvelle **II1B**, 2
neugierig curieux/curieuse **II2B**, 1
nicht ne … pas **I4A**, 3
auch nicht ne … pas non plus **I4A**, 3
nicht mehr ne … plus ⟨I7D, 1⟩
noch nicht ne … pas encore **II4B**, 2
nichts ne … rien **I7E**, 1
nie, niemals ne … jamais **II4B**, 2
niedlich mignon/mignonne **III3A**, 4
niemand ne … personne **II8A**
ein Niveau, eine Stufe un niveau **III3A**, 7
noch encore **I3B**, 1
noch nicht ne … pas encore **II4B**, 2
der Norden le nord **III0**
normal normal/normale **II5A**, 3
normalerweise normalement **III2B**, 7
normalerweise, gewöhnlich d'habitude
III1A, 3
eine Note une note **II3A**, 2
un carnet de correspondance **II3DE**
der Nugat (Süßigkeit aus Mandeln und
Honig) le nougat **III0**
November novembre (m.) **I3B**, 7
eine Nummer un numéro **I5B**, 3
nur seulement **II7B**, 3
nur ne … que **II3B**, 1
etw. nutzen profiter de qc ⟨III3A, 4⟩;
utiliser qc **II6DE**
ein Nutzer/eine Nutzerin un utilisateur/une
utilisatrice ⟨III3B, 3⟩
Nutzung, Abbau une exploitation ⟨III4D, 1⟩

O

ob si **II5A**, 6
die Oberfläche la superficie **III0**
obwohl, wohingegen alors que **III4A**, 1
oder ou **I3A**, 1; **I2DE**
oder aber ou bien ⟨III1B⟩
öffentlich public/publique ⟨III2A, 1⟩
die Öffentlichkeit le public ⟨III2A, 3⟩
offiziell, amtlich officiel/officielle **III4A**, 1
etw. öffnen ouvrir qc **II2B**, 2
oft souvent **II2A**, 1
Oh! Oh! **I1A**, 1
ohne sans **II2B**, 2
eine Person ohne Papiere un/une sans-
papiers ⟨III2B, 2⟩
ohne etwas zu tun sans faire qc **II2B**, 2
o.k. d'accord **I2B**, 2
ökologisch écologique **I7C**, 2
Oktober octobre (m.) **I3B**, 7
das Öl l'huile (f.) **II4A**, 1
eine Olive une olive **II4A**, 1
ein Onkel un oncle **I3A**, 9
online en ligne **II2A**, 1
Opa; Opi papi/papy (fam.) **I7A**, 1
der Optimismus l'optimisme (m.) ⟨III4C, 1⟩
etw. organisieren organiser qc **II3A**, 2
die Orientierung l'orientation (f.) **III2A**, 2
originell original/originale ⟨II6D⟩
originell, besonders, eigenartig ori-
ginal/originale/originaux/originales
⟨III3B, 1⟩
ein Ort un lieu ⟨II6D⟩; un endroit **I7DE**

der Osten l'est (m.) **III0**
Ostern Pâques ⟨I3P⟩
ein Overall une combinaison **II5B**, 1

P

ein Palast un palais ⟨III3B, 1⟩
Papa papa **I1A**, 1
ein Papagei un perroquet **I1P**
das Papier le papier **II1B**, 2
eine Parade un défilé **I6B**, 1
ein Paradies un paradis ⟨III1DE⟩
ein Pariser/eine Pariserin un Parisien/une
Parisienne **I7C**, 1
ein Park un parc **I5DE**
Parkour (Sportart) un parkour **II7A**, 1
eine Party une fête **II7A**, 1
eine Passage un passage **III1A**, 3
eine Pause une pause **II5A**, 3; la récréation
I4A, 3
eine Pause (beim Sprechen) machen; innehalten marquer une pause **III1A**, 3
peinlich, lästig gênant/gênante **III3A**, 7
Peinlich!, So eine Blamage! (ugs.) J'ai la
honte! (fam.) **III3A**, 7
eine Person une personne **I6A**, 1
ein Pfad une piste **II3B**, 1
ein Pferd/Pferde un cheval/des chevaux
II7B, 3
Pfingsten la Pentecôte ⟨I3DE⟩
ein Pfirsich une pêche ⟨II4P⟩
eine Pflanze une plante **III4B**, 1
Pflicht-; obligatorisch obligatoire/obliga-
toire ⟨III3DE⟩
ein Pflichtenheft un cahier des charges
⟨III3B, 3⟩
die Philosophie la philosophie **III4B**, 1
ein Pilot/eine Pilotin un pilote/une pilote
III2B, 1
eine Pistazie une pistache **III0**
eine Piste une piste **II3B**, 1
ein Plakat une affiche **I2A**, 3
ein Plan; (hier) eine (Kamera)Einstellung un
plan **II4B**, 2
ein Platz une place **I4A**, 3
platzen, explodieren éclater ⟨III1C, 1⟩
plötzlich; auf einmal soudain **III3B**, 3
tout à coup **II1B**, 2
die Post le courrier **II0DE**; la poste **I5B**, 2
eine Postkarte une carte postale **I7B**, 1
ein Prahler un vantard/une vantarde **II7A**, 1
ein Praktikum un stage **III2B**, 1
praktisch pratique ⟨I7D, 1⟩
praktischer als plus pratique que **III3B**, 1
ein Präsident/eine Präsidentin un
président/une présidente ⟨III3B, 1⟩
ein Preis un prix **II6C**
die Presse la presse ⟨III2A, 1⟩
ein Prinzip un principe ⟨III3A, 4⟩
privat privé/privée ⟨III2A, 1⟩
probieren goûter qc **II4B**, 2
kein Problem mehr plus de problème **I7D**, 1
ein Problem un problème **I6A**, 2
eine Produktion une production ⟨III1A, 1⟩
ein Produzent/eine Produzentin un
producteur/une productrice ⟨III4C, 1⟩

ein Programm un programme **III3A**, 4
ein Projekt un projet **II6C**; **I4B**, 1
eine Projektwoche une semaine banalisée **II8DE**
ein Protzer un vantard/une vantarde **II7A**, 1
eine Provinz une province **III1DE**
ein Prozent un pour cent (inv.) **II2B**, 1
das Publikum le public ⟨**IIIM2A**, 3⟩
ein Pullover un pull **I6B**, 8
Punkt juste **I5A**, 3
pünktlich juste **I5A**, 3
eine Pyramide une pyramide **I7DE**

Q

Quatsch! N'importe quoi! **II8A**
aus Quebec québécois/québécoise **III4DE**, 4
ein Quebecer/eine Quebecerin un Québécois/une Québécoise **III4A**, 1
eine Quelle une source **III0**

R

Radfahren le cyclisme **I5**
ein Radiergummi une gomme **I2A**, 1
am Rande von etw. au bord de qc **II0DE**
ein Rastplatz (auf französischen Autobahnen) une aire de repos **I5A**, 3
ein Rathaus un Hôtel de ville **III3A**, 1
ein Rätsel une devinette **II1B**, 7
eine Ratte un rat **I1P**
ein Raub un vol **III1C**, 1
etw. realisieren réaliser qc ⟨**IIIM3B**, 3⟩
das Recht le droit **II6A**
das Recht haben, etw. zu tun avoir le droit de faire qc **II6A**
etw. rechtfertigen, begründen justifier qc ⟨**IIIM2B**, 2⟩
recht haben avoir raison **I4B**, 4
(nach) rechts à droite **I5B**, 1
rechtzeitig à temps **III3B**, 2
ein Referat un exposé **II3A**, 2
ein Reflex un réflexe ⟨**III1C**, 1⟩
der Refrain le refrain ⟨**II6D**⟩; **II8A**
ein Regal une étagère **I3A**, 2
der Regen la pluie **III3A**, 4
eine Region une région **II5B**, 1
regnen pleuvoir **I7B**, 2
  Es regnet. Il pleut. **I7B**, 2
reich riche/riche **III4DE**, 3
jdm. etw. reichen passer qc à qn **II4B**, 6
der Reichtum la richesse **III4DE**, 3
ein Reifen un pneu ⟨**IIIM1A**, 1⟩
eine Reise un voyage **II0DE**
reisen voyager **II2B**, 9
das Reiten l' équitation(f.) **I5**
rennen/laufen courir **III1B**, 5
eine Reportage un reportage **I7DE**
der RER (S-Bahnartiges Verkehrsnetz in Paris und Umgebung) le RER **I7C**, 2
ein Restaurant un restaurant **I7B**, 1
der Rhythmus le rythme **II6B**
sich an jdn. richten, sich an jdn. wenden s'adresser à qn ⟨**IIIM2A**, 1⟩
etw. riechen sentir qc **III1A**, 3
ein Rock une jupe **I6B**, 8
  der Rock, die Rockmusik le rock **I2B**, 7

eine Rolle un rôle **III4DE**, 3
ein Roman un roman **III1A**, 3
romantisch romantique/romantique **III4A**, 1
der Roquefort (franz. Käsesorte) le roquefort **II4A**, 1
rot rouge/rouge **I6A**, 4
rothaarig roux/rousse **I1B**, 7
der Rücken le dos **II5B**, 1
ein Rucksack un sac à dos ⟨**I2A**, 3⟩
eine Rückzahlung; Rückerstattung un remboursement **III2B**, 7
jdn. (an)rufen appeler qn **II2B**, 2
  (aus)rufen s'écrier **III3B**, 3
die Ruhe le silence **II4B**, 2; le calme **II8A**
ein Rundgang un tour **I5A**, 3

S

eine Sache une affaire **I3A**, 3; une chose ⟨**I7D**, 1⟩; un truc (fam.) **I2A**, 1
ein Saft un jus **I5C**, 1
(jdm.) etw. sagen dire qc (à qn) **II5A**, 6
  er sagt/sie sagt il dit/elle dit **I2A**, 3
Das sagt mir nichts./Ich habe keine Lust darauf. Ça ne me dit rien! **II3A**, 2
eine Wurst, z. B. Salami un saucisson **II4A**, 1
ein Salat une salade **II4DE**
Samstag, am Samstag samedi (m.) **I4**
samstags le samedi **I5A**, 3
der Sand le sable **II5B**, 1
ein Sandwich un sandwich **II5A**, 3
ein Sänger/eine Sängerin un chanteur/une chanteuse **I6A**, 4
schade dommage! **I3A**, 3
ein Schädel un crâne **II2A**, 1
etw. schaffen; erschaffen créer qc ⟨**IIIM3B**, 3⟩
eine Schande une honte **III3A**, 7
ein Schatten une ombre **III3B**, 3
ein Schauspieler/eine Schauspielerin un acteur/une actrice **II1B**, 2
die Scheidung le divorce **II2B**, 2
scheinen briller **II8DE**
jdm. etw. schenken offrir qc à qn **II8DE**
Scherz une blague **II1A**, 1
ein Schiff un bateau/des bateaux **II5A**, 1
ein Schild, Hinweisschild un panneau ⟨**IIIM1B**⟩
eine Schildkröte une tortue ⟨**I1P**⟩
eine Schirmmütze une casquette **I6B**, 1
schlafen coucher **I5A**, 3; dormir **I6A**
jdn. schlagen battre qn ⟨**IIIM3A**, 4⟩
  schlagen; klopfen frapper **III1B**, 5
Schlange stehen faire la queue **III3B**, 3
schlecht mauvais/mauvaise **I6B**, 1
  Es ist schlechtes Wetter. Il fait mauvais. **I7B**, 2
schlecht (Adv.) mal (adv.) **I1B**, 7
etw. schließen fermer qc **II2A**, 1
schließlich, zum Schluss finalement **III2B**, 1
  endlich enfin **I6A**, 4
ein Schloss un château **III3A**, 1
der Schluss la fin **I4B**, 5; **I4B**, 5
ein Schlüssel une clé **I4A**, 3
Schmerzen haben avoir mal **I5B**, 3
schmollen bouder **III2A**, 2
der Schnee la neige **III3A**, 9

etw. schneiden, abschneiden couper qc **III1DE**
schneien neiger **I7B**, 2
schnell (Adv.) vite **I1A**, 1
die Schokolade le chocolat **II4A**, 1
schön beau/bel/belle **II6B**
schon déjà **I5A**, 3
Es ist schönes Wetter. Il fait beau. **I7B**, 1
ein Schöpfer/eine Schöpferin un créateur/une créatrice ⟨**IIIM3B**, 3⟩
ein Schrank, Wandschrank un placard ⟨**IIIM3A**, 4⟩
  une armoire **III1C**, 1
der Schrecken l'horreur (f.) ⟨**II6D**⟩
jdm. etw. schreiben écrire qc à qn **I7B**, 1
ein Schreibtisch un bureau **I3A**, 3
schreien crier **II3B**, 1
ein Schriftsteller/eine Schriftstellerin un écrivain/une femme écrivain ⟨**IIIM2B**, 2⟩
ein Schritt un pas **III1C**, 1
schüchtern timide/timide **II1B**, 2
ein Schuh une chaussure **I6B**, 8
Schul- scolaire/scolaire **III3DE**
der Schul(jahres)beginn la rentrée **II1DE**
eine Schule une école **I2A**, 3
ein Schüler/eine Schülerin un élève/une élève **I4DE**
ein Schüleraustausch un échange scolaire **III3DE**
der (Schul-)Hof la cour **I4DE**
schulisch scolaire/scolaire **III3DE**
ein Schulleiter/eine Schulleiterin (im „Collège") un principal/une principale **III1A**, 1
eine Schultasche un cartable ⟨**I1**⟩
eine Schulter une épaule **III1A**, 3
ein Schwanz, ein Schweif une queue **III3B**, 3
schwarz noir/noire **I6B**, 6
Schwein un cochon ⟨**I1P**⟩
das Schweinefleisch le porc **II4A**, 1
eine Schwester une sœur **I2B**, 2
schwierig difficile/difficile **II4DE**; compliqué/compliquée **II4DE**
Schwimmbad une piscine **I5B**, 2
schwimmen nager **II0DE**
das Schwimmen la natation **I2**; **I5A**, 5
schwören jurer **II1B**, 2
sechs six ⟨**I0**, 6⟩
ein Sechseck un hexagone ⟨**IIIM1DE**⟩
die Sechs, die sechste Klasse la sixième **II1DE**
ein Segelboot un voilier **II0DE**
ein Segel; das Segeln la voile **II5P**
Segeln la voile ⟨**II5B**⟩
etw. sehen voir qc **II2A**, 1
sehr (viel) énormément ⟨**IIIM3B**, 3⟩
  sehr très **I6A**, 4
ein Seil une corde **II7A**, 1
sein être **I2B**, 2
seit depuis **II2A**, 1
eine Seite; was … betrifft un côté ⟨**III4D**, 1⟩
  eine Seite une page **II2B**, 2; un côté **II7A**, 1
eine Sekunde une seconde **III1B**, 1
Selbstverständlich! bien sûr **I3A**, 1
selten rare/rare ⟨**III4D**, 1⟩

seltsam, merkwürdig étrange/étrange **III1B**, 1
   seltsam mystérieux/mystérieuse **II2DE**
September septembre (*m.*) **I3B**, 7
seriös sérieux/sérieuse **II7A**, 1
eine Serviette une serviette **II4B**, 1
etw. setzen/stellen/legen poser qc **II4B**, 1
seufzen soupirer **III2A**, 2
Shorts un short ⟨**I6P**⟩
sicher sûr/sûre **II4B**, 2
Sicherlich! bien sûr **I3A**, 1
sicher, sicherlich (*Adv.*) sûrement **III3A**, 4
sieben sept ⟨**I0**, 6⟩
Sieh mal! Tiens! **I2A**, 3; **I2A**, 3
singen chanter **I3B**, 1
Ski fahren le ski ⟨**IIIM1A**, 1⟩; **I5**
die Slackline la corde molle **II7A**, 1
so viel, dermaßen tellement **III3B**, 3
   so comme ça **I4B**, 4
ein Sofa un canapé **II5A**, 6
sofort tout de suite **II5B**, 1
eine Software un logiciel ⟨**IIIM3B**, 3⟩
sogar même **I5B**, 3
ein Sohn un fils **I3A**, 9
der Sommer l'été (*m.*) **II5B**, 4
die Sonne le soleil **I7B**, 1
ein Sonnenbrand un coup de soleil **III3B**, 3
Sonntag, am Sonntag dimanche (*m.*) **I4**
ein Souk (*ein arabischer Markt*) un souk
   III4B, 1
Spanisch l'espagnol (*m.*) **II1A**, 1
spannend, fesselnd passionnant/passion-
   nante **III2B**, 1
spät tard **I5A**, 3
   zu spät kommen être en retard **I4DE**
spazieren gehen se promener ⟨**IIIM1B**⟩
ein Spaziergang une promenade **III3A**, 1
eine Spezialität; eine Besonderheit une
   spécialité **III0**
speziell, Spezial-, Sonder- spécial/spéciale
   II6DE
spezifisch spécifique/spécifique ⟨**IIIM3B**, 3⟩
ein Spiel/Spiele un jeu/des jeux **I3B**, 1
spielen jouer **I5A**, 3; **I4DE**
   spielen (Kino, Fernsehen) se passer ⟨**II6D**⟩
ein Spielzeug un jouet **I6B**, 1
Sport (*Schulfach*) l'EPS (Education physique
   et sportive) (*f.*) **II1A**, 1
   Sport l'E.P.S. (Education physique et sportive) (*f.*) ⟨**I4**⟩
   der Sport le sport **I2B**, 2
ein Sportler/eine Sportlerin un sportif/une
   sportive **II3B**, 1
ein Sportverein un club sportif ⟨**I5P**⟩
eine Sprache une langue **III2B**, 9
mit jdm. sprechen parler à qn **I6B**, 1
   sprechen parler **I2DE**
ein Sprichwort un proverbe ⟨**IIIM3B**, 1⟩
springen sauter **II7B**, 1
ein Staat un Etat **III4DE**, 1
staatlich national/nationale ⟨**IIIM2A**, 1⟩
eine Stadt une ville **II0DE**
das Stadtzentrum le centre-ville **I7A**, 1
Stand un stand **I5DE**
ein Star une star **II1B**, 2
stark fort/forte **III2B**, 9

stark in etw. fort en qc **I5C**, 1
eine Station une station **I7A**, 1
stattfinden avoir lieu ⟨**II6D**⟩
eine Statue une statue **III3B**, 3
Staub saugen passer l'aspirateur **III2A**, 5
ein Staubsauger un aspirateur **III2A**, 5
ein Steak mit Pommes frites un steak-frites
   II4A, 1
stehend, im Stehen debout **II5B**, 1
etw. stehlen voler qc **III1A**, 3
ein Stein une pierre **III1A**, 3
eine Stelle un endroit **I7DE**
etw. setzen, stellen, legen; etw. anziehen
   mettre qc **I5A**, 1; **II4B**, 1
sterben mourir **III4B**, 1
ein Stern une étoile **II8DE**
ein Stil un style **II6DE**
die Stille le silence **III4B**, 2
die Stimme la voix **II6B**
Stimmt's? C'est ça? **I3B**, 1
eine Stimmung, eine Atmosphäre une
   ambiance **III2B**, 1
ein Strand une plage **II0DE**
der Strass le strass **I6A**, 4
eine (Land-)Straße une route **III1A**, 3
   eine Straße une rue **I2A**, 3
   auf der Straße dans la rue **I2A**, 3
Streich une blague **II1A**, 1
jdn./etw. streicheln caresser qn/qc **III1B**, 1
ein Streit une dispute **II3B**, 1
sich mit jdm. streiten se disputer avec qn
   III2A, 2
streng sévère/sévère **II1A**, 1
studieren faire ses études **III4B**, 1
das Studium les études (*f.*) (*pl.*) **III4B**, 1
ein Stuhl une chaise **II3DE**
eine Stunde une heure **I4A**, 1; **I4A**, 1
der Stundenplan l'emploi (*m.*) du temps
   I4B, 1
eine Suche une recherche **III2DE**
jdn./etw. suchen chercher qn/qc **I2DE**
der Süden le sud **III0**
Südfrankreich **III1DE**
der Südwesten le Sud-Ouest **II5DE**
super super (*inv.*) **I0**, 4; chouette/chouette
   (*fam.*) **II8DE**
ein Supermarkt un supermarché **II4DE**; ⟨**I5**⟩
   ein kleinerer Supermarkt une supérette
   II4A, 2
surfen surfer **II6A**
das Surfen le surf **II5A**, 1; **I5P**
süß/niedlich mignon/mignonne **III3A**, 4
   süß (Geschmack) sucré/sucrée **III3A**, 4
ein Sweatshirt un sweat-shirt **I6B**, 8
symphatisch sympa **I2B**, 2
eine Szene; (*hier*) **eine Bühne** une scène
   ⟨**IIIM2A**, 3⟩

T

eine Tafel un tableau/des tableaux **II3DE**
der Tag le jour **I6A**, 4
   ein Tag une journée **I4A**, 1
   pro Tag/täglich par jour **I7C**, 1
   Einen schönen Tag! Bonne journée! **I5C**, 1

Tag der Arbeit (1. Mai) la fête du travail
   ⟨**I3P**⟩
das Tagesgeschehen l'actualité (*f.*)
   ⟨**IIIM2A**, 1⟩
eine Tageszeitung un quotidien ⟨**IIIM2A**, 1⟩
täglich quotidien/quotidienne ⟨**II6D**⟩;
   ⟨**III4C**, 1⟩
das Talent, die Begabung le talent ⟨**IIIM1DE**⟩
eine Tante une tante **I3A**, 9
der Tanz, das Tanzen la danse **I5A**, 5
tanzen danser **I6DE**
eine Tasche un sac **I4B**, 4
ein Taschendieb un pickpocket **III1B**, 5
das Taschengeld l'argent (*m. de poche*)
   I7B, 3
eine Tasse une tasse **II4B**, 6
eine Tatsache un fait **III1B**, 7
tauchen plonger **II0DE**
das Tauchen la plongée ⟨**II5P**⟩
die Taufe le baptême ⟨**I3P**⟩
ein Tausch, ein Austausch un échange
   III3DE
tausend mille **II1B**, 2
Tausende des milliers (*m.*) **II2A**, 1
ein Team une équipe **II6DE**
die Technik la technique **III2B**, 9
   Technik la technologie ⟨**I4P**⟩
technisch technique/technique ⟨**IIIM3B**, 3⟩
Techno la techno **I2B**, 7
ein Teig, eine Masse une pâte **III0**
gehören zu, ein Teil sein von faire partie de
   III4DE
an etw. teilnehmen participer à qc **II3A**, 2
ein Telefon un téléphone **I3A**, 3
ein Teller une assiette **II4B**, 1
die Temperatur la température **III0**
Tennis le tennis ⟨**I5A**, 6⟩
etw. testen tester qc ⟨**IIIM3B**, 3⟩
teuer cher/chère **I7D**, 1
das Theater le théâtre **I5A**, 5
ein (Theater-)Stück une pièce (de théâtre)
   ⟨**III4D**, 1⟩
ein Thema un thème ⟨**IIIM2B**, 2⟩; un sujet
   II6DE
der Thunfisch le thon **II4A**, 1
der Thymian le thym **II4A**, 1
ein Tier un animal/des animaux **II5A**, 3
ein Tierarzt/eine Tierärztin un vétéri-
   naire/une vétérinaire **III2B**, 4
etw. tippen taper qc **II1B**, 2
ein Tisch une table **I5A**, 3
den Tisch decken mettre la table **II4B**, 1
eine Tischdecke une nappe **II4B**, 1
ein Titel un titre **II8A**
eine Tochter une fille **I1B**, 1
der Tod la mort **II2DE**
die Toilette les toilettes **I4A**, 1; les W.-C. **I5**
toll fantastique **I1B**, 1; super (*inv.*) **I0**, 4
eine Tombola une tombola **I6B**, 9
topfit sein avoir la pêche (*fam.*) **II8A**
ein Topmodel un top modèle ⟨**IIIM3B**, 2⟩
tot mort/morte **II8DE**
ein Totenkopf un crâne **II2A**, 1
eine Tour un tour **I5A**, 3
ein Tourist/eine Touristin un touriste/une
   touriste **I7DE**

touristisch touristique/touristique ⟨IIIM1B⟩
eine Tournee une tournée **II4A**, 1
etw. tragen porter qc **I2A**, 2
ein Trampolin un trampoline **II7A**, 1
eine Träne une larme **III1A**, 3
sich trauen, etwas zu tun oser faire qc **III3A**, 4
ein Traum un rêve **II6B**
träumen rêver **I4B**, 4
traurig triste/triste **I6A**, 4
jdn. treffen retrouver qn/qc **I4A**, 3
 eine Entscheidung treffen prendre une décision **III2B**, 1
 jdn. treffen rencontrer qn **I6B**, 1
ein Treffen un rendez-vous ⟨IIIM2A, 3⟩
eine Treppe un escalier **II2DE**
ein Tretboot un pédalo ⟨II5P⟩
auf etw. treten marcher sur qc **II0DE**
etw. trinken boire qc **II4A**, 2
trotzdem quand même **III3B**, 3
 trotzdem, dennoch pourtant **III2A**, 2
Tschüss!/Hallo! Salut! (fam.) ⟨I0, 2⟩
ein T-Shirt un t-shirt **I2B**, 2
ein Tunnel un tunnel **II4A**, 1
ein Turm une tour **I6DE**
das Turnen la gymnastique **I2B**, 7
eine Turnhalle un gymnase **I4B**, 3
ein Turnschuh une basket **I6B**, 8
typisch typique/typique **II4A**, 1

U

überall partout **II8DE**
etw. überarbeiten retravailler qc **II8DE**
überlegen réfléchir **II7A**, 1
etw. überqueren traverser qc **I5B**, 1
eine Überraschung une surprise **I3B**, 1
Übersee- outre-mer ⟨IIIM1DE⟩
die Überseedepartements/Überseeregionen les départements et régions d'outre-mer (m., pl.) **III4DE**, 3
eine Übersetzung une traduction **III4B**, 1
eine Übung un exercice **I4B**, 4
am Ufer von etw. au bord de qc **II0DE**
Uff! Ouf! **I6A**, 4
sieben Uhr sept heures **I4A**, 1
um wie viel Uhr à quelle heure **I4A**, 2
jdn. umarmen embrasser qn **II0DE**
eine Umfrage un sondage ⟨IIIM3A, 1⟩
umgangssprachlich familier/familière **III3A**, 7
umweltfreundlich écologique **I7C**, 2
umziehen déménager **III1DE**
ein Umzug un défilé **I6B**, 1
unabhängig indépendant/indépendante **III4DE**, 3
und et **I1A**, 1
unerträglich insupportable/insupportable ⟨IIIM3A, 4⟩
unerwartet inattendu/inattendue ⟨IIIM2A, 3⟩
ein Unfall un accident ⟨IIIM2A, 3⟩
ungefähr environ **III3A**, 1
unglaublich incroyable **III2B**, 1
unglücklich malheureux/malheureuse **II2B**, 1

eine Universität une université ⟨IIIM3B, 5⟩
unmöglich impossible/impossible ⟨IIIM2A, 3⟩
unruhig inquiet/inquiète **III2B**, 1
unter parmi **III1B**, 1; sous **I3A**, 2
unter anderem entre autres ⟨IIIM2A, 3⟩
sich (über etw.) unterhalten discuter (de qc) **I4A**, 3
Unterhaltung une discussion **II2A**, 1
ein unterirdischer Gang/Raum un souterrain **II2DE**
ein Unternehmen une entreprise **III2DE**
eine Unterrichtsstunde un cours **I4DE**
ein Unterschied une différence **III1DE**
ein Unterseeboot un sous-marin **II0DE**
unvergesslich inoubliable/inoubliable ⟨IIIM2A, 3⟩
unvorsichtig imprudent/imprudente ⟨IIIM1B⟩
der Urlaub les vacances (f., pl.) **I6A**, 4; **I6A**, 4
Ursache De rien. **II7A**, 4
ein Ursprung l'origine (f.) **III0**
ein USB-Stick une clé USB **I4A**, 3

V

ein Vampir un vampire **II2A**, 1
ein Vater un père **I3A**, 9
eine Verabredung un rendez-vous ⟨IIIM3A, 3⟩; **I6B**, 1
jdn./etw. verabscheuen détester qn/qc **I2B**, 2
die Verantwortung la responsabilité ⟨IIIM3A, 3⟩
eine Verbreitung; Ausstrahlung (TV, Radio) une diffusion ⟨IIIM2A, 3⟩
etw. verbringen passer **I5A**, 1
ein Verdacht un soupçon **III1DE**
jdn. einer Sache verdächtigen soupçonner qn de qc **III1C**, 1
Verdammt! Zut! (fam.) **I2A**, 3
seinen Lebensunterhalt verdienen gagner sa vie **III4B**, 1
ein Verein, ein Zusammenschluss une association ⟨IIIM2DE⟩
etw. vergessen oublier qc **I6A**, 4
vergessen (Adj.) oublié/oubliée **II2DE**
mit etw. vergleichen comparer qc **III3B**, 2
ein Verkäufer/eine Verkäuferin un vendeur/une vendeuse **I5C**, 1
ein Verkehrsmittel un moyen de transport **I7C**, 2
ein Verkehrsstau un bouchon **II5A**, 3
ein Verlag une maison d'édition ⟨IIIM3DE⟩
etw. verlassen quitter qc **I5A**, 3
verlegen gêné/gênée **III3A**, 4
verliebt amoureux/amoureuse **III3A**, 4
etw. verlieren perdre qc **II2B**, 2
die Verlosung le tirage au sort **II7B**, 3
etw. vermeiden éviter qc **III3A**, 4
die Vernunft la raison ⟨IIIM3A, 4⟩
etw. verpassen; verpfuschen, nicht schaffen rater qc (fam.) **III2A**, 1
jdn. verraten dénoncer qn **III1C**, 1
verrückt fou/fol/folle **II4DE**
etw. verschmutzen polluer qc ⟨III4D, 1⟩

verschwinden disparaître **III1A**, 3
jdm. etw. versprechen promettre qc à qn ⟨IIIM3A, 4⟩
etw. verstärken renforcer qc ⟨IIIM3B, 3⟩
etw. verstecken cacher qc **III1C**, 1
sich verstehen s'entendre **III3A**, 4
 etw. verstehen comprendre qc **II1A**, 7
etw. versuchen essayer qc **II5B**, 1
etw. verteilen distribuer qc ⟨IIIM3A, 3⟩
vertraut familier/familière **III3A**, 7
Verwaltungs-, behördlich administratif/administrative **III4DE**, 3
verwaltungsmäßig administrativement **III4DE**, 3
jdn. verwöhnen gâter qn **III0**
jdm. etw. verzeihen pardonner qc à qn **III1C**, 2
viel beaucoup **I5B**, 2
 viel/viele; jede Menge plein de … ⟨IIIM1B⟩
 viel(e) beaucoup de **I7B**, 1
vielleicht peut-être **I6A**, 4
vielmehr plutôt **II3A**, 2
in der vierten Klasse en 4e **II1DE**
(Stadt-)Viertel un quartier **I5DE**
eine Violine un violon **II6B**
der visuelle Aspekt, die „Optik" le visuel ⟨IIIM3B, 3⟩
Volleyball le volley(ball) **I5**
von de/d' **I1B**, 1
 von … bis de … à **I4A**, 2
von dort en **II4A**, 1
vor (zeitlich) avant **I6B**, 1
 vor (örtlich) devant **I2B**, 2
 (jetzt) vor zwei Wochen il y a deux semaines **III1B**, 7
vor allem surtout **I6B**, 1
vorankommen avancer **II3B**, 1
vorausgesetzt, dass à condition que **II3A**, 1
etw. vorbereiten préparer qc **I3A**, 2
der Vordergrund (Bild, Foto, Film) le premier plan **III4B**, 2
vorhanden, anwesend présent/présente **III4DE**, 1
jdm. etw. vorlesen lire qc/qc à qn **I7B**, 3
ein Vorname un prénom **II6B**
vorschlagen, etw. zu tun proposer de faire qc **II3A**, 2
Vorsicht! Attention! **I1A**, 1
vorsichtig prudent/prudente ⟨IIIM1B⟩
eine Vorspeise une entrée **II4A**, 1
jdn. vorstellen présenter qn **II1B**, 7
 sich jdn./etw. vorstellen imaginer qn/qc **II0DE**
eine Vorstellung un spectacle **I7DE**
etw. vorziehen préférer qc **II0DE**; **II4B**, 2
ein Vulkan un volcan ⟨IIIM1A, 1⟩; **II0DE**

W

wachsen grandir **II6B**
eine Waffel une gaufre **I5C**, 1
wagen, etw. zu tun oser faire qc **III3A**, 4
eine Wahl un choix ⟨IIIM3A, 1⟩; ⟨IIIM1DE⟩
etw. wählen choisir qc **II7A**, 1
während (Präp.) pendant **I6A**, 4

während (Konjunktion) pendant que **III1C**, 1
während pendant que ⟨**II2P**⟩
die Wahrheit la vérité **III1B**, 1
ein Wal une baleine **III4A**, 1
ein Wald une forêt **III4A**, 1
eine Wanderung une randonnée **III4A**, 1
wann quand **I3B**, 7
warm chaud/chaude **I5C**, 1
Es ist warm. Il fait chaud. **I7B**, 1
auf jdn. warten attendre qn **II2B**, 2
eine Warteschlange; ein Schwanz une
queue **III3B**, 3
warum pourquoi **I5B**, 3
Was … ? Qu'est-ce que … ? **I2B**, 2
was? hein? (fam.) **I5DE**
Was? Quoi? **I5A**, 1
Was ist das? Qu'est-ce que c'est? **I2DE**
jdn./etw. waschen laver qn/qc **III2A**, 1
sich waschen se laver **III2A**, 1
sich waschen faire sa toilette **I5A**, 3
Was gibt es? Qu'est-ce qu'il y a? **I3A**, 1
das Wasser l'eau (f.) **I5C**, 1
eine Wasserschale (zum Reinigen der Finger
beim Essen) un rince-doigts **II4A**, 2
eine Wasserstelle; (hier) **eine Zapfstelle für
Trinkwasser** un point d'eau ⟨**III4C**, 1⟩
eine Website un site **III3DE**
etw. wechseln changer de qc **II1A**, 1
wechseln changer **I6B**, 6
ein Wecker un réveil **II2A**, 1
ein Weg un chemin **III1B**, 1
(einer Person/einer Sache) wegen à cause
de qn/qc **III1A**, 3
weggehen partir **II6A**
etw. wegtragen emporter qc **II5B**, 1
weh tun faire mal **I5B**, 3
weich mou/mol/molle **II7A**, 1
weil comme ⟨**II2P**⟩
weil parce que **I5B**, 3
weinen pleurer ⟨**IIIM3A**, 4⟩
weiß blanc/blanche **I6B**, 6
weit (Adv.) loin **I5A**, 1
welcher/welche/welches (Fragebegleiter)
quel/quelle/quels/quelles **II1A**, 1
eine Welle une vague **II5B**, 1
das Wellenreiten le surf **II5A**, 1
ein Wellensittich une perruche **I1P**
weniger moins **III3B**, 1
weniger … als moins … que **II7A**, 1
weniger praktisch als moins pratique que
III3B, 1
weniger gut moins bien **III4B**, 1
wenn quand **II1B**, 2
wer qui **II1B**, 1
Wer ist das? Qui est-ce? ⟨**I0**, 3⟩
etw. werden devenir qn/qc **III1B**, 1
etw. werfen lancer qc **II5B**, 1
eine Werkstatt un atelier **II6C**
der Wert la valeur **I7D**, 1
Wert darauf legen, etw. zu tun tenir à faire
qc ⟨**IIIM3B**, 3⟩
der Westen l'ouest (m.) **III0**
das Wetter le temps **I7B**, 2
Wie ist das Wetter? Quel temps fait-il?
I7B, 2
die Wettervorhersage la météo **III3A**, 9

wichtig important/importante **II6A**; **II6B**
wie? comment? **I1A**, 1
wie comme **I4B**, 4
wieder encore **I3B**, 1
etw. wiederfinden retrouver qn/qc **I4A**, 3
Auf Wiedersehen! Au revoir! ⟨**I0**, 2⟩
Wie geht es euch/Ihnen? Comment
allez-vous? **I7B**, 4
Wie geht's? Ça va? **I0**, 4
wie viel combien (de) **I5C**, 1
Willkommen! Bienvenue! **I0**, 1
der Wind le vent **I7B**, 1
das Windsurfen la planche à voile ⟨**II5P**⟩
der Winter l'hiver (m.) **II5B**, 4
wirklich vraiment **I5B**, 3
die Wirklichkeit la réalité **II6A**; **II6C**
die Wirtschaft l'économie (f.) ⟨**III4C**, 2⟩
wissen savoir **II1A**, 1
Ich weiß nicht. Je ne sais pas. **I4A**, 3
eine Wissenschaft une science **III4B**, 1
ein Wissenschaftler/eine Wissenschaftlerin
un scientifique/une scientifique **III2DE**
wo; wohin où **I2B**, 2
eine Woche une semaine **I5A**, 1
ein Wochenende un week-end **III2B**, 1
wohingegen, während, obwohl alors que
III4A, 1
wohnen habiter **I2B**, 2
eine Wohnung un appartement **I5A**, 3
ein Wohnzimmer une salle de séjour **I5A**, 3;
un salon **I5A**, 3
eine Wolke un nuage **III3A**, 9; **I7B**, 1
wollen vouloir **II3A**, 2
Wenn du willst. Si tu veux. **II3A**, 8
ich will je voudrais **I5C**, 1
ein Workshop un atelier **II6C**
ein Wort un mot **I4B**, 2
ein Wörterbuch un dictionnaire **III3A**, 4
wühlen; suchen fouiller ⟨**IIIM3A**, 4⟩
das Wunder le mystère **II2DE**
wunderbar magnifique/magnifique **II3A**, 1
wunderschön magnifique/magnifique
II3A, 1
ein Wunsch un désir ⟨**IIIM3B**, 3⟩
etw. wünschen désirer qc **I7D**, 2
eine Wüste un désert **III4B**, 2
die Wut la colère **II1A**, 1
wütend sein être en colère **II1A**, 1

Z

eine Zahl un nombre **III4DE**
etw. zählen compter qc **III4A**, 1
eine Zauberformel (hier) un sésame
⟨**IIIM3DE**⟩
zehn dix ⟨**I0**, 6⟩
ein Zeichentrickfilm un dessin animé ⟨**II6D**⟩
etw. zeichnen dessiner qc **III1A**, 3
ein Zeichner/eine Zeichnerin un dessina-
teur/une dessinatrice **II2B**, 2
eine Zeichnung un dessin **II2B**, 2
jdm. etw. zeigen montrer qc à qn **I6B**, 1
die Zeit le temps **I4B**, 1
eine Zeit, ein Zeitalter une époque **III4B**, 1
Zeit haben, etw. zu tun avoir le temps de
faire qc **II4B**, 2

eine Zeitschrift une revue ⟨**IIIM1DE**⟩; un
magazine ⟨**IIIM2A**, 1⟩; **I2DE**
eine Zeitung un journal **I2DE**
ein Zentrum un centre ⟨**IIIM1A**, 1⟩
ein Zentrum, eine Mitte, ein Mittelpunkt
un centre ⟨**III4D**, 1⟩
zerstreut sein être dans la lune (fam.)
II4A, 1
ein (Schul-)Zeugnis un bulletin (scolaire)
II3A, 2
ein Ziel un objectif ⟨**IIIM3A**, 1⟩
ziemlich assez **I6B**, 1; plutôt **II3A**, 2
ein Zimmer une pièce **I5A**, 3
ein (Schlaf)Zimmer une chambre **I3A**, 3
der Zirkus le cirque **II7DE**
die Zirkuskünste les arts du cirque (m.)
II7DE
eine Zitrone un citron **II4DE**
zögern, etw. zu tun hésiter à faire qc
III1B, 5
das Zögern l'hésitation (f.) **II3A**, 1
der Zorn la colère **II1A**, 1
zuallererst tout d'abord ⟨**II2P**⟩
eine (Auf-)Zucht un élevage **II7B**, 3
der Zucker le sucre **II4DE**
zuerst d'abord **I3A**, 1
zufrieden content/contente **I6A**, 4
ein Zug un train **I3A**, 3
auf jdn. zugehen aller vers qn **I6B**, 1
zugunsten von au profit de ⟨**IIIM2DE**⟩
jdm. zuhören, etw. anhören écouter qn/qc
I2A, 2
zurechtkommen se débrouiller **III3A**, 4
etw. zurückbringen, mitbringen rapporter
qc **III4A**, 1
jdm. etw. zurückgeben rendre qc à qn
III1A, 1
zurückkommen revenir **II3B**, 4; rentrer
II1A, 1; **I4A**, 1
etw. (zurück)lassen laisser qc **II5A**, 3
zurück sein être de retour **III2B**, 1
zusammen ensemble **I3A**, 1
etw. zusammenfassen résumer qc **II6C**
einen zusammenfassenden Überblick über
etw. geben faire le point sur qc **III4A**, 4
etw. zusammenfügen joindre qc ⟨**IIIM3DE**⟩
zusätzlich en plus **I2A**, 3
ein Zuschauer/eine Zuschauerin un
spectateur/une spectatrice ⟨**IIIM2A**, 3⟩
zu viel, zu sehr trop **I5B**, 3
zwei deux ⟨**I0**, 6⟩
ein Zweig une branche ⟨**IIIM3B**, 6⟩
zweitausend deux mille (= 2000) **II1B**, 2
zwischen entre **I6B**, 1
zwölf douze ⟨**I0**, 6⟩
zwölf Uhr (mittags) midi **I4A**, 1

Solutions: Lösungen und Lösungsvorschläge

Mit dem Lösungsteil kannst du dich selbst kontrollieren. Damit du eigene Fehler erkennst, musst du sehr genau hinsehen und deine Lösungen sorgfältig mit den hier abgedruckten vergleichen. Trage deine Fehler in dein „Fehlerprotokoll" ein. Wie du damit arbeiten kannst, steht auf Seite 147.

Au début S. 10–13

Rhône-Alpes: les contrastes d'une région
A *Lösungsvorschlag:*
Dans cette région, il y a des villes et la campagne. Il y a des rivières et des montagnes. On peut manger et faire du sport ou des promenades. La région est super l'hiver et l'été.

B *Lösungsvorschlag:*
– Dans la Drôme et l'Ardèche, il faut plus chaud en hiver qu'en Savoie et Haute-Savoie.
– Dans la Drôme et l'Ardèche, il faut plus chaud en été qu'en Savoie et Haute-Savoie.
– Lyon est plus grand / a plus d'habitants que Grenoble.
– Grenoble est plus petit / a moins d'habitants que Lyon.
– La superficie de Lyon est plus grande que la superficie de Grenoble.
– La superficie de Grenoble est plus petite que la superficie de Lyon.
– Grenoble est aussi vieux que Lyon.
– Lyon est aussi vieux que Grenoble.
– A Grenoble / Dans l'Isère, on peut faire plus d'activités dans la nature qu'à Lyon / dans le Rhône.

2 A propos du texte
1. La région Rhône-Alpes est connue pour la fondue savoyarde, le gratin dauphinois et le nougat de Montélimar.
2. Pour moi / en allemand, le nougat est un dessert au chocolat. Le nougat de Montélimar n'est pas en chocolat.
3. Le jeu de mots, c'est «Tante Manon, tu nous gâtes!». «Tu nous gâtes» c'est presque comme «du nougat».

3 Les faux-amis
1. un clavier ⟶ eine Tastatur   2. un baiser ⟶ ein Kuss
3. une raquette ⟶ ein Tennisschläger   4. un trésor ⟶ ein Safe   5. une glace ⟶ ein Eis

4 les villes en Rhône-Alpes
1. La ville de Lyon est plus grande que la ville de Grenoble.
2. La ville de Grenoble est moins grande que la ville de Lyon.
3. La ville de Grenoble est aussi vieille que la ville de Lyon.
4. Pour pratiquer les sports d'hiver, la ville de Grenoble est plus intéressante que la ville de Lyon.
5. Pour manger dans un bon restaurant, la ville de Grenoble est moins intéressante que la ville de Lyon.
6. Quand on s'intéresse à la montagne, le département du Rhône est moins intéressant que le département de Haute-Savoie.

Unité 1, Bilan S. 26–27

1 Parler
1. D'habitude, il est de bonne humeur.   2. J'ai l'impression qu'il a un problème.   3. C'est à cause de son portable.
4. Il a disparu.   5. C'était il y a trois jours.   6. Il lui manque.
7. Il était rouge.   8. On l'a volé?   9. Ça va s'arranger.

2 Jeu de mots
1. Il est très jaloux de Sven.   2. Ils ont déménagé.
3. C'est en province.   4. Il a rangé ses vêtements dans son armoire.   5. Quand on est malade …   6. J'ai cherché partout …   7. Il ment.

3 Lire
écrire: schreiben ⟶ un écrivain: ein Schriftsteller, déménager: umziehen ⟶ un déménagement: ein Umzug, expliquer qc: etw. erklären ⟶ une explication: eine Erklärung, une impression: ein Eindruck ⟶ impressionner qn: jdn. beeindrucken, mentir: lügen ⟶ un menteur: ein Lügner, un portemonnaie: ein Portmonee ⟶ ein Geldbeutel, un criminel: kriminell ⟶ ein Krimineller, ein Verbrecher

4 Ecrire / Parler
Lösungsvorschlag:
L'histoire s'est passée dans un magasin. Il était 4 heures et il y avait beaucoup de monde. Tout à coup, un jeune homme a volé le sac d'une jeune femme. La jeune femme a crié, mais le voleur est parti avec son sac, la femme a couru pour l'arrêter. Dans la rue, un homme a arrêté le voleur et a rendu le sac à main à la jeune femme.

5 En forme
Quand j'**étais** en 4e, moi aussi j'**avais** un problème. En août, mes parents **ont déménagé** dans une autre ville et donc je **suis allé** dans un nouveau collège. Là, j'**essayais** souvent de discuter avec mes camarades de classe, mais ils ne **voulaient** pas parler avec moi. Chaque fois que je **connaissais** les réponses aux questions du prof, ils **étaient** jaloux. D'abord, j'**ai pensé** «Ça va s'arranger», mais non!
Puis, il y **a eu** une chose très grave: chaque matin, je **trouvais** des petits papiers dans mon sac. Sur les papiers, il y avait des mots bêtes: «On ne te veut pas ici», «On ne t'aime pas». Alors, j'**ai tout raconté** à ma mère et nous **sommes allés** chez la principale. D'abord, elle **a écouté** et ensuite elle **a lu** les papiers. Puis elle **a dit**: «Je veux savoir qui **a fait** ça.»

220   deux-cent-vingt

6 En forme
1. Nous ne sommes pas en forme, alors **courons** un peu dans le parc!
2. C'est mieux de partir à l'heure que de **courir** comme des fous!
3. Le foot, c'est 11 garçons qui **courent** derrière un ballon!
4. Pourquoi est-ce que tu **cours**? Le feu est encore vert!
5. Allez, **cours**, tu peux encore avoir ton bus!
6. Ne **courez** pas comme ça! Il fait trop chaud!

7 En forme
1. Léa est **plus nulle** en maths que Marie.
2. Le prof de sport est **aussi sympa** que le prof de maths.
3. Carla est **moins sportive** qu'Anne.
4. Gelatos est **meilleur** élève que James.
5. Léo est **moins timide** que Pierre.
6. James et Gelatos sont **aussi bons** en maths que Mikaleff.

Unité 2, Bilan S. 39 – 40

1 Parler
1. Je suis en train de me laver.   **2.** On pourrait s'occuper du chien.   **3.** Je me sens stressé(e).   **4.** Lave-toi les mains, s'il te plaît.   **5.** Je viens de faire/laver la vaisselle.   **6.** Quelle galère …!   **7.** Je suis inquiet/inquiète.   **8.** C'est incroyable!

2 C'est le week-end.
A 1 $\longrightarrow$ c, 2 $\longrightarrow$ c, 3 $\longrightarrow$ b, 4 $\longrightarrow$ a, 5 $\longrightarrow$ c
B 1 $\longrightarrow$ a, 2 $\longrightarrow$ b, 3 $\longrightarrow$ a, 4 $\longrightarrow$ a, 5 $\longrightarrow$ a

3 La langue dans son contexte
1. A la fin de la classe de troisième, les élèves **doivent** choisir leur orientation.
2. C'est, pourquoi cette année encore, le collège de Mehdi a organisé une **journée d'orientation**.
3. C'était le jeudi 2 mars de 9 à 17 **heures** au gymnase de l'école.
4. Il y avait plusieurs stands où les élèves ont pu s'**informer** sur des formations scolaires et des **métiers** différents.
5. L'ambiance était bonne et les élèves **écoutaient** vraiment les explications qu'on leur donnait.
6. Ils ont **posé** beaucoup de questions sur les conditions de travail.
7. Tout le monde était **content** et comme tous les ans, cette journée a été un **grand** succès.

4 En forme
Comme tous les jours, Idris **rentrait** tard de son travail. Il **était** fatigué parce qu'il **avait** beaucoup **travaillé** toute la journée. Quand il **est arrivé** à sa maison, il **a remarqué** qu'il **avait oublié** ses clés. Alors, il **a dû** sonner. Sana lui **a ouvert** la porte et lui **a dit** que Mehdi et elle **s'étaient disputés** et que le garçon **avait quitté** l'appartement, il y a 10 minutes. Elle **a expliqué** qu'elle **n'avait** pas **pu** aller à la journée d'orientation et c'est pour cela que son fils **s'était mis** en colère. Finalement, les parents **ont décidé** de partir à la recherche de leur fils.

5 Parler
A *Lösungsvorschlag:*
Une infirmière s'occupe des malades. Elle peut travailler par exemple dans un centre médical ou dans un hôpital. Parfois, elle va aussi chez les gens.
Un présentateur de radio parle à la radio. Il peut par exemple présenter des informations. Parfois, il se lève tôt ou il se couche tard. Il jongle entre les gens et les interviews.
B *Lösungsvorschlag:*
Pour moi, ce qui est important, c'est d'abord de bien travailler à l'école pour avoir un bon métier plus tard. Mais je voudrais faire un travail qui me rend heureux. Je ne veux pas un travail ennuyeux. Et puis, je voudrais avoir une famille et pouvoir être là pour mes amis et les aider: ça aussi, c'est très important pour moi.

6 Que sais-je?
1. A l'Institut Pasteur, on fait de la recherche médicale, des analyses et des vaccins.   **2.** Louis Pasteur a inventé un vaccin contre la rage.   **3.** Louis Renault a fondé l'entreprise des voitures Renault.   **4.** «Médecins de monde» est une association de solidarité internationale crée par Bernard Kouchner.   **5.** A une journée d'orientation, on s'informe sur les métiers et les formations possibles pour les jeunes.

Plateau 1: Révisions S. 42 – 43

1 Un vrai ami, qu'est-ce que c'est?
Pour moi, un vrai ami, c'est quelqu'un à qui je peux tout dire/qui écoute mes problèmes/que je peux appeler quand j'ai des problèmes/avec qui je passe de bons moments/que j'ai envie de voir souvent/avec qui je ris beaucoup.

2 1000 choses à faire!
A 1. On peut attendre/appeler/écouter/voir/aider/comprendre ses amis.   **2.** On peut lire/aimer/acheter/vendre/détester/apporter un livre.   **3.** Pendant les vacances, on peut partir avec ses parents/rester à la maison/faire un stage de danse/participer à un atelier/aller en colonie/rencontrer d'autres jeunes/visiter une ville.
B *Lösungsvorschlag:*
On peut écrire un petit mot/un poème et le donner à sa copine. On peut faire un dessin et le donner en cadeau à sa grand-mère. On peut faire la liste des courses et l'utiliser au supermarché. Quand on est en colère, on peut faire des boulettes de papier et les lancer. On peut écrire une lettre dessus et l'envoyer à un(e) ami(e). On peut faire une affiche et la montrer à la classe. On peut la mettre sous le pied d'une armoire, d'une table ou d'une chaise, etc.

3 Une annonce pour un casting
A *Lösungsvorschlag:*
– une jeune fille timide: Je propose Christa Theret.
Elle est grande, a de longs cheveux blonds. Elle porte un jean et une chemise noire. Je pense qu'elle a environ 20 ans. Je la trouve très jolie. Elle a l'air sympa, mais elle a un sourire timide. Je pense qu'elle ne parle pas beaucoup et qu'elle n'a pas beaucoup d'amis.

– une mère de famille jalouse: A mon avis, c'est un rôle pour Catherine Frot.

Je pense qu'elle a environ 50 ans. Elle a les cheveux longs et bruns et porte une robe. Je l'imagine bien avec des enfants et je pense qu'elle peut être très vite en colère quand elle a des soupçons.

– un homme sérieux: Pour ce rôle, je pense à Daniel Auteuil. Il n'est plus très jeune, à mon avis il a environ 60 ans. Sur la photo, il a les cheveux gris, il porte un jean, un pull noir et une chemise blanche. Il a l'air calme, je pense qu'il réfléchit beaucoup.

– un clown: Je propose Kad Merad. Sur la photo, il porte un jean et une chemise. Il n'a plus beaucoup de cheveux. Je pense qu'il a environ 50 ans. A mon avis, il aime faire des blagues et il a l'air drôle.

B *Lösungsvorschlag:*

A mon avis, Christa Theret est bien pour le rôle de la jeune fille timide parce qu'elle est jeune et qu'elle a l'air timide. Je trouve que Catherine Frot va bien pour le rôle de la mère de famille jalouse à cause du regard qu'elle a sur la photo. Daniel Auteuil a l'air sérieux, c'est pour cela que je l'ai choisi pour ce rôle. Je trouve que Kad Merad a l'air drôle et je l'imagine bien faire tout le temps des blagues.

4 Encore des mots, toujours des mots

A *Lösungsvorschlag:*

différent ⟶ une différence.
Je trouve qu'on ne doit pas faire de différences entre les gens.
regarder ⟶ un regard.
Je n'aime pas le regard qu'elle a quand elle me voit.
malade ⟶ une maladie.
Être pickpocket, c'est comme une maladie.
voler ⟶ un voleur, un vol.
On a appris qu'il y avait des voleurs dans le quartier.
On a accusé James du vol des statuettes.
soupçon ⟶ soupçonner.
Je soupçonne ma sœur d'avoir pris mes nouvelles chaussures rouges.

B *Lösungsvorschlag:*

C'est une route où les voitures vont vite. (⟶ C'est une autoroute.)
C'est un arbre qui a des olives. (⟶ C'est un olivier.)
C'est un animal qu'on trouve dans le sud de la France et qui fait du bruit en été. (⟶ C'est une cigale.)

5 Le grand-père de Lucie raconte …

1. Quand j'étais enfant, nous passions chaque été les vacances sur la Côte d'Azur. **2.** Il n'y avait pas encore l'autoroute, c'est pourquoi nos parents prenaient la Nationale 7. **3.** On partait de Lyon à 5 heures du matin, et on arrivait à Nice le soir. **4.** Il faisait chaud et on n'allait pas vite, mais j'aimais bien ces voyages! **5.** Et puis à Nice, je retrouvais toujours ma copine. **6.** Nous nagions dans la mer et nous jouions au ballon sur la plage. Et puis … maintenant, cette copine de vacances, c'est ta grand-mère! Tu ne le savais pas, hein?

6 La grand-mère de Lucie raconte …

Il faisait beau, quand je l'ai rencontré pour la première fois. Tout à coup, je l'ai vu: il était à la plage avec ses parents. Mais le lendemain, ils n'étaient pas là et j'ai pensé: dommage … Après, il est venu tous les jours avec ses parents et on a joué tous les jours ensemble. Ils arrivaient toujours tôt, vers 10 heures, alors je demandais à mes parents d'aller tôt à la plage. Et un jour, je lui ai dit «Je t'aime».

Unité 3, Bilan S. 58–59

1 Parler

1. Ça fait environ vingt kilomètres. **2.** On met deux heures pour aller à Villandry. **3.** Tu te débrouilles très bien! **4.** Vous êtes très gentil(le)! **5.** C'est délicieux! **6.** Je m'entends très bien avec lui. **7.** Elle est mignonne. **8.** C'est vraiment gênant. **9.** Il fait quinze degrés, il y a des nuages / c'est couvert. **10.** C'est un animal qui nage dans l'eau.

2 Jeu de mots

A 1. une visite passionnante / ennuyeuse / originale. **2.** un ciel couvert / gris / clair. **3.** un correspondant gentil / normal / poli **4.** un plat délicieux / français / sucré.

B **une fille**: mignonne, ennuyeuse, intéressante, cool, jolie, polie, timide, sympa, bête, sportive, courageuse, blonde, pâle, forte, curieuse, stressée, sérieuse, malheureuse, étrange, incroyable, jalouse, …
un jardin: visiter un jardin, aller dans le jardin, travailler dans le jardin, …
un beau / grand / petit / vieux jardin, un jardin français, écologique, ouvert, fermé, original, préféré …
une ville: visiter, traverser, chercher, quitter, aimer, détester, découvrir, connaître, montrer, présenter une ville; arriver dans une ville, partir d'une ville …
une belle / grande / petite / vieille ville; une ville moderne, intéressante, dangereuse, importante, …
C loin de ≠ près de, se mettre à ≠ finir de / terminer, un ciel couvert ≠ un ciel bleu, un ciel sans nuages, un roman passionnant ≠ un roman ennuyeux, moins bon ≠ meilleur, en retard ≠ à temps

3 Ecouter et parler

A C'est mercredi.
B Mardi, il y aura du soleil / il fera beau, mais il y aura du vent. Il fera 15 degrés. Jeudi, il pleuvra / il y aura de la pluie et il fera dix degrés.

4 Parler / Vis-à-vis / Stratégie

1. Je voudrais bien aller au cinéma avec un copain et son corres. C'est possible? **2.** Je suis désolé(e), mais je n'ai pas l'habitude de manger du poisson. **3.** Je suis très fatigué(e). (*fam.*: crevé(e))

5 En forme

Bélier: Demain, Anaïs **vivra** une journée géniale, elle rencontrera le plus beau garçon de l'échange. Ils **feront** une randonnée á vélo et **visiteront** un château. Le soir, elle **sera** fatiguée et **dormira** très tôt.

Scorpion: Demain, Paul ne **tombera** pas amoureux. Il **ira** au cinéma, il **verra** un film ou **lira** un bon livre. Il **devra** manger des fruits.

Poisson: Demain, Mehdi **recevra** un courriel mystérieux. Il **fera** du bateau sur la Loire ou **écrira** un poème. Il **aura** mal au dos et aux bras.

Unité 4, En plus S. 121–123

Station 1 S. 121
1 A propos du texte
1. Vrai. **2.** Vrai. **3.** Faux. Le Québec est plus grand que l'Allemagne et que la France. **4.** Faux. La capitale du Québec est (la ville de) Québec. **5.** Faux. Paris compte plus d'habitants francophones que Montréal. **6.** Vrai. **7.** Faux. Au Québec, il y a des grandes forêts et plus d'un million de lacs.

1 On y va?
A 1. → e, 2 → d, 3 → a, 4 → b, 5 → f, 6 → c
B 1. Oui, j'y vais en juillet. / Non, je n'y vais pas. **2.** Oui, j'y vais. / Non, je n'y vais pas. **3.** Oui, je veux y aller. / Non, je ne veux pas y aller. **4.** Oui, j'y ai déjà participé. / Non, je n'y ai pas encore participé. **5.** Oui, j'y suis déjà allé(e). / Non, je n'y suis pas encore allé(e).
C 1. Oui, j'en rêve. / Non, je n'en rêve pas. **2.** Oui, j'en ai déjà vu. / Non, je n'en ai pas encore vu. **3.** Oui, j'en ai envie. / Non, je n'en ai pas envie. **4.** Nous en parlons demain.

Station 2 S. 122
1 A propos du texte
1. Nawal écrit un blog pour présenter sa vie au Maroc.
2. Nawal n'habite pas dans un quartier moderne, mais dans la vieille ville. **3.** *(mehrere Möglichkeiten)* Elle rêve de faire ses études à Casablanca. / … découvrir la France. / … vivre un an ou deux dans d'autres pays. **4.** La cousine de Nawal habite à la campagne. **5.** Sa cousine veut aller à l'école parce que plus tard, elle veut gagner sa vie et être indépendante.
6. Tamegroute est un endroit intéressant parce qu'on peut visiter la bibliothèque où il y a des très vieux livres.

2 Qui vivra verra!
Les grands auteurs ne sont pas tous morts! Beaucoup vivent maintenant, à notre époque, par exemple Tahar Ben Jelloun, que j'adore. Il est né en 1944 à Fès, au Maroc. Plus tard, il a fait des études à Rabat et il est devenu professeur de philosophie. Il a longtemps vécu ici, dans son pays. Mais en 1971, il est parti en France où il vit encore aujourd'hui. Dans sa vie, Ben Jelloun a écrit un grand nombre de poèmes, d'articles et de romans qui vivront encore longtemps après lui. C'est pourquoi on peut dire que les grands auteurs ne meurent jamais! Comme lui, moi aussi je vivrai un jour en France, mais je pense que je mourrai dans le pays où je suis né(e). Qui vivra verra!

3 Faire des études pour vivre mieux
1. Au Maroc, les gens vivent plus pauvrement à la campagne qu'en ville. **2.** Les jeunes filles nous ont reçues moins timidement que les femmes du village. **3.** Deux des jeunes filles parlaient le français mieux que les autres, et même aussi bien que nous. **4.** Le mieux pour ces jeunes filles, c'est de continuer leurs études ici. **5.** Grâce à cette école, ces jeunes filles trouveront plus facilement du travail. **6.** Et comme ça, elles vivront mieux. **7.** Certains jeunes chez nous sont parfois moins motivés et travaillent moins sérieusement qu'elles.

Station 3 S. 123
1 A propos du texte
1. Quand Amin veut de l'eau, il doit aller (la chercher) à un point d'eau à la sortie du village. **2.** Pour vivre, les parents d'Amin cultivent du coton. **3.** Souvent au Burkina Faso, l'école coûte cher. **4.** Le sujet de «Ouaga Saga», c'est la vie d'une bande de jeunes. **5.** Pour vivre, les jeunes de ce film font des petits vols et des petits boulots. **6.** Utiliser le système D, ça veut dire se débrouiller.

2 Au Burkina Faso, par exemple
A 1. un village **2.** l'école primaire **3.** la vie quotidienne. **4.** faire des progrès **5.** une comédie **6.** remplacer qc
B 1. Un point d'eau est un endroit où on peut aller chercher de l'eau. **2.** Le coton est une plante. Avec cette plante, on peut fabriquer des vêtements. **3.** Le manque d'eau, c'est quand il n'y a pas (assez) d'eau. **4.** Entre deux pays voisins, il y a une frontière. **5.** Un conte est une histoire qui n'est pas vraie et qu'on raconte aux enfants.

Station 4 S. 123
1 A propos du texte
1. Faux. La Nouvelle-Calédonie est un archipel. **2.** Vrai. **3.** Vrai. **4.** Faux. Les Kanaks viennent de la Nouvelle-Calédonie. **5.** Faux. Pour les Kanaks, la nature est plus importante que l'argent. **6.** Vrai

2 En Nouvelle-Calédonie
1. Etre libre, c'est être indépendant. **2.** Les pays d'Europe et les Etats-Unis sont des pays occidentaux. **3.** L'exploitation du nickel pollue la nature. **4.** Les choses qu'on ne trouve pas souvent sont des choses rares. **5.** Chez nous, il fait froid en hiver alors qu'à Nouméa, il fait souvent 20 °C. **6.** Côté loisirs, on peut aller au centre culturel Tjibaou. **7.** Qu'est-ce qui compte le plus: le groupe ou l'individu?

Plateau 2: Révisions S. 74–76

1 Clément raconte.
1. nous → Clément et sa famille **2.** elle → ma sœur **3.** où → le jeu **4.** que → le «8e continent» **5.** lui → à Jan, où → le parcours dans le noir **6.** le → le parcours **7.** lui → à ma sœur, eux → mes parents, nous → moi (Clément) et Jan, elle → ma sœur **8.** leur → les parents, la sœur, Jan; qui → un truc **9.** On → moi (Clément), les parents, la sœur, Jan; d'où → de la tour «Gyrotour» **10.** Ça → monter sur la «Gyrotour»

2 Après l'échange scolaire

1. Je me suis sentie très bien dans la famille de Julie. **2.** Les Mollet étaient très gentils et ils se sont très bien occupés de moi. **3.** Le séjour était vraiment intéressant. **4.** Julie et moi, nous nous sommes bien entendues. **5.** Nous avons beaucoup parlé et nous avons beaucoup ri. J'ai fait beaucoup de fautes, mais nous nous sommes bien débrouillées pour communiquer. **6.** J'ai déjà envoyé 12 SMS et 8 courriels à Julie et elle m'a tout de suite répondu.

3 Apprendre le vocabulaire

A 1. avoir un petit copain / une petite copine **2.** prendre une douche **3.** prendre une décision **4.** faire la queue **5.** être fort/forte en **6.** Ça ne sert à rien de …
B *Individuelle Schülerantworten*

4 Devinettes

A C'est ce qu'on fait quand on est fatigué. ⟶ On se repose.
C'est ce qu'on fait quand on a assez dormi / quand le réveil sonne. ⟶ On se réveille.
C'est ce qu'on fait quand on n'est pas d'accord avec l'autre. ⟶ On se dispute.
C'est ce qu'on fait quand on ne sait pas comment faire qc mais on essaie de le faire. ⟶ On se débrouille.
C'est ce qu'on fait quand on est en colère et que les parents ou les frères et sœurs nous énervent. ⟶ On se dispute.
B C'est quelqu'un qui travaille par exemple dans un hôpital et s'occupe des gens malades. ⟶ une infirmière, un médecin
C'est quelqu'un qui coupe les cheveux des gens. ⟶ une coiffeuse
C'est quelqu'un qui s'occupe des voitures quand elles ne roulent plus. ⟶ une mécanicienne
C'est quelqu'un qui fait de la musique et donne des concerts. ⟶ un musicien
C'est quelqu'un qui a une émission à la radio. ⟶ un présentateur de radio

5 L'histoire de Charlotte

1. Quand j'étais petite fille, je voulais devenir dessinatrice. **2.** Au collège, je me débrouillais pas mal. **3.** Un jour, j'ai vu une pièce de théâtre très réussie. **4.** Alors, je me suis intéressée au théâtre. **5.** J'ai pris une décision. **6.** J'ai pensé: «Plus tard, je serai actrice.» **7.** Mais mes parents m'ont dit: «C'est un travail très dur. **8.** Et puis, quand tu seras grande, tu ne trouveras pas toujours du travail.» **9.** Nous avons discuté longtemps. **10.** Ensuite, ils m'ont proposé de travailler dans le commerce. **11.** Finalement, ça m'a plu …

6 Histoire

1. D'habitude, je trouvais mon voisin ennuyeux: un vieux monsieur qui habite à côté de chez nous et qui ne sort pas beaucoup à cause de son âge. **2.** Mais il y a quinze jours, j'ai dû lui apporter une lettre. Pendant qu'il me parlait, j'ai vu tout à coup sur sa table la photo d'un jeune homme avec un ballon. **3.** Je lui ai demandé: «C'est votre fils?» Il a répondu: «Non, c'est moi il y a longtemps, quand j'avais 18 ans! **4.** J'étais sportif et parmi les meilleurs. J'ai beaucoup voyagé et j'ai vu des choses incroyables.» **5.** Alors, maintenant, chaque fois que je le vois, il me raconte sa vie et ses aventures. **6.** Finalement, ce monsieur est vraiment passionnant!

Module 1, Bilan S. 87

1 Parler

1. Ce qui me plaît dans cette région, c'est la nature. **2.** Que faut-il voir? **3.** Le choix est difficile. **4.** Ce qui est typique, ce sont les volcans. **5.** Vous en avez entendu parler? **6.** La région est connue pour ses plages. **7.** Il y a plein de choses à voir. **8.** C'est mieux d'y aller avec un guide.

2 Plus belle la vie
Resümee Nr. 2

Module 2, Bilan S. 96

1 Parler

1. Je m'intéresse à l'actualité. **2.** Ma chaîne préférée, c'est Arte. **3.** Mon émission préférée, c'est Tfou de cuisine. **4.** Cette émission s'adresse aux jeunes. **5.** Il y a trop de gens défavorisés. **6.** Ces gens ont besoin d'aide. **7.** C'est injuste. **8.** Engagez-vous.

2 Jeu de mots / Vis-à-vis

1. En France, il y a beaucoup de chaînes de télévision comme par exemple TF1 ou Canal +. **2.** Il y a aussi une chaîne de télévision franco-allemande qui s'appelle Arte et qui propose beaucoup d'émissions culturelles. **3.** Si on s'intéresse à l'actualité, et si on veut avoir les informations à la radio, on peut écouter France Inter. **4.** Les journaux les plus vendus en France s'appellent Le Monde et Le Figaro. **5.** Il y a aussi un journal de sport très connu. Il s'appelle L'Equipe. **6.** Science et Vie Junior est un magazine de sciences qui s'adresse spécialement aux jeunes.

3 Jeu de mots

1. Quelque chose qu'on n'arrive pas à croire, c'est quelque chose d'incroyable. **2.** Un évènement qu'on n'attendait pas, c'est un évènement inattendu. **3.** Un concert qu'on n'oubliera jamais, c'est un concert inoubliable. **4.** Je n'arrive pas à m'intéresser à ce livre. Pour moi, ce livre est inintéressant. **5.** Une chose qui n'est vraiment pas possible est une chose impossible. **6.** Cette invitation n'est pas officielle, elle est inofficielle.

4 Ecouter
[sãnɥi] ⟶ sich langweilen, [ãdifikylte] ⟶ in Schwierigkeiten, [luʀ] ⟶ schwer

Module 3, Bilan S. 108–109

1 Parler
1. Si j'ai le choix, je vais faire qc.   **2.** Plus tard, je vais faire un stage à l'étranger.   **3.** Mon métier de rêve, c'est jardinier.
4. J'aime bien me lever tôt.   **5.** Je parle français et anglais.
6. J'ai le diplôme DELF, niveau B1.

2 En forme
1. – Si tu veux, on **ira** demain au cinéma.
2. Ou bien, si tu préfères, nous **ferons** un tour à vélo.
3. Mais si nous **faisons** le tour à vélo, nous **irons** jusqu'à la plage.
4. Si nous **allons** jusqu'à la plage, nous **nagerons**, bien sûr.
5. Mais si l'eau **est** trop froide, on se **reposera** sous un arbre.
6. Si on **se repose** sous un arbre, je te **chanterai** une chanson.
7. Et si je **chante**, tu **danseras**. D'accord?
8. – Oh, non, si je **danse**, ce **sera** une catastrophe! Tu verras!

3 Jeu de mots
1. Je suis un / une mécanicien(ne)
2. Je suis un / une architecte
3. Je suis un / une coiffeur / coiffeuse
4. Je suis un / une vétérinaire
5. Je suis un / une jardinier / jardinière
6. Je suis un / une professeur(e)
7. Je suis un / une graphiste
8. Je suis un / une développeur / développeuse
9. Je suis un / une infirmier / infirmière
10. Je suis un / une présentateur / présentatrice / journaliste

4 En forme
1. J'**aimerais** être boulanger.   **2.** Avec ma femme, la boulangère, nous **habiterions** une petite maison à côté de la boulangerie.   **3.** Tous les matins, je **me lèverais** très tôt.
4. Je **ferais** des baguettes et des croissants.   **5.** J'**ouvrirais** la boulangerie à 6h 30 du matin.   **6.** Les enfants **iraient** à l'école avec un croissant tout chaud dans leur sac à dos.
7. Nous **aurions** aussi des crêpes et du nougat que nous **offririons** à la sortie de l'école.   **8.** Mais mes parents **préféreraient** avoir un fils biologiste et je n'aime pas la biologie …

5 En forme
1 d; 2 f; 3 h; 4 a; 5 i; 6 a; 7 e; 8 j; 9 c; 10 b

6 Médiation
Individuelle Lösung

Unité 1, Grammaire S. 127–128

Die Bildung des Imparfait
1. Mes amis m'appelaient tous les soirs.   **2.** Nous faisions des petites fêtes.   **3.** On mangeait ensemble.   **4.** Parfois, mes copains dormaient chez moi.   **5.** Et toi, tu connaissais beaucoup de monde.   **6.** Tu avais souvent des invités.
7. Vous preniez le café ensemble.   **8.** J'aimais beaucoup habiter à Paris.

Imparfait und Passé composé
1. Ses statuettes n'étaient plus là.   **2.** Notre prof était toujours très sympa.   **3.** Mais à ce moment-là, il a perdu la tête.   **4.** D'abord, il a cherché partout dans la salle.
5. Ensuite, il est allé chez le principal.   **6.** Il avait l'air malheureux.

Das Verb courir
1. Vous courez déjà depuis une heure!   **2.** Oui, nous courons pour préparer la course contre la faim.   **3.** Les participants courent pour aider les pays pauvres.   **4.** Le bus part dans 5 minutes. On court?   **5.** Ah non, moi, je ne cours pas.   **6.** J'ai déjà beaucoup couru au cours de sport. Maintenant, je suis fatiguée.

Unité 2, Grammaire S. 129–131

Die reflexiven Verben
1. Lundi, je me lève à 7 heures.   **2.** Mes parents se lèvent à 6 heures.   **3.** Le dimanche, nous nous levons tard.
4. Le dimanche, on ne se dépêche pas.   **5.** Vous vous levez à quelle heure, le dimanche?   **6.** Tu te lèves et t'habilles. Et après, qu'est-ce que tu fais, le dimanche?   **7.** Eh bien, je me motive pour la semaine!

venir de faire qc und être en train de faire qc
1. Je suis en train de ranger la cuisine.   **2.** Le bus vient de partir.   **3.** Elle est en train de manger.   **4.** Nous nous dépêchons parce que le bus est en train de partir.   **5.** Elle vient de manger.

Das Plusquamperfekt
1. Hier, M. Brunet est arrivé à 3 heures à l'aéroport. Il **était parti** 12 heures avant.   **2.** Quand il est arrivé, il était content. Sa femme **était venue** le chercher à l'aéroport.   **3.** Elle était très heureuse de le retrouver. Elle **ne l'avait pas vu** depuis longtemps.   **4.** Il lui **avait beaucoup manqué**!

ce qui und ce que
1. Sana raconte à une amie ce que Mehdi a fait.   **2.** Tu sais ce qui s'est passé? Mehdi est parti!   **3.** Mais c'est incroyable! Il fait ce qu'il veut.   **4.** Il n'a pas dit où il va. C'est ce que je ne comprends pas.   **5.** Le professeur veut savoir ce qu'Abdel aime.   **6.** Abdel: Ben, ce qui me plaît, c'est le sport.   **7.** Tu sais déjà ce que tu veux faire plus tard?   **8.** Non, mais ce qui m'intéresse aussi, c'est la technique. Je veux peut-être devenir mécanicien.

Unité 3, Grammaire S. 132–133

Die Bildung des Futur simple
1. Vous essayerez de trouver tous les endroits qui sont sur la liste.   **2.** A chaque endroit, vous aurez des informations.
3. Vous répondrez à des questions et vous prendrez des photos.   **4.** Le rallye finira ici, devant le collège.   **5.** Tous les élèves se retrouveront à 16 heures.   **6.** *Nicolas:* Monsieur,

je ne pourrai pas faire tout le parcours … **7.** Bon, alors tu viendras avec moi, et après, tu iras au CDI.

Die unverbundenen Personalpronomen
1. Oui, ce sont eux. **2.** Oui, c'est lui. **3.** Oui, c'est nous … **4.** Non, ce ne sont pas elles … **5.** Oui, c'est elle.

Die Steigerung der Adjektive und der Vergleich
1. Julie est aussi jolie que Hannah. **2.** Hannah est plus polie que Julie. **3.** Julie trouve que l'allemand est plus difficile que le français. **4.** Anton est le garçon le plus fort de la classe. **5.** Niels est moins fort qu'Anton mais il est plus cool.

Unité 4, Grammaire S. 134–136

Präposition und Ländername
1. Le Maroc et l'Algérie sont en Afrique. **2.** La famille de Marie vient des Antilles. **3.** Le Québec est une province au Canada. **4.** Le Portugal est un beau pays. Mon copain Filipe vient du Portugal. **5.** Il passe toutes ses vacances au Portugal.

Das Adverb und seine Bildung
1. Tu t'intéresses sérieusement au Maroc? **2.** On trouve facilement des informations sur Internet. **3.** Il y a pratiquement tout. **4.** Normalement, les informations du «Portail national du Maroc» sont en français. **5.** Ce site t'aidera sûrement.

Die Pronomen en und y
1. Je vais au Québec. J'y vais la semaine prochaine. **2.** J'en rêve depuis des mois. **3.** J'en ai parlé avec mon frère. **4.** Il y habite.

Die Steigerung des Adverbs
1. Pour avoir un travail en France, je vais peut-être chercher aussi longtemps qu'ici. **2.** Je voudrais être guide. Je connais mieux ma ville que les autres guides. **3.** Je me présente à l'office de tourisme le plus souvent possible.

Das Verb vivre
1. J'aime bien Marrakech et je vis bien ici. **2.** Ma famille et tous mes amis vivent ici. **3.** Je suis né à Marrakech, je n'ai jamais vécu dans une autre ville. **4.** Un jour, peut-être, mes enfants quitteront le pays pour vivre en Europe. **5.** Mais j'espère qu'ils resteront ici et que nous vivrons ensemble encore dans dix ans.

Module 1, Grammaire S. 137–138

Die Hervorhebung mit c'est … qui/que
A 1. Vous cherchez un bon fromage d'Auvergne? C'est le Bleu d'Auvergne qui est typique. **2.** C'est le Bleu d'Auvergne qu'il faut goûter. **3.** C'est au marché que tu trouves ce fromage. **4.** Ce ne sont pas les supermarchés qui le vendent.
B 1. C'est toi qui as mangé le fromage? **2.** Non, ce sont Léa et Jan qui ont mangé le fromage. **3.** C'est en Auvergne que tu as acheté le fromage?

Fragen mit Qu'est-ce qui usw.
1. Crac! Tu as entendu ce bruit? Qu'est-ce qui se passe? **2.** Alex, Jérôme, vous êtes là? Qui est-ce qui peut m'aider? **3.** Je cherche ma clé. Qui est-ce qui a vu ma clé? **4.** Pardon, qu'est-ce que tu as dit? **5.** Qu'est-ce qui t'intéresse le plus, la culture ou la technique? **6.** Rihanna ou Zaz: qui est-ce que tu aimes le mieux?

Die Inversionsfrage
1. Parlez-vous français? **2.** Connaissez-vous la revue Géo Ado? **3.** As-tu lu cet article? **4.** De quoi parle-t-il? **5.** L'as-tu compris? **6.** Avez-vous envie d'en savoir plus?

Module 2, Grammaire S. 138

Der Imperativ mit einem Pronomen
1. Ecoutez-moi, s'il vous plaît! **2.** Attendez-moi! **3.** Dépêche-toi! **4.** C'est Anna. Invitons-la. **5.** Ne m'oublie pas! **6.** N'en parlons pas.

avoir besoin
1. J'ai besoin de me concentrer. **2.** Nous avons besoin d'aide. **3.** – Tu as besoin de mon ordinateur? – Oui, j'en ai besoin. **4.** – Tu as besoin d'un nouveau téléphone? – Non, nous n'avons pas besoin d'un nouveau téléphone. Nous avons besoin de quelqu'un pour le réparer.

Module 3, Grammaire S. 140–142

Der Bedingungssatz I
1. Si tu **viens** chez moi, tu peux prendre le métro. **2.** Si vous **prenez** le métro, descendez à la troisième station. **3.** Si Stéphane et Susie le **veulent**, ils pourront venir aussi. **4.** Nous allons faire un jeu vidéo si Susie en **a** envie.

Die Verben auf -indre
1. Maintenant, **j'éteins** la télé. Je veux lire un livre. **2.** Nous **joignons** toujours un bisou à notre lettre. **3.** La crise a **atteint** la France. **4.** Lucie, pourquoi est-ce que tu t'es **plainte** de moi. **5.** La prochaine fois, je me **plaindrai** de toi. **6.** Quand vous étiez petits, vous **craigniez** les vagues. **7.** Ne **craignez** rien. Je suis là.

Der Bedingungssatz II
1. Si le soleil **tournait** autour de la terre, le monde **serait** différent. **2.** Et si le soleil ne **brillait** pas, la nuit **aurait** 24 heures. **3.** Si les voitures **pouvaient** voler, il n'y **aurait** pas de bouchons. **4.** Et si tu **croyais** tout ce que je raconte, tu **serais** vraiment bête!

Die Reihenfolge der Pronomen im Satz
1. Je **le lui** ai dit. **2.** Je **m'y** intéresse. **3.** Tu **m'en** donnes? **4.** Tu as les photos? Tu **me les** montres?

zu Unité 2, Découvertes, S. 28, Chanson: Métro, boulot, dodo

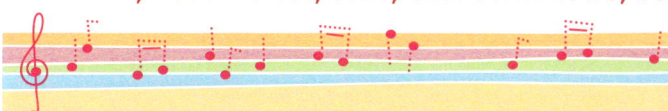

- Comment est-ce que tu vas à la piscine?
- J'y vais à vélo avec Momo!
- Comment est-ce que tu vas à Tahiti?
- J'y vais en avion avec Simon!
- Comment est-ce que tu vas jusqu'en Allemagne?
- J'y vais en TGV avec Jéjé!
- Comment est-ce que tu vas au centre ville?

- J'y vais en Bus avec ma puce!
- Comment est-ce que tu vas jusqu'à Berlin?
- J'y vais en train et c'est très bien!

- Comment est-ce que tu vas à la gare?
- J'y vais en taxi, tu viens aussi?

Text: Gilles Floret, Musik: Gilles Floret, © Ernst Klett Verlag

zu Unité 3, En plus, Übung 7, Chanson: Amour de jeunesse

104

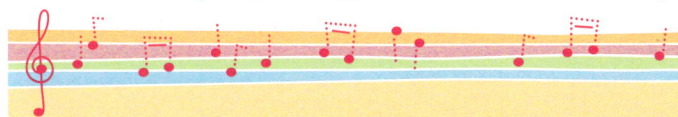

Amour de jeunesse*

Lui parlait d'amour
Ces deux-là sortaient à peine de l'enfance
Nous, c'est pour toujours
Disait-il en l'entraînant dans la danse

Elle suivait les nuages
Et ne pensait qu'à des lendemains qui chantent
Brodait les images
De la vie dont elle rêvait depuis l'enfance

Refrain:
Un amour de jeunesse
Ça commence par une caresse
Le ciel est un fanal
Tout parsemé d'étoiles
Haha, c'est le temps des fous rires
On peut tout conquérir
Car à deux
C'est merveilleux

Lui voulut la revoir
Après tant d'années sans avoir de nouvelles
Mais dans son regard
Il revit alors les heures passées avec elle

Refrain (4 x)

Texter des deutschen Originaltextes:
Burkhard R. Lasch
Übersetzer: Dr. Gilles Floret

Jugendliebe

Er sprach von Liebe
Dabei waren sie noch nicht mal fünfzehn Jahr'
Schwor große Worte
Und er küsste sie und streichelte ihr Haar

Sie sprach vom Träumen
Und wie gerne würde sie ihm alles glauben
Malte mit ihm Bilder
Von dem Leben, das sie sich dann beide bauten

Refrain
Jugendliebe bringt
Den Tag, wo man beginnt
Alles um sich her
Ganz anders anzuseh'n
Haha, Lachen trägt die Zeit
Die unvergessen bleibt
Denn sie ist
Traumhaft schön

Er traf sie wieder
Viele Jahre sind seit damals schon vergangen
Sieht in ihre Augen
Und er denkt zurück, wie hat es angefangen

Musikproduktion: Burkhard R. Lasch
Texter: Burkhard Lasch, © BL-Musikverlag GbR
Komponist: Bernd Henning

* Das Chanson befindet sich nur auf der Audio-CD 3 (622132, Track 105).
 Aus rechtlichen Gründen ist das Chanson auf der dem *Cahier d'activités* beiliegenden MP3-CD nicht enthalten.

zu Module 1, Übung C 3, Chanson: Rendez-vous à Marseille

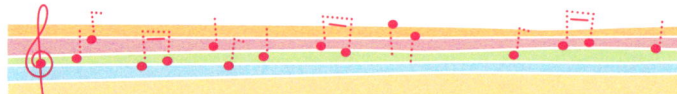

Rendez-vous à Marseille*

Un peu partout tout le monde dit
Que la plus belle ville du monde est sans doute Paris.
Ça ne me vexe pas, au contraire je ris,
J'instaure le débat et je vais être précis:
5 Y'a pas d'enfer, y'a pas de paradis,
Moi j'aime ma cité et c'est pourquoi j'y vis.
Dans la compétition au titre par catégorie,
Si Paris est la plus belle, Marseille est la plus jolie.

10 La Canebière, le Vieux Port et Notre Dame de la Garde,
Les Réformés, le Cours Julien, la Plaine et la gare St Charles,
La rue Loubon, Palais Longchamp, Cinq Avenues, boulevard Chave,
Rue de Lyon, la place d'Aix, le cours Lieutaud et Castellane.

Refrain:
15 *C'est un rendez-vous à Marseille,*
Là sur le quai.
Voyage au pays des merveilles,
Ensoleillé.
C'est un rendez-vous, dépêchez-vous,
20 *Avec la cité qui vous rendra fou.*

Blu e blanc
Son lei colors.
Lo ciele es grand
O que calor.
25 L'a d'enfants
La nuech e lo jorn
E brunas son
Lei beleis amors.
Es ma ciutat, ma dòna, ma capitala.
30 Es ma nacion, ma doça, ma generala.
Es mon illa, mon batèu, mon recapti,
O mon bèu jardin dei delicis,
Dei delicis.

Traduction:
Bleu et blanc
Sont les couleurs.
Le ciel est grand
Oh quelle chaleur.
Il y a des enfants
La nuit et le jour
Et brunes sont
Les belles amours.
C'est ma ville, ma dame, ma capitale.
C'est ma nation, ma douce, ma générale.
C'est mon île, mon bateau, mon refuge,
Oh mon beau jardin des délices.
Des délices

* Das Chanson befindet sich nur auf der Audio-CD 3 (622132, Track 10).
  Aus rechtlichen Gründen ist das Chanson auf der dem *Cahier d'activités* beiliegenden MP3-CD nicht enthalten.

Spéciale dédicace
35 A tous les amuseurs,
A ceux qui font danser les Marseillais,
A tous les raggamuffins,
Les rockers, les rappeurs,
Et à tous ceux que j'allais oublier.
40 J'écris une épitaphe,
Encore deux ou trois taffes,
J'enterre la tristesse et le stress,
Je profite du riddim,
J'assure l'intérim,
45 J'évacue la pression, je me redresse.

Refrain:
Fais bouger tes pieds, tes genoux,
tes hanches et puis tes épaules.
Plus on rit, plus il y a de fous;
50 *plus on est fou, plus on rigole*
Il faut chanter avec passion, organiser des farandoles.
Ecoute, fais bien attention et apprends vite les paroles.

Fai avans,
Vai li mon pichon,
55 Siam bolegant
Dins lo canton.
Roge sang
Son lei potons,
Totjorn de flamas
60 Son lei cançons.
Es ma ciutat, ma dòna, ma capitala.
Es ma nacion, ma doça, ma generala.
Es mon illa, mon batèu, mon recapti,
O mon bèu jardin dei delicis,
65 Dei delicis.

Avec la cité qui vous rendra fou.
C'est un rendez-vous à Marseille
Là sur le quai.

Traduction:
Avance,
Vas-y mon petit,
On est remuant
Dans le coin.
Rouge sang
Sont les baisers,
Toujours terribles
Sont les chansons.
C'est ma ville, ma dame, ma capitale.
C'est ma nation, ma douce, ma générale.
C'est mon île, mon bateau, mon refuge,
Oh mon beau jardin des délices.
Des délices

Auteurs compositeurs:
Stéphane Attard, Dominique Danger,
Gilbert Kayalik, Laurent Garibaldi,
René Mazzarino, François Ridel
© Roker Promocion – Le Chant du Monde

zu Module 2, En plus, Übung 1, Chanson: Le réel de la pauvreté

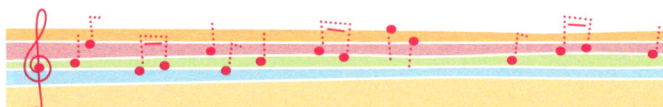

Le réel de la pauvreté*

Je regarde dans le réfrigérateur
Et y a plus rien à bouffer
Ça me met vraiment de mauvaise humeur
D'être aussi cassée

Je suis perdue à des kilomètres/heures
Une vraie perdue dans la société
J'ai plus de café, plus de lait, plus de pain, plus rien

Comme c'est beau
D'être jeune et aussi pauvre
Comme c'est beau
De finir par jouer dans le métro

Refrain:
Pourquoi ma vie est complètement à l'envers
Dites-moi pourquoi je ne suis pas capable de
faire ce qu'il faut faire
Comme aller travailler
Avoir une job steady
Au lieu de gratter ma guitare toute la journée

Non, non j'suis pas paresseuse, j'suis travaillante!

Je regarde dans mon appartement
Et j'ai presque rien
Je constate que c'est pas tellement payant
De chanter du soir au matin

Si le bonheur vient pas avec l'argent
Ça donne quand même un coup de main
Toute la famille me rentre dedans pour me dire
Que je devrais arrêter de rêver tout l'temps

Comme c'est beau
J'ai plus rien à me mettre sur le dos
Comme c'est beau
De finir par jouer dans le métro

Refrain

Musik: Beaulieu Martin Paul, Binette Richard
Text + Musik: Courchesne Nathalie
© Les Productions Chaos 2001
© Le Laboratoire

sodrac

* Das Chanson befindet sich nur auf der Audio-CD 3 (622132, Track 106).
  Aus rechtlichen Gründen ist das Chanson auf der dem *Cahier d'activités* beiliegenden MP3-CD nicht enthalten.

Théâtre

Klett présente

La dame du rez-de-chaussée et la canicule
de Léo Koesten

Personnages:
Mehdi, 14 ans; **La dame du rez-de-chaussée**, autour de 80 ans; **Sana Azemour**;
Idris Azemour; **Abdel Azemour**; **Margot**, 16 ans, sœur de Pierre; **Léo**, 14 ans;
Le journaliste; **Béatrice**, 15 ans, Québécoise

Scène 1

Intérieur soir, dans le salon des Azemour
(Le journaliste/Sana Azemour/Mehdi/Abdel/Idris Azemour)

Le son vient de la télévision: le journal consacre un reportage à la canicule.
Madame Azemour, qui est infirmière, est l'héroïne du sujet.

Le journaliste: (Musique dramatique) La **canicule**[1] dure maintenant depuis deux semaines.
Ce sont avant tout les personnes **âgées** qui en **souffrent** le plus. Pour Sana Azemour qui est
infirmière à l'hôpital Cochin à Paris, la situation est dramatique.
Sana Azemour: (A la télévision) Nous n'avons plus assez de lits pour accueillir les malades.
Parfois, ils attendent des heures dans les couloirs de l'hôpital. Je cours du matin au soir.
Mehdi: (A la maison) Et du soir au matin. C'est simple: je ne te vois plus.
Sana Azemour: (Dans le salon) La situation est dramatique, le journaliste l'a très bien dit.
Sana Azemour: (A la télévision) Il faut boire, Monsieur.
Abdel: C'est **rigolo**! Il y a maman à la télé.
Sana Azemour: (A la télévision) Les médecins et les infirmières font tout ce qu'ils peuvent
pour aider les personnes âgées. Mais nous ne sommes pas assez **nombreux** pour les **soigner**.
Le journaliste: La canicule a déjà **tué** plus de six cents personnes en France. Ce sont surtout
des personnes âgées qui vivent seules, loin de leurs enfants. Les **mairies** cherchent à les identifier
pour leur venir en aide. **En attendant**, il y a des règles simples à respecter.

Fin de la musique.

Mehr dazu
wz8e46 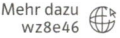 **Fortsetzung online unter www.klett.de**

---

1 Les mots en gras ne figurent pas dans la liste de vocabulaire

Cartes géographiques

L'Autriche et ses «Länder».

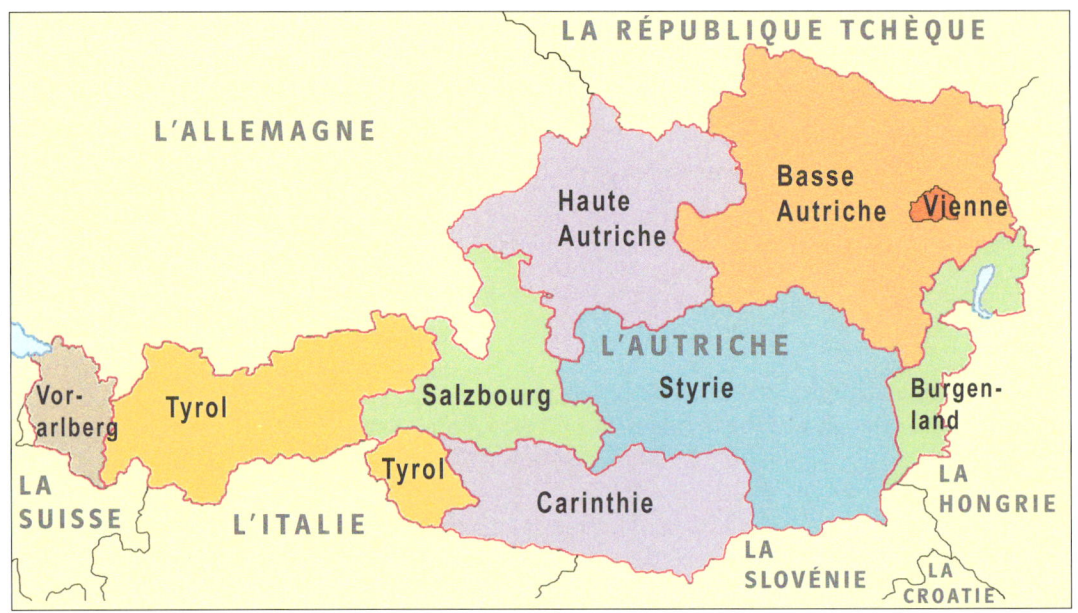

La Suisse et ses cantons.

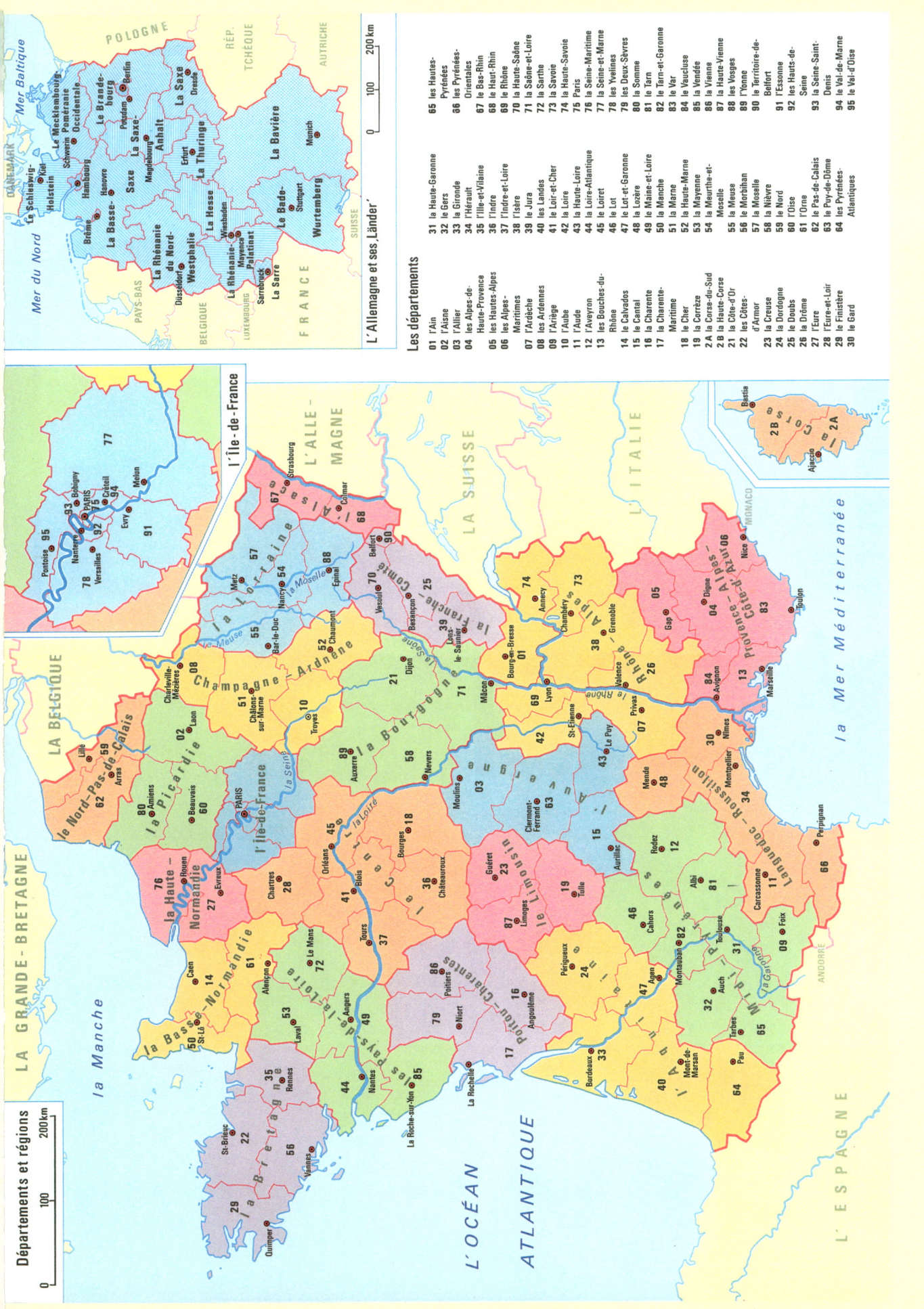

Départements et régions

0   100   200km

POLOGNE

RÉP. TCHÈQUE

AUTRICHE

DANEMARK
Mer Baltique
Mer du Nord

Le Schleswig-Holstein
Kiel
Holstein
Le Mecklembourg
Schwerin Poméranie Occidentale
Hambourg
Brême
Hanovre
La Basse-Saxe
La Rhénanie du Nord-Westphalie
Düsseldorf
La Rhénanie-Palatinat
Mayence
Wiesbaden
La Hesse
La Sarre
Sarrebruck
Le Bade-Wurtemberg
Stuttgart
Le Brandebourg
Berlin
Potsdam
La Saxe-Anhalt
Magdebourg
La Saxe
Dresde
La Thuringe
Erfurt
La Bavière
Munich

PAYS-BAS
BELGIQUE
LUXEMBOURG
FRANCE
SUISSE

L'Allemagne et ses Länder

0   100   200 km

Les départements

01 l'Ain
02 l'Aisne
03 l'Allier
04 les Alpes-de-Haute-Provence
05 les Hautes-Alpes
06 les Alpes-Maritimes
07 l'Ardèche
08 les Ardennes
09 l'Ariège
10 l'Aube
11 l'Aude
12 l'Aveyron
13 les Bouches-du-Rhône
14 le Calvados
15 le Cantal
16 la Charente
17 la Charente-Maritime
18 le Cher
19 la Corrèze
2A la Corse-du-Sud
2B la Haute-Corse
21 la Côte-d'Or
22 les Côtes-d'Armor
23 la Creuse
24 la Dordogne
25 le Doubs
26 la Drôme
27 l'Eure
28 l'Eure-et-Loir
29 le Finistère
30 le Gard

31 la Haute-Garonne
32 le Gers
33 la Gironde
34 l'Hérault
35 l'Ille-et-Vilaine
36 l'Indre
37 l'Indre-et-Loire
38 l'Isère
39 le Jura
40 les Landes
41 le Loir-et-Cher
42 la Loire
43 la Haute-Loire
44 la Loire-Atlantique
45 le Loiret
46 le Lot
47 le Lot-et-Garonne
48 la Lozère
49 le Maine-et-Loire
50 la Manche
51 la Marne
52 la Haute-Marne
53 la Mayenne
54 la Meurthe-et-Moselle
55 la Meuse
56 le Morbihan
57 la Moselle
58 la Nièvre
59 le Nord
60 l'Oise
61 l'Orne
62 le Pas-de-Calais
63 le Puy-de-Dôme
64 les Pyrénées-Atlantiques

65 les Hautes-Pyrénées
66 les Pyrénées-Orientales
67 le Bas-Rhin
68 le Haut-Rhin
69 le Rhône
70 la Haute-Saône
71 la Saône-et-Loire
72 la Sarthe
73 la Savoie
74 la Haute-Savoie
75 Paris
76 la Seine-Maritime
77 la Seine-et-Marne
78 les Yvelines
79 les Deux-Sèvres
80 la Somme
81 le Tarn
82 le Tarn-et-Garonne
83 le Var
84 le Vaucluse
85 la Vendée
86 la Vienne
87 la Haute-Vienne
88 les Vosges
89 l'Yonne
90 le Territoire-de-Belfort
91 l'Essonne
92 les Hauts-de-Seine
93 la Seine-Saint-Denis
94 le Val-de-Marne
95 le Val-d'Oise

l'Île-de-France

LA GRANDE-BRETAGNE
LA BELGIQUE
L'ALLEMAGNE
LA SUISSE
L'ITALIE
MONACO
L'ESPAGNE
ANDORRE

la Manche
L'OCÉAN ATLANTIQUE
la Mer Méditerranée

la Corse
Bastia
Ajaccio
2B
2A

La francophonie

L'OCÉAN PACIFIQUE

Le Québec

Le Maroc

Le Canada

Le Québec

L'AMÉRIQUE DU NORD

St-Pierre-et-Miquelon
Chef-lieu: Saint-Pierre

Le Michigan

Le Vermont

Le Maine

Les États-Unis

La Louisiane

L'OCÉAN

La France

Le Maroc

L'Algéri

La Mauritanie

Le Mali

Le Sénégal

La Guinée

La Côte d'Ivoire

Le Burkina-Faso

Le Togo

Le Bénin

La Guinée équatoriale

Le Cameroun

Le Gabon

Le Congo

La Guadeloupe et La Martinique

La Guadeloupe   Chef-lieu: Basse-Terre
La Martinique   Chef-lieu: Fort-de-France

L'île Clipperton

Haïti

les Antilles françaises

La Guyane française

La Guyane française

Chef-lieu: Cayenne

L'AMÉRIQUE DU SUD

ATLANTIQUE

La Polynésie française
Chef-lieu: Papeete

La Martinique

Grand-Rivière

Le Morne-Rouge

Le Marigot

Ste-Marie

St-Pierre

▲1397

Mt. Pelée

Gros-Morne

Le Robert

Schœlcher

Le François

Fort-de-France

Le Lamentin

Les Trois-Îlets

Le Vauclin

Le Diamant

Rivière-Pilote

Ste-Anne